Nikolas Pravda

DER MUSIK-CODE

Frequenzen, Agenden und Geheimdienste – zwischen Bewusstsein und Sex, Drugs & Mind Control

Neue Enthüllungen von PRAVDA TV

Apricus Ltd
1st Floor Dekk House
Zippora Street, Providence Industrial Estate
Mahe
Seychelles
2. Auflage
Druck:
Apricus Ltd
Satz und Layout:
Nikolas Pravda
Umschlaggestaltung:
Nikolas Pravda

ISBN 978-1-63684-296-7

Inhaltsverzeichnis

Vorwort

Orchester haben keinen eigenen Klang; den macht der Dirigent.

(Herbert von Karajan)

Das vorliegende Buch entstand vor dem Hintergrund der sogenannten Corona-Krise des Jahres 2020, in der erstmals in der Geschichte sämtliche öffentlichen kulturellen Veranstaltungen vor Publikum untersagt wurden. Die Menschen sehnen sich seit Monaten danach, wieder zusammen Partys zu feiern, in Konzerte zu gehen, Musik zu hören und dazu zu tanzen. Ein öffentliches Leben – die sogenannte „Normalität" – scheint ohne Kultur, und ganz besonders ohne Musik, kaum vorstellbar zu sein. Oder etwa doch?

Welchen Stellenwert haben Kultur und Musik in einer Gesellschaft, die immer offensichtlicher von den Interessen einiger weniger übermäßig einflussreicher Menschen dominiert wird? Und hilft Musik den Menschen dabei, schwere Zeiten zu überstehen, oder ist sie nicht längst selbst zu einem Machtinstrument der Herrschenden geworden, das man ohnehin besser meiden würde?

Solche Fragen lassen sich sicherlich nicht so einfach und pauschal beantworten, aber mithilfe dieses Buches sollen Sie, lieber Leser, liebe Leserin, dazu angeregt werden, diese für sich selbst zu beantworten und mit Musik bewusster umzugehen anstatt kritiklos diejenige Musik zu konsumieren und diejenigen Stars zu bejubeln, die in der Gesellschaft als „genial", „cool" oder auch als „rebellisch" gelten. Beruhen solche Zuschreibungen also wirklich auf objektiven Kriterien, oder sind sie nicht vielmehr geprägt von den Zielvorgaben derjenigen, die sie mit enormen Mitteln fördern, damit wir dies glauben?

Sicherlich sind manche Künstler talentierter als andere, und manche auf ihre Art einzigartig und unerreicht. Aber genügt das, um in einer Weise gepriesen, ja fast schon vergöttert zu werden, wie dies bei einigen der Fall ist? Ist Musik in solchen Fällen wirklich nur Kunst und Unterhaltung oder nicht schon ein Kult mit quasireligiösen Zügen, bei dem das rationale Denken außer Kraft gesetzt wird und das stupide Nachbeten der vorherrschenden Meinung hingenommen wird?

Dazu sollten wir uns bewusst machen, dass Musik im Laufe ihrer Geschichte schon immer in Kulthandlungen eingebettet war und dass das Wissen um ihr wahres Potenzial nur einem kleinen Zirkel Eingeweihter bewusst war. Daran hat sich bis heute im Wesentlichen nichts geändert, auch wenn mittlerweile eine enorme Vielfalt an Musikliteratur zu finden ist, die sich weitgehend unkritisch mit einzelnen Künstlern oder Musikstilen auseinandersetzt. Literatur, die sich hingegen kritisch mit dem verborgenen Potenzial der Musik und den damit verbundenen Zwecken auseinandersetzt, ist immer noch Mangelware, weshalb dieses Buch dazu beitragen soll, diese Lücke zu füllen, um zu einer ausgewogeneren Sichtweise zu gelangen.

Gerade in einer Zeit, in der abweichende Meinungen immer mehr ausgegrenzt werden und uns gesagt wird, dass bestimmte Regeln nie hinterfragt werden dürfen, sollten wir in jeder Hinsicht besonders hellhörig in Bezug auf das sein, was uns wie ein Mantra als einzige Wahrheit oder gar als „alternativlos" eingeredet wird. Und wie wir am Ende dieses Buches sehen werden, kommt den großen Musikstars unserer Zeit eine besondere Rolle zu, uns die Agenda der Eliten als erstrebenswert vorzugaukeln, wie etwa bei medial vielfach beachteten Veranstaltungen wie „One World: Together at Home" oder den „MTV Video Music Awards", auf die am Ende des Buches näher eingegangen wird.

Da mag sich manch einer sicherlich nach der vermeintlich „guten alten Zeit" zurücksehnen, als Musik entweder noch als rebellische Gegenkultur gegen die kriegerische Politik des Establishments gefeiert wurde, oder in Form klassischer oder romantischer Musik, die angeblich rein und frei davon war, für politische Zwecke instrumentalisiert zu werden. Dieser Gedanke ist durchaus naheliegend, denn wie im dritten Kapitel dargelegt wird, haben wissenschaftliche Studien nachgewiesen, dass die musikalische Komplexität in den letzten Jahrzehnten immer mehr abgenommen hat. Allerdings lässt sich in vielen prominenten Fällen auch nachweisen, dass bereits in vergangenen Jahrzehnten oder Jahrhunderten die künstlerische Freiheit mehr oder weniger stark eingeschränkt war, selbst wenn die Musiker und Komponisten in bester Absicht gehandelt haben mögen, dass es nicht dazu kommen sollte (was man aber grundsätzlich durchaus bezweifeln darf).

Letztendlich ist Musik nicht mehr als ein Medium, ein Vermittler, mit dessen Hilfe jede x-beliebige Stimmung oder Idee vermittelt werden kann, und es sollte selbstverständlich sein, dass sie in irgendeiner Weise von denjenigen beeinflusst ist, die sie mit hohem finanziellem Aufwand fördern und propagieren. Die heutige Musikszene zu verstehen, wird daher nicht möglich sein, ohne sich die zugrundeliegenden Strukturen und deren historische Entwicklung bewusst zu machen – den roten Faden, der sich praktisch durch die gesamte Musikgeschichte seit der *Auf*klärung bis in unsere heutige Zeit der *Ver*klärung zieht.

Wie so vieles, hat auch Musik durchaus das Potenzial, das Bewusstsein zu fördern, und dafür zu sorgen, dass der Mensch in Harmonie und Einklang (nicht zu verwechseln mit seelenloser Monotonie!) mit seinen Mitmenschen und seiner Umwelt lebt, worum es vor allem im ersten Kapitel dieses Buches gehen soll. Schließlich wird Musik schon seit Jahrtausenden zu Heilzwecken eingesetzt, wobei das nicht bedeutet, dass Musik immer einseitig schön oder positiv klingen muss, um heilsam zu wirken, da Heilung etwas mit Ganzwerdung zu tun hat, was auch die Integration des verdrängten Schattens einschließt.

Nichtsdestotrotz erleben wir heutzutage in der Musikindustrie eine häufig einseitige Überbetonung okkulter und düsterer Themen und Symbole, die für die breite Masse des Publikums kaum als solche zu erkennen sind und daher vielfach unkritisch akzeptiert und übernommen werden. Der Themenschwerpunkt des Buches liegt somit auf einer Auseinandersetzung mit dieser dunklen Seite der Musik, insbesondere auf ihrer „Instrumentalisierung“ und „Orchestrierung“ bestimmter Ereignisse und historischer Entwicklungen, die bis heute nachwirken, wobei bereits an der Wortwahl deutlich wird, dass die zentralen Begriffe einer solchen Vorgehensweise dem Musik-Jargon entlehnt sind.

Tatsächlich gibt es viele Parallelen zwischen einer Orchesteraufführung und der taktischen Vorgehensweise einer Armee oder einer „konzertierten Aktion“. So wird auch ein Orchester selten auf einmal als Ganzes eingesetzt, sondern es gibt einzelne Einheiten, die nur zeitweise aktiv sind, bevor alle zusammen einsetzen, um ihr gemeinsames Ziel erreichen. Beides lebt vom Überraschungsmoment und führt mitunter die Außenstehenden in die Irre, wie etwa auch beim sog. „Trugschluss“ in der Musik. In beiden Fällen ist strategisches Denken wichtig, um seine Ziele zu erreichen und die gewünschte Wirkung zu erzielen.

Auch in den Mainstream-Medien tauchen Begriffe auf, die aus dem Bereich der Musik entlehnt sind, etwa wenn von „staccatoartiger“ Wiederholung oder einem „Trommelfeuer“ der Kritik die Rede ist, oder auch, wenn durch ständige Wiederholung einer Nachricht oder einer Ansicht die öffentliche Meinung plakativ in eine bestimmte Richtung gedrängt werden soll. Forderungen werden oft „unisono“ erhoben, und eine vorherrschende Meinung wird laut „hinausposaunt“. Sind schließlich durch Gleichschaltung der Medien alle auf Linie gebracht, marschieren alle im Gleichschritt und somit im selben „Takt“.

Wie daran ersichtlich wird, haben Musik, Militär, Politik und Medien mehr miteinander gemeinsam, als es zunächst den Anschein haben mag. Staaten beschwören ihre nationale Identität u.a. durch Nationalhymnen, und auch supranationale Strukturen wie die Europäische Union kommen nicht ohne eine Hymne aus, um das nötige Pathos hervorzurufen, das zum Heraufbeschwören einer gemeinsamen Identität benötigt wird. Machthaber und einflussreiche Personen haben sich schon immer gerne im Glanz von Lobeshymnen gesonnt, und dies ist auch heute noch der Fall.

Doch Musik transportiert nicht nur bestimmte Ideen, um diese „populär“, d.h. „dem Volk zugehörig“, zu machen (wobei sich das Wort „Volk“ von „folgen“ ableitet), sondern sie kann auch in sich ein Machtinstrument oder gar eine Waffe sein – und das bereits auf ihrer elementarsten Ebene als Schwingung, Frequenz und Rhythmus. Gerade weil sich die sog. Pop-, Rock- und Rap-Musik in der Regel vordergründig als rebellisch und subversiv gibt, eignet sie sich hervorragend als Trojanisches Pferd der Machteliten, indem sie dazu instrumentalisiert wird, deren eigene Ziele als diejenigen ihrer Hörerschaft auszugeben.

Wie könnte es auch anders sein, wenn die Musikindustrie von denselben Machtstrukturen ins Leben gerufen wurde, gegen die sie angeblich rebelliert, und wenn sich ihre „Stars" in vielen Fällen als nichts weiter als fremdbestimmte Marionetten entpuppen?

Abschließend sei noch angemerkt, dass es im Folgenden nicht darum geht, einzelne Komponisten oder Künstler in ein schlechtes Licht zu rücken und ihnen ihr Talent und ihr teils außergewöhnliches Charisma in Abrede zu stellen, die Massen in ihren Bann zu ziehen, sondern lediglich darum, die im Hintergrund wirkenden Strukturen und Prinzipien aufzuzeigen, die unabhängig von einzelnen Personen existieren. Das Anliegen des Buches ist es auch nicht, generell bestimmte Musik verächtlich zu machen, sondern lediglich, das Bewusstsein dafür zu schärfen, wie und mit welcher Zielsetzung Musik entsteht, wozu sie in der Lage ist, und auf dieser Grundlage eine selbstbestimmte und bewusste Entscheidung zu treffen, wie Sie persönlich mit Musik umgehen.

1 Wie Musik und Frequenzen Geist und Materie beeinflussen

Musik erzeugt eine Art Vergnügen, auf das die menschliche Natur nicht verzichten kann.

(Konfuzius)

1.1 Emotionale Auswirkungen von Musik

Musik gehört zu den ältesten Kulturformen der Menschheit, sei es als Ausdruck der Freude, um sich vor einem Kampf oder einer Jagd Mut zu machen oder zu Ehren ihrer Götter. Laut Ernest Mas-Herrero vom biomedizinischen Forschungsinstitut „IDIBELL" in Barcelona und seinen Kollegen, gilt Musik als eine der höchsten Quellen der Freude. Bisher ging man daher davon aus, dass ihre emotionale Wirkung universell sei, und dass jeder Mensch instinktiv auf die von ihr vermittelten Stimmungen reagiert, weil Musik in allen Kulturen und Gesellschaften eine wichtige Rolle spielt.

Dem ist aber nicht so, denn es gibt Ausnahmen: Manche Menschen scheinen gegenüber der Wirkung der Musik vollkommen gleichgültig zu sein, obwohl sie diese zwar durchaus als Musik identifizieren und interpretieren können.

Dieses Phänomen hat Mas-Herrero in mehreren Experimenten mit 30 Teilnehmern untersucht, die aufgrund einer vorhergehenden Befragung unterschiedlich stark auf Musik reagieren. Während ein Drittel von ihnen Musik als starke Quelle der Freude empfand, ließ sich ein weiteres Drittel zumindest manchmal emotional beeinflussen, während und das letzte Drittel aus Teilnehmern bestand, die von den Forschern als „musikalische Anhedonisten" bezeichnet wurden.

Beim ersten Test wurde allen Teilnehmern ein fröhliches Musikstück vorgespielt und sie wurden gebeten, anzugeben, wieviel Freude sie beim Zuhören empfanden. Bei einem weiteren Test hörten die Teilnehmer 56

Ausschnitte aus verschiedenen Stücken, wobei sie angeben sollten, ob die Musik eher traurige, glückliche, unheimliche oder friedliche Gefühle vermittelt.

Beim letzten Test prüften die Forscher, ob die Teilnehmer auf bekannte Glücklichmacher normal reagierten, indem sie eine finanzielle Belohnung erhielten, wenn sie schnell genug ein Ziel auf dem Bildschirm anklickten, denn aus anderen Studien ist bekannt, dass dabei das Belohnungssystem im Gehirn reagiert und das Glückshormon Dopamin freigesetzt wird. Bei allen Tests maßen die Forscher den Hautwiderstand und den Puls der Teilnehmer, da beides sich verändert, wenn ein Mensch emotional reagiert.

Das Ergebnis war, dass die musikalischen Anhedonisten tatsächlich immun gegenüber der emotionalen Wirkung von Musik waren. Obwohl sie beim zweiten Test zwar durchaus erkannten, ob die Musik traurig, unheimlich, fröhlich oder friedlich war, wurden sie von diesen Gefühlen nicht berührt, während die anderen Probanden durch die fröhliche Musik im ersten Test messbar eine positive Stimmung übernahmen.

Bei der Geldaufgabe reagierte das Belohnungssystem dieser Teilnehmer vollkommen normal und sorgte für das entsprechende Wohlgefühl, jedoch erfolgte diese Reaktion nicht während des Hörens auf die Musik. Die Forscher erklärten: *„Das könnte sich durch ein anormales Funktionieren des Belohnungssystems erklären lassen“*, da dieses offenbar gegenüber der Musikwirkung einen blinden Fleck besitzt.

„Damit haben wir unseres Wissens nach erstmals belegt, dass es eine Gruppe von ansonsten gesunden Menschen gibt, für die Musik keinen Belohnungseffekt hat“, wie Mas-Herrero und seine Kollegen feststellten.

Diese Entdeckung vermittelt wichtige Anhaltspunkte dafür, wie Musik neuronal verarbeitet wird, und könnte auch dabei hilfreich sein, eine Erklärung dafür zu finden, auf welche Weise im Gehirn ein emotionaler Musikgenuss aus Tönen und Klängen entsteht.(1)

Positive Auswirkungen

Hatten Sie jemals Gänsehaut beim Musikhören? Dieses Gefühl, wenn Sie schöne Musik hören und nicht anders können, als sich völlig darin versunken zu fühlen und sie Ihnen wohlige Schauer über die Haut jagt. Einige Wissenschaftler nennen es einen „Hautorgasmus“. Rund zwei Drittel der

Bevölkerung kennen das Gefühl der Gänsehaut, und es gibt sogar eine Medienliste auf *Reddit*, die Gänsehaut verursacht! Gänsehaut hat mit unerwarteten Reizen in unserer Umwelt zu tun, die unsere Erwartungen auf positive Weise „überschreiten". Insbesondere Musik hat diese Fähigkeit. Dies kann durch plötzliche Lautstärkeänderungen oder einen packenden Beginn eines Solisten in einem Stück verursacht werden. Ein schönes Beispiel sind Talentshows, bei denen der unaufdringliche Darsteller das Publikum überrascht.

Über die Geheimnisse dieses Phänomens ist noch nicht alles bekannt. Es wird immer noch versucht herauszufinden, warum Gänsehaut überhaupt auftritt. Einige schlagen vor, dass es etwas damit zu tun hat, ein evolutionäres Überbleibsel unserer frühen behaarten Vorfahren zu sein, die sich durch eine dicke Haarschicht warmhielten. Sie sagen, Gänsehaut wirkt wie eine Art Reset: Zuerst werden die Haare angehoben und dann abgesenkt, damit die Wärme aufgrund einer unerwartet kühlen Brise nachlässt. Es ist nichts, was wir noch brauchen, seit wir Kleidung erfunden haben, die uns warmhält, aber dieses System wird heute aus ästhetischen Gründen verwendet, wenn wir etwas unerwartet Schönes hören oder sehen. Wer bekommt Gänsehaut (und wer nicht)?

Die Erfahrung, Gänsehaut zu bekommen, hat mit der Fähigkeit eines Menschen zu tun, sich einem bestimmten Phänomen (wie Musik) hinzugeben. Es geht darum, einem Reiz große Aufmerksamkeit zu schenken. Und diese spezifische Fähigkeit wäre ein Ergebnis seines Persönlichkeitstyps.

Dies wurde mit verschiedenen Personen getestet, die in ein Labor gebracht und an ein Instrument angeschlossen wurden, das die galvanische Hautreaktion misst, damit die Wissenschaftler messen können, wie sich der elektrische Widerstand der Haut von Menschen verändert, wenn sie physiologisch erregt werden. Anschließend wurden die Teilnehmer gebeten, bestimmte Musikstücke anzuhören, damit sie in Echtzeit überwacht werden konnten.

Beispiele für in der Studie verwendete Stücke sind:

- die ersten zwei Minuten und 11 Sekunden von J. S. Bachs „Johannes-Passion: Teil 1 – Herr, unser Herrscher"
- die ersten zwei Minuten und 18 Sekunden von Chopins „Klavierkonzert Nr. 1: II"

- die ersten 53 Sekunden von Air Supplys „Making Love Out of Nothing at all"
- die ersten drei Minuten und 21 Sekunden von Vangelis' „Mythodea: Movement 6"
- die ersten zwei Minuten von Hans Zimmers „Oogway Ascends"

Jedes dieser Stücke enthält mindestens einen aufregenden Moment, von dem bekannt ist, dass er beim Hörer Gänsehaut verursacht (mehrere wurden in früheren Studien verwendet). Zum Beispiel wird im Bach-Stück die Spannung, die das Orchester in den ersten 80 Sekunden aufgebaut hat, schließlich durch den Einsatz des Chores gelöst – ein besonders intensiver Moment, der wahrscheinlich Gänsehaut hervorruft.

Während die Teilnehmer diese Musikstücke hörten, baten Laborassistenten sie, ihre Gänsehaut-Erfahrungen durch Drücken eines kleinen Knopfes zu melden, wodurch ein zeitliches Protokoll jeder Hörsitzung erstellt wurde.

Die Ergebnisse wurden sorgfältig untersucht und die wichtigste Schlussfolgerung war, dass Menschen, die Gänsehaut bekommen, bei einem Persönlichkeitsmerkmal namens „Offenheit für Erfahrungen" eine hohe Punktzahl erzielten.

Studien haben gezeigt, dass Menschen, die dieses Merkmal besitzen, eine ungewöhnlich aktive Vorstellungskraft haben, Schönheit und Natur schätzen, neue Erfahrungen suchen, oft tief über ihre Gefühle nachdenken und die Vielfalt im Leben lieben. Einige Aspekte dieses Merkmals sind von Natur aus emotional (Vielfalt liebend, Schönheit schätzend), während andere kognitiv sind (Vorstellungskraft, intellektuelle Neugier).

Es geht nicht so sehr um die emotionale Komponente (Vielfalt liebend, Schönheit schätzend) der „Offenheit für Erfahrungen", sondern vielmehr um die kognitiven Aspekte des Musikhörens, die letztendlich Gänsehaut verursachen, wie diese Studie nahelegt.

Wenn Sie sich also der Erfahrung von Musik hingeben und so tiefer eintauchen können (anstatt sich passiv von ihr berieseln zu lassen), können Sie das Gefühl von Gänsehaut intensiver erleben als andere.[(2)]

Negative Auswirkungen

Laut Platon bestimmt die Art von Musik, der Menschen in ihren Jugendjahren ausgesetzt sind, die seelische Ausgeglichenheit. Aristoteles stimmte offenbar zu und sagte: „*Wenn man die falsche Art von Musik hört, wird man die falsche Art von Person; aber umgekehrt wird er, wenn er die richtige Art von Musik hört, dazu neigen, die richtige Art von Person zu werden.*"

Wenn bestimmte Arten von Musik sich positiv auf Körper und Geist auswirken, ist es naheliegend, dass Effekte anderer Musikarten weniger wünschenswert sind. Musik hat viele positive Aspekte und enorme Vorteile, die sich aus ihrem Studium ergeben können. Das ist die gute Nachricht. Die schlechte Nachricht ist, Studien haben gezeigt, dass einige Arten von Musik schädliche Auswirkungen auf Körper und Geist haben können.

Schallschwingungen, die auf und durch das Nervensystem wirken, versetzen den Muskeln in rhythmischer Reihenfolge Stöße, die dazu führen, dass sie sich zusammenziehen und Arme und Hände, Beine und Füße in Bewegung setzen. Aufgrund ihrer automatischen Muskelreaktion bewegen sich viele Menschen beim Hören von Musik; um bewegungslos zu bleiben, wäre eine bewusste Zurückhaltung der Muskeln erforderlich.

Carol Torres berichtet, dass durch konsequente Aussetzung gegenüber schädlicher Musik eine künstliche Neurose entstehen kann, die das autonome Nervensystem beeinflussen und einige Rhythmen des Körpers außer Kraft setzen kann. Ein Forschungsprojekt, das von einem Neurologen und einem Physiker durchgeführt wurde, teilte 36 Mäuse in drei Gruppen (A, B und C) ein und setzte sie wie folgt Musik aus:

- Gruppe A = keine Musik (Kontrollgruppe)

- Gruppe B = harmonische Musik, die den Naturgesetzen der Musik folgte

- Gruppe C = disharmonische Musik, die nicht den Naturgesetzen der Musik entsprach

Die Lautstärkepegel der Musik, die für die Gruppen B und C gespielt wurde, waren gleich, und alle drei Gruppen hatten bis auf die musikalischen

Unterschiede identische Laborbedingungen. Nach zwei Monaten wurde die Studie abgeschlossen und das Gehirn von vier Mäusen in jeder Gruppe wurde präpariert. Die Forscher fanden heraus, dass die Neuronen (die im Gehirn für das Denken zuständigen Zellen) von Mäusen in Gruppe C beschädigt und verknotet waren; die Neuronen der Mäuse in den Gruppen A und B waren normal.

Die verbleibenden 24 Mäuse wurden dann drei Wochen lang in einer Labyrinthsituation trainiert. Dann hatten sie drei Wochen Pause, danach wurden sie in das Labyrinth zurückgebracht, um zu sehen, ob sie sich daran erinnern konnten, wie man das Labyrinth durchquert. Die Mäuse aus den Gruppen A und B erzielten bei der Merkfähigkeit gleich gute Ergebnisse; sie konnten sich daran erinnern, wie man das Labyrinth durchquert. Die Mäuse aus Gruppe C konnten sich nicht erinnern, wie sie das Labyrinth durchqueren sollten. Darüber hinaus wiesen sie ein hyperaktives, aggressives und sogar kannibalistisches Verhalten auf.

Eine vom *Scripps Howard News Service* berichtete Studie ergab, dass die Aussetzung gegenüber Rockmusik abnormale Neuronenstrukturen in der Region des Gehirns verursacht, die mit Lernen und Gedächtnis verbunden ist. Es hat sich gezeigt, dass die Exposition gegenüber Hardrock und psychedelischer Rockmusik unabhängig vom Geschlecht die Fähigkeit des Gehirns einiger Menschen hemmt, die untersuchten Informationen korrekt im Gehirn zu speichern. Es wurde festgestellt, dass Rockmusik bei einer Gruppe von Studenten den Adrenalinspiegel erhöht, während ein langsames instrumentales Klavierstück eine beruhigende Wirkung hat.

In seinem Buch „Closing of the American Mind" führt Professor Allan Bloom von der Universität Chicago (im Kapitel über Musik) Beobachtungen an, die auf 30 Jahren Arbeit mit Studenten beruhen. Er sagt, dass klassische Musik im Vergleich zu rhythmischer Rockmusik im Wesentlichen harmonisch ist. Harmonische Musik spricht den Geist mehr an und macht seine Zuhörer kontemplativer. Rhythmische Musik spricht mehr die Emotionen an und macht ihre Zuhörer leidenschaftlicher. Bloom weist darauf hin, dass die Wirkung einer längeren Exposition gegenüber elektrischer Verstärkung rhythmischer Musik auf das Gehirn ähnlich der von Drogen ist.

Joseph Crow, Professor an der Universität von Seattle, führte Berichten zufolge ein Forschungsprojekt über die Auswirkungen von Rockmusik auf den menschlichen Geist durch. Er kam zu dem Schluss, dass Rockmusik eine

Musikform ist, die auf mathematischen Formeln basiert und den Geist durch berechnete Frequenzen (Schwingungen) konditionieren kann. Sie ist in der Lage, die Körperchemie zu modifizieren und den Geist für Modifikationen und Indoktrination anfällig zu machen.[3]

1.2 Die Welt ist Klang, Schwingung, Frequenz und Rhythmus

Die Sonne tönt nach alter Weise
In Brudersphären Wettgesang,
Und ihre vorgeschriebne Reise
Vollendet sie mit Donnergang.

(Johann-Wolfgang von Goethe, „Faust. Eine Tragödie. Prolog im Himmel. Die drei Erzengel“, 1808)

„Nada Brahma ist ein Urwort indischer Geistigkeit. Nada ist Sanskrit und heißt Klang. Brahma, ursprünglich indische Zauberformel, später als schöpferisches Urwort, Weltgrund und heiliges Wissen verstanden, wurde das Brahma zum Zentralbegriff indischer Weltdeutung. Es ist eins mit dem geistigen Selbst des Menschen. Brahma ist einer der großen Götter Indiens, der Alles-Erschaffer, Weltgrund und heiliges Wissen. Brahma, Shiva und Vishnu, diese Trinität meint das höchste göttliche Prinzip der hinduistischen Welt. Brahma durchdringt sein eigens Erschaffenes, ist somit Welt und Kosmos. c ‚Nada Brahma‘ meint zunächst ‚Klang ist Gott‘, dann ‚Die Welt ist Klang‘, ‚Klang ist die Welt‘, ‚die Welt ist Gott‘, ‚Gott ist die Welt‘ und folglich ‚Gott ist Klang‘.“

(Joachim-Ernst Berendt: „Nada Brahma – Die Welt ist Klang“, Hörbuch, erstes Kapitel)

Alles ist Schwingung und alles ist Frequenz – nichts steht still. Alles bewegt sich, aber alles bewegt sich in seinem eigenen Rhythmus.

Zu wissen, dass nichts fest und alles formbar ist, ist ein Gesetz, das man richtig verstehen, und nicht mit dem Gesetz der Anziehung verwechseln darf. Im Rhythmus entsteht die Schöpfung, und Harmonie ist die gesamte Schöpfung, die miteinander verwoben ist.

Diesem Gesetz zufolge ergibt sich das Gleichgewicht innerhalb des Universums durch die unterschiedlichen Rhythmen und Töne, die die Grundvoraussetzung für alles darstellen, was existiert.

Wenn man dieses Gesetz als Prinzip in seinem Leben anwendet, ermöglicht einem dies, seinen Rhythmus und seine Bewegungen mit der Schöpfung in Einklang zu bringen.[(4)]

Wie natürliche Frequenzen unser Leben bestimmen

Kosmische Musik: Vega, Lyra und die 88 Sternbilder

Kosmische Musik ist ein universelles menschliches Konzept, das oft als selbstverständlich angesehen wird. Es erscheint in der altgriechischen Geschichte von Orpheus, der während einer Reise durch die Unterwelt eine Art griechische Harfe namens Lyra/Leier mit sich führte, von der das engl. Wort „lyrics“ für Liedtexte stammt. Der Orpheus-Mythos handelt von kosmischen Ausmaßen; die sieben Saiten der Leier repräsentierten traditionell die (ursprünglich) sieben Planeten unseres Sonnensystems.

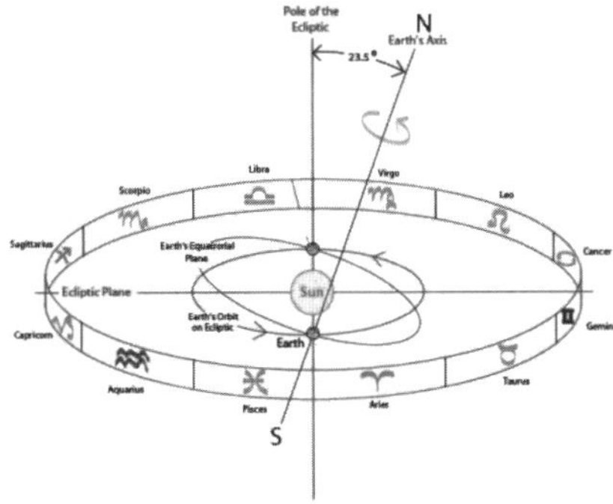

Abb. 1: Dieses Bild zeigt nur die Sonne und zwölf Tierkreiskonstellationen, die sie umgeben. Die blaue Ellipse repräsentiert die Erdumlaufbahn im Laufe eines Jahres, während die orange Ellipse die elliptische Ebene darstellt, lediglich mit einem kleineren Durchmesser.

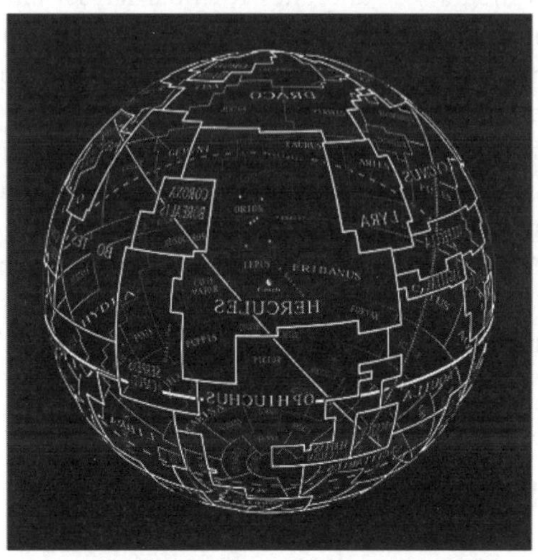

Abb. 2: Dieses zweite Bild ist ein Versuch, den gesamten Himmelsglobus darzustellen. Die 88 Sternbilder werden als Gebiete mit vollständig rechtwinkligen Grenzen abgebildet und dann auf eine Kugel projiziert, die ungefähr der Größe unserer Galaxie entspricht. In der Mitte des Globus befindet sich der Name Herkules (aufgrund der sphärischen Projektion rückwärts geschrieben).

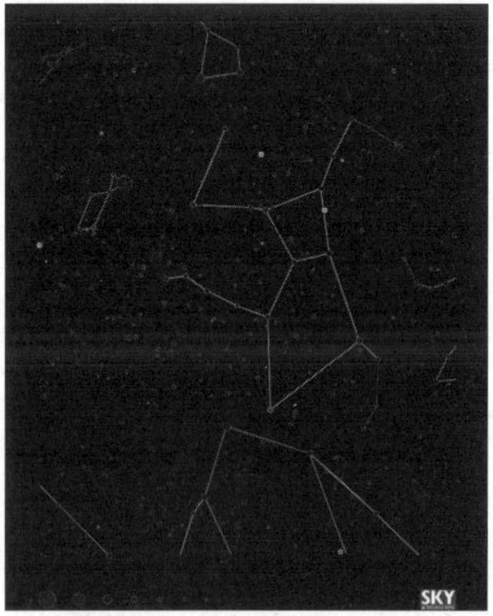

Abb. 3: Das Sternbild Herkules

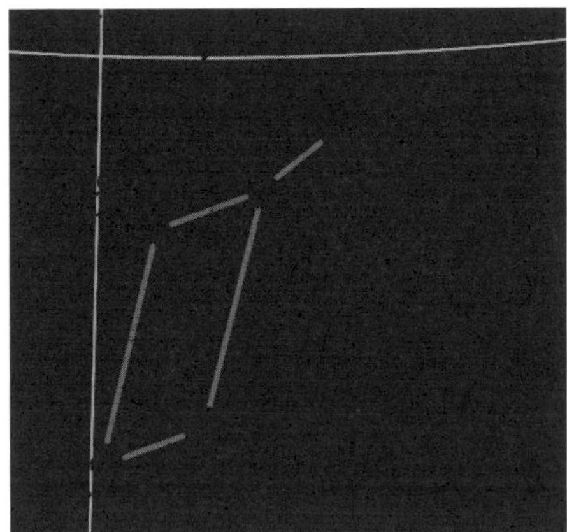

Abb. 4: Dies ist das Sternbild Lyra. Wie Sie sehen können, besteht es aus einem Parallelogramm mit einem kleinen Stab, der vom nordöstlichen Punkt der Form aufsteigt und zu Vega führt, einem der hellsten Sterne am Nachthimmel.

Vega war im 12. Jahrtausend v. Chr. der Nordpolstern und spielte eine wichtige Rolle in der Sternfotografie, indem er modernen Astronomen wichtige Informationen über die Sternparallaxe lieferte.

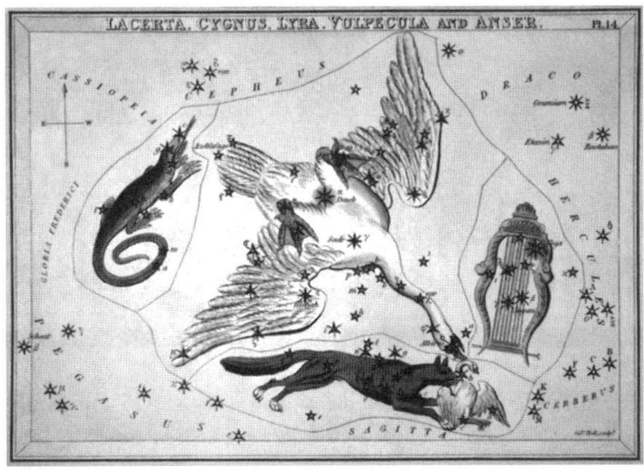

Abb. 5: Vega passt in das Sternbild Lyra, das sich oben rechts in der Leier befindet. Links von dieser Konstellation sehen wir Cygnus (den Schwan) und Vulpecula (den Fuchs).

Trotz ihrer Nähe unterscheiden sich diese drei Konstellationen voneinander. Lyra steht allein als das ursprüngliche Symbol der antiken griechischen Musikphilosophie.

In der griechischen Mythologie repräsentiert Lyra die Leier des Orpheus. Hergestellt von Hermes aus einem Schildpatt, das Apollo gegeben wurde, soll sie die erste Leier gewesen sein, die jemals hergestellt wurde.

Orpheus' Musik soll so großartig gewesen sein, dass selbst leblose Objekte wie Bäume, Bäche und Felsen verzaubert werden konnten. Zusammen mit Jason und den Argonauten konnte seine Musik die Stimmen der gefährlichen Sirenen bezwingen, die den Argonauten verlockende Lieder sangen.

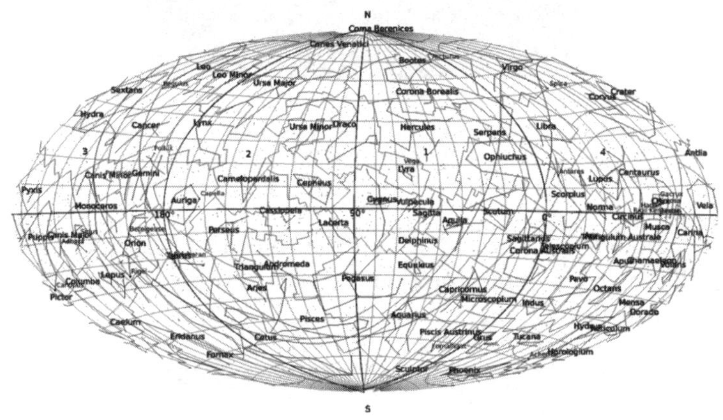

Abb. 6: Die 88 modernen Sternbilder sind in die 52 südlichen und 36 nördlichen Regionen unterteilt

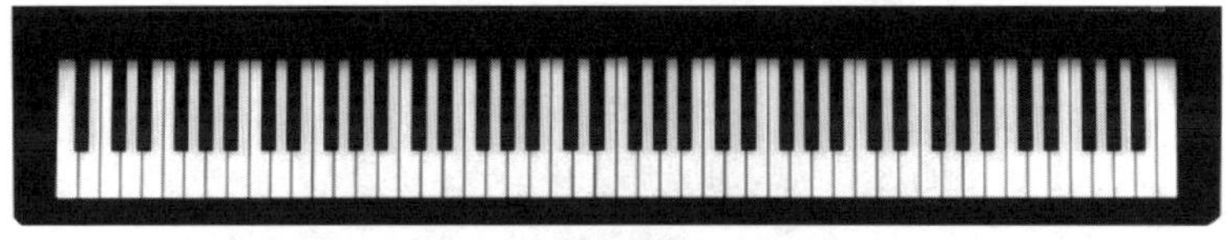

Abb. 7: Ein Klavier ist in 52 weiße und 36 schwarze Tasten unterteilt

Die Sphärenharmonie lebt durch moderne Musik und Astronomie weiter, die in aller Öffentlichkeit vorhanden und dennoch verborgen ist. Westliche Musik zu hören bedeutet, die hörbare Manifestation einer alten astrologischen Idee kosmischer Musik zu hören; eine galaktische Symphonie aus Sternen, Mythen und musikalischen Beziehungen.

Dadurch fühlt sich unser eigenes Sonnensystem so klein an ... und doch haben selbst diese Planetenbahnen eine musikalische Qualität.[5]

Die Sphärenharmonie des Pythagoras

Der griechische Philosoph und Mathematiker Pythagoras wurde um 570 v. Chr. auf der griechischen Insel Samos geboren. Laut der „Vita des Pythagoras" von Jamblichos flüchtete er mit etwa 18 Jahren vor der Tyrannis des Polykrates in seiner Heimat zu den Naturphilosophen Anaximandros und Thales nach Milet, die ihn gerne bei sich aufnahmen und ihn an ihrer Gedankenwelt teilhaben ließen. Später suchte er die Priester in Memphis und Diospolis auf, die auch Thales unterrichtet hatten, und blieb 22 Jahre in Ägypten, wo er Sternenkunde und Geometrie lernte und in alle Göttermysterien eingeweiht wurde.

Anschließend nahmen ihn Krieger des Kambyses gefangen, die ihn nach Babylon brachten, wo er von Magiern in der Zahlenlehre, in der Musik und in den anderen Wissenschaften das höchste Ziel erreichte, bis er nach zwölf Jahren wieder nach Samos zurückkehrte. Pythagoras starb um 480 v. Chr. in Mentapont am Golf von Tarent.

Für Pythagoras und seine Anhänger standen die Zahlen in enger Verbindung mit der Musik, indem jeder Ton eine mathematisch darstellbare Schwingungsfrequenz aufweist, da die Intervalle innerhalb der Tonleiter als Verhältnisse ganzer Zahlen ausdrückbar sind.

Dies veranlasste ihn zu der Schlussfolgerung, dass auch das Wesen aller Dinge im Grunde genommen aus Zahlen besteht, was wiederum zu der Idee führte, dass eine umfassende mathematische Ordnung existiert, die Pythagoras in seiner Lehre von der Harmonie der Sphären ausdrückte.

Diese besagt, dass alle Himmelskörper durch ihre Geschwindigkeit Geräusche einer unbeschreiblichen Stärke verursachen, und dass je nach Geschwindigkeit und Abstand von den anderen ganz individuelle Töne entstehen, woraus schließlich ein harmonischer Urklang hervorgehe. Da ihm zufolge alle Menschen seit ihrer Geburt dieser Planetenmelodie ausgesetzt sind, würden sie den Unterschied zur absoluten Stille gar nicht erkennen und folglich diesen Klang auch nicht hören.

Auch neueren Erkenntnissen zufolge ist Musik empfundene, verzeitlichte, hörbare Mathematik, wie Hans Zimmermann und andere Autoren (darunter einige Nobelpreisträger) schreiben.[(6)]

Die philosophische Vorstellung einer „Harmonia mundi“ (Weltharmonie) ist eine Folge der Entdeckung der Obertöne als Naturgesetz sowie der Dominanz harmonischer Intervalle in dieser Obertonreihe, d.h., die natürlichen musikalischen Grundlagen stellen gleichzeitig auch die Bausteine der Weltordnung dar, wobei sich der Kosmos als das große Ganze auf einen Ton als kleinste Einheit zurückführen lässt, der alles in sich birgt.

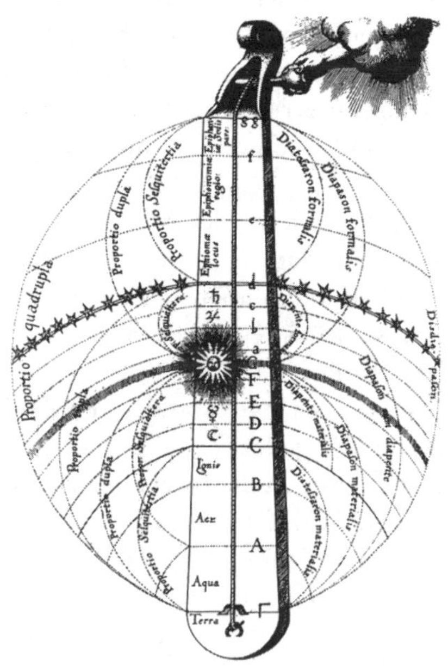

Abb. 8: Weltmonochord des Robertus de Fluctibus (1619)

Die antike Vorstellung der Sphärenharmonie wird durch das Weltmonochord des englischen Philosophen, Theosophen und Mediziner Robert Fludd (1574–1637) dargestellt, bei dem eine göttliche Hand die Grundstimmung der Welt einstellt. Der deutsche Kunst- und Musiktheoretiker Hans Kayser (1891–1964) entwickelte ein Monochord mit 120 cm Saitenlänge und

16 Saiten, auf dem sich die ersten vier Oktaven der Obertonreihe hör- und sichtbar darstellen lassen.[7]

Johannes Keplers Weltharmonik

Der deutsche Astronom und Astrologe Johannes Kepler (1571–1630) wollte ursprünglich Theologe werden, verlagerte sich aber auf Mathematik, Philosophie und Astronomie, und war ein Anhänger von Nikolaus Kopernikus. Ab 1594 arbeitete er in Graz als Mathematiklehrer, wo es jedoch Probleme mit der Gegenreformation gab (Kepler war Protestant), weshalb er 1600 auf Einladung Tycho Brahes nach Prag an den Hof Rudolfs II. ging, wo er schließlich Brahes Nachfolger als kaiserlicher Hofastronom und Mathematiker wurde. Auf der Grundlage von Brahes akribischen Beobachtungsdaten formulierte er die drei sog. Keplerschen Gesetze über die Planetenbahnen um die Sonne, wodurch endlich das heliozentrische Weltbild theoretisch widerspruchsfrei begründet wurde und sich in der Folge auch im Bewusstsein der Öffentlichkeit durchsetzen konnte. Isaac Newtons Gravitationslehre basiert auf Keplers Gesetzen.

Keplers wichtigstes Werk ist „Harmonices mundi" (Weltharmonik) aus dem Jahr 1619, das auf der „heidnischen" Philosophie der Pythagoreer aufbaut, wonach Gottes Bau der Welt auf Proportionen, d.h. Form und Struktur, basiert, während Gesetz, Ordnung, Sinn und Rechtmäßigkeit in den Zahlen der Mathematik zu finden seien. Laut Kepler sind ähnliche Gedanken bereits in der Bibel zu finden: *„Du hast alles nach Maß, Zahl und Gewicht geordnet"* (Weisheit XI, 21). Geometrische Verhältnisse stellten für ihn buchstäblich „Gedanken Gottes" dar.

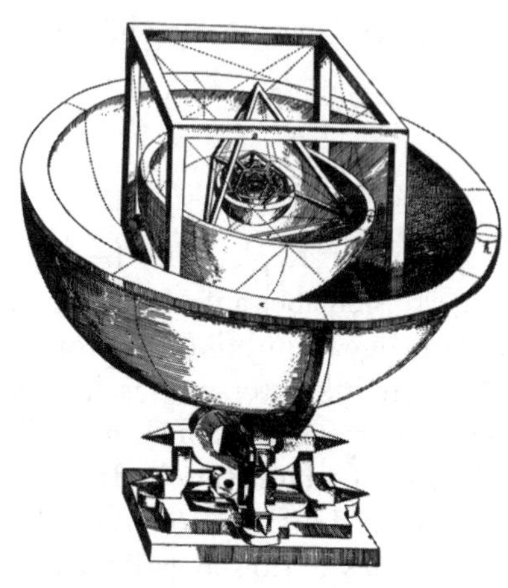

Abb. 9: Keplers Modell des Sonnensystems, aus: "Mysterium Cosmographicum" (1596)

Bereits die Pythagoreer hatten erkannt, dass die Aufteilung einer schwingenden Saite je nach Verhältnis der Saitenlängen zueinander entweder angenehm klingende oder aber dissonante Intervalle ergab. Außerdem ordneten sie – wie später u.a. Ptolemäus – jedem Planeten einen bestimmten Ton der Tonleiter zu. Nach Ansicht der daran anknüpfenden spätantiken und mittelalterlichen Anschauung der Sphärenharmonie ging man davon aus, dass jeder Planet einen für irdische Ohren unhörbaren Ton (eine Art Summen) von sich gebe, der dem biblischen Choral der Engel zum Lob Gottes vergleichbar sei.

Kepler stellte wiederum fest, dass das Verhältnis der Bahngeschwindigkeiten der verschiedenen Planeten zueinander mathematisch ziemlich genau musikalischen Akkorden entsprach, und er zog je nach der Bahnposition (d.h. Perihel oder Aphel) der erklingenden „Himmelsmusik“ sogar eine Analogie zu Dur- und Molltonarten. Ebenso wie die Pythagoreer, fand er ganzzahlige Proportionen sowohl am Himmel (d.h. in den Schwingungen oder Rhythmen der Planeten) als auch in den Akkorden irdischer Musik, und konstatierte 1619 am Schluss seines Buches euphorisch:

„Die Himmelsbewegungen sind nichts als ein ununterbrochener Gesang für mehrere Stimmen (die durch den [höheren] Intellekt, nicht durch das Ohr, aufgenommen werden); eine Musik, die durch dissonante Spannungen, durch Synkopen und Kadenzen sozusagen (wie sie die Menschen in Nachahmung dieser natürlichen Dissonanzen verwenden), zu bestimmten urbildlichen, gleichsam sechsstimmigen Schlüssen fortschreitet und dabei Marksteine setzt in dem unermesslichen Strom der Zeit.“[8]

Die kosmische Oktave nach Hans Cousto

Der Schweizer Musikwissenschaftler, Mathematiker und Astrologe Hans Cousto (geb. 1948) entwickelte die sogenannte „kosmische Oktave“ – eine bis heute gültige Berechnung der harmonikalen Kammertöne, die auch als „Urtöne“, „Planetentöne“ und „Planetenklänge“ bekannt sind und in unterschiedlichen Kulturen als Grund- und Kammertöne dienen.

Demnach versteht man unter Planetentönen solche Töne, deren Frequenz auf der Basis von Rotations- oder Umlaufzeiten von Planeten unseres Sonnensystems oktavanalog berechnet werden (Sonifikation), womit die Absicht verknüpft wird, ein Tonsystem zu erhalten, das auf periodischen astronomischen Prozessen beruht. Das Konzept der Planetentöne knüpft somit an das zahlenorientierte kosmische Harmonie- und Ordnungsdenken an, das bereits bei den Pythagoreern, Platon und Aristoteles zu finden ist, und das sich im christlichen Schöpfungsdenken fortsetzt, wonach Gott „alles wohlgeordnet“ hat, während dies jedoch in der heutigen naturwissenschaftlichen Physik keine Rolle mehr spielt, da die Vorstellung, dass Planeten durch ihre Bahnen wirklich „Sphärenklänge“, also irgendeine Art von Musik, erzeugen, als wissenschaftlich unhaltbare Hypothese gilt. Auch die anhand der Daten der Erde errechneten Töne werden im Allgemeinen ebenfalls zu den Planetentönen gezählt. Dabei besteht die Vorgehensweise darin, die astronomisch bestimmten Rotations- oder Umlauffrequenzen durch eine sukzessive Verdoppelung (Oktavierung), in einen für das menschliche Ohr hörbaren Frequenzbereich zu transponieren.

	geozentrisch		*heliozentrisch*
Gestirn	*Grundfrequenz in Hz*	*Rhythmus in sec/Takt*	*Grundfrequenz in Hz*
„Tageston"			194,18
Erde (helioz.)			136,10
Sonne (geoz.)	34,035	3,760	
Mond	52,605	2,436	
Merkur	53,635	2,385	141,27
Venus	42,575	3,005	221,23
Mars	31,875	4,120	144,72
Jupiter	31,150	4,110	183,58
Saturn	32,075	3,895	147,85
Uranus	33,625	3,805	207,36
Neptun	33,825	3,785	211,44
Pluto	33,900	3,775	140,25
Mondkn.	58,540	2,185	

Abb. 10: Frequenzen der Planetentöne nach Hans Cousto

Die Harmoniegesetze leiten sich aus der Obertonreihe ab, indem der Oktavton gleichzeitig den ersten Oberton sowie den energiereichsten Ton der Obertonreihe darstellt und das einfachste Zahlenverhältnis zum Grundton besitzt. Die Oktave fungiert dabei als Bindeglied zwischen verschiedenen Naturerscheinungen mit periodischem Charakter – Planetenumläufe, Wetterfrequenzen, musikalische Rhythmen, Töne und Farben – sowie im Bereich molekularer und atomarer Schwingungsphänomene.

Die Schwingung des Tages stellt das dynamisch-körperliche Prinzip dar. Die Schwingung des Tages ist das körperliche Prinzip und wirkt körperlich vitalisierend. Musik in dieser Stimmung, oder auch die Behandlung bestimmter Akupunkturpunkte mit Stimmgabeln dieser Frequenz, hat einen belebenden Charakter.

Die Schwingung des Jahres entspricht dem entspannenden seelischen Prinzip und wirkt seelisch beruhigend.

Die Schwingung des platonischen Jahres entsteht durch die Kreiselbewegung der Erdachse und repräsentiert das heitere geistige Prinzip. Das Wassermannzeitalter stellt einen Abschnitt des platonischen Jahres dar, den man auch als einen platonischen Monat bezeichnen kann. Dieser Ton des großen Zeitalters hat eine besondere spirituelle Bedeutung.

Die Schwingung des Mondes steht für das kommunikativ-erotische Prinzip und ist geeignet für Vollmondfeste und tantrische Rituale.

Der Sonnenton bildet das magisch-transzendente Prinzip und ist der Ausgangston aller Manifestationen in unserem Sonnensystem. Er ist eine Grundschwingung, die für die Schwelle des „Hierseins" steht. Diese Grundschwingung stellt den Verwandlungspunkt vom großen Yang zum großen Yin dar. Es ist die Schwingung, die in Bereiche jenseits aller Manifestation führt.[(9)]

Die Schumann-Resonanz

Die Schumann-Resonanz ist benannt nach dem deutschen Physiker Winfried Otto Schumann (1888–1974). Man versteht darunter das Phänomen, dass elektromagnetische Wellen bestimmter Frequenzen entlang des Umfangs der Erde stehende Wellen bilden. Die ausreichend leitfähige Erdoberfläche, die größtenteils aus Salzwasser besteht, und die sich darüber befindende gut leitfähige Ionosphäre darüber begrenzen einen Hohlraumresonator, aus dessen Abmessungen sich mögliche Resonanzfrequenzen berechnen lassen. Diese können durch Blitze angeregt, jedoch nur mit sehr empfindlichen Instrumenten registriert werden, da sie lediglich von geringer Amplitude sind.

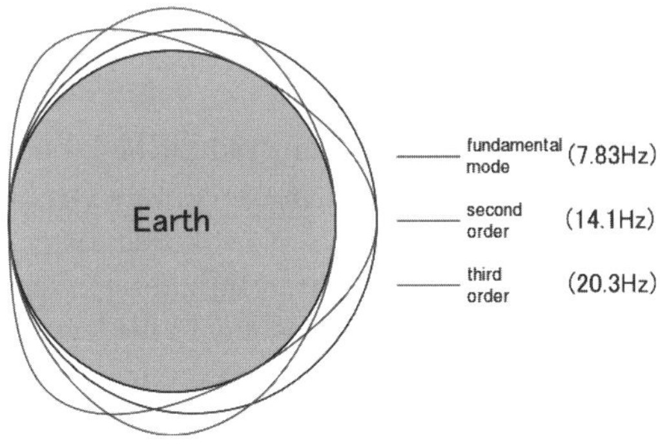

Abb. 11: Räumliche Ausdehnung der Schumann-Resonanz

Die Berechnung der Frequenz ergibt sich aus dem mittleren Erdumfang a = 39.985,427 km (am Äquator 40.075 km, der Polumfang beträgt 39.940 km) und der Ausbreitungsgeschwindigkeit des Lichts c = 299.792,458 m/s (im Vakuum), d.h. c/a = 7,5 Hz für die niedrigste Frequenz. [...]; für die n-te Frequenz (mit n = 1, 2, 3 ...) mit den Ergebnissen 7,83 (fundamental) / 14,3 / 20,8 / 27,3 und 33,8 Hz. Die tatsächlichen Messwerte schwanken jahreszeitenabhängig und weichen durch Dispersion,

Ionosphäreneffekte und andere nicht-ideale Eigenschaften des Systems geringfügig von den theoretischen Werten ab. Schumann-Resonanzfrequenzen von 3 bis 30 Hz zählen zum extrem niedrigen Frequenzbereich (Extremely Low Frequency/ELF).[(10)]

Interessanterweise befinden sich die menschlichen Theta-Gehirnwellen in einem Frequenzbereich zwischen 4 und 8 Hz, was wissenschaftlichen Untersuchungen zufolge eine grundlegende Bedingung für eine gute körperliche und geistige Gesundheit ist, indem der menschliche Geist synchron mit den Schumann-Frequenzen schwingt, die elektromagnetische Impulse im Verhalten des Menschen hervorrufen können.

Umgekehrt können auch die Menschen die elektromagnetischen Frequenzen der Erde beeinflussen, denn die Quantenphysik hat gezeigt, dass unser Bewusstsein die Realität hervorbringt, in der wir leben. Wie diverse Untersuchungen über die elektromagnetischen Felder der Erde ergeben haben, übt das kollektive Denken der Menschen einen Einfluss auf die elektromagnetischen Felder der Erde aus, weshalb die Frequenzen von einem Ort zum anderen variieren.

In Gebieten mit niedrigeren Schwingungen herrscht Hunger und Tiere leiden, während in Gebieten mit höheren Schwingungen Harmonie und Respekt der Tierwelt gegenüber herrscht, wozu auch die Wälder gehören, die sehr hohe Frequenzen aufweisen. Indem die Elite, die die Erde kontrolliert, Bäume fällt und große Landstriche rodet, trägt sie auch dazu bei, die Schwingungen abzusenken.

In jüngerer Vergangenheit hat die Schumann-Resonanz plötzliche Höhepunkte zwischen 12 und 15 Hz erreicht – ein Zustand, in dem unsere Denkprozesse klarer und konzentrierter ablaufen. Im Juni 2014 wurde festgestellt, dass die Frequenz auf 15 bis 25 Hz gestiegen war, während sie in den letzten Monaten des Jahres 2017 sogar auf über 30 Hz anstieg. In der letzten Zeit hat die Schumann-Frequenz mit 36 Hz einen Rekordwert erreicht, ohne dass die Wissenschaftler sich diesen Anstieg der letzten Jahre erklären können.

Als das russische Weltraumsystem erstmals den Anstieg auf den Monitoren entdeckte, ging man zunächst davon aus, dass das System nicht richtig funktionieren würde und es sich womöglich um einen Fehler handele, aber weit gefehlt: Alles hatte seine Richtigkeit und Untersuchungen über die elektromagnetischen Felder der Erde haben ergeben, dass diese durch das kollektive menschliche Denken beeinflusst werden.

Die Schumann-Frequenz bewegt sich im Bereich der Alpha-Wellen des menschlichen Gehirns, die mit Entspannung, Ruhe und Wohlbefinden in Verbindung gebracht werden, aber auch den Theta-Wellen, die mit Gedächtnisleistung, Harmonie, Motivation, Fantasie, Vorstellungskraft und kreativer Inspiration in Verbindung stehen.

Indem der Planet seine Schwingungsfrequenz verändert, und wir unsere mit ihr, kann dies Unbehagen verursachen, da sich der menschliche Körper an dasselbe Niveau der Erde anpasst, was bei einigen Menschen Schmerzen, Krämpfe, Schlafstörungen, Stress, Ängste und verschiedene körperliche Veränderungen auslösen kann. Aber auch an der Erde selbst geht dies nicht spurlos vorbei, indem dieser Prozess mit zunehmenden Erschütterungen einhergeht, die Vulkanaktivität steigt und sich allgemein das Klima verändert.

All dies sind Anzeichen eines großen Wandels auf der Erde, bei dem wir versuchen sollten, uns mit ihren Schwingungen in Einklang zu bringen.[(11)]

Biorhythmen

Die Jahreszeiten haben Zyklen, von bernsteinfarbenen Herbsttagen bis zu grünen Frühlingsmorgen, die mit Tau bedeckt sind; den Tag- und Nachtzyklus zwischen hell und dunkel; die Ozeane schwellen an und treten zurück; der Mond nimmt zu und wird schmaler. Wenn alle anderen Lebensformen inhärente rhythmische Zyklen haben, sind die Menschen eine Ausnahme? Die einfache Antwort lautet: nein. Unabhängig davon, ob wir uns dessen bewusst sind oder nicht, funktionieren Menschen auf der Basis eines empfindlichen Biorhythmus verschiedener Zyklen, sei es auf physischer, intellektueller, intuitiver, spiritueller oder ästhetischer Ebene.

Abgeleitet von den griechischen Wurzelwörtern Bios (Leben) und Rhythmus (regelmäßig auftretende Bewegung) kann der Biorhythmus als das ganzheitliche mathematische System des Körpers angesehen werden, das bestimmte Aspekte des eigenen Lebens vorhersagen oder bewusst steuern kann, wie z.B. hohe Leistung, Kreativität und emotionale Empfänglichkeit.

Biorhythmen sind „unsichtbare Energiewellen im menschlichen Körper, die ständig im Fluss sind“. Es wird angenommen, dass diese Energieniveaus in dem Moment beginnen, in dem wir geboren werden. Aber wie und wann begann die Biorhythmus-Theorie?

Biorhythmus-Anfänge: Eine kosmische Harmonie

Während Biorhythmus-Theorien bereits bei alten Kulturen vorhanden sind, einschließlich jener, die Geburtsastrologie praktizierten, wird die Biorhythmus-Theorie Wilhelm Fließ (1858–1928) zugeschrieben, einem deutschen Arzt des 19. Jh. und Kollegen des Psychoanalytikers Sigmund Freud. Wie Thomas Gale schrieb, basiert Fließ' Theorie auf Zyklusperioden – 23 Tagen (physisch/männlich) und 28 Tagen (emotional/weiblich).

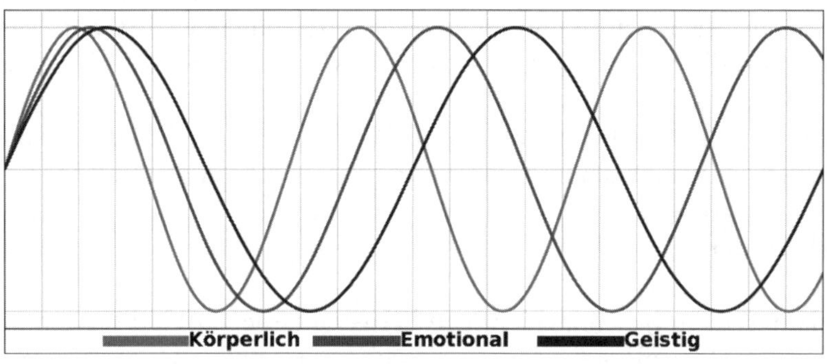

Abb. 12: Biorhythmogramm der ersten 66 Tage nach der Geburt nach Swoboda/Fließ

Laut Gale betrachtete Fließ dieses System als „*kosmische Harmonie, die von den Sonnenzyklen bestimmt wird, die in Tagen und Jahren zwischen persönlichen, familiären und sozialen Ereignissen gemessen werden, aber auch vom Tier- und Pflanzenreich beeinflusst werden*". Der intellektuelle Zyklus wird Alfred Teltscher zugeschrieben, einem Professor für Ingenieurwissenschaften an der Universität Innsbruck, der den dritten Zyklus in den 1920er Jahren hinzufügte, nachdem er die akademischen Leistungen seiner Studenten studiert hatte.

Die Biorhythmus-Theorie gewann in den USA und Nordamerika nach zwei Veröffentlichungen, „This Your Day? How Biorhythm Helps You Determine Your Life Cycles" von George S. Thommen und „Biorhythm – A Personal Science" von Bernard Gittelson, an Popularität. Heutzutage hat der modernere Ansatz die Biorhythmuszyklen für insgesamt sechs Uhren oder Biorhythmusperioden erweitert:

- Körperlicher Zyklus: Der körperliche Kreislauf bezieht sich auf Koordination, körperliche Energie, Kraft und allgemeines Wohlbefinden. Der Zyklus dauert 23 Tage und unterstützt ein besseres Bewusstsein für Zeiten optimaler Anstrengung und Zeiten der Ruhe und Erholung.
- Emotionaler Zyklus: Dieser 28-Tage-Zyklus konzentriert sich auf Kreativität, Bewusstsein und emotionale Sensibilität, und kann bei der Behandlung von Depressionen oder anderen Stimmungsstörungen hilfreich sein.
- Intellektueller Zyklus: Der 33-tägige intellektuelle Zyklus dauert etwas mehr als einen Monat und bietet wichtige Einblicke in das Gedächtnis, die Kommunikation und die analytische Funktionsweise. Das Verfolgen dieses Zyklus kann bei Arbeitsfristen und der Zielsetzung hilfreich sein.
- Intuitiver Zyklus: Während dieser Zeit können Höhepunkte im Zyklus eine Zeit des Vertrauens auf das eigene Bauchgefühl sein, während es im unteren Teil des Zyklus besser ist, sich auf den eigenen Intellekt oder die logischen Fähigkeiten zu verlassen.
- Spiritueller Zyklus: Mit 53 Tagen der längste Zyklus, kann der spirituelle Zyklus auf Zeiten hinweisen, in denen das spirituelle Bewusstsein gesteigert wird, und beinhaltet das Potenzial für mystische Durchbrüche.
- Ästhetischer Zyklus: Mit Einsichten in die Kreativität – sowohl als Künstler als auch als jemand, der die Künste schätzt – kann der ästhetische Zyklus dabei helfen, den kreativen Prozess zu leiten.

Da wir nun die verschiedenen Zyklen, ihre Längen und Auswirkungen kennen, ist es wichtig zu wissen, wie man den eigenen Biorhythmus nachverfolgt und misst. Welche Hilfsmittel werden verwendet?

Hilfsmittel: Biorhythmus-Diagramme und -Rechner

Für einen Rechner, der alle sechs Zyklusperioden umfasst, bietet *biorhythmcalculator.net* ein vollständiges Spektrum in einer einfachen zweistufigen Methode, indem Sie einfach Ihr Geburtsdatum und die Zeitspanne der Biorhythmus-Diagramme eingeben. Das generierte Diagramm zeigt Ihnen, was Sie in Bezug auf Energietiefpunkte und -flüsse erwarten können, und kann ein wertvolles (und unterhaltsames) Hilfsmittel sein, um bewusste Planungen unter Vermeidung von kritischen und anfälligen Tagen vorzunehmen, und wie sie zu Produktivität, Ruhe, Geselligkeit und vielem mehr beitragen.

Die Kurven entsprechen Höhen und Tiefen; diejenigen oberhalb der Mittellinie sind optimale oder positive biorhythmische Zeiten; diejenigen, die darunter liegen, können Zeiten anzeigen, in denen sie sich zurückziehen, reflektierter sein oder auf verschiedene Energieflüsse zugreifen sollten.

Der Biorhythmus und seine Auswirkungen auf die menschliche Funktionsweise

Es kommt nicht von ungefähr, dass die meisten Filme etwa 90 Minuten lang sind. Laut *Psychology Today „arbeiten viele Funktionen von Körper und Gehirn in Zyklen von jeweils etwa 90 Minuten. Wir Menschen leben wie alle Tiere in einer Welt, die am grundlegendsten und fast immer von Zyklen von Tag und Nacht geprägt ist. Diese äußere Tatsache des Lebens hat ihr Gegenstück in unserem Körper.“*

In letzter Zeit wurde viel darüber diskutiert, wie wichtig es ist, ausreichend Schlaf zu bekommen. Die Beziehung zwischen unseren Schlaf- und Wachmustern ist für unser allgemeines Wohlbefinden, unsere Gesundheit und unser Funktionieren ebenso wichtig wie das, was wir essen, wo wir leben und wie viel Geld wir verdienen. Wenn die Biorhythmen mit der Außenwelt synchronisiert sind, kann es zu einem gleichmäßigeren Energiefluss kommen, anstatt zu starken Höhen und Tiefen.

Der menschliche Körper basiert auf zirkadianen Rhythmen, einschließlich Herz-Kreislauf-, Organ- und Stoffwechselfunktionen. Darüber hinaus hat der menschliche Körper andere Arten von Körperrhythmen, die als ultradiane Rhythmen bekannt sind und deren Dauer kürzer ist. Die bekanntesten davon sind Traumzyklen, einschließlich REM oder schnellen Augenbewegungen während des Schlafs.

Laut der „Alaska Sleep Clinic“ dauert die erste REM-Phase beim Einschlafen ungefähr 90 Minuten, und der normale Erwachsene benötigt mindestens vier oder fünf dieser Zyklen für eine optimale Schlafmenge. Je besser wir unsere gesamten biorhythmischen Körperuhren einstellen können, desto wahrscheinlicher wird uns bewusst, wann mehr Ruhe für hoch- und niedrig verlaufende Abschnitte unserer Zyklen erforderlich ist. Dr. Roseanne Armitage, eine Schlafexpertin an der Universität von Michigan, sagt, dass die Nichtbeachtung dieser Informationen dazu führen kann, dass man sein eigenes Potenzial nicht ausschöpft und das Immunsystem und die allgemeine Gesundheit belastet.

In einem Artikel, der vom „National Center for Biotechnology Information“ veröffentlicht wurde, wurden Biorhythmen bei einer Auswahl an Busfahrern im Iran untersucht, einem Gebiet der Welt mit den meisten Verkehrsstörungen. Die Studie zeigte, dass unsicheres Fahrverhalten direkt mit dem Biorhythmus des Fahrers korrelierte, der von einer Biorhythmus-Software analysiert wurde und Zusammenhänge zwischen unsicherem Fahrverhalten und nachverfolgten „kritischen Tagen“ in ihren biorhythmischen Zyklen zeigte.

Zusätzlich zur Funktion unseres Körpers kann der Biorhythmus ein Werkzeug sein, um Partnerkompatibilität und sogar Liebe zu finden. Es ist eine Sache, synchron mit sich selbst zu leben; es ist etwas anderes, dies bei Freundschaften, Liebe oder sogar in geschäftlichen und beruflichen Beziehungen zu erreichen. Die Biorhythmus-Kompatibilität kann Ihnen und Ihrem Partner helfen, aufeinander abgestimmte Energieniveaus zu entdecken, die über die Anziehungskraft hinausgehen und tiefer auf der gleichen Wellenlänge liegen.

Mithilfe eines einfachen Hilfsmittels wie einem Biorhythmus-Kompatibilitätsrechner können Paare mehr darüber erfahren, was sie miteinander verbindet, und Möglichkeiten finden, mehr über ihre einzigartige Verbindung zu erfahren. Laut dem „Keisan Biorhythm Compatibility Calculator“ ist *„die Kompatibilität der beiden Personen umso höher, je kleiner die Amplitude ist. Und umso größer, je niedriger sie ist.“*

Der Biorhythmus ist eine wertvolle Ressource dafür, ein Leben zu führen, bei dem man mehr mit sich selbst in Einklang und bewusster ist, unabhängig davon, ob er zur Unterhaltung oder zur Darstellung der vielen Lebensverläufe verwendet wird. Probieren Sie es einige Monate lang aus und sehen Sie, wie die Informationen Ihre Gesundheit, Ihre Beziehungen, Ihre Kreativität, Ihr Verhalten, Ihre Intuition und vieles mehr verbessern.[12]

1.3 Wie Musik und Frequenzen das Bewusstsein und die Gesundheit beeinflussen

Musik kann Gehirnwellen verlangsamen und ausgleichen. Es wurde wiederholt nachgewiesen: Gehirnwellen können sowohl durch Musik als auch durch selbst erzeugte Geräusche verändert werden. Gewöhnliches Bewusstsein basiert auf Betawellen, die zwischen 14 und 20 Hertz schwingen. Betawellen treten auf, wenn wir uns auf die täglichen Aktivitäten in der Außenwelt konzentrieren und wenn wir starke negative Emotionen erleben. Erhöhtes Bewusstsein und Ruhe sind durch Alphawellen gekennzeichnet, die von 8 bis 13 Hertz variieren. Perioden höchster Kreativität, Meditation und Schlaf sind durch Theta-Wellen von 4 bis 7 Hertz gekennzeichnet, und Tiefschlaf, tiefe Meditation und Bewusstlosigkeit erzeugen Delta-Wellen im Bereich von 0,5 bis 3 Hertz. Je langsamer die Gehirnwellen sind, desto entspannter, zufriedener und friedlicher fühlen wir uns.

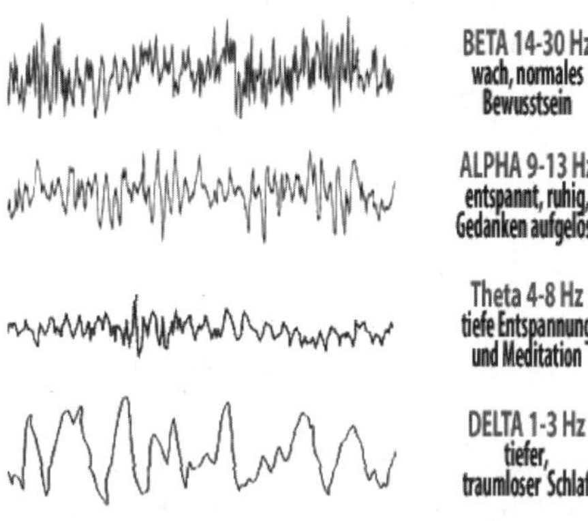

Abb. 13: Frequenzen der Gehirnwellen

Musik beeinflusst den Herzschlag, die Pulsfrequenz und den Blutdruck. Der menschliche Herzschlag ist besonders auf Klang und Musik abgestimmt. Die Herzfrequenz reagiert auf musikalische Variablen wie Frequenz, Tempo und Lautstärke und beschleunigt oder verlangsamt sich tendenziell, um dem Rhythmus eines Klangs zu entsprechen. Je schneller die Musik, desto schneller schlägt das Herz; je langsamer die Musik, desto langsamer schlägt das Herz – alles in einem moderaten Bereich. Wie bei den Atemfrequenzen, erzeugt ein niedrigerer Herzschlag weniger körperliche Anspannung und Stress, beruhigt den Geist und hilft dem Körper, sich selbst zu heilen. Musik ist ein natürlicher Energetisierer.

Musik kann auch den Blutdruck verändern. Eine Studie über werdende Mütter, die am „College of Nursing" der „Kaohsiung Medical University" in Taiwan durchgeführt wurde, ergab, dass sie durch das Anhören von CDs eines Brahms-Schlaflieds, Musik von Beethoven und Debussy, Naturgeräuschen und traditioneller chinesischer Kinderlieder nach nur zwei Wochen eine signifikante Verringerung von Stress, Angstzuständen und Depressionen erzielten.(13)

Musik kann stressbedingte Hormone regulieren. Anästhesisten berichten, dass der Spiegel an Stresshormonen im Blut von Personen, die entspannende Ambient-Musik hören, erheblich abnimmt, und in einigen Fällen ersetzt dies sogar den Bedarf an Medikamenten. Diese Hormone umfassen adrenokortikotrope (ACTH), prolaktine und menschliche Wachstumshormone (HGH). Politische Führer, Prozessanwälte, Chirurgen, Mütter und andere Menschen, die unter großem Stress arbeiten, spüren intuitiv die Kraft der Musik, sich zu beruhigen und zu entspannen.

„Ich kann nicht oft genug Musik hören", gestand Lenin, nachdem er eine beruhigende Beethoven-Sonate gehört hatte. *„Es bringt mich dazu, freundliche, dumme Dinge zu sagen und den Menschen die Köpfe zu tätscheln."*

Musik und Klang können die Immunfunktion stärken. Wenn sich der Körper als erfolgreich bei der Abwehr von Krankheiten erweist, liegt dies daran, dass das System in Harmonie arbeitet. Blut, Lymphe und andere Flüssigkeiten zirkulieren ordnungsgemäß, und Leber, Milz und Nieren behalten ihre allgemeine Integrität bei. Untersuchungen in der Immunologie legen nahe, dass ein unzureichender Sauerstoffgehalt im Blut eine Hauptursache für Immunschwäche und degenerative Erkrankungen sein kann. Wissenschaftler einer Studie an der „Michigan State University" berichteten, dass das Hören von Musik für nur 15 Minuten den Interleukin-1-Spiegel (IL-1) im Blut von 12,5 auf 14% erhöhen konnte.

Interleukine sind eine Familie von Proteinen, die mit der Blut- und Blutplättchenproduktion, der Lymphozytenstimulation und dem zellulären Schutz gegen AIDS, Krebs und andere Krankheiten verbunden sind.

Musik kann die Produktivität steigern. Die Erforschung von Gesundheit und Gedächtnis in Arbeitsumgebungen hat die Art und Weise, wie Musik am Arbeitsplatz verwendet wird, radikal verändert. Die Universität von Wisconsin berichtete, dass in einer Studie mit 90 Personen, die ein Manuskript redigierten, die Genauigkeit in der Gruppe, die 90 Minuten lang leichte klassische Musik hörte, um 21,3% zunahm. Im Gegensatz dazu verbesserten sich die Fähigkeiten derjenigen, die ein beliebtes kommerzielles Radioformat hören, nur um 2,4%. Die Versuchspersonen, die in Stille arbeiteten, waren um 8,3% weniger genau als diejenigen, die unter dem üblichen Bürolärm arbeiteten. *AT&T* und *Dupont* haben die Trainingszeit mit kreativen Musikprogrammen halbiert. *Equitable Life Insurance* steigerte die Leistung von Transkriptoren nach sechswöchiger Einführung von Musik im Büro um 17%, und *Mississippi Power & Light* steigerte die Effizienz in der Abrechnungsabteilung nach Einführung eines neunmonatigen Office-Hörprogramms um 18,6%.

Musik kann das Gedächtnis und die Lernfähigkeit stärken. Wenn wir trainieren, kann Musik unsere Ausdauer verlängern. Das gleiche gilt, wenn wir studieren. Das Spielen von leichter, beschwingter Musik (z.B. Mozart oder Vivaldi) im Hintergrund hilft einigen Menschen, sich über längere Zeiträume zu konzentrieren, während andere dadurch abgelenkt werden können. Das Hören von Barockmusik während des Lernens kann die Fähigkeit verbessern, sich Rechtschreibung, Poesie und Fremdwörter zu merken. Forscher haben nicht nur festgestellt, dass Rhythmus das Gedächtnis unterstützt, sondern auch herausgefunden, dass das Gedächtnis einen eigenen tagesperiodischen Rhythmus hat. Kurzzeitgedächtnisprozesse sind am Morgen auf ihrem Höhepunkt, während Langzeitspeicherung am besten am Nachmittag erreicht wird.

Deshalb versuchen viele Eltern, ihre Kinder dazu zu bringen, Klavier spielen zu lernen, um ihr Gedächtnis und ihre Lernfähigkeit zu verbessern. Es hat sich gezeigt, dass das Spielen eines Instruments oder die Teilnahme an einem Musikprogramm in der Schule (oder das Einbeziehen von Musik in

Unterrichtsaktivitäten in Bereichen wie Geschichte und Wissenschaft) weitgehend positive Auswirkungen auf Lernen, Motivation und Verhalten hat.

Ein hoher Prozentsatz von Umwelteinflüssen geschieht durch das Gehör, und es ist klar, dass Musik ab etwa der 18. Schwangerschaftswoche eine entscheidende Rolle bei der Vernetzung des Gehirns eines kleinen Kindes spielt. Wenn ein Kind geboren wird und sich im Laufe der Jahre weiterentwickelt, kann Musik seine Physiologie, seine Intelligenz und sein Verhalten verbessern. Solche Effekte sind real und messbar. Studien haben zum Beispiel gezeigt:

- Musik kann die Bewegung und Herzfrequenz eines Babys im Mutterleib beruhigen oder stimulieren.
- Frühgeborene, die auf ihren Intensivstationen klassische Musik hören, nehmen an Gewicht zu, verlassen das Krankenhaus früher und haben bessere Überlebenschancen.
- Kleine Kinder, die regelmäßig Musik lernen, weisen bessere motorische und mathematische Fähigkeiten sowie Leseleistungen auf, als diejenigen, die dies nicht tun.
- Schüler, die ein Instrument singen oder spielen, erzielen bei SAT-Ergebnissen bis zu 52 Punkte mehr als diejenigen, die dies nicht tun.
- Hochschulstudenten, die zehn Minuten Mozarts Sonate für zwei Klaviere in D-Dur KV 448 hören, schneiden im räumlich-zeitlichen Teil der IQ-Tests unmittelbar danach tendenziell besser ab.
- Das Gehirn erwachsener Musiker weist im Allgemeinen eine größere EEG-Kohärenz (Gehirnwellenkohärenz) auf als bei Nichtmusikern – und unterscheidet sich sogar anatomisch in Fällen, in denen die Musiker ihre Ausbildung vor dem siebten Lebensjahr begonnen haben.[(14)]

Heilen mit Klang, Frequenz und Schwingung

Wenn du die Geheimnisse des Universums entschlüsseln willst, denk in Begriffen wie Energie, Frequenz und Vibration.

(Nikola Tesla)

Viele Leute bringen Krankheiten und Gebrechen mit Rezepten und Eingriffen wie Operationen in Verbindung. Schulmedizin und Wissenschaft beschreiten einen schmalen Pfad, der anstatt auf Energie auf chemischen Substanzen und scharfen Instrumenten basiert.

Schon die Menschen des Altertums waren sich bewusst, dass Klang, Vibration und Schwingung starke Kräfte sind, die das Leben bis hinunter auf die Zellebene beeinflussen. Der bereits erwähnte äußerst talentierte griechische Philosoph Pythagoras verschrieb Musik als Medizin und stellte die Behauptung auf, dass die musikalischen Intervalle, die er entdeckt hatte, eindeutige Erscheinungsformen heiliger Geometrie seien. Er war der Überzeugung, dass es sich bei Musik um das Phänomen von Zahlen in der Zeit handele, welches die natürlichen Formen reflektiere und dazu in der Lage sei, einen Organismus wieder in Balance zu bringen.

Schamanische Musik

Schamanische Traditionen kommen auf der ganzen Welt vor. Sie bilden u.a. ein altes System, bei dem sich die Heiler im Auftrag von Kranken in Trance versetzen, um zu Wissen und Erkenntnis über eine Krankheit zu gelangen. Von seiner Trance bringt der Schamane verschreibende Maßnahmen mit, die dem Patienten dabei helfen, seine Gesundheit wiederherzustellen.

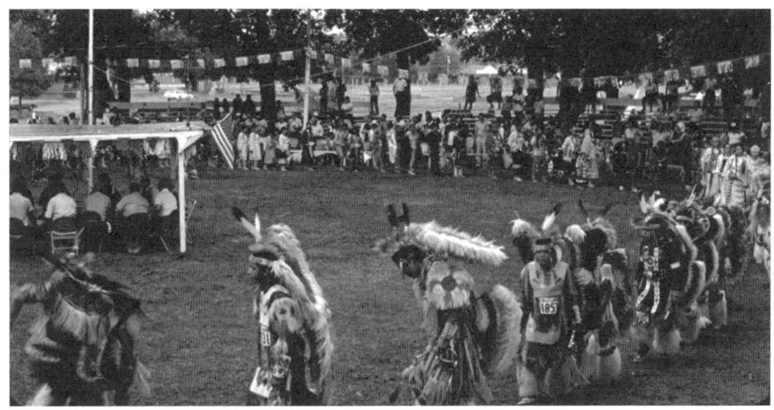

Abb. 14: Ein Powwow ist im weitesten Sinne ein Treffen von nordamerikanischen Ureinwohnern oder jede vergleichbare Veranstaltung. Im engsten Sinne ist es eine Form von Kulturveranstaltung, die auf Bräuchen von Kriegerbünden der mittleren Great Plains aus dem 19. Jh. gründet. Durch verschiedene Aspekte des Brauchtums werden die kulturelle Identität gestärkt und überlieferte Wertevorstellungen vermittelt.

Um Trancezustände zu erreichen, setzten und setzen traditionelle und moderne Schamanen Trommeln und Gesang ein. Reisende, die an indianischen Powwows teilnehmen, werden Zeuge alter schamanischer Praktiken wie Trommeln, Tanz und Gesang. Forscher gehen davon aus, dass durch wiederholtes schamanisches Trommeln und Singen eine Möglichkeit zur Heilung und Integration besteht, indem ein Zugang zum Unterbewusstsein geschaffen wird.

Um seinen Nutzen zu verstehen, dekonstruiert die Verhaltensforschung heutzutage Methoden des Schamanismus. Sie versucht hier die Schnittstelle von Wissenschaft und Spiritualität zu finden, wobei bahnbrechende Entdeckungen im Bereich der Heilung mit Klang, Frequenz und Musik gemacht werden.

Klangbaden zur Verminderung von Stress

Das Klangbaden mit Klangschalen gegen Angst und Stress ist eine Methode zur Steigerung des Wohlbefindens, die immer mehr an Bedeutung zunimmt. Dabei werden verschiedene Klangschalen angeschlagen, während sich die Teilnehmer hinlegen, die Augen schließen und zuhören. Studien zufolge reduziert dieses sogenannte Klangbaden unmittelbar Angst und Depressionen, die beide in Verbindung mit einer zunehmenden Zahl von Krankheiten stehen. Einer anderen Studie zufolge berichteten „*62 Frauen und Männer mit einem Durchschnittsalter von 50 Jahren über deutlich weniger Anspannung, Wut, Erschöpfung und depressive Verstimmung nach Klangsitzungen. Eine Meditation mit tibetischen Klangschalen kann eine kostengünstige Maßnahme mit niedrigem technischem Aufwand zur Reduktion von Anspannung, Ängsten und Depressionen sowie zur Steigerung des geistigen Wohlbefindens sein.*"

Eine im „Southern Medical Journal" im Jahr 2005 veröffentlichte Studie zeigt die positiven Auswirkungen von Musik im klinischen Umfeld. Forscher berichten: „*Musik reduziert bei Kindern und Erwachsenen effektiv Ängste und verbessert die Stimmung bei medizinischen und chirurgischen Patienten sowie bei Patienten auf der Intensivstation.*" Forscher stellten auch fest, dass Ambient-Musik die Empathie bei Pflegekräften erhöht, ohne in die fachlichen Aspekte der Behandlung einzugreifen.

Kann mit Klang Krebs geheilt werden?

Die Biologin Helene Grimal untersuchte 1981 in Kooperation mit dem Komponisten Fabien Maman die Beziehung zwischen Klangwellen und lebenden Zellen. Maman, der ebenfalls Akupunkteur ist, hatte vorher herausgefunden, dass er mithilfe von Stimmgabeln und buntem Licht an Akupunkturpunkten gleiche und sogar bessere Resultate erzielen konnte als mit Nadeln.

Grimal und Maman untersuchten 18 Monate lang die Auswirkungen von Klängen mit 30-40 Dezibel auf menschliche Zellen. Die Forscher beobachteten mit einer Kamera auf einem Mikroskop Gebärmutterkrebszellen, die bei 20-minütige Sitzungen diversen akustischen Instrumenten wie Gitarre, Gong und Xylophon sowie der menschlichen Stimme ausgesetzt wurden.

Indem Grimal und Maman die neunstufige ionischen Skala (C-D-E-F-G-A-B-C-D) verwendeten, beobachteten sie, dass Krebszellen unter Schalleinwirkung ihre strukturelle Stabilität einbüßten, bis sie nach einer Zeitspanne von 14 Minuten explodierten. Wesentlich drastischere Auswirkungen hatte der Klang einer menschlichen Stimme: Die Zellen wurden bereits nach neun Minuten zerstört. Maman und Grimal arbeiteten als nächstes mit zwei

Frauen, die unter Brustkrebs litten. Die Frauen widmeten sich einen Monat lang dreieinhalb Stunden am Tag dem Intonieren bzw. Singen der Tonleiter. Bei einer der Frauen war der Tumor nicht mehr nachweisbar, d.h. er war einfach verschwunden. Die andere Frau wurde operiert und ihr Chirurg gab bekannt, dass ihr Tumor deutlich „ausgetrocknet" und geschrumpft sei. Er wurde entfernt, und bei der Frau trat eine vollständige Genesung und Remission ein.

Maman erklärte: „*Krebszellen können ihre Struktur nicht aufrechterhalten, wenn bestimmte Schallwellenfrequenzen die zytoplasmatischen und nuklearen Membrane angreifen. Die Zellen können sich nicht anpassen oder stabilisieren, wenn die Schwingungsfrequenz steigt, und sterben durch Zersetzung und Explosion ab.*"

Klangheilungstechnologie

Ein Aufsatz, der auf der Webseite des „Institute of Noetic Science" veröffentlicht wurde, schildert Folgendes: „*Seit Klangheilung in Australien vor über 40.000 Jahren als Therapie entwickelt und eingesetzt wurde, wird sie als Behandlung von psychischen und physischen Krankheiten und Verletzungen zur Unterstützung des Sterbeprozesses eingesetzt. Obwohl sie anfänglich nur mit dem Yidaki oder Didgeridoo praktiziert wurde, wird die Klangheilung heutzutage mithilfe einer Vielzahl von Instrumenten wie Stimmgabeln, Kristallschalen, Trommeln und Ultraschallgeräten sowie menschlichen und tierischen Vokalisationen durchgeführt.*"

Die Heilpraktikerin Lily Whitehawk regte eine ausgeklügelte Technologie für Klangheilung an. Whitehawk kombinierte ihr Wissen über Quantenphysik und Physiologie mit ihren Beobachtungen über die positiven Auswirkungen bestimmter Klangfrequenzen, und ihr schwebte ein heilsames Hilfsmittel vor, das altes Wissen mit moderner Technologie vereint. Whitehawk stellte fest, dass die menschliche Stimme am effektivsten für die Klangheilung ist, gefolgt von Klangschalen und Stimmgabeln, und bestätigte Mamans Ergebnisse.

Whitehawk begann in Kooperation mit ihrem Freund und Kunden Larry Doochin, ihre Vision in die Tat umzusetzen, und sagte: „*Larry hatte so viel Vertrauen in das Projekt, und tat alles dafür, um mir zu helfen, dass es verwirklicht wird.*" Durch die Zusammenarbeit mit einem Studioingenieur sowie mit

Software- und Hardware-Entwicklern, erschufen die Partner eine kleine Box namens „HUSO", die dem Körper mittels Kopfhörer und Elektroden auf Akupunkturmeridianen „auf einzigartige Weise optimierte menschliche Intonierungsklänge" bereitstellt.

Whitehawk geht davon aus, dass ein Netzwerk von faserigem Gewebe – den Faszien des Körpers, die sich um Organe und Muskeln winden – im ganzen Körper Tonfrequenzen übertragen kann. Außerdem fanden die Projektpartner heraus, dass wesentliche subtile Frequenzbereiche durch digitale Aufnahmetechnik eliminiert wurden, die für einen optimalen Nutzen und Erfolg vonnöten waren, weshalb sie in einem „verlustfreien" nicht-digitalen Modus aufzeichneten.

Ihre Kunden berichten von verbesserter allgemeiner Gesundheit und gesteigertem Wohlbefinden, erholsamerem Schlaf, höherer Konzentration sowie besserer Leistungsfähigkeit. Auch Eltern von Kindern mit hoher Sensibilität und ADS erklären, dass ihre Kinder besser schlafen und sich besser konzentrieren können, und dass diese verbesserte Fähigkeiten zur Selbstregulierung besäßen. Whitehawk sagte: *„‚HUSO' macht sich die wissenschaftlichen Prinzipien der Resonanz und des Einschwingens zunutze, um ein aus der Balance geratenes Körpersystem wieder gesünder und harmonischer zu machen. Es ist nicht-invasiv, sicher und effektiv."*

„Der Effekt ähnelt der authentischen schamanischen Heilung mithilfe von Klängen durch die Verwendung von Gesang, Intonation, Trommeln, Rasseln, Pfeifen, Flöten und Glocken. Man hört die Klänge, aber man spürt auch die Vibrationen dieser Klänge im eigenen Körper. Das sind sehr kraftvolle Erfahrungen einer Transformation. Ich sah, wie wunderliche Dinge passierten, die die moderne Wissenschaft für unmöglich halten würde. Doch sie geschehen … immer wieder", so Whitehawk.

Wir stoßen auf Weltklasse-Experten sowie renommierte Energieheiler und hören von inspirierenden Fällen.

Klang, Frequenz und Schmerztherapie

Donatella Moltisanti litt seit ihrem 13. Lebensjahr unter quälenden Menstruationsschmerzen, weswegen sie pro Monat eine ganze Woche lang ihr Bett nicht verlassen konnte. Als Moltisanti in ihren späten Teenagerjahren mit dem Erlernen von Gesang und Musik begann, trat jedoch eine unerwartete Änderung der Situation ein: Sie stellte fest, dass ihre Schmerzen von Monat zu Monat abnahmen. Später lernte sie Gesangstechniken hinzu, die ihren Körper noch mehr heilten und auch anderen helfen. Mit der Zeit lernte Moltisanti, ihre Stimme im Rahmen einer Heilkunst unter Verwendung von Kristall- und Klangschalen zu kombinieren.

Wie Forscher der „McGill University" herausgefunden haben, wirkt Musik beruhigend auf möglicherweise verängstigt reagierende Kinder, die in eine Kindernotaufnahme kommen. Einer anderen Untersuchung zufolge hatten Patienten weniger Schmerzen beim Setzen eines intravenösen Zugangs, wenn sie beruhigende Musik hörten.

In einem Artikel im „British Journal of General Practice" wird gesagt, dass Musik einen unmittelbaren Einfluss auf die Schmerzempfindlichkeit ausübt. Aus den Antworten auf einem Fragebogen, der an eine Gruppe von Patienten geschickt wurde, die unter chronischen Schmerzen litten, geht hervor, dass *„diejenigen, die häufiger Musik hörten, eine bessere Lebensqualität hatten, was darauf hindeutet, dass Musik chronische Schmerzen lindern kann"*.

Klangmedizin der Zukunft

Mit Verweis auf den britischen Physiker Colin McClare sagte Dr. Bruce Lipton: *„Information kann durch chemische Vorgänge übertragen werden, und Information kann durch Schwingung übertragen werden. Es stellt sich die Frage, ob eines davon besser ist als das andere."*

Wie Lipton erklärt, übertragen chemische Reaktionen nur etwa 2% der Informationen, während 98% als Wärme verlorengehen.

Durch Frequenz und Schwingung (Energie) übertragene Informationen werden allerdings zu beinahe 100% übertragen. Lipton ergänzt, dass chemische Signale mit einer Geschwindigkeit von etwa einem Fuß (ca. 30 cm) pro Sekunde das Medium durchqueren; Vibrationen, Resonanzen und Frequenzen bewegen sich jedoch mit einer Geschwindigkeit von 186.000 Meilen (ca. 300.000 km) pro Sekunde.

Der Visionär Rudolf Steiner (1861–1925) erklärte, dass reine Töne noch vor Ablauf des 20. Jh. zu Heilzwecken eingesetzt werden würden. Das ist in der Tat eingetreten, jedoch sind noch viele Auswirkungen bestimmter Klang- und Energiefrequenzen auf den Körper unerforscht. Angesichts der

Vielzahl der derzeit durchgeführten Studien sollte es allerdings nicht lange dauern, bis die etablierte Medizin die Klangtherapietechnologie als leistungsfähige Komplementärtherapie akzeptiert.[15]

Die Bedeutung des „Om"

Im Anfang war das Wort und das Wort war bei Gott und das Wort war Gott.

(Das Evangelium nach Johannes 1,1)

Es ist ein besonders menschliches Merkmal, neugierig auf unsere Herkunft und die Ursprünge unseres Universums zu sein. Wie konnte so viel – die Vielfalt unseres Planeten, die Weite unseres Sonnensystems, die unbekannten Bereiche des Weltraums – aus dem Nichts kommen? Spirituelle Traditionen aus aller Welt haben sich mit dieser Frage auseinandergesetzt und die tiefgreifende Rolle des göttlichen Wortes als Ursprung und Anfang des Universums erkannt. Wenn es zuerst nichts gab, war das allererste eine Klangschwingung, und von dort entstand alles, und die materielle Welt wurde geboren. Und jetzt kommt auch die westliche Wissenschaft an Bord: Quantenphysiker haben die Rolle der Schwingung an der Wurzel der Materie selbst untersucht.

Nikola Tesla sagte: *„Wenn du die Geheimnisse des Universums entdecken willst, denke an Energie, Frequenz und Schwingung."* Die Grundlagen unseres Universums, der Materie und des Denkens, scheinen in Klangschwingungen zu liegen.

Und aus yogischer Sicht besteht eine tiefe Verbindung zwischen Sprache (Ausdruck unserer Gedanken) und Prana (Lebensenergie, die vom Atem getragen wird). Wenn wir sprechen, benennen wir unsere Realität, während wir die Kraft des Atems nutzen, um unsere Worte zu formen und auszudrücken. Sprache ist Prana in Aktion. Prana erzeugt Klang auf natürliche Weise.

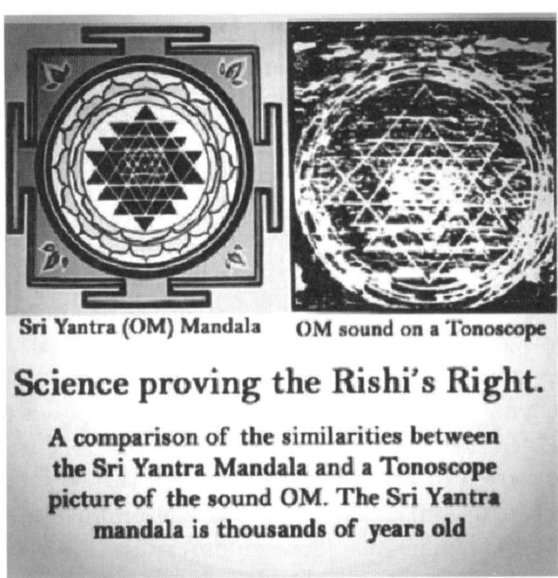

Abb. 15: Visualisierung der Ursilbe „Om“: „Die Wissenschaft gibt den Rishis (hinduistischen Weisen) recht. Ein Vergleich der Ähnlichkeiten zwischen dem Shri Yantra-Mandala (links) und einem Tonoscope-Bild des Om-Klangs. Das Shri Yantra-Mandala ist Tausende von Jahren alt.“

Masaru Emoto (1943–2014), der japanische Forscher, der die Auswirkungen des Klangs verschiedener Wörter auf das Wasser untersuchte, demonstrierte die Kraft unserer Sprache und unsere Absicht in der Materie um uns herum und in uns. Das Potenzial von Schallschwingungen und Absichten bei der Schaffung unserer Realität wurde sowohl von den alten Yogis als auch von modernen Autoren wie Esther Hicks eingehend untersucht.

Klangheiler verwenden Gesang und Tonisierung, um eine tiefgreifende Transformation in Körper und Geist zu bewirken. Wie kann man das alles verstehen? Vielleicht ist der beste Ausgangspunkt der Anfang.

Vielleicht haben Sie in einem Yoga-Kurs Leute gehört, die den Laut „Om“ gesungen haben, oder eine CD mit religiöser Musik gehört. Oder Sie haben das seltsame, aber schöne Symbol auf einem Poster oder auf einem T-Shirt von jemandem gesehen. Diese Sanskrit-Silbe ist unter Yogis und Menschen, die an östlicher Spiritualität interessiert sind, alltäglich geworden, aber wie viele von uns verstehen ihre Bedeutung wirklich, oder wissen, wie sie unsere spirituelle Praxis und unser Wachstum unterstützen kann? Im Folgenden werden die Bedeutung, Herkunft und Verwendung dieses mächtigen Symbols untersucht.

Die kulturellen und historischen Wurzeln von „Om“

Die Silbe „Om“ ist ein altes Sanskrit-Zeichen, das erstmals in den Veden gefunden wurde und zwischen 1.500 und 1.200 v. Chr. entstand. Eine Sammlung vedischer Sanskrit-Hymnen wurden zum Lob des Göttlichen gesungen. Sie wurden zunächst nicht ausgeschrieben, sondern durch menschliche Sprache ins Leben gerufen. Lehren über die Metaphysik des „Om“ wurden später in den Upanishaden, alten mystischen Texten Indiens, ausgearbeitet. Später kategorisierten die Yoga-Sutras von Patanjali die „acht Glieder des Yoga“. Das sechste davon, Dharana, was Konzentration bedeutet, beschrieb verschiedene Methoden, um den Geist zu unterstützen, um eine zielgerichtete Aufmerksamkeit zu erreichen. Das Wiederholen eines Mantras, und insbesondere dieser Silbe „Om“, war ein wichtiger Aspekt, um diese sechste Stufe des Yoga oder die Vereinigung mit den göttlichen Ursprüngen zu erreichen. Anne Dyer, eine Klang-Yoga-Expertin, erklärt in einem Interview mit Rodney Yee, dass Patanjali lehrte: *„Singen Sie ‚Om‘, und Sie werden Ihr Ziel erreichen. Wenn nichts anderes funktioniert, singen Sie einfach ‚Om‘.“*

Sreedevi Bringi, ein Gelehrter für östliche Religionen und Yoga-Studien an der Naropa-Universität, erklärt, dass die Hauptlehre des „Om“ in diesen alten Texten darin bestand, nicht-duales Bewusstsein zu erfahren, was auch das Ziel aller Yoga-Praktiken ist.

Was ist „Om“? – Das ursprüngliche Keimsilben-Mantra

Keim- oder Bija-Mantras sind einsilbige Mantras aus der Sanskrit-Sprache. Es gibt acht ursprüngliche Shakti-Keimsilben, einschließlich „Om“. David Frawley schrieb in seinem Buch „Mantra Yoga and Primal Sound“: *„Shakti-Bija-Mantras sind wahrscheinlich die wichtigsten aller Mantras, sei es zur Meditation, zur Anbetung von Gottheiten, zur Energiegewinnung von Prana oder zu Heilungszwecken. Sie tragen die großen Naturkräfte, wie die Energien von Sonne und Mond, Feuer und Wasser, Elektrizität und Magnetismus, in sich,* *nicht nur als äußere Faktoren, sondern als innere Potentiale des göttlichen Lichts. Sie stellen verschiedene Aspekte von Kraft und Ausstrahlung für Körper, Geist und Bewusstsein dar. Sie halten, harmonisieren und treiben die Kundalini-Kraft auf spezifische und transformative Weise an.*"

Unten finden Sie eine einfache Tabelle der Hauptenergien (Shaktis) der Shakti-Mantras.

Prana-Energie:

- Om-Prana-Energie
- Zielenergie des Klangs
- Hrim-Solarenergie
- Shrim-Mondenergie
- elektrische Krim-Energie
- magnetische Klim-Energie
- Hum-Kraft des Feuers
- Hlim-Kraft zum Stoppen
- Strim-Kraft zur Stabilisierung
- Trim-Kraft zum Transzendieren

„Om", die erste dieser Silben und mit immenser Prana-Lebensenergie, ist eine mystische Silbe, die als das heiligste Mantra im Hinduismus und im tibetischen Buddhismus gilt. Sie erscheint am Anfang und am Ende der meisten Sanskrit-Rezitationen, Gebete und Texte. „Om Namah Sivaya" ist nur eines von vielen Beispielen, bei denen „Om" am Anfang in einem größeren Mantra enthalten ist. „Om" wird als Repräsentant des Urklangs des Universums angesehen, verbindet uns mit dem Göttlichen und trägt es in Schwingungsform, wodurch unsere Gebete und Mantras mit seiner erhöhten Prana-Energie effektiver werden.

Was bedeutet „Om"?

Keim-Mantras wie „Om" sind keine gewöhnlichen Wörter mit Wörterbuchdefinitionen. In diesen Mantras geht es mehr um den Schwingungsinhalt, als um die Bedeutung. Dazu wieder Frawley: „*Om ist das Wort Gottes.*" Der

Laut „Om“ ist eine Schwingung, von der das gesamte manifestierte Universum ausgeht. Form und Schöpfung entstehen durch Schwingung. „Om“ ist die elementarste Schwingung. Es ist der Klang der Leere. Frawley sagt: *„Om ist das Haupt-Mantra des Höheren Selbst oder Atman. Es stimmt uns auf unsere wahre Natur ein. Es ist der Klang des Schöpfers, Bewahrers und Zerstörers des Universums, der auch der innere Guru und Hauptlehrer ist. Es spiegelt sowohl das manifestierte als auch das nicht-manifestierte Brahman wider und erhält die Schwingung von Sein, Leben und Bewusstsein in allen Welten und allen Kreaturen aufrecht.“*

„Aum“ – Schöpfer, Bewahrer, Zerstörer

„Om“ wird auch manchmal als „Aum“ geschrieben und ausgesprochen, eine Verlängerung der einzelnen in „Om“ enthaltenen Laute. Jeder der drei Buchstaben und Laute entspricht einem anderen Aspekt des Göttlichen. Der erste Laut, A, ruft Brahma hervor, den kreativen Aspekt. Der U-Laut ruft Vishnu, den Bewahrer, hervor. Und der M-Laut Shivas repräsentiert den zerstörerischen Aspekt Gottes.

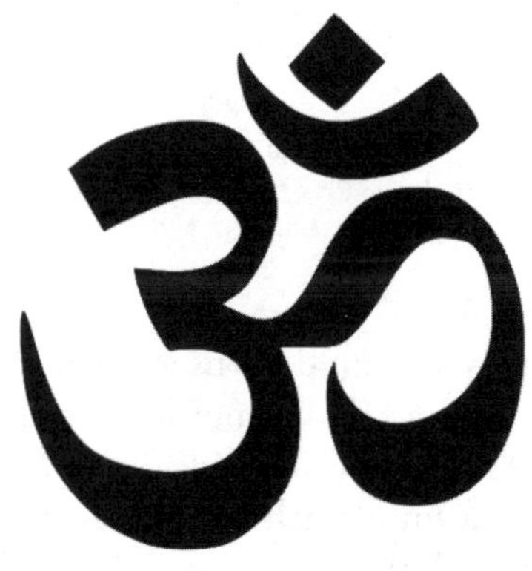

Abb. 16: Das „Om“- Symbol in der Devanagari- Schrift

Die drei Laute in dieser einen Silbe erinnern uns an diese drei Aspekte des Göttlichen, ohne die nichts existiert, alles aufrechterhalten wird, und alle Dinge sich wieder in der Leere auflösen. Nachdem man „Aum“ gesungen und diese Reise durch die Transformation des Kosmos unternommen hat, hält man traditionellerweise inne und sitzt still, um diese kreative Leere zu erleben, die mit dieser ursprünglichen Schwingung vibriert.

„Om“ und Amen

Paramahansa Yogananda (1893–1952), der Autor des klassischen Textes „Autobiographie eines Yogi“ sagt: *„Das Om oder Aum der Veden wurde zum* *heiligen Wort Hum der Tibeter, zum Amin der Moslems und dem Amen der Ägypter, Griechen, Römer, Juden und Christen.*" Die Silbe wurde in viele verschiedene Sprachen, Kulturen und religiöse Traditionen übersetzt, aber die kreative und transformative Kraft des Klangs bleibt gleich. In der Bibel ist das Wort Amen mit dem Beginn der Erschaffung des Universums verbunden:

„*Diese Dinge sagen das Amen, das treue und wahre Zeugnis, den Beginn von Gottes Schöpfung.*"

Wie man die Kraft von „Om" nutzt

In der yogischen Tradition ist ein Mantra ein mächtiges Hilfsmittel, um den Geist zu fokussieren und zu beruhigen. Versuchen Sie, tief zu atmen und den Ton „Om" zu wiederholen, während Sie Ihr Bewusstsein an der Krone Ihres Kopfes oder am Punkt des dritten Auges an der Stirn halten. Oder wiederholen Sie „Om" oder ein Mantra, das „Om" enthält, 108 Mal mit Hilfe einer Mala. „Japa-Yoga" genannt, hält dies den Geist fokussiert und erfüllt Körper, Geist und Herz mit den Eigenschaften des Mantras.

In der Bhakti-Yoga-Tradition („Bhakti" bedeutet Hingabe) öffnet das Singen oder Chanting der Namen Gottes das Herz und bringt einen in einen Zustand der Glückseligkeit. „Om Gam Ganapataye Namah" ruft Ganesha an und lobt ihn, den Gott des Überflusses und Zerstörer von Hindernissen. Indem man „Om" vor dem Rest des Mantras singt, ruft man die Kraft des Wortes und die Ursprünge des Klangs hervor.

„Om" wird am häufigsten mit dem sechsten Chakra (Stirnpunkt) und dem siebten Chakra (an der Oberseite des Kopfes) assoziiert. Andere Silben sind mit jedem der anderen Chakren verbunden. Versuchen Sie, diese zu singen, während Sie sich auf jedes Chakra oder jeden Bereich des Körpers konzentrieren:

- „LAM" – Chakra 1 (Wurzel)
- „VAM" – Chakra 2 (Sakral/Nabel)
- „RAM" – Chakra 3 (Solarplexus)
- „YAM" – Chakra 4 (Herz)
- „HAM" – Chakra 5 (Hals)
- „OM" – Chakra 6 (drittes Auge/Stirn)

- „OM“ – Chakra 7 (Krone)

Schließlich schlägt Anne Dyer vor, dass wir in unserer Gesangspraxis vom lauten Singen des „Om“ zum Flüstern der Silbe übergehen. Dies trainiert den Geist, sich auf das Subtile zu konzentrieren. Wenn wir die Lautstärke verringern, müssen wir unsere Aufmerksamkeit erhöhen. Wenn der Geist genau zuhört, ist der Geist nicht mit dem Denken beschäftigt. In der Stille können wir beginnen, die Stille zu hören, den Klang der Leere. Tief auf die Stille zu hören, ist eine tiefgreifende meditative Praxis, die uns mit der Kraft der Schöpfung und dem Göttlichen verbindet.

Am Ende kann uns die Erforschung der Silbe „Om“ und die Kraft des Lautes daran erinnern, unsere Worte als heilig, kreativ und göttlich zu behandeln. Was wir denken und sagen, erschaffen wir selbst. Wir sind mächtige Schöpfer! Mögen unsere Worte durch unseren bewussten Gebrauch ihre transformative Kraft wiedererlangen, und möge das Göttliche durch uns sprechen, wenn wir die Schwingungen, die wir mit unseren Gedanken und Worten erzeugen, immer bewusster machen. „Om Shanti“.[(16)]

Gleichschwebend temperierte (Ver-)Stimmung vs. Naturtonreihe

Dr. Sergio Aschero erklärt, dass Kultur und Natur zwei unterschiedliche Modelle mit wenigen Überschneidungen sind, und dass Gruppen reiner ethnischer Herkunft sich der natürlichen Harmonie am ehesten nähern. Wenn die Natur mit Kultur „verseucht“ wird, dann beginnt sie sich ihm zufolge zu „verstimmen“. Demzufolge könnten Millionen von Menschen, deren Ohren von Geburt an konditioniert wurden, die Verstimmung als Wohlklang hinnehmen und mögen, da sie nie etwas anderes gehört haben. Kaum jemand macht sich bewusst, dass die Art von Musik, die man von Geburt an kennt, in Wirklichkeit eine Stimmung ist, die nur dazu dient, Töne ins Verhältnis zu setzen, d.h. zu temperieren, was de facto eine gleichmäßig dissonante Verstimmung darstellt. Sich an disharmonische Musik zu gewöhnen, macht sie nicht harmonischer, sondern es macht taub für wahre Harmonie.

Temperierung und Tonleiter

Die heutzutage weitgehend gebräuchliche gleichmäßig temperierte Stimmung wird mitunter stark kritisiert, da alle Intervalle außer der Oktave lediglich Annäherungen an die reinen Intervalle der Naturtonreihe darstellen. Daher wäre ein wirklich harmonisch rein klingendes System erstrebenswert, das auf einem idealen Urton basiert.

Gleichstufige Stimmung vs. reine Stimmung

Bei der gleichstufigen Stimmung haben alle zwölf Halbtonschritte einer Oktave die gleiche Größe (100 Cent). Bei einer reinen Stimmung tritt bei Tasteninstrumenten das Problem auf, dass lediglich eine begrenzte Anzahl von rein klingenden Akkorden zur Verfügung steht, was mithilfe der gleichstufigen Stimmung umgangen wird, indem dadurch die zwangsläufig auftretenden Unreinheiten gleichmäßig auf alle Tonstufen verteilt werden, sodass alle Akkorde und Tonarten gleich (un)brauchbar sind. Kritiker der gleichstufigen Stimmung bedauern allerdings, dass hierdurch der individuelle Charakter der einzelnen Tonarten der früheren mitteltönigen oder wohltemperierten Stimmungen verloren geht. Ein auf diese Weise gestimmtes Instrument enthält außer der Oktave kein einziges „ideales" Intervall, d.h. in einem einfach ganzzahligen Frequenzverhältnis rein gestimmtes Intervall mehr, während die Abweichungen durchaus hörbar sind, was bei der heutigen Musikwahrnehmung jedoch allgemein als akzeptabel empfunden wird.

432 vs. 440 Hz

Oft wird im Unterschied zum heute gebräuchlichen a = 440 Hz der Stimmton a = 432 Hz (bzw. c = 256 Hz) als ideale Referenz bezeichnet. Woran liegt das?

Laut verschiedener Thesen, die wissenschaftlich umstritten sind, sollen diese Töne in Harmonie mit Mensch und Kosmos sein, und sie somit in Einklang bzw. Resonanz bringen. Einer der Verfechter der Frequenz 432 Hz ist der schottische Komponist Brian T Collins, der der Frage nachgeht, ob sie sich aus der Beobachtung von Geometrie und mathematischer Muster in der

Natur ableiten lässt. So ist z.B. interessant, dass die Beschaffenheit des Innenohrs mit seiner Spiralform der Fibonacci-Reihe entspricht und einen Zusammenhang mit der Obertonreihe ergibt. So lässt sich das Phänomen der Oktave auf die Innenohrschnecke zurückführen, ohne die laut der Meinung von Experten überhaupt keine Wiederholung im Empfinden stattfinden könne, sondern nur ein stetig ansteigender Ton.

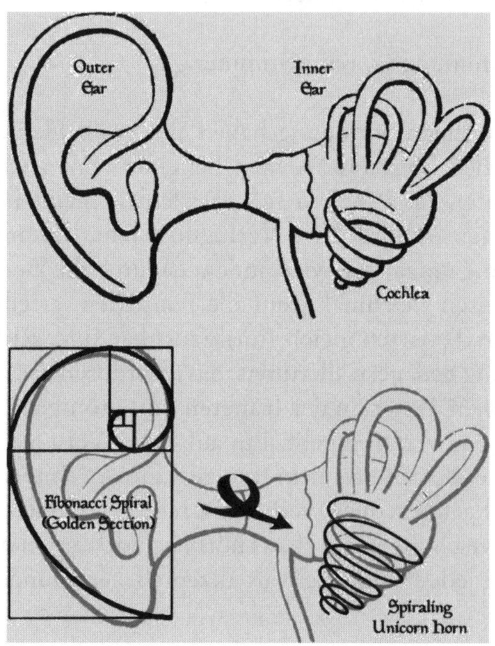

Abb. 17: Das Ohr ähnelt der Fibonacci-Spirale

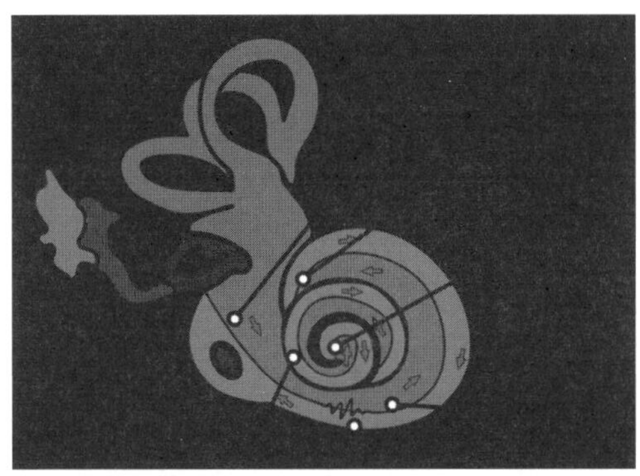

Abb. 18: Frequenzbereiche in der Cochlea (Ohrschnecke)

Collins verweist darauf, dass diese Schneckenform überall in der Natur beobachtet werden könne, selbst bei der DNA, woraus er ableitet, dass sich die gleichschwebende Stimmung und höhere Stimmtöne auf die DNA auswirken könnten. Vielleicht können deswegen a = 440 Hz, gleichschwebende Stimmung und höhere Stimmtöne als heller, dünner und außerhalb des Kopfes angesiedelt wahrgenommen werden, hingegen a = 432 Hz und die 12-Quintentöne-Tonleiter als eine innere Gefühlserfahrung.

Collins zufolge sollen die Obertöne von a = 432 Hz im Bezug zu organischen Systemen sowie zu Planetenbewegungen stehen, und die Zahl 432 lasse sich auch im Zusammenhang mit Steinkreisen wie Stonehenge oder Avebury sowie in der Zeitrechnung finden (z.B. 12 x 60 x 60 = 43.200 Sekunden/halber Tag) oder bei astrologischen Kalendern.

Die römisch-katholische Kirche soll diesen präzisen Aufzeichnungen dann ein Ende bereitet haben, um ihre Macht zu etablieren, was mit der Veränderung oder Zerstörung von Steinkreisen einher gegangen ist. Der ehemalige Musikinstrumentenbauer J.C. Deagan habe Collins zufolge die Stimmung auf 440 Hz in den USA eingeführt, nachdem er eine Vorlesung des deutschen Physikers Hermann von Helmholtz (1821–1894) besucht hatte und auf 440 Hz gestimmte Glocken und Glockenspiele herzustellen begann. Im 2. Weltkrieg soll angeblich eine Kriegsglocke von ihm in Propagandafilmen verwendet worden sein. Rudolf Steiner warnte die Menschheit, dass anstelle der Prime c = 128 Hz (a = 432 Hz), die ihm zufolge „Christen-Bewusstsein“ beinhalte, die Nutzung „luziferischer Helligkeit“ und „ahrimanischer

Töne" in der Musik eine Verdichtung der Habgier im Westen zur Folge haben könnte. Brian T Collins hingegen distanziert sich vom Glauben an religiöse oder okkulte Gesellschaften und meint dazu: *„Wenn man vom Glauben ablässt, bleibt eine spirituelle Verbindung zur Natur, die jeder mit dem Geburtsrecht erwirbt. Die im Einklang stehende Musik betreffend, beträgt der Unterschied von a = 440 Hz zu a = 432 Hz nur 8 Hz. Das aber ist ein wahrnehmbarer Unterschied im Bewusstsein unseres gemeinsamen Traumes, der Existenz."*

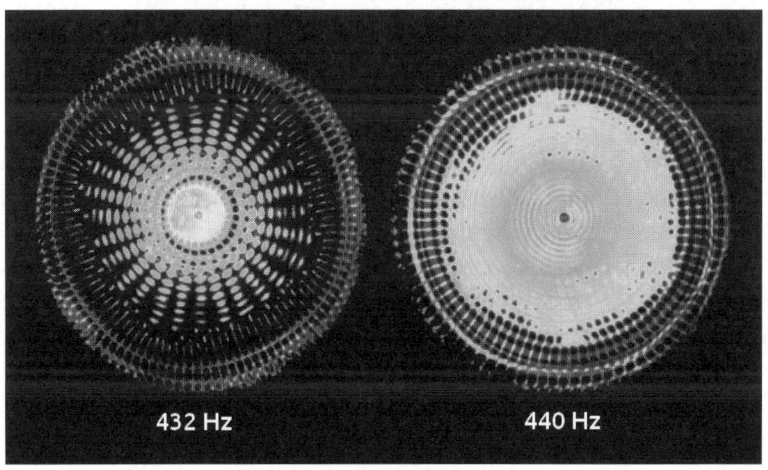

Abb. 19: Wasserklangbilder der beiden Frequenzen

Auch für Jamie Buturff stimmt der Kammerton 432 Hz mit der Struktur des Kosmos überein, sie sei in vielen Kulturen bei heiligen Ritualen verwendet worden, indische Instrumente wie Sitar und Tambura seien danach gestimmt, und auch die Stradivari-Violine sei für diese Stimmung konzipiert worden. In einem Dokument des „Centre for Biofield Sciences" in Pune (Indien), wo Buturff eine Studie in Auftrag gegeben hatte, die seine eigene Heilmusik in 432 Hz pythagoreischer Stimmung in Bezug auf Heilergebnisse als positiv getestet hatte, heißt es: *„Mit dem Bestreben, Musik im Einklang mit der Natur zu schaffen, lehnte sich der Begründer der Anthroposophie, Rudolf Steiner, an Paul Hindemith an, der in der ‚Unterweisung im Tonsatz' (1939) auf die Möglichkeit hinweist, den Grundton ‚C' im Einklang mit unserer*

Zeitrechnung zu setzen. Die Autorin Maria Renold beschreibt im Buch ‚Von Intervallen, Tonleitern, Tönen und dem Kammerton C = 128 Hz' (1985) detailliert die Wirkungsunterschiede zwischen chromatischer Musik, die auf 440 Hz gestimmt ist, und diatonischer Musik, basierend auf einem C mit 128 Hz (die eine Zweierpotenz der Grundeinheit ‚Hertz' (1 Hertz = 1 Schwingung pro Sekunde) ist. Dies scheint auf den ersten Blick eine vernünftige Lösung zu sein, doch auch sie entspringt einem Maß, das vom Menschen bestimmt wurde und nur indirekt von der Natur abgeleitet worden ist. Im Sinne der antiken Harmonielehre ist die Wahl der Sekunde als Ausgangsbasis eines Stimmungssystems insofern nicht ganz willkürlich, da sie sich in Relation zur Schwingung der Erdrotation durch Oktaven, Quinten und große Septimen ableiten lässt (1/60 von 1/60 von 1/24)."

Geschichtliche Entwicklung der Kammertöne/Stimmtöne

Die Anthroposophin Maria Renold schreibt in ihrem Standardwerk „Von Intervallen, Tonleitern, Tönen und dem Kammerton c = 128 Hz", dass sich in den letzten hundert Jahren der Kammerton in London von 427,7 bis 455,1 Hz, in Paris von 373,1 bis 563,1 Hz, bewegt habe, gegen Ende des 19. Jh. auf 440 Hz kletterte und nach dem 2. Weltkrieg in manchen großen Orchestern Europas schon auf 448 bis 460 Hz.

1939 wurde auf der Konferenz der „International Federation of the National Standardizing Associations" (ISA) der Stimmton a' auf 440 Hz als ein Frequenzmittelwert von Messungen, die in dem Jahr durchgeführt worden waren, festgelegt. 1955 wurde dieser Beschluss durch eine Empfehlung des „Council of the International Organization for Standardization" (ISO) bei einer Zusammenkunft in Stockholm bestätigt.

Aus Gehörexperimenten mit über 2.000 Menschen gehe hervor, dass noch heute ein nachweisbares Gefühl für die Qualität der absoluten Höhe eines Tones bestehe, während im klassischen griechischen Altertum dieses Wissen von der Wichtigkeit der Höhe eines Tones weit verbreitet war, der damals eine spezifische moralische Qualität beigemessen wurde. Renold widmet dem Ton c = 128 Hz (dem alten „Philosophen-C") ein umfangreiches Kapitel. Dabei wird aufgrund mehrerer Angaben Rudolf Steiners sowie anhand eigener Hörexperimente zu zeigen versucht, dass c = 128 Hz heute der einzige für den westlichen Menschen wirklich geeignete Kammerton ist, und dass eine menschengemäße und künstlerische Weiterentwicklung der Musik durchaus möglich ist.

Die Eigenqualität einzelner Töne

Renold beschreibt, dass als erstmals versucht wurde, einen Flügel auf die gehörsmäßig gefundene neue Zwölf-Quintentöne-Leiter einzustimmen, sie (als Konzertgeigerin und Bratschistin) nur eine Stimmgabel auf a' = 440 Hz zur Verfügung hatte, die dazu verwendet wurde, einen Steinway-Flügel intervallmäßig genau auf die neue Tonleiter einzustimmen. Daraufhin seien klassische und moderne Werke in intervallmäßig nie zuvor gehörter Schönheit erklungen, aber schon nach kurzer Zeit sei eine immer gehässiger werdende Stimmung unter den Anwesenden entstanden, wobei es ganz unwahrscheinlich erschienen sei, dass die klar und harmonisch klingenden Intervalle der neuen Stimmung diese antisozialen Empfindungen unter den Zuhörern hätten auslösen können.

Als jedoch aufgrund der Angabe Rudolf Steiners c' = 256 Hz (das sogenannte Philosophen-c) als Stimmton verwendet und der ganze Flügel nach der Zwölf-Quintentöne-Leiter heruntergestimmt wurde, seien nicht nur die Intervalle, sondern auch alle Töne wohltuend und schön erklungen, und die zuvor festgestellte Gehässigkeit sei verschwunden gewesen, indem unter allen Anwesenden eine harmonische Stimmung geherrscht habe. Um eine Täuschung auszuschließen, sei dieses Experiment während mehrerer Jahre an verschiedenen Orten mit Leiern wiederholt worden, und es hätten sich immer die gleichen Phänomene eingestellt, was nur eine einzige Schlussfolgerung erlauben könne: Ursächlich für die antisoziale Stimmung können nur die auf a' = 440 Hz basierenden Töne sein, wie sie seit 1939 in der gesamten westlichen bzw. westlich geprägten Musik vorherrschen.

Daraus ergibt sich die bestürzende Schlussfolgerung, dass sich Einzeltöne und Tongruppen, die kaum einen Viertelton auseinander liegen, als Träger von Qualitäten erweisen, die verschieden auf Menschen wirken, indem die einen Gehässigkeit, die anderen Wohlwollen auslösen. Dies besagt nichts Geringeres, als dass sowohl gute als auch böse Prinzipien in den verschiedenen Tonhöhen der Töne wirksam sind.

Wenn man von der Richtigkeit dieser These ausgeht, müsste aufgrund der Dauerbeschallung durch Radio, Internet und Fernsehen die soziale Stimmung in diesem Land katastrophal sein. Ist sie das denn nicht?

Das Ethos der Musik

C. Forsyth äußerte sich sehr positiv über den moralischen Wert der griechischen Musik, denn alle griechischen Schriftsteller seien sich darin einig gewesen, dass Musik einen wirklich moralischen Wert habe und einen bestimmbaren guten oder bösen Einfluss auf die Entwicklung des persönlichen Charakters habe. Aus diesem Grund sei die Art des musikalischen Ausdrucks für Erzieher und Staatsmänner von großer Wichtigkeit gewesen. Die Griechen betrachteten diesen moralischen Charakter als integralen Bestandteil der Musik und nannten ihn das Ethos der Musik, das einen ethischen Wert für die Allgemeinheit hatte. Während die Philosophen verschiedene Erklärungen dafür hatten, warum Ethos ein Teil der Musik sei und verschiedene Ansichten mit Bezug über dessen praktische Anwendung hatten, bezweifelte jedoch keine von ihnen die Existenz des Ethos.

Nach Ansicht der alten Griechen stand die Frage im Mittelpunkt, ob bestimmte Tonleitern (Modi) besser als andere geeignet seien, eine bestimmte Form moralischer Vorzüge auszudrücken. Auf die heutige Zeit übertragen bedeutet das z.B., ob eine bestimmte Tonart wie e-moll oder C-Dur besser geeignet ist, um tapfere Menschen hervorzubringen. Obwohl diese Tatsache lange Zeit umstritten war, haben sich im Laufe der Zeit immer mehr die Beweise dafür verdichtet, dass bei den alten Griechen für die Beurteilung des musikalischen Ethos einzig und allein die Tonhöhe der ihnen zur Verfügung stehenden Tonleitern ausschlaggebend gewesen war.

Bei Kathleen Schlesinger findet sich ein weiterer Hinweis darauf, dass im Altertum ein genaues Empfinden und eine Wertschätzung für absolute Töne sehr verbreitet gewesen sein muss, indem sie schreibt: *„Es könnte die von Hoang Chung als Lu bekannte Pfeife angeführt werden, die als Basis- oder Kammertonpfeife diente, auf welcher die Gesetze der alten chinesischen Musik aufgebaut waren. Sie hatte als Grundton das fau' = 352 Hz, wenn man den Maßangaben der altchinesischen Schriftsteller trauen darf. Ein fau' dieser*

Schwingungszahl erscheint als der elfte Oberton des Grundtones 1C = 32 Hz. Ferner möchte ich erwähnen, dass im Laufe meiner Untersuchungen der Musik primitiver Völker oft Instrumente gefunden wurden, die auf fau' = 352 Hz oder c' = 256 Hz gestimmt waren, und auch Lieder, in denen Töne dieser Schwingungszahlen eine bedeutende Rolle spielten.“

Bei der Prüfung des Gehörs vieler Menschen an verschiedenen Orten und über einige Jahre hinweg, ist eine genaue Versuchsanordnung und -methode unerlässlich. Da die heute geprüften Töne möglichst genau die gleichen sein müssen, wie die vor einer Woche, einem Monat oder einem Jahr erzeugten, liegt es nahe, elektrisch erzeugte Töne zu verwenden. Dabei hat sich allerdings herausgestellt, dass alle Versuche dieser Art gescheitert sind, denn alle elektrisch erzeugten Töne, wie zum Beispiel von Synthesizern, Tonbändern etc., wiesen ungeachtet ihrer Schwingungszahlen immer ein und dieselbe nivellierende, aushöhlende Qualität auf.

Lediglich bei Tönen, die auf akustischen Musikinstrumenten wie Stimmgabeln, Monochord, Glockenspiel, Blasinstrumenten, Flügel, Leiern etc. erzeugt wurden, konnten deren Eigenqualitäten wahrgenommen werden. Dabei ist noch darauf hinzuweisen, dass sich die Wirkung auf den Menschen umso aushöhlender erweist, je störungsfreier und vollkommener die elektrische Wiedergabe ist, d.h. besonders deutlich beim Erklingen der sogenannten Sinustöne. Dieses Phänomen tritt also bereits unabhängig von der jeweiligen Komposition bzw. Interpretation auf.

Es sollte daher streng beachtet werden, dass insbesondere Kinder nicht schon im zarten Jugendalter Dauerschäden an Leib und Seele erleiden müssen, denn nicht umsonst sagte Rudolf Steiner: *„Beim Grammophon ist es so, dass die Menschheit in das Mechanische die Kunst hereinzwingen will. Wenn die Menschheit also eine leidenschaftliche Vorliebe für solche Dinge bekäme, wo das, was als Schatten des Spirituellen in die Welt herunterkommt, mechanisiert würde, wenn die Menschheit also Enthusiasmus für so etwas, wofür das Grammophon ein Ausdruck ist, zeigen würde, dann könnte sie sich davor nicht mehr helfen. Da müssten ihr die Götter helfen. – Nun, die Götter sind gnädig, und heute liegt die Hoffnung ja auch vor, dass in Bezug auf das Vorrücken der Menschheitszivilisation die gnädigen Götter selbst über solche Geschmacksverirrungen, wie sie beim Grammophon zum Ausdrucke kommen, weiter hinweghelfen.“*

Bei den Gehörexperimenten an mehr als 2.000 Menschen aller Altersstufen, Lebenslagen und sehr vieler verschiedener Berufe in den USA, Italien, Deutschland und der Schweiz war das Resultat immer das gleiche: Jeder Ton wies die ihm innewohnenden Eigenqualitäten auf, und diese blieben für den betreffenden Ton und dessen Oktaven gleich, unabhängig davon, auf welchem Instrument sie erzeugt wurden. Daher muss man davon ausgehen, dass die unterschiedlichen Eigenqualitäten in den Tönen selbst liegen müssen, und nicht in ihrem Erzeugerinstrument.

Über 90% der Hörer bevorzugten das c = 128 Hz und die Unteroktave des a' = 432 Hz, das a = 216 Hz. Die Gehörexperimente zeigten deutlich, dass für den heutigen Menschen noch gilt, was Forsyth über das Tonempfinden der alten Griechen berichtete. Das Erleben der Eigenqualität der Töne kann aber auch mit Rudolf Steiners naturwissenschaftlichen Grundbegriffen in Zusammenhang gebracht werden, indem er über den Ton sagt:

„Weder Ton noch Wärme, noch Licht, noch Elektrizität sind Schwingungen, so wenig als ein Pferd eine Summe von Galoppschritten ist. Ton zum Beispiel ist ein wesenhaftes Quale und die Wirkung dieses wesenhaften Quale beim Durchgang durch die Luft ist: die Schwingung. Für den empfindenden Menschen ist die Schwingung die Veranlassung, in sich das Quale nachzuahmen; darin besteht die Wahrnehmung des Tones. Ähnlich ist es bei anderem: Licht etc." Mit dem wesenhaften Quale ist wohl etwas Qualitativ-Seiendes gemeint.

Die Gehörexperimente ergaben mit großer Deutlichkeit, dass auch für den heutigen Menschen Töne nicht nur musikalische, sondern ebenso moralische Qualitäten aufweisen, und dass in den verschiedenen Tonhöhen sowohl gute wie auch schlechte Prinzipien oder Einflüsse zur Geltung kommen, wie dies auch für andere Bereiche der Musik in der Arbeit von Karl von Baltz geschildert wird: Töne wie das a' = 440 Hz wirken trotz ihrer Schönheit aufstachelnd und antisozial, und was sicher nur als das Gegenteil von gut bezeichnet werden kann. Andere Töne, wie das c = 128 Hz, wirken hingegen harmonisierend, wohltuend und dürfen deshalb in ihren Wirkungen als gut bezeichnet werden. Die richtige Höhe des Kammertones für alle Tonleitern und Modi ist deshalb von größter Bedeutung und muss sorgfältig gewählt werden. Auch die bei einigen führenden Orchestern Mitteleuropas seit dem letzten Krieg vermehrt um sich greifende Tendenz, den Kammerton a' sogar auf 448-460 Hz zu erhöhen, kann schwerwiegende Folgen haben.

Die heilenden Frequenzen der Solfeggio-Skala

Anfang des 11. Jh. suchte ein italienischer Benediktinermönch namens Guido von Arezzo (ca. 992–1050) nach Möglichkeiten, um klösterlichen Chören Melodien und Harmonien zu vermitteln. Eine seiner Methoden bestand in einem mnemonischen Hilfsmittel, der sogenannten „Guidonischen Hand".

Noten wurden mit bestimmten Stellen an den Fingern und der Handfläche in Verbindung gebracht. Einmal beherrscht, konnte ein Chorleiter auf seine Hand zeigen, um den Sängern die nächste Note zu übermitteln. Dies war ein neuer Weg, um Musik zu unterrichten – aber Bruder Guido war darüber hinaus innovativ.

Indem er einen Weg suchte, um eine musikalische Skala auszudrücken, erschuf er Liniennotationen, um religiöse Gesänge und Kirchenlieder zu unterrichten.

Guidos ursprüngliche Noten waren „UT-RE-MI-FA-SOL-LA", abgeleitet von der ersten Silbe jedes Halbverses des alten „Johannes-Hymnus", der von einem noch älteren Werk des römischen Dichters Horaz (65 v. Chr. –8 v. Chr.) stammt.

Diese Skala von sechs Tönen (C, D, E, F, G, A), der Vorläufer unseres „DO-RE-MI-FA-SO-LA-TI-DO", entwickelte sich zur modernen diatonischen Skala, nachdem „UT" im 19. Jh. zu „DO" wurde, und „TI" (B) später hinzugefügt wurde. Solfeggio basiert auf dem französischen Wort „solfège", der Bezeichnung für diese Notationsmethode, bei der Intonation und Vom-Blatt-Singen unterrichtet werden.

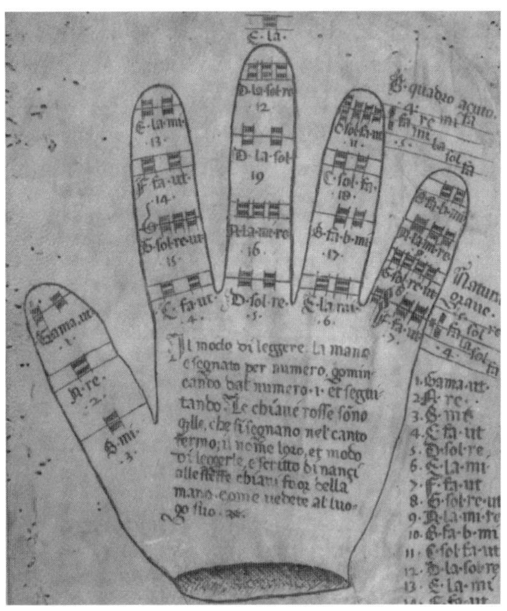

Abb. 20: Die Guidonische Hand

Gregorianische Gesänge

Gregorianische Gesänge haben einen messbaren Einfluss auf die menschliche Psychologie und Physiologie. Diejenigen, die die religiösen Gesänge ausführen, haben während des Singens die niedrigsten Herzfrequenzen und während des Tages den niedrigsten Blutdruck, so Dr. Alan Watkins, Dozent für Neurowissenschaften am „Imperial College in London".

Andere Forschungen deuten darauf hin, dass das Singen der alten Kompositionen Ermüdungserscheinungen lindert und Depressionen abschwächt. Wissenschaftler haben auch beobachtet, dass klösterliche Sänger viel weniger Schlaf benötigen – bis zu lediglich zwei Stunden am Tag.

Einige hören sich Aufnahmen von religiösen Gesängen an, um in Trancezustände einzutauchen – andere, um Krankheitssymptome oder Depressionen zu lindern. Schwester Ruth Stanley, eine Benediktinerin und Leiterin der Komplementärmedizin an den „St. Cloud Hospitals" in Minnesota, beobachtete, dass Patienten, die sich religiöse Gesänge und „Cantus planus“ anhörten, Linderung von chronischen Schmerzen erfuhren.

Aber es gibt auch weniger offensichtliche Gründe dafür, dass sich Wohlbefinden und Gesundheit einstellen. Die sechs ursprünglichen Solfeggio-Noten haben jeweils eine „Hertz (Hz)“- oder „Schwingung pro Sekunde“-Frequenz.

Zeitgenössische Frequenzen musikalischer Skalen sind nicht identisch mit den Originalfrequenzen – im 21. Jh. benutzen diejenigen, die in der ursprünglichen Solfeggio-Frequenzskala singen oder spielen wollen, spezielle Stimmgabeln oder Frequenzmessgeräte.

Solfeggio-Geometrie und Kymatik

Kymatik ist die wissenschaftliche Beobachtung der Auswirkungen von Schall und Frequenz auf Materie, meist in Form von Flüssigkeiten oder Pulver. Der Begriff wurde vom Schweizer Wissenschaftler Hans Jenny (1904–1972) geprägt, der Spezialgeräte verwendete, welche es dem Betrachter erlaubten, in einem bestimmten Medium gebildete Formen unter dem Einfluss von Schallwellenfrequenzen zu beobachten.

In einer „CymaScope“-Studie für *SomaEnergetics*, einem Unternehmen, das sich auf die Ausbildung und Ausrüstung für die Klangtherapie spezialisiert hat, wurden Kymatik-Bilder der einzelnen Solfeggio-Frequenzen aufgenommen. Jedes Frequenzbild enthielt „Wellenknoten“ und „Wellenbäuche“ oder die Ober- und Unterseiten der sichtbaren stehenden Schallwellen.

Indem sie die Wellenbäuche zählten, entdeckten die Forscher, dass die meisten der Solfeggio-Frequenzen, die durch Stimmgabeln präzise erzeugt werden, „durch 3, 6 und/oder 9 teilbar“ sind. *„Jeder ganzzahlige Teiler von 72 hat eine mathematische Beziehung zwischen Phi und bestimmten Frequenzen; sowohl 12, 9, 8, 6, 3 als auch 2 funktionieren.“*

12, 9, 6 und 3 haben alle in vielen zahlenbasierten esoterischen Systemen eine besondere Bedeutung. Und zufällig können die Hertz-Frequenzzahlen (396, 417, 528, 639, 741, 852) auf eine dieser Zahlen (369 = 18 = 9, 417 = 12 = 3, 528 = 15 = 6, 639 = 18 = 9, 741 = 12 = 3, 852 = 15 = 6) reduziert werden.

Nikola Tesla sagte: *„Wenn du die Bedeutung der 3, 6 und 9 verstanden hast, dann hast du einen Schlüssel zum Universum.“* Die Forscher fügten hinzu, dass Verzerrungen in den Bildern auf Umgebungsgeräusche zurückzuführen seien, jedoch sei die Struktur und Geometrie jeder Frequenz anhand der Bilder ersichtlich.

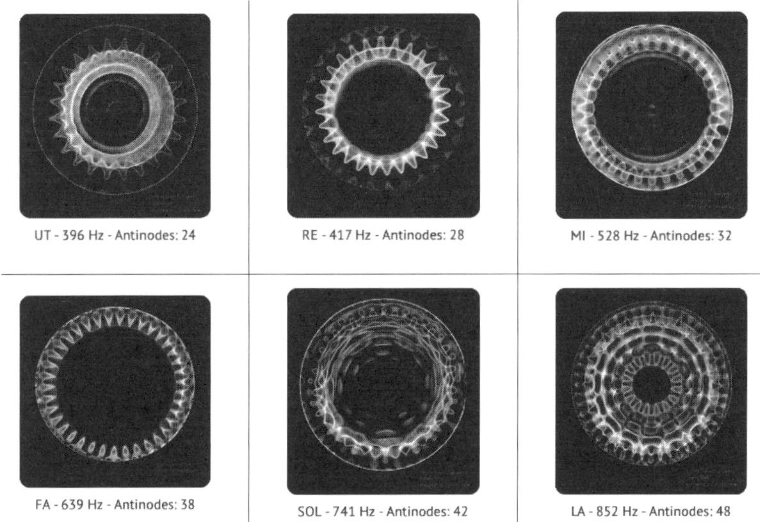

Abb. 21: Kymatische Klangbilder der Solfeggio-Frequenzen mit jeweiliger Angabe der „Wellenbäuche“

Vorteile der Solfeggio-Frequenzen

Der Arzt und Kräuterkundler Dr. Joseph Puleo begann in den 1990er Jahren die Solfeggio-Frequenzen zu erkunden. Er entwickelte eine Theorie, dass jede der sechs Frequenzen präzise Eigenschaften aufwies, und dass die Töne zu therapeutischen Zwecken eingesetzt werden könnten.

1988 konvertierte der Biochemiker Dr. Glen Rein Gregorianische Gesänge nach der Solfeggio-Skala in Skalar-Audiowellen und nahm sie auf. Mit den Ergebnissen wurden Reagenzgläser beschallt, die DNA enthielten. Durch die Messung der Absorption von UV-Licht konnte Rein die Wirkung der Musik auf die DNA dokumentieren.

Er verglich die religiösen Gesänge auch mit anderen Musikformen, einschließlich Rock. Während Rockmusik keinen oder nur einen geringen Einfluss hatte, führten die religiösen Gesänge zu einer deutlichen Steigerung der

Lichtabsorption von bis zu 9%, was zu der Schlussfolgerung führte, dass die Klangfrequenzen der Solfeggio-Skala eine Resonanz in der DNA verursachen und möglicherweise heilende Eigenschaften haben.

Seitdem haben andere das Heilpotential der Solfeggio-Frequenzen erforscht. Laut eines Artikels in „Anti-Aging Medical News" (Winter 2006) hatten gepulste Frequenzen einen positiven Einfluss auf Osteoporose. In einer anderen Studie wurden Schnecken, die einer Reihe von Frequenzen ausgesetzt waren, darunter einige im Solfeggio-Bereich, im Vergleich zu einer Kontrollgruppe fokussierter und aktiver. *„Es war offensichtlich, dass die Exposition die kreativen Fähigkeiten des Gehirns bei Schnecken steigerte"*, schrieb der Autor.

In einer im Jahr 2018 veröffentlichten japanischen Studie wurde der stressreduzierende Effekt von 528 Hz auf das endokrine System untersucht. Die Forscher schlussfolgerten, dass 528-Hz-Musik *„bereits nach nur fünf Minuten Einwirkung einen besonders starken stressreduzierenden Effekt hat."*

Die Verwendung der Frequenzen

Bei *Youtube* gibt es unzählige Solfeggio-Meditationen, die die Frequenzen in Musik integrieren – bei einer *Google*-Suche nach „Solfeggio-Meditation" werden über eine Million Seiten gefunden. Einige Websites bieten teure Spezialausrüstung – andere bieten genau kalibrierte Stimmgabelsets an. Einige Ausübende von Gesundheitsberufen schlagen die Gabeln an und platzieren sie auf bestimmte Akupunkturpunkte und Meridiane, während andere „Klangbäder" mit Gongs und Klangschalen erzeugen, die auf bestimmte Frequenzen abgestimmt sind.

Wer die Solfeggio-Frequenzen erleben möchte, kann wenig oder viel ausgeben, aber eine *Youtube*-Suche und ein guter Kopfhörer sind ein guter Einstieg für die Erkundung der Solfeggio-Frequenzen.

Eigenschaften der Solfeggio-Frequenzen

396 Hz – Befreiung von Angst
417 Hz – Erleichterung und Auslösung von Veränderung
528 Hz – Heilung und DNA-Regeneration
639 Hz – Heilung von Beziehungen

741 Hz – Finden kreativer Ausdrucksmöglichkeiten und Lösungen
852 Hz – Spirituelle Heimkehr[17]

Resonanz: Das Wirkprinzip des Heilens mit Klang und Musiktherapie

Resonanz (von lat. „resonare“ = widerhallen) ist in Physik und Technik das verstärkte Mitschwingen eines schwingungsfähigen Systems. Bei periodischer Anregung muss die Anregungsfrequenz in der Nähe einer Resonanzfrequenz des Systems liegen. Ist das System nicht zu stark gedämpft, kann es dabei um ein Vielfaches stärker ausschlagen (Resonanzüberhöhung) als in dem Fall, dass dieselbe Anregung nicht periodisch, sondern mit konstanter Stärke einwirken würde. Das Phänomen kann bei allen schwingfähigen physikalischen und technischen Systemen auftreten und kommt auch im Alltag häufig vor.[18]

Der unabhängige Forscher Bo Constantinsen spricht sich in seiner Abhandlung „What music really is“ detailliert dafür aus, dass Klang als die Chemie unseres Universums anzusehen ist. Dabei erwähnt er u.a. das Prinzip der Resonanz, d.h., dass eine Schwingung bestimmter Größe dazu in der Lage ist, ein ähnlich beschaffenes, korrespondierendes Gegenstück zum Mitschwingen anzuregen.

Ihm zufolge haben wir in unserer Kultur unser Verständnis der umgebenden Welt zwar hauptsächlich auf visuellen Bildern aufgebaut, allerdings kann der Sehsinn nicht alles Existierende umfassen. Wir können Erscheinungsformen wie Luft, Schwerkraft und Schall nicht mit bloßem Auge sehen, aber deswegen kann man nicht behaupten, dass diese Dinge nicht vorhanden sind, denn was wäre dann die Erklärung dafür, dass etwa Bäume sich im Wind bewegen? Wir sind überall von Schwingungen umgeben, und selbst die moderne Wissenschaft erkennt an, dass alles in Wirklichkeit Bewegung ist. In ähnlicher Weise werden wir durch die unsichtbare Klangwelt, in der wir leben, in vielerlei Hinsicht beeinflusst, was durch sympathische Schwingung erreicht wird. Es ist, wie wenn ein großer LKW an Ihrem Haus vorbeifährt und die Fenster zum Zittern bringt, oder wie wenn eine Opernsängerin mit ihrer Stimme ein Glas zersingt, oder der Einsturz der Tacoma-Narrows-Brücke von 1940.

Ein anderer Begriff für sympathische Schwingung ist Resonanz. Zwei Körper schwingen mit derselben Resonanz, wenn sie sich mit derselben Geschwindigkeit bewegen, gleichzeitig schwingen und/oder vibrieren. Es entspricht aber auch dem Gefühl der Anziehung gegenüber bestimmten Dingen oder Personen. Liebe erkennt auf den ersten Blick die gleiche Schwingungsrate im anderen. Hass hingegen ist die gleiche Resonanz, jedoch phasenverschoben, d.h. gespiegelt oder am anderen Pol.

Gleichgültigkeit beinhaltet keine Resonanz und entspricht verschiedenen Frequenzen. Schall beeinflusst die Realität unseres Körpers, unserer Gedanken und Gefühle aufgrund einer gleichzeitig auftretenden sympathischen Schwingung bzw. harmonischen Frequenz. Dies lässt sich beispielhaft anhand einer schwingenden Saite verdeutlichen, aber im Prinzip gilt dies gleichermaßen für alle Formen der Manifestation: die oszillierenden Atompartikel Ihres physischen Körpers, die elektromagnetischen Gehirnwellen Ihres denkenden Geistes sowie die allgemeine Stimmung aufgrund Ihrer Gefühle. Letztendlich untersucht die Wissenschaft der Klänge damit also die Chemie des Universums. Durch den Einfluss organisierter Klänge können alle möglichen Veränderungen in der Struktur oder im Erscheinungsbild von Dingen erreicht werden.[19]

Die Gedanken beeinflussen die Materie

Am Anfang schuf Gott Himmel und Erde. Und die Erde war wüst und leer, und Finsternis lag auf der Tiefe; und der Geist Gottes schwebte über dem Wasser.

(1 Mose 1)

Alles ist Schwingung

Der japanische Wasserforscher Dr. Masaru Emoto konnte mit seinen Fotos von Wasserkristallen nachweisen, dass Wasser Informationen verschiedenster Art aufnimmt, und dass sogar Gedanken auf das Wasser übertragen werden können und es verändern. Wenn man bedenkt, dass der menschliche Körper zu 70-80% aus Wasser besteht, ergibt sich daraus, dass nicht nur die Sauberkeit und Qualität des Wassers, sondern auch die Reinheit und

Qualität der Gedanken von großer Wichtigkeit für die menschliche Gesundheit ist. In seinem Buch „Die Antwort des Wassers" erklärt Emoto, dass alles in seiner je eigenen Frequenz schwingt, und dass Wasser die Eigenschaft hat, mit diesen Schwingungen in Resonanz zu geraten, d.h. sie zu „kopieren" und weiterzugeben.

Materie ist nichts anderes als Schwingung

Wenn man dies zum ersten Mal hört, fällt es einem zunächst schwer zu glauben, dass auch feste Dinge wie Holz, Stein und Beton, die man anfassen und von deren Festigkeit man sich überzeugen kann, letztendlich Schwingung sind, und doch gehört es nach der heutigen Quantenmechanik zum Allgemeinwissen, dass die Materie in Wirklichkeit nichts anderes als Schwingung ist, denn letztendlich besteht alles nur noch aus Teilchen und Wellen. Alles auf dieser Welt besteht aus nichts anderem als aus Elektronen, die sich um einen Atomkern herum bewegen, und je nach Anzahl und Form der Elektronen besitzt das Atom eine charakteristische Schwingung. Selbst die Elektronen, die negativ geladenen Teilchen, bestehen nicht aus fester Materie, sondern haben einen wellenartigen Charakter, indem sie ständig um einen Atomkern herum schwingen. Alles ist Vibration und Bewegung, alles schwingt unaufhörlich mit einer extrem hohen Geschwindigkeit.

Auch Menschen und Orte haben ihre Schwingung

Auch jeder einzelne Mensch hat eine ihm eigene Schwingung und einen Sensor, der Schwingungen aufnehmen kann. Wenn einem Menschen schweres Leid widerfahren ist, strahlt seine Wellenlänge Trauer aus. Wenn ein Mensch allem, was er erfährt, mit Freude begegnet, schwingt er auf einer Wellenlänge des hellen Lichtes. Wenn jemand andere Menschen liebt, strahlt er Schwingungen der Liebe aus, während von bösen Menschen düstere, dichte Schwingungen ausgehen.

Dies gilt allerdings nicht nur für Menschen, sondern auch für Dinge und Orte. Nicht nur materielle Objekte besitzen eine ihnen eigene Wellenlänge, sondern auch verschiedenen Phänomene auf der Welt. Energetische Veränderungen der Erdatmosphäre rufen Gewitter und Wirbelstürme hervor. Obwohl dies gewaltige Energien sind, die großen Schaden anrichten können, ist dies nicht unbedingt etwas Negatives, denn wenn man bedenkt, dass dabei auch schlechte Energie weggewirbelt wird, die sich in der Welt angestaut hat, dann sind Gewitter und Wirbelstürme etwas, für das man dankbar sein sollte.

Dies lässt uns auch verstehen, warum Menschen gerne Feste feiern, denn wo sich viele Menschen versammeln und in festlichen Kleidern singen, tanzen und Spaß haben, da wirbeln auch fröhliche und gute Schwingungen herum.

Wasser ist empfänglich für alle Schwingungen

Obwohl alles in seiner spezifischen Frequenz schwingt, sind nicht alle Frequenzen als Töne hörbar. Man sagt, dass wir Menschen nur die Töne mit Frequenzen zwischen 15 und 20.000 Hz hören können, das Wasser hingegen kann alle Frequenzen „hören". Das Wasser verändert die Struktur der Eiskristalle, wenn wir ihm Musik vorspielen, es zeigt ein ganz anderes Bild, wenn wir mit ihm sprechen oder ihm Schriftzeichen zeigen, weil alles Schwingung ist. Das Wasser ist für die ureigenen Wellenlängen der Dinge empfänglich und überträgt sie so, wie sie sind. Jeder weiß, dass Musik oder gesprochene Worte Schwingungen sind. Wir nehmen beim Hören von Musik unterschiedliche Schwingungen auf, und auch beim Singen, Beten oder beim Rezitieren von Mantren oder heiligen Texten erklingt die Stimme, sodass wohl auch hierbei heilende Schwingungen erzeugt werden.

Worte und Schriftzeichen hinterlassen im Wasser ihre Spuren

Wie lässt sich erklären, dass Wasser auch bei geschriebenen Schriftzeichen eine Veränderung bei den Kristallen anzeigt? Emoto vermutet, dass Schriftzeichen selbst eine Schwingung haben, die das Wasser erspüren kann. Ihm zufolge ist das Wasser dazu in der Lage, exakt alle Schwingungen in der Welt zu kopieren und sie in eine für uns sichtbare Form umzuwandeln. In der Bibel heißt es: *„Am Anfang war das Wort"*, d.h. noch bevor das Universum geschaffen und alle Dinge geboren wurden, gab es zuerst das Wort.

Die Wurzeln der natürlichen Ordnung sind überall gleich

Wenn man z.B. dem Wasser das Wort „danke“ auf Japanisch, Englisch, Deutsch oder in anderen Sprachen zeigt und dann Kristallfotografien anfertigt, resultiert daraus in jeder Landessprache jeweils ein wohlproportionierter und schöner Kristall.

Umgekehrt war bei Wörtern wie „Dummkopf“, mit denen Menschen beschimpft und angegriffen werden in jeder Landessprache der Kristall in tausend Stücke zersplittert, was einen grauenvollen Anblick bietet.

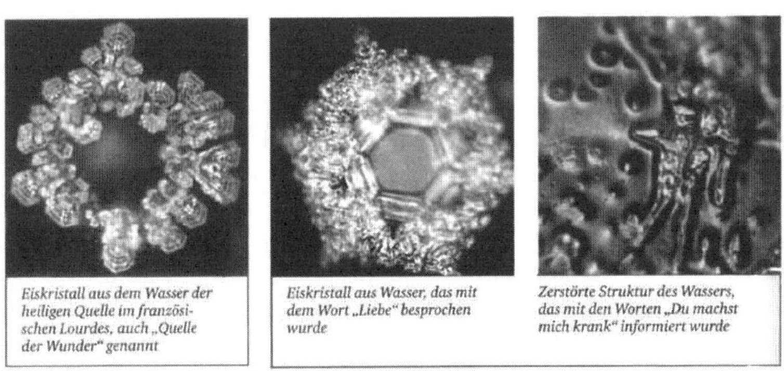

Eiskristall aus dem Wasser der heiligen Quelle im französischen Lourdes, auch „Quelle der Wunder“ genannt

Eiskristall aus Wasser, das mit dem Wort „Liebe“ besprochen wurde

Zerstörte Struktur des Wassers, das mit den Worten „Du machst mich krank“ informiert wurde

Abb. 22: Verschiedene Formationen der Eiskristalle

Wenn beim Fotografieren des Wassers ein wohlproportionierter sechseckiger Kristall erscheint, kann der Eindruck entstehen, dass das Wasser zu dem Zeitpunkt mit den natürlichen Phänomenen des Lebens im Einklang war. Erst wenn der Mensch in die natürliche Ordnung der Dinge eingreift, bildet das Wasser als Reaktion auf die Verunreinigung keine Kristallstruktur aus.

Eine lebenswerte Welt schaffen

Emoto hat immer betont, wie wichtig Liebe und Dankbarkeit sind, denn Dankbarkeit weckt Gefühle der Liebe und die Liebe führt zu einem Gefühl der Dankbarkeit. Wenn jeder Einzelne ein reines und sauberes Herz hat, wird dies eine bessere Welt erschaffen. Durch die Kristalle vermittelt uns das

Wasser die Botschaft, dass wir eine neue Geschichte schreiben können und müssen.[20]

„Man sieht nur mit dem Herzen gut. Das Wesentliche ist für die Augen unsichtbar." (aus „Der kleine Prinz" von Antoine de Saint-Exupéry)

Aus buddhistischen Lehren oder von westlichen Aufklärern wie Joseph Murphy, Catherine Ponder und vielen anderen ist bekannt, dass Gedanken eine schöpferische Rolle haben. Alleine mit dem Verstand lassen sich diese Lehren nicht begreifen, denn sie entspringen der Weisheit des Herzens und wurden von Menschen gelehrt, die diese Erfahrungswerte an ihrem eigenen Körper und Geist festgestellt haben. Und immer mehr erleben wir das an uns selbst, was wir zuvor irgendwo gelesen oder gehört hatten.

Die Theorien des Verstandes werden im Herzen verankert, erfühlt und in ihrer ganzheitlichen Tiefe verstanden. Wenn sich die Schwingung um uns herum erhöht, dann wird alles, was schwächer ist, mit angehoben. Man durchläuft dabei einen Prozess, denn mit der Erhöhung der eigenen Schwingung wird unser Kraftfeld verstärkt, das Herz wird geweitet und der Mensch reift. Je offener unser geistiges Herz ist, das unser gesamtes Kraftfeld mit Lebensenergie versorgt, umso entscheidender ist es, worauf wir unsere Gedanken richten. Je stärker das Energiefeld, umso mächtiger ist die Schöpferkraft.

Die Macht und heilsame Wirkung der Gedanken

Den wenigsten von uns ist bewusst, wie sehr die Gedanken unsere Gesundheit, unsere Lebenssituation und Umgebung sowie weitreichende Ereignisse beeinflussen. In der Medizin wurden immer wieder „Wunderheilungen" und „Spontanremissionen" festgestellt, für die es im Rahmen der konventionellen naturwissenschaftlichen Theoriemodelle keine Erklärung gab. Noch stärker ist dieser Effekt in der Gemeinschaft. So gibt es z.B. in Deutschland und in der ganzen Welt eine Gruppe von Menschen, welche die Kraft der Gedanken in ihrem tagtäglichen Leben anwendet, und die sich um den 1959 verstorbenen Geistheiler Bruno Gröning gebildet hatte.

Durch sie geschehen zahlreiche „Wunderheilungen" von Krankheiten, die für die Schulmedizin als unheilbar gelten. Ärzte haben in einer medizinischwissenschaftlichen Fachgruppe Befunde dokumentiert, die Heilungen von Krankheiten wie Krebs, AIDS, Multiple Sklerose, Gehörlosigkeit, Blindheit, Depressionen und anderen psychischen Erkrankungen belegen. Bei den regelmäßigen Treffen der Gruppe wird ein sogenannter „Heilstrom" aufgenommen, der spürbar durch den Körper strömt. Dabei wird die Schwingung der Menschen angehoben sowie das geistige Herz geöffnet, sodass verstärkt Lebensenergie in sie hineinströmt und ihr Kraftfeld verstärkt wird. Dabei wird empfohlen, sich allein positiven Gedanken zu widmen und negative Gedanken abzulegen, um die Schöpferkraft in die richtige Richtung zu lenken, woraus zahlreiche Heilungen hervorgehen, die nicht wissenschaftlich erklärt werden können.

Quantenphysik als Verknüpfung von Geist und Materie

Für die Physiker sind Quanten der Stoff, aus dem das gesamte Universum besteht. So wurde bei Versuchen festgestellt, dass Elektronen manchmal als materielle Teilchen vorkommen, manchmal aber auch in nicht-materieller Form, indem sie sich wie eine Welle verhielten und im Raum ausbreiteten. Daher entschloss man sich, weder von Teilchen noch von Wellen zu sprechen, sondern wählte die Bezeichnung „Quanten", da sie weder Materie noch Geist waren, sondern beides gleichzeitig sein konnten.

Eine weitere erstaunliche Entdeckung war, dass sich Quanten nur dann als Teilchen manifestierten, wenn sie beobachtet wurden, wie der Schriftsteller Michael Talbot in seinem Buch „Das holographische Universum" beschreibt: „*Solange beispielsweise ein Elektron nicht beobachtet wird, ist es stets eine Welle, wie experimentelle Befunde zeigen. Die Physiker gelangen zu diesem Schluss, weil sie mit raffinierten Methoden feststellen können, wie sich ein Elektron verhält, wenn es nicht beobachtet wird.*"

Von dem Physiker Nick Herbert stammt die Aussage, dass er den Eindruck habe, dass sich hinter der Welt „*eine höchst geheimnisvolle und ständig im Fluss befindliche Quantensuppe*" befinde, die jedoch unter seinem Blick zu einer gewöhnlichen Realität erstarre, sobald er sich umdrehe, um diese wahrzunehmen. Anders ausgedrückt: Die kleinsten und unsichtbarsten Bestandteile aller Atome werden zu Materie, wenn wir unsere Aufmerksamkeit darauf richten.

Gedanken wirken auf die Aktivität unserer Gene

Menschliche Gedanken können nicht nur auf flüssige Materie einwirken. So vermutet der Internist Dr. Hiromi Shinya, dass noch sehr wenig über die Funktion und die Möglichkeiten unserer DNA bekannt ist. Der amerikanische Zellforscher Prof. Dr. Bruce Lipton konnte nach jahrzehntelanger Forschung belegen, dass sich Gefühle wie Freude und Liebe auch positiv auf die Produktion von Enzymen auswirken. Bei seinen Studien stellte er fest, dass die Zellen durch die Entfernung des Zellkerns, also der DNA, weiterhin ihr intelligentes Verhalten beibehielten, woraus er schloss, dass der DNA entgegen der bisherigen wissenschaftlichen Annahme eine bestimmende Funktion im Körper zukam, die der Gehirnfunktion ähnlich ist.

Die DNA nahm allein die Rolle eines Protein-Reproduktionsorgans ein und war weder unmittelbar lebensnotwendig, noch für das intelligente Verhalten der Zellen verantwortlich, sodass sich die Frage stellte, was das intelligente Zellverhalten bestimmte?

Durch die Entfernung der Zellmembran in einem weiteren Versuch stellte er fest, dass die Zellmembran lebensnotwendig für die Zelle war, da die Membran ein Kommunikator zwischen der Zellumgebung und dem Zellinneren ist, denn wenn keine Signale von außen gesendet werden, produziert die DNA im Zellinneren nämlich auch keine Proteine zur Erhaltung der Zellgesundheit. Prof. Dr. Lipton sagt über die bahnbrechende Erkenntnis:

„Die Aktivität der Gene wird von Signalen gesteuert. Und die kommen aus unserem Gehirn. Dieses nimmt Informationen aus der Umwelt auf, wertet sie aus und erteilt aufgrund dessen Befehle. Die zellulären Rezeptor-Effektor-Schalter nehmen die Kommandos des Gehirns wahr und leiten sie ans Innere der Zelle weiter. Das bedeutet: Unsere Wahrnehmung kontrolliert unsere Biologie. Wie wir die Welt sehen, steuert unsere physischen Reaktionen. Wenn wir also die Wahrnehmung unserer Welt verändern, verändern wir damit auch unsere Genaktivität. Die Erkenntnisse haben weitreichende Konsequenzen für unsere Gesundheit und unser Verhalten. Denn die Überzeugung, wir seien störanfällige biochemische Maschinen, die durch unsere Gene gesteuert werden, weicht der Erkenntnis, dass wir machtvolle ‚Erschaffer' unseres Lebens und unserer Welt sind.“

Die Wichtigkeit der Erwartungshaltung

Lediglich 2% aller Krankheiten sind genetisch bedingt, während es von der Reaktion des Menschen auf seine Umwelteinflüsse abhängt, ob gewisse Gene aktiv werden oder nicht. Aus diesem Grund ist das Bewusstwerden der eigenen Gedanken und der Erwartungshaltungen offenbar von entscheidender Bedeutung für unsere Gesundheit, wie Prof. Dr. Lipton betont:

„Es ist geradezu fatal, dass sich so viele Menschen für krankheitstechnisch festgelegt halten. Über ihre negative Erwartungshaltung rufen sie nämlich unter Umständen den bösen Bruder des Placebo-Effekts herbei – den Nocebo-Effekt. Das bedeutet: Ist die Erwartung, eine Krankheit zu bekommen, groß, kann sie die befürchteten Beschwerden geradezu auslösen. Hält sich der Mensch überdies für unheilbar krank, kann diese Überzeugung sogar bewährte Medikamente außer Kraft setzen und bis hin zum Tod führen. Umso wichtiger ist es also, endlich mit dem überholten Dogma des genetischen Determinismus, der Festlegung, aufzuräumen. Wir sind keine biochemischen Maschinen, die von Genen gelenkt werden. Gene bilden lediglich physische Vorlagen für die Proteine, aus denen unsere Zellen und Gewebe zusammengesetzt werden. Das ist vergleichbar mit dem Entwurf eines Architekten – ein Modell, mehr nicht. Erst durch das Ablesen dieser Vorlage wird die darin enthaltene Information nützlich.“

Die Liebe ist der Antrieb machtvoller Gedanken

Es ist daher äußerst bedeutsam, dass Dr. Hiromi Shinya dazu rät: *„Machen Sie Musik. Lieben Sie. Amüsieren Sie sich. Genießen Sie einfache Freuden. Machen Sie sich klar, dass ein glückliches und erfülltes Leben der natürliche Weg zur Gesundheit ist.“* Der Wissenschaftsautor Gregg Braden hat in Bezug auf die Kraft des Gebetes geäußert, dass immer zuerst der Gedanke da ist, der eine Art Blaupause oder geistigen Plan darstellt, der dann durch die Emotion wie durch einen Motor zum Leben erweckt und bis hin zur Verwirklichung angetrieben wird. Diese wird umso wahrscheinlicher, je mehr Liebe wir einer Sache widmen, weshalb auch der Öffnung und Weitung des geistigen Herzens solch eine gewichtige Rolle im Prozess der Bewusstwerdung zukommt.

Umgekehrt kann aber auch eine Realität, die regelmäßig von starken Angstgefühlen genährt wird, ebenso in Erscheinung treten. Daher kann eine alltägliche lebensbejahende, dankbare und liebevolle Anschauung der Schönheiten und der Fülle des Lebens, der Natur und unserer Mitmenschen wichtiger für unsere Gesundheit und unser Leben sein, als alle rationalen Bemühungen des Verstandes.(21)

1.4 Wie Frequenzen die Materie beeinflussen

Dass vibrierende Körper bestimmte Muster bilden, ist seit Jahrhunderten folgenden Universalgelehrten bekannt: Bereits der Italiener Leonardo da Vinci (1452–1519) bemerkte, dass das Vibrieren eines verstaubten Holztisches verschiedene Formen hervorbrachte. Dessen Landsmann Galileo Galilei (1564–1642) gehörte zu den ersten, die feststellten, dass ein oszillierender Körper regelmäßige Muster erzeugt.

Am 8. Juli 1680 sah der Engländer Robert Hooke (1635–1702) die mit den Schwingungsarten von Glasplatten assoziierten Knotenmuster, als er mit einem Bogen über den Rand einer mit Mehl bedeckten Glasplatte strich. 1787 knüpfte der deutsche Physiker und Astronom Ernst Chladni (1756–1827) an die Arbeit von Robert Hooke an und veröffentlichte eine Schrift mit dem Titel „Entdeckungen über die Theorie des Klanges“.

Darin beschreibt Chladni die Muster, die er dadurch erzeugte, dass er Sand auf Metallplatten streute und die Kanten der Platten mit einem Geigenbogen in Schwingung versetzte.(22)

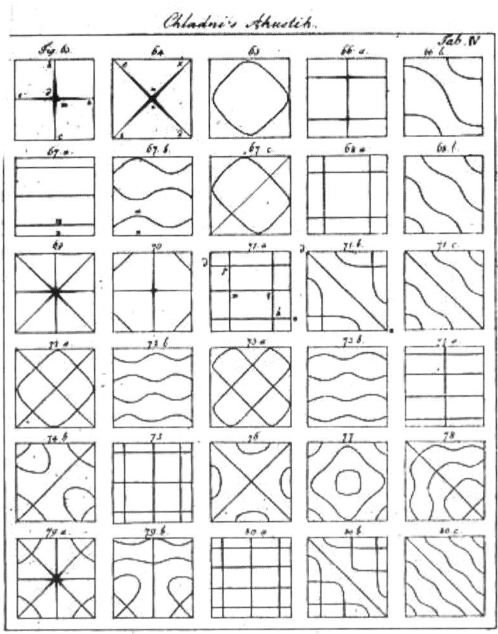

Abb. 23: Chladnische Klangfiguren

Der englische Chemiker und Physiker Michael Faraday (1791–1867) untersuchte die Auswirkungen von Vibrationen auf Wasser, Öl und feine Körner und war von diesen Phänomenen fasziniert. Die Waliserin Megan Watts-Hughes (1842–1907) wurde wahrscheinlich von Faraday inspiriert und experimentierte mit dem „Eidophone", einem Gerät, das sie 1885 erfunden hatte, und das aus einer hölzernen Resonanzkammer mit einem offenen Ende bestand, über der sich eine mit Sand und anderen Medien bestreute Gummimembran befand.

Dadurch, dass sie in eine Röhre sang, die mit der Resonanzkammer verbunden war, konnte sie sog. „Stimmfiguren" kreieren. Mary Desiree Waller (1886–1956), die Tochter des berühmten englischen Physiologen August D. Waller hingegen war von Chladnis Arbeit fasziniert, reproduzierte alle von ihm entdeckten Formen und brachte seine Arbeit auf eine höhere Ebene. Ihre 1961 posthum veröffentlichte Schrift „Chladni-Figuren, eine Studie in Symmetrie" enthält viele Einzelheiten über ihre neuartige Methode, bei der

Platten mithilfe von festen Kohlendioxidchips angeregt werden. Sie untersuchte die Chladni-Figuren mit streng wissenschaftlichen Methoden, einschließlich mathematischer Gleichungen zur Beschreibung der Phänomene.[23]

Der Schweizer Arzt und Anthroposoph Hans Jenny wählte in den 1960er Jahren bis zu seinem Tod im Jahr 1972 einen methodologischen sowie erschöpfenden Ansatz zur Dokumentation von Kymatik-Phänomenen und prägte mit seinem 1967 erschienenen Buch „Cymatics" (Kymatik) prägte den Begriff. Seine Experimente dokumentierte er auf 16-mm-Filmen, die später auf einer DVD mit dem Titel *Cymatic SoundScapes: Matter with Sound* veröffentlicht wurden.

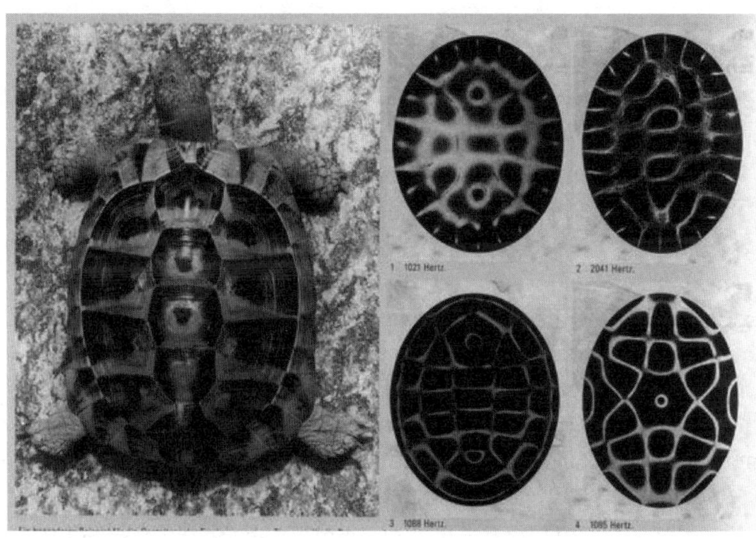

Abb. 24: Schildkrötenpanzer (links) und chladnische Klangfiguren (rechts)

Der britische Akustikingenieur John Stuart Reid führte 1997 Kymatik-Untersuchungen in der Königskammer der Großen Pyramide von Ägypten durch und begann anschließend mit Instrumenten zu experimentieren, die es ermöglichen sollten, aus jedem hörbaren Klang ein genaues visuelles Äquivalent des Klanges zu erzeugen, woraus die Erfindung des

„CymaScope" hervorging, einem wissenschaftlichen Instrument, das auf der Grundlage pythagoreischer Proportionen konstruiert wurde.[(24)]

Der deutsche Fotograf, Philosoph und Kymatik-Forscher Alexander Lauterwasser (geb. 1951) knüpft an die Arbeit von Hans Jenny an, indem er kleine Wasserproben in Petrischalen vibrieren lässt. Sein erstes Buch „Wasser, Klang, Bilder" beinhaltet Bilder von Licht, das von der Wasseroberfläche reflektiert wird und von Schallquellen in Bewegung versetzt wird, die von reinen Sinuswellen bis hin zu Musik von Ludwig van Beethoven, Karlheinz Stockhausen, der elektroakustischen Gruppe Kymatik und Obertongesang reichen.[(25)]

Klanggeometrie: Kann heilige Geometrie musikalische Harmonie hervorbringen?

Geometrische Frequenzen

Gibt es einen direkten Zusammenhang zwischen Geometrie und Frequenzen? Wurde alten Zivilisationen ein Schlüssel gegeben, um Mathematik, Geometrie und Klang miteinander zu verbinden?

In seinem Dokumentarfilm *Sonic Geometry*, der sich um eine Verbindung zwischen Geometrie und Frequenz dreht, geht Eric Rankin davon aus. Klanggeometrie konzentriert sich auf die Harmonie, die entsteht, wenn die Summe der Winkel aller Formen als Frequenzen gespielt wird.

Die Grundlage von Rankins Theorie stammt aus der alten sumerischen Kultur vor etwa 5.000 Jahren. Die sumerische Zivilisation in Mesopotamien, die oft als Wiege der Zivilisation bezeichnet wird, brachte die erste geschriebene Sprache und das erste mathematische System hervor. Die alten Sumerer schrieben, dass die Informationen, die die Grundlage für ihre Systeme bilden, von „Himmelsgöttern" stammen, die als Anunnaki bekannt sind. Sie stützten sich auf ein mathematisches System, das auf den Zahlen 12 und 60 basiert. Wir behalten immer noch einen Teil des mathematischen Systems der Sumerer bei der Berechnung der Zeit, der Messung in Zoll und der Geometrie bei.

Pythagoreische Stimmung

Wir alle kennen den Satz des Pythagoras in der Geometrie, aber der griechische Philosoph/Mathematiker ist nicht so allgemein bekannt dafür, dass er seinen Fokus auf Musik gelegt hat. Pythagoras wandte Geometrie auf Musik an, als er bemerkte, wie das Teilen einer Saite in zwei Hälften ihre Tonhöhe verdoppelte. Er schuf die pythagoreische Skala basierend auf harmonischen Quinten, die heute als Wurzel in der modernen Musik verwendet werden.

Aber laut Rankin führte Pythagoras Skala dazu, dass er über die Zahl 432 stolperte, vielleicht ohne die synchronen Implikationen zu kennen. Die Zahl erscheint zufällig auf seiner Quinten-Skala, die bis zum 20. Jh. den Grundstein für die Frequenzabstimmung bildete.

Wenn sie als Frequenzen abgespielt werden, nimmt die Summe der Winkel der geometrischen Grundformen in Oktaven zu, wenn man zusätzliche Seiten hinzufügt. Wenn man diese Frequenzen angefangen von einem Dreieck bis zu einem Achteck kombiniert, erzeugt man eine perfekte Harmonie in einem dreistimmigen F#-Dur-Akkord. Dieses Muster arbeitet mit dreidimensionalen Formen sowie heiligen geometrischen Mustern, um Harmonien hervorzubringen.

Die Maya-Tagundnachtgleiche

Die alte Maya-Zivilisation war im Einklang mit Astronomie und wusste um die axiale Präzession der Erde. Die Mayas berechneten die Zeit, die für eine vollständige Rotation der Schwankung der Erde um ihre Achse benötigt wurde, auf 25.920 Jahre, wobei ein Monat 2.160 Jahre betrug. Zufälligerweise beträgt der Durchmesser des Mondes 2.160 Meilen. Wenn diese Zahl durch gerade Zahlen geteilt wird, erhält man einige interessante Ergebnisse...

2160/2 = 1080 – die Winkelsumme eines Achtecks

2160/3 = 720 – die Winkelsumme eines Sechsecks

2160/4 = 540 – die Winkelsumme eines Fünfecks

2160/5 = 432 – der pythagoreische Frequenzschlüsselton

2160/6 = 360 – die Winkelsumme aus Kreis und Quadrat

Rankin legt Beweise für das Wiederauftreten der Zahl 432 vor, die in Vielfachen der Messung von Zeit und Entfernung von Mond und Sonne bis zur Lichtgeschwindigkeit zu finden ist. Er glaubt, dass es eine Verbindung gibt, die in dieser Zahl verborgen ist, die möglicherweise den alten Sumerern von den Anunnaki geschenkt worden sein könnte, und die in viele Aspekte unserer Messung der Welt eingebettet geblieben ist.

Kosmische Zyklen der Zahl 432

Joseph Campbell wurde bei seinen Studien von der Zahl 432 fasziniert, zumal sie immer wieder in verschiedenen religiösen Kontexten auftrat. Ein Beispiel ist ein alter babylonischer Priester, der einen Bericht über die Geschichte Babyloniens schrieb, als eine Flut nach 432.000 Jahren alles zerstörte.

In der alten hinduistischen Zeitachse werden kosmische Zyklen in Vielfachen von 432.000 Jahren gemessen. Das Kali Yuga ist 432.000 Jahre alt, gefolgt vom Dwapara Yuga mit 864.000 Jahren, dem Treta Yuga mit 1.296.000 Jahren und dem Satya Yuga mit 1.728.000 Jahren.

Es gibt sogar Hinweise auf kosmische Zyklen von 432.000 in der isländischen Edda, die die nordische Mythologie erzählt. In einem Buch, das Odins Halle in Walhalla beschreibt, kommen 540 Türen mit 800 Kriegern durch jede Tür vor, die unseren Zeitzyklus darstellen. Diese Zahlen ergeben multipliziert 432.000.

Angesichts der Wechselbeziehung von Mathematik und Natur, wie sie beispielsweise in der Fibonacci-Sequenz zu sehen ist, wäre es nicht verwunderlich, dass eine intrinsische Beziehung zwischen Geometrie und Schallfrequenz besteht. Welche anderen inhärenten Zusammenhänge in der Natur unserer Existenz harren noch ihrer Entdeckung?[26]

Chladnische Klangfiguren in der Rosslyn Chapel?

Architektur ist erstarrte Musik.

(Friedrich Wilhelm Joseph Schelling)

Dem schottischen Komponisten Stuart Mitchell (1965–2018) und dessen Vater Thomas J. Mitchell zufolge enthält die Rosslyn Chapel Verweise auf Kymatik-Muster, wie sie im 2006 erschienen Buch „Rosslyn Chapel – The Music of the Cubes“ dargelegt sind. Diese seien Teil der reichen Steinmetzarbeiten im Inneren der Kapelle in Form der plastischen Ausgestaltung der Kreuzrippen und Gurtbögen der Gewölbe an der Ostseite, die mit kubisch geformten Abhänglingen geschmückt sind, deren Oberflächen geometrisch gezeichnet sind. Durch die allgemeine Aufmerksamkeit nach der Veröffentlichung und späteren Verfilmung von Dan Browns Roman „Sakrileg“ stieß diese Deutung auf viel positive Resonanz, auch wenn sie nicht durch wissenschaftliche oder historische Belege untermauert ist. Im Jahre 2005 komponierten sie durch die Interpretation der 13 geometrischen Symbole, die auf die Oberflächen von 213 Würfeln aus 14 Bögen herausgearbeitet wurden, als chladnische Klangfiguren die sog. „Rosslyn Motet“, die wiederholt in der Kapelle mit großem Publikumsinteresse aufgeführt wurde.

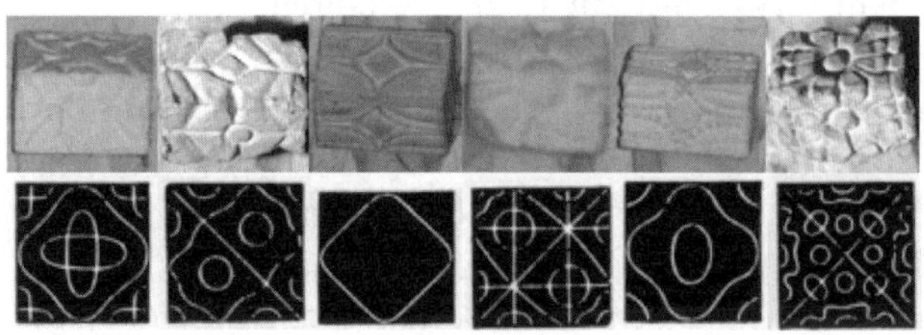

Abb. 25: Geometrische Formen in der Rosslyn Chapel (oben) im Vergleich zu chladnischen Klangfiguren (unten)

Problematisch an dieser These ist allerdings, dass sich die als chladnische Klangfiguren interpretierten geometrischen Darstellungen entgegen der Behauptung nicht bestimmten Tönen bzw. deren Frequenzen zuordnen lassen oder diese darstellen. Zudem ist durch baugeschichtliche Befunde und bildliche Darstellungen aus dem 19. Jh. nachweisbar, dass von den heute vorhandenen 213 Abhänglingen ein großer Teil während der im 19 Jh. erfolgten Restaurierung ausgetauscht bzw. neu geschaffen wurden und somit nicht aus der Zeit der Erbauung stammen bzw. nicht als Deutungsgrundlage für die Wiederherstellung einer Komposition aus dem ausgehenden Mittelalter dienen können.[(27)]

Dazu ist allerdings erwähnenswert, dass die Vorstellung „musikalischer Würfel“ im Gegensatz zur „Harmonie der Sphären“ stehen könnte. Während die alten Griechen glaubten, dass jeder Planet und jede Tierkreiskonstellation eine unterschiedliche Schwingung übertrage, die im Verhältnis zu den anderen etwas erzeugt, das der musikalischen Harmonie entspricht, enthält der kabbalistische Raumwürfel die 10 Himmelskörper und 12 Tierkreiszeichen.

Er repräsentiert nicht die Quadratur eines Kreises, sondern die Kubisierung der Kugeln. Die Bestätigung hierfür stammt von Paul Foster Cases Lehren des „B.O.T.A.“ im frühen 20. Jh..

Er schrieb den Tarotkarten musikalische Noten zu und wies jeder Koordinate des Würfels (12 Kanten, 6 Flächen, 3 Achsenebenen und eine Mitte) eine Karte zu.[(28)]

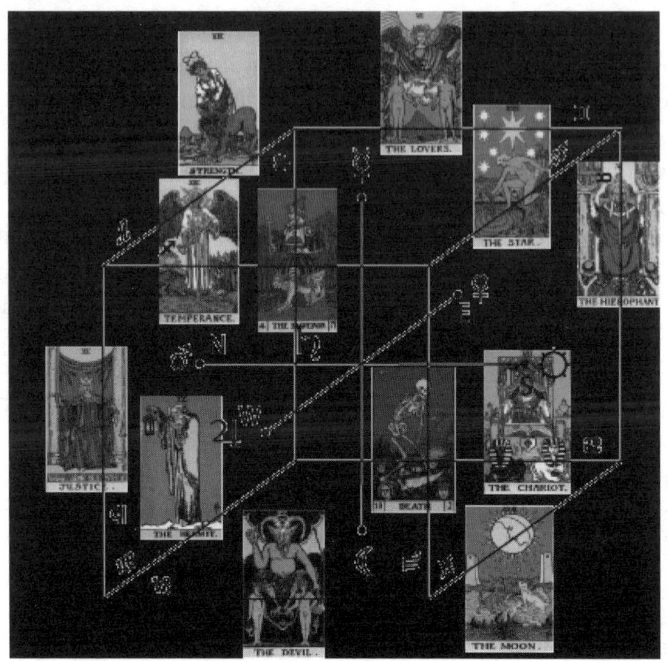

Abb. 26: Der Raumwürfel des Paul Foster Case

Akustische Levitation

Schall lässt Styroporkügelchen schweben

2015 wurde berichtet, dass brasilianische Forscher einen verblüffend simplen Levitator konstruiert hatten, der flexible und kontrollierte Bewegungen schwebender Objekte ermöglicht. Dank dieser neuen Methode der akustischen Levitation waren erstmals flexible Bewegungen wie von Geisterhand möglich, indem kleine weiße Kügelchen mithilfe von Ultraschallwellen über einer hin- und her bewegten Metallschale schwebten. Dies könnte in der Pharmazie, der Chemie oder auch als Spielzeug angewandt werden.

Bereits im Sommer 2013 bewiesen Schweizer Forscher, dass durch Schall kleine Objekte zum Schweben gebracht werden können, als es ihnen gelang, kleine Wassertropfen in einem Ultraschall-Wellenfeld schweben zu lassen und zu bewegen. Ausschlaggebend dafür ist, dass die eingesetzten Lautsprecher und Reflektoren in einer bestimmten Distanz angeordnet sind, wodurch dazwischen stehende Wellen entstehen, die zusammen ein akustisches Feld herstellen, das bei kleinen Objekten stark genug ist, um die Schwerkraft zu überwinden.

Bislang wurde eine Levitation ohne diese Wellen-Resonanz für unmöglich erachtet, wenn der Abstand zwischen Lautsprecher und Reflektor nicht genau der halben Wellenlänge des Schalls oder einem Vielfachen davon entspricht, sodass die stehende Welle zusammenbricht und der Gegenstand herunterfällt. Dass es auch anders funktioniert, haben daraufhin Marco Andrade und seine Kollegen von der Universität São Paulo unter Beweis gestellt.

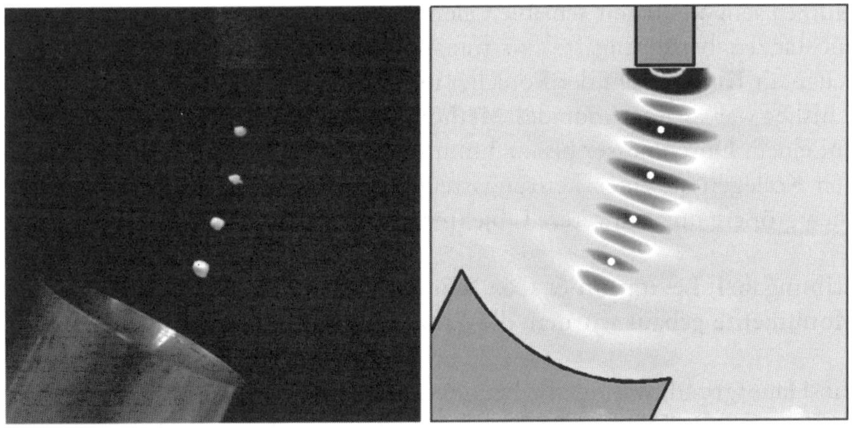

Abb. 27: Durch akustische Levitation schwebende Styroporkügelchen

Entgegen der vorherigen Methode ist es ihnen bei ihrer Art der akustischen Levitation gelungen, dass der Abstand zwischen Lautsprecher und Reflektor flexibel und fließend verändert werden kann, ohne dass es dabei zu einem Absturz des schwebenden Objektes kommt. Andrade erläutert dies mit den Worten: *„In unserem nicht-resonanten Levitator wird die stehende Welle durch die Überlagerung zweier Wellen gebildet: die emittierte und die erste reflektierte Welle.“* Durch die Interferenz zwischen diesen beiden

Wellen wird ein Druckknoten bei der stark gewölbten Reflektor-Oberfläche erzeugt, der ein kleines Objekt schweben lassen kann.

In ihrem Fall handelte es sich dabei um kleine Kügelchen aus Styropor, die sie in einer übereinander angeordneten Reihe zum Levitieren brachten. Darüber hinaus konnten sie auf diese Weise sogar eine gebogene Kette erzeugen. Die Forscher fügten hinzu, dass kleine Objekte auf diese Weise sehr viel einfacher kontaktfrei bewegt werden können als mit den bisherigen Methoden.

Wie Andrade weiterhin ausführte, könne diese Methode zu konkreten technischen Anwendungen führen, wie etwa, dass moderne Fabriken hunderte von Robotern nutzen könnten, um Teile von einem Ort an den anderen zu bewegen, was mit einem akustischen Levitator sogar völlig kontaktfrei möglich wäre. Dies könnte beispielsweise in der Pharmaindustrie von Nutzen sein, um damit sensible Chemikalien, sterile Stoffe oder gefährliche Substanzen berührungsfrei zu transportieren, aber auch neuartige Spielzeuge für Kinder zieht der Forscher in Betracht.

Bisher war es mit Andrades Methode lediglich möglich, leichte Objekte mit einem Durchmesser bis zu 3 mm schweben zu lassen, sodass er mit seinen Kollegen an einer Leistungssteigerung der Technologie arbeitet, um auch größere und schwerere Objekte in der Luft zu halten.[(29)]

Stimmgabel, Levitation & Co.: Waren die Werkzeuge, mit denen antike Monumente gebaut wurden, die ganze Zeit vor unseren Augen?

Ein Hauptgrund, warum wir heute noch von antiken Bauwerken fasziniert sind, ist das Rätsel, wie oft riesige Steine mit unerklärlicher Präzision geschnitten und zusammengefügt wurden. Mithilfe der eigenen Augen wird ein eindeutiger Fehler im Mainstream-Narrativ deutlich.

Herkömmliche Erklärungen legen nahe, dass gewöhnliche, primitive Werkzeuge in Kombination mit außergewöhnlichen Leistungen menschlicher Anstrengung alles möglich machten. In ihrer Gesamtheit betrachtet gibt es keine gute Erklärung dafür, warum Bautechniken und -entwürfe auf der ganzen Welt so viele Gemeinsamkeiten aufweisen.

Fehlende Bindeglieder

Neben dem Rätsel der Konstruktion fehlt noch ein weiteres Glied: Was ist mit den Werkzeugen passiert? Warum sehen wir keine aufgezeichneten Informationen, die diese erstaunlichen Konstruktionsmethoden erklären? Wurden diese Methoden absichtlich geheim gehalten oder waren die Antworten die ganze Zeit vor unseren Augen zu sehen? Ist der Grund, warum wir keine eindeutigen Beweise für Werkzeuge gefunden haben, weil eines der Werkzeuge flüchtige Klänge und Vibrationen sind? Und ist ein weiterer Grund, weil wir die verwendeten Werkzeuge falsch verstanden haben?

Ein alter Bericht eines arabischen Historikers und Geographen legt nahe, dass die Ägypter Schall verwendeten, um riesige Steinblöcke zu transportieren. Bekannt als der Herodot der Araber, zeichnete er 947 n. Chr. eine Jahrhunderte alte Legende auf.

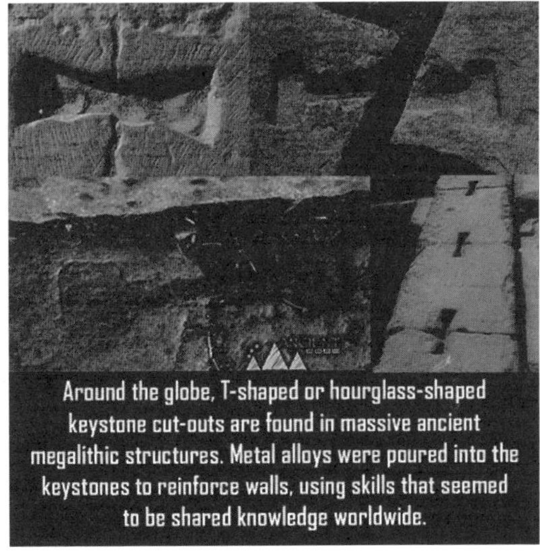

Abb. 28: „Auf der ganzen Welt werden bei antiken Megalith-Bauwerken T-förmige oder sanduhrförmige Schlussstein-Aussparungen gefunden. Mithilfe von Fähigkeiten, die weltweit bekannt gewesen zu sein scheinen, wurden Metalllegierungen in die Schlusssteine gegossen, um Mauern zu verstärken."

Laut der Webseite *Mysterious Universe* ging die Legende folgendermaßen: Beim Bau der Pyramiden positionierten ihre Schöpfer den sogenannten magischen Papyrus sorgfältig unter den Rändern der mächtigen Steine, die für den Bauprozess verwendet werden sollten. Dann wurden die Steine nacheinander von etwas getroffen, das seltsam und ziemlich rätselhaft war und nur als Metallstab beschrieben wurde.

Und siehe da, die Steine stiegen dann langsam in die Luft und bewegten sich – wie pflichtbewusste Soldaten, die widerspruchslos den Befehlen folgten – langsam, methodisch und in einer Reihe ein paar Fuß über einem gepflasterten Pfad, der auf beiden Seiten von ähnlichen, mysteriösen Metallstäben umgeben war.

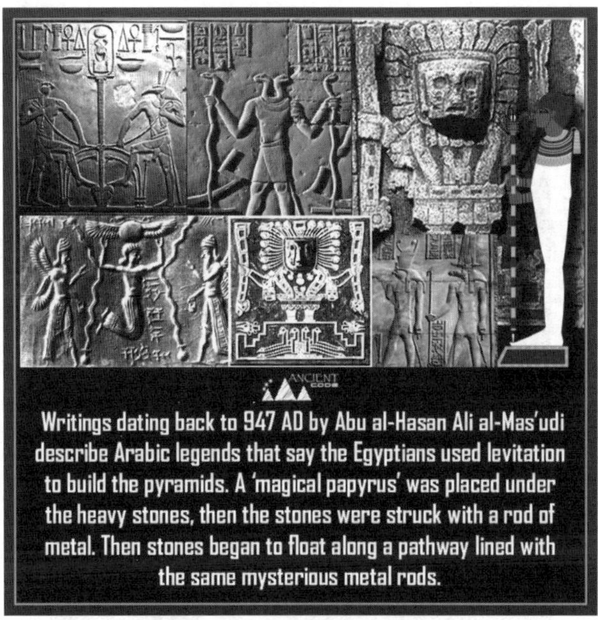

Abb. 29: „Schriften von Abu al-Hasan Ali ibn al-Husain al-Masʿūdī, die auf das Jahr 947 n. Chr. zurückgehen, beschreiben arabische Legenden, die besagen, dass die Ägypter die Pyramiden mithilfe von Levitation erbauten. Ein ‚magischer Papyrus' wurde unter den schweren Steinen platziert, dann wurden die Steine mit einer Metallstange angeschlagen. Dann begannen die Steine entlang eines Pfades entlang zu schweben, der von denselben mysteriösen Metallstangen gesäumt wurde."

Das Was-Zepter

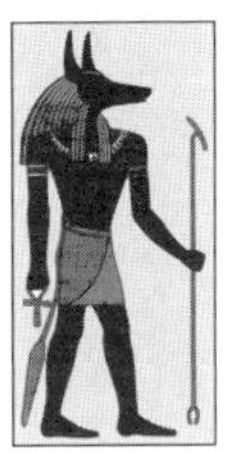

Abb. 30: Anubis mit Was-Zepter

Wir haben alle ägyptische Gottheiten wie Anubis gesehen, die mit einem seltsamen Stab in der Hand wie auf dem Bild oben aufrecht stehen. Allerdings wissen nicht viele Menschen, worum es sich bei diesem Objekt handelt.

Es wird ein Was-Zepter genannt – ein Stab mit einer gegabelten Basis und einem gezackten Kopf, der wie ein stilisierter Hund oder ein anderes Tier geformt ist.

Die Stange ist dünn und perfekt gerade, und mit anderen mysteriösen Objekten wie dem Ankh und dem Djed verbunden.

Waren sie nur symbolischer Art oder könnten sie so etwas wie ein Werkzeug gewesen sein?

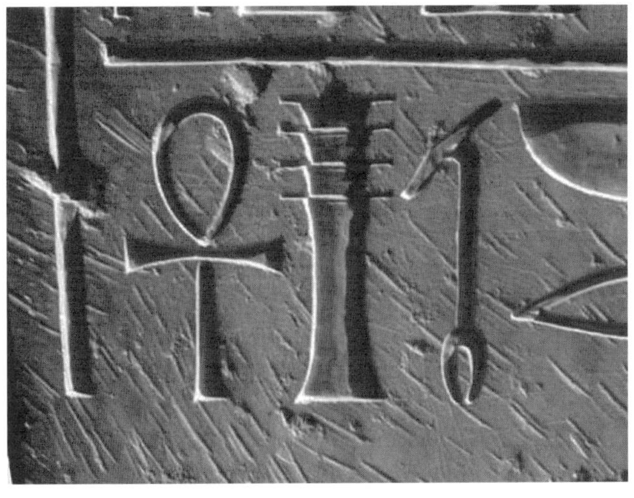

Abb. 31: Ankh, Djed & Was von Kyera Giannini

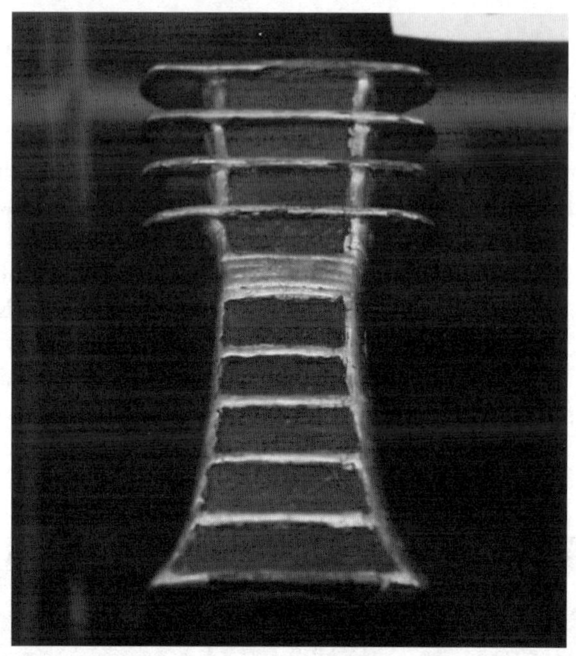

Abb. 32: Djed von Mark Cartwright

Nach der „Ancient History Encyclopedia“ sind diese Objekte Symbole für königliche Macht und Herrschaft.

Die drei wichtigsten Symbole, die in allen Arten ägyptischer Kunstwerke von Amuletten bis hin zur Architektur auftauchen, waren das Ankh, der Djed und das Was-Zepter. Diese waren oft mit Inschriften gekoppelt und erschienen oft zusammen in einer Gruppe oder getrennt voneinander auf Sarkophagen. In jedem Fall repräsentiert die Form den ewigen Wert des Konzepts: Das Ankh repräsentiert das Leben; der Djed Stabilität und das Was Macht.

In einigen Darstellungen sind Was-Zepter zu sehen, die das Dach eines Schreins hochhalten, während Horus darauf schaut. In ähnlicher Weise ist der Djed auf Tempelstürzen zu sehen, die im Djoser-Komplex in Sakkara den Himmel zu halten scheinen.

Ein Video von „Ancient Architects“ geht dieser Idee nach und zeigt Beispiele für Stimmgabeln, die von den Ägyptern verwendet wurden. Der Erzähler Matthew Sibson aus Großbritannien bringt einige faszinierende Ideen darüber auf, wie die Ägypter Objekte wie das Was-Zepter und Stimmgabeln verwendet haben könnten, um die härtesten Steine mit der Kraft von Schall und Vibrationen zu durchschneiden.

Darstellungen von Stimmgabeln sind auf einer Isis- und einer Anubis-Statue zu sehen, die jeweils eine Stange halten. Zwischen den Gottheiten zeigt eine Gravur zwei Stimmgabeln, die durch Drähte verbunden zu sein scheinen. Unter den Gabeln ist ein abgerundetes Objekt mit vier Zinken zentriert, und es sieht beinahe so aus, als ob ein Pfeil nach oben zeigt.

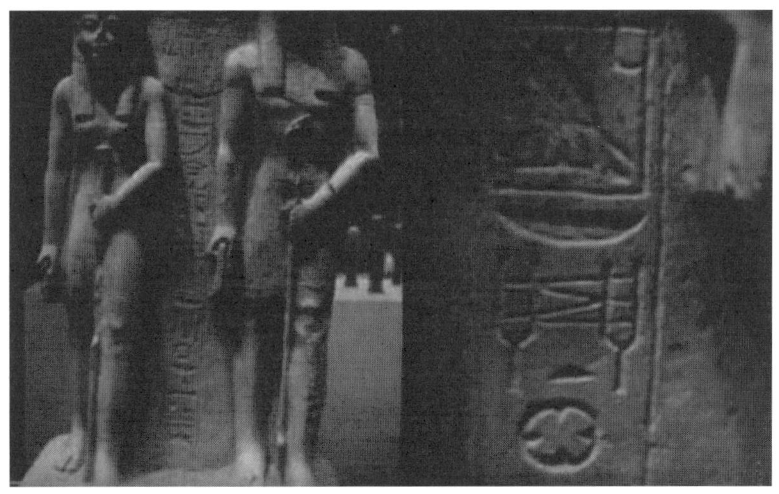

Abb. 33: Screenshot von YouTube

In dem Video zeigt Sibson eine interessante, aber nicht verifizierte E-Mail auf der Website *KeelyNet.com* aus dem Jahr 1997. Die E-Mail weist darauf hin, dass Ägyptologen alte Stimmgabeln gefunden und sie möglicherweise als „anomal“ bezeichnet haben, wenn sie sich ihren Zweck nicht vorstellen konnten.

Vor einigen Jahren öffnete eine Amerikanerin das Schloss einer Tür, die zu einem Lagerraum des ägyptischen Museums führte, der ungefähr 8 x 10

Fuß [2,4 x 3 m] groß war. Im Inneren fand sie „hunderte“ von dem, was sie als „Stimmgabeln“ beschrieb.

Diese hatten eine Größe von ungefähr 8 Zoll [20 cm] bis ungefähr 8 oder 9 Fuß [ca. 2,4 bis 2,7 m] Gesamtlänge, und ähnelten Katapulten, jedoch mit einem Draht, der zwischen den Zinken der „Gabel“ gespannt war. Sie besteht im Übrigen darauf, dass diese definitiv nicht aus Eisen waren, sondern aus „Stahl“.

Diese Objekte ähnelten dem Buchstaben „U“ mit einem Griff (ein bisschen wie eine Heugabel) und vibrierten beim Zupfen des Drahtes über einen längeren Zeitraum.

Möglicherweise könnten an diesen Geräten gehärtete Werkzeugstücke an der Unterseite ihrer Griffe angebracht gewesen sein, und sie könnten zum Schneiden oder Gravieren von Steinen verwendet worden sein, nachdem sie zum Vibrieren gebracht wurden.

Obwohl dieser Hinweis bestenfalls nur ein anekdotischer Beweis ist, scheint er die Stimmgabel-Hieroglyphe auf den Statuen von Isis und Anubis zu bestätigen, wobei der Draht zwischen den Zinken gespannt ist.

Als nächstes sehen wir ein viel älteres sumerisches Rollsiegel, das eine Figur zeigt, die anscheinend eine Stimmgabel hält. Wenn man mehr sieht, scheinen die Menschen des Altertums viel mehr über die Auswirkungen von Schall und Vibration zu wissen, als wir derzeit verstehen.

Heute lernen wir neue Möglichkeiten kennen, um antike Bauwerke zu betrachten. Die Archäoakustik zeigt, wie wichtig Schall beim Bau von Standorten auf der ganzen Welt war. Währenddessen zeigt das Studium der Kymatik, wie Schwingungen die Geometrie der Materie auf komplizierte und unerklärliche Weise verändern. Darüber hinaus entfalten sich die Geheimnisse der Quantenmechanik, indem wir neue Teilchen finden und mithilfe künstlicher Intelligenz herausfinden, wie Materie selbst aufgebaut ist.

Könnten wir endlich das Stadium erreichen, in dem wir genau verstehen, wie die Menschen der Antike weltweit riesige Monumente geschaffen haben?[30]

2 Klassische Komponisten im Dunstkreis von Freimaurern, Illuminaten und Nationalsozialisten

Die weisesten Weisen und Philosophen haben gewusst, dass Musik zu den wirksamsten aller Mittel gehört, mit denen das menschliche Bewusstsein verändert wird – je nach Musik zum Guten oder Schlechten.

(David Tame)

Dass Wolfgang-Amadeus Mozart Freimaurer war, ist allgemein bekannt, doch auch viele andere berühmte klassische Komponisten gehörten dem Geheimbund an. Darüber hinaus ist freimaurerisches Gedankengut auch in anderen Musikstilen, von Volksliedern bis zum Jazz, zu finden. Dass freimaurerische Ideale nur in verklausulierter Form in die Musikwelt Einzug gehalten haben, wird damit erklärt, dass die Freimaurerlogen im religiösen und politischen Kontext im Europa des 18. und 19. Jh. mit Repressalien rechnen mussten.

Zu Anfang waren viele Kompositionen Auftragsarbeiten der Logen, die aber nicht nur für sie selbst, sondern auch öffentlich aufgeführt wurden. Beispielhaft hierfür zu nennen sind die von der Pariser Loge „Olympique" in Auftrag gegebenen Pariser Symphonien von Joseph Haydn oder die „Fantasia quasi Sonata" von Franz Liszt, der seit 1841 Mitglied der Frankfurter Loge „Zur Einigkeit" war.[(31)]

Im 18. Jh. wurde Musik veröffentlicht, die speziell für freimaurerische Rituale komponiert wurde, und wozu Musik von Georg Benda, Ignaz Pleyel, Philidor François-André, Johann Gottlieb Naumann und Christian Gottlob Neefe gehört. Zu den Komponisten, die Hymnen und andere Werke zur Verwendung in Freimaurerlogen schrieben, gehörten u.a. William Boyce aus dem 18. Jh., Albert Lortzing aus dem 19. Jh. und Jean Sibelius aus dem 20. Jh.

Logen verwendeten manchmal (mit oder ohne Erlaubnis) die Musik anderer Komponisten für ihre Sitzungen und fügten oft andere Wörter hinzu. Zum Beispiel schrieb Ludwig van Beethoven, der nicht als Freimaurer dokumentiert ist, 1810 an seinen Freund, den Arzt Franz Wegeler, dass ihm zu Ohren gekommen sei, dass in der Freimaurerloge eines seiner Lieder gesungen werde, und dass er anbiete, es gegen ein anderes zu ersetzen. Wegeler selbst veröffentlichte zwei freimaurerische Texte, die Melodien von Beethoven vorschlagen (das „Opferlied WoO 126“ und das Lied „Der freie Mann WoO 117“), die für sie verwendet werden könnten.

Freimaurermusik wird definiert als *„Musik, die im Zusammenhang mit den rituellen und sozialen Funktionen der Freimaurerei verwendet wird“.* Zwei Hauptarten von Musik, die in Freimaurerlogen verwendet werden, sind Logenlieder, die vor oder nach Besprechungen oder während der Mahlzeiten von Tasteninstrumenten begleitet werden, sowie Musik zur Begleitung bestimmter freimaurerischer Zeremonien und Ereignisse. Da die Zahl 3 und der Buchstabe „B“ für die Freimaurerei von besonderer Bedeutung sind, wird Musik bevorzugt in den Tonarten c-Moll oder Es-Dur komponiert, die beide 3 „b“s umfassen (deren Symbol „♭“ dem Kleinbuchstaben „b“ ähnelt), da sie aufgrund ihrer Vorzeichen als besonders geeignet für freimaurerische Zeremonialmusik angesehen werden.[(32)]

Die Freimaurerei ist aus den Maurerzünften entstanden und geht auf das Ende des 17./Anfang des 18. Jh. zurück. Ausgehend von England verbreitete sie sich dann auch auf dem europäischen Festland und steht in engem Zusammenhang mit dem Beginn der Aufklärung. Die Illuminaten, die 1776 durch den Theologen und Philosophen Adam Weishaupt in Ingolstadt gegründet wurden, gelten als eine Sonderform der Freimaurerei und breiteten sich ab 1780 unter der Führung von Adolph Knigge (1752–1796) aus.

Während die Freimaurerei im Allgemeinen religiöse und politische Diskussionen vermied, setzten sich die Illuminaten auch für politische und gesellschaftliche Veränderungen ein, wie etwa die Schaffung einer konstitutionellen Monarchie, Schwächung des Klerus, bis hin zu demokratischen Positionen, die durch die revolutionäre Bewegung in Frankreich inspiriert wurden.

Ab 1784 wurden die Illuminaten in Bayern verboten und verfolgt, sodass Weishaupt nach Weimar fliehen musste, sie fanden jedoch in Wien noch bis Ende der 1780er Jahre relativ günstige Bedingungen vor. Ebenso wie Friedrich II. in Preußen hatte Kaiser Joseph II. zunächst die Reformer unterstützt.[(33)]

Jahrhundertelang waren auch die Freimaurer verdächtigt, angegriffen und bloßgestellt worden, bis sie 1933 unter den Nationalsozialisten gar verboten wurden, allerdings nicht ohne 1931 das „freimaurerische Licht" – ihr höchstes Symbol – zur „Symbolischen Großloge in Jerusalem" in Sicherheit zu bringen.

Nach dem 2. Weltkrieg wurde das symbolische Licht wieder nach Deutschland zurückgebracht, wo es im Februar 1949 Theodor Vogel, dem Großmeister der wiederbegründeten Bayreuther Großloge „Zur Sonne" überreicht wurde.

Die Einweihungsrituale der Freimaurer beziehen sich mehrfach direkt auf den jüdischen Glauben, indem sie zum Beispiel ihre Erkenntnisgrade Nr. 4-8 als „israelitische Grade" bezeichnen. Außerdem ist auch die Erinnerung an die jahrtausendelange Verfolgung der Juden in den besonderen Eigenarten der Freimaurer enthalten, zu denen ihre Geheimsprache, Symbole und Rituale gehören.[(34)]

2.1 Wolfgang Amadeus Mozart (1756–1791)

Lange Zeit hat unter Mozart-Biographen die Meinung vorgeherrscht, dass Mozart im Unterschied etwa zu Beethoven unpolitisch gewesen sei und kein Interesse an den politischen Umbrüchen seiner Zeit hatte. Dementsprechend sei seine unstrittige Zugehörigkeit zu Wiener Freimaurerlogen in Wien auf rein berufliche Gründe zurückzuführen, und habe weder einen politischen Hintergrund noch irgendeine besondere Bedeutung für sein Werk und seinen Lebensweg gehabt.

Seit einigen Jahren finden sich jedoch auch Veröffentlichungen, die neuerdings Mozarts politischen Hintergrund thematisieren und seine Kompositionen als Widerspiegelung der revolutionären Strömungen seiner Zeit zu deuten versuchen.

Hierzu gehört etwa ein Bestseller der italienischen Musikwissenschaftlerin Lidia Bramani mit dem Titel „Mozart massone e rivoluzionorio" („Mozart: Freimaurer und Revolutionär") oder ein in Deutschland erschienenes Buch des 2004 verstorbenen Orgelrevisors und Musikwissenschaftlers Helmut Perl mit dem Titel „Der Fall Mozart – Aussagen über ein missverstandenes Genie". Auch Perls Dokumentation aus dem gleichen Jahr geht auf den politischen Hintergrund Mozarts ein, und analysiert „Die Zauberflöte" vor dem Hintergrund der Französischen Revolution als aufklärerische und gesellschaftspolitische Parabel. Nicht zuletzt widmete sich auch die Hauptausstellung des Mozart-Jahres 2006 in der „Albertina" in Wien dem Thema „Mozart. Experiment Aufklärung". Sie beinhaltete eine Vielzahl von Dokumenten und Objekten, aus denen Mozarts enge Beziehung zu den Wiener Freimaurern und Illuminaten hervorgeht, die sich in seinen Werken widerspiegeln, allen voran der „Zauberflöte".

Mozarts Lebensspanne von nur 35 Jahren erstreckte sich vom Siebenjährigen Krieg über den Amerikanischen Unabhängigkeitskampf bis zur Französischen Revolution. Auch wenn keine direkten Äußerungen zur Französischen Revolution aus seiner Korrespondenz überliefert sind, geht aus seinem Verhalten in der Freimaurerszene, der Wahl und Behandlung seiner Opernstoffe, seiner Bibliothek und nicht zuletzt aus seiner Musik hervor, dass er ein vielseitig interessierter Künstler war, der eindeutig auf der Seite der Aufklärer und der Opposition gegen Adel und Klerus stand und die revolutionären Strömungen Europas in seine Musik einfließen ließ.

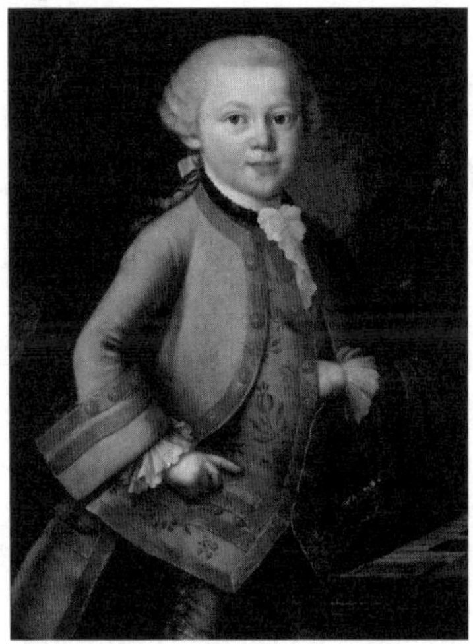

Abb. 34: Der sechsjährige Mozart mit freimaurerischer Geste der versteckten Hand

Als Mozart in Wien eintraf, stand er von Anfang an in engem Kontakt mit den wichtigsten Persönlichkeiten der Wiener Aufklärung: u.a. der Fürstin Thun-Hohenstein, Baron Gottfried van Swieten, Sales von Greiner und Fürst Kaunitz-Rietberg. Im Jahre 1784 trat er der Freimaurerloge „Zur Wohltätigkeit" bei, die mit der Loge „Zur wahren Eintracht" in Verbindung stand, wurde schnell Geselle und bereits nach einem Jahr Meister. Indem in den Wiener Freimaurerlogen die Aufklärungsschriften von Immanuel Kant, Christoph Martin Wieland und anderen weitergegeben und die politischen Ereignisse in Europa diskutiert wurden, stellten sie den geistigen Mittelpunkt der wissenschaftlichen, philosophischen und politischen Auseinandersetzungen dar.

In den Logen versammelten sich viele Künstler und Musiker, zu denen außer Mozart etwa Joseph Haydn, Paul Wranitzki oder der bekannte Klarinettist Anton Stadler gehörten. Helmut Perl unterstreicht, dass Mozart in diesen Logen großes Engagement zeigte und nicht nur pro forma Mitglied geworden war, um Aufträge zu erhalten. Tatsächlich gehen etliche Freimaurerkompositionen auf sein Konto, die er häufig auch entweder selbst am Klavier zum Besten gab oder dirigierte. Die beiden Logen, denen er angehörte, zählten als die Wiener Elitelogen, die den Illuminaten nahe standen.

Viele Angehörige von Mozarts Logen hatten Ämter im Staatsapparat inne. Dazu gehörten etwa Gottfried Freiherr van Swieten, ein Freund und Förderer der Familie Mozart, der die oberste Zensurkommission leitete, Joseph von Sonnenfels, Professor der Staatswissenschaft und Begründer der Wiener Illuminaten oder Ignaz von Born, der Meister vom Stuhl an der Loge „Zur wahren Eintracht“, der Bergwerksingenieur sowie einer der ersten Mineralogen war und das Hof-Naturalienkabinett leitete. Des Weiteren Baron Andreas Riedel aus dem Kreis von Mozarts Lieblingsschriftsteller Aloys Blumauer, der später mit Martin Joseph Prandstätter die Verfassung der französischen Revolutionsregierung übersetzte. Er war auch der Erzieher der Söhne des Bruders von Kaiser Joseph, dem späteren Kaiser Leopold II.

Nachdem Kaiser Joseph 1790 gestorben war, setzte unter der Herrschaft seines Bruders Leopold II., und noch mehr nach Mozarts Tod unter dem Regime von Kaiser Franz II. als Reaktion auf die Französische Revolution sowie soziale Unruhen im Zuge des Türkenkrieges eine grausame Unterdrückung der demokratischen Bestrebungen der Illuminaten ein, in deren Folge zahlreiche Freunde und Logenbrüder Mozarts 1794/95 in den Wiener Jakobinerprozessen zum Tode oder zu Gefängnisstrafen verurteilt wurden.

Mozart hielt in dieser schwierigen Zeit seiner Loge die Treue und setzte sich mit seinen Kompositionen offen für die Ideen der Aufklärung und seine Logenbrüder ein, indem er sogar noch am 18. November 1791, kurz vor seinem Tod, höchstpersönlich die Uraufführung seiner Freimaurerkantate „Laut verkünde unsere Freude (KV 623)“ dirigierte, die er anlässlich der Einweihung des Logentempels „Zur neugekrönten Hoffnung“ komponiert hatte.

Perl zufolge sprechen auch Mozarts Tod und sein Ende in einem unbekannten Massengrab für seine bis zuletzt revolutionäre Gesinnung. Es wurde ihm sogar ein christliches und würdevolles Begräbnis verweigert, was als Rache an Mozart und seiner Familie unter Leopold II. aufgrund seiner hartnäckigen Unterstützung der Illuminaten gedeutet werden kann.[35]

Im Unterschied zu Mozarts Blitzkarriere bei den Freimaurern ist seine Verbindung zu den Illuminaten hingegen weniger gut dokumentiert. Allerdings besuchte Mozart am 19. Februar 1786 in Verkleidung eines indischen Maharishi einen Maskenball, bei dem er auch einige Flugblätter verteilte und auf denen seltsame Reime und „esoterische" Rätsel zu lesen waren, bei denen es sich angeblich um Fragmente der Schriften des persischen Propheten Zarathustra handelte. Im damaligen Wien stand Esoterik hoch im Kurs, und die Freimaurerei war so omnipräsent wie die dunklen Machenschaften der radikal-politischen Geheimgesellschaft der Illuminaten, die auch in Österreich einen Umsturz herbeiführen wollte.

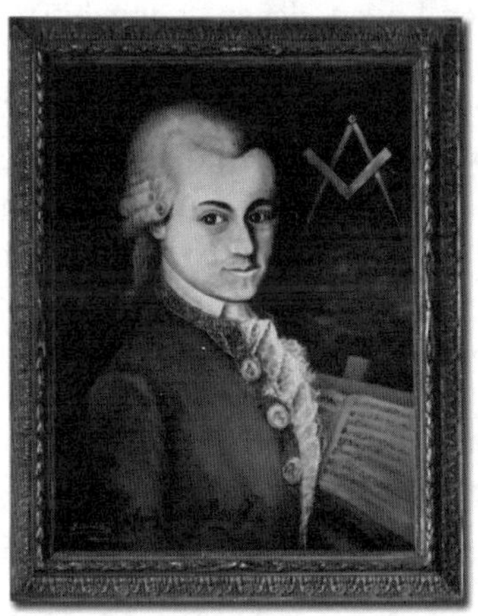

Abb. 35: Mozart-Porträt mit freimaurerischem Winkelmaß und Zirkel

Da viele von Mozarts Freunden und Kollegen Illuminaten waren, ist es naheliegend, dass auch er hinter den gleichmacherischen Idealen des Ordensgründers Adam Weishaupt stand. Mozart war ein Sympathisant der Bewegung, und der Autor von „Der Fall Mozart", Helmut Perl schreibt: *„Mozart war nachweislich Mitglied einer Wiener Illuminatenloge."* Doch nicht nur er, auch Beethoven und Goethe teilten die Weltverbesserungspläne des Ordens, der innerhalb kurzer Zeit die Freimaurerei unterwanderte. Die Illuminaten waren zwar keine Freimaurer, jedoch ähnlich organisiert und sektenartig aufgebaut wie ein Pyramidenspiel. Im Unterschied zu den Freimaurern hatten die Illuminaten jedoch weitaus größere Pläne, indem sie sich zum Ziel gesetzt hatten, den größten Machtapparat der Welt zu vernichten: die katholische Kirche.

Zu Mozarts Freundeskreis zählten etwa ein Dutzend Literaten, die mittlerweile völlig in Vergessenheit geraten sind, darunter etwa Carl Leonhard Reinhold, der Wegbereiter für Kants Vernunfttheorie, sowie Johann Pezzl, der Goethe zu seinem Faust inspirierte. Der Grund für dieses schwarze Loch in Österreichs Literaturgeschichte liegt darin, dass die Wiener Aufklärer allesamt Illuminaten waren und als Staatsfeinde verfolgt wurden, im Gefängnis landeten oder ihr Leben verloren.

Auch Mozarts Lieblingsautor war ein Illuminat namens Aloys Blumauer, über dessen komödiantisches Epos, das Virgils Aeneis ins Lächerliche zog und in dem die größten Genies mit einem Mörser zu einer köstlichen Kraftsuppe für den Teufel zerstampft wurden, er sich amüsierte. In Mozarts Bücherregal fanden sich etliche Pamphlete, die später verboten werden sollten. Blumauer stand sogar im Verdacht, Herausgeber der *Schwarzen Zeitung* gewesen zu sein, eines üblen Vorläufers heutiger Boulevardzeitungen, worin mit Genugtuung über Unglücksfälle und Selbstmorde prominenter Aristokraten berichtet wurde.

Um ihrer Verfolgung durch die Staatspolizei zu entgehen, verwendeten die Illuminaten Pseudonyme wie „Philo" oder „Spartacus", verschlüsselten ihre Texte mit Zahlenmagie und hatten sogar eine eigene Zeitrechnung. Vor diesem Hintergrund ist es wohl auch kein Zufall, dass Mozarts „Zauberflöte" in einem archaischen Zeitalter im alten Ägypten spielt, das in der alten Geheimsprache der Illuminaten der Deckname für Österreich war.

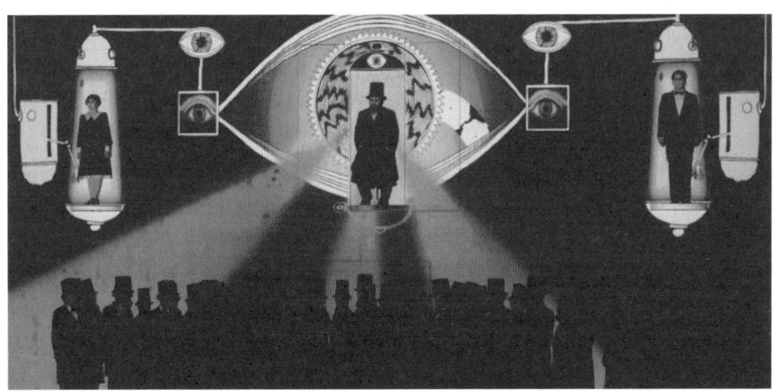

Abb. 36: Freimaurer- und Illuminatensymbolik bei einer Inszenierung der „Zauberflöte" von Barrie Kosky an der *Komischen Oper Berlin* 2012

Mozarts Pseudonym bei den Illuminaten war „Adam". Auch seine Musik war mit Notenpunktation und Metaphern codiert und seine Opern mit boshaften Anspielungen gespickt. Vor diesem Hintergrund ist auch „Die Zauberflöte“ nur oberflächlich betrachtet eine harmlose Märchenoper, die sich im Spannungsfeld von Gut und Böse sowie Licht und Finsternis bewegt. Der Ägyptologe Jan Assmann sieht in ihr gar die *„Mysterien der ägyptischen Gedächtnisgeschichte Europas.“*

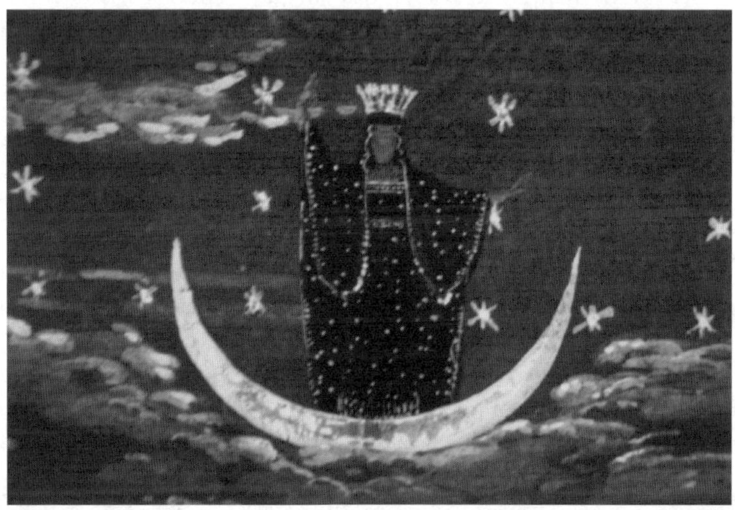

Abb. 37: Die Königin der Nacht aus Mozarts „Zauberflöte“ ist an die ägyptische Göttin Isis angelehnt, die u.a. als Göttin der Magie und als Totengöttin verehrt wurde

Bereits in der ersten Szene offenbart sich die subversive Kraft des Bühnenwerks: Prinz Tamino bricht zusammen, nachdem er von einer Riesenschlange verfolgt wurde, womit nur *„die Ohnmacht des Menschen vor dem Sündenfall“* gemeint sein konnte. Und mit der finsteren und mächtigen Königin der Nacht war keine Geringere gemeint als Maria Theresia, die aufgrund ihrer Scheinheiligkeit bei der Bevölkerung äußerst unbeliebt war und die ihre Tochter Pamina (Marie Antoinette) verstößt, die in Blitz und Donner versinkt.

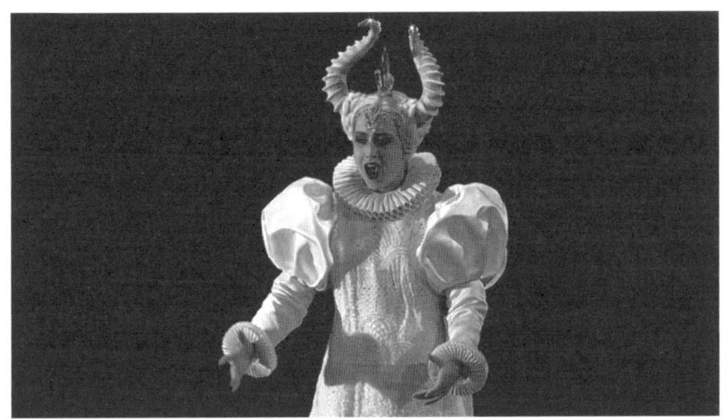

Abb. 38: Das Kostüm der Königin der Nacht mit Hörnern statt Mondsichel bei den Salzburger Festspielen 2018

Auch das allegorische Bühnenbild, das eine vermeintliche Märchenwelt aus Gärten, Tempeln, Pyramiden und Kristallen darstellt, ist nicht etwa auf die Fantasie des linksradikalen Theatermachers Emanuel Schikaneder zurückzuführen, sondern sein Vorbild war der hieroglyphische Garten des Staatsbeamten und Illuminaten Graf Philipp von Cobenzl in den Grinzinger Weinbergen mit einer künstlichen Grotte, die Mozart sehr bewunderte, die heute allerdings unzugänglich ist, da sie zugemauert wurde.

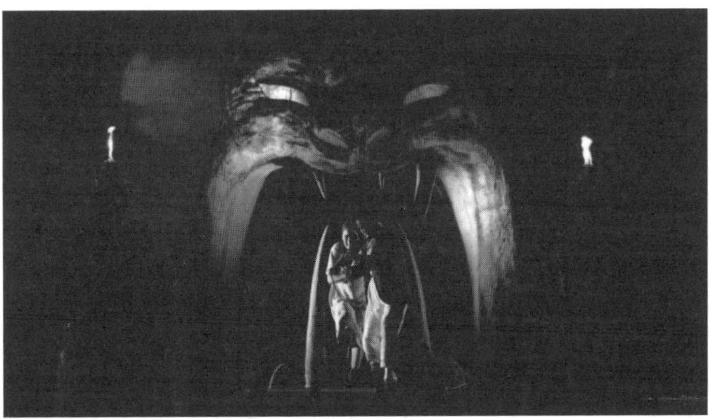

Abb. 39: Das Bühnenbild der „familienfreundlichen Inszenierung" von Alfred Kirchner und Michael Sowa an der Oper Frankfurt 2016 erinnert an Moloch

Bei dieser wunderschönen Anlage handelte es sich wiederum um einen Nachbau des Parks von Schloss Aigen, dem Geheimtreff der Salzburger Illuminaten, wo zwischen antiken Vasen, ägyptischen Urnen, bunten Türmchen und Obelisken in der Grotte geheime Riten der Wiener Illuminaten durchgeführt wurden. Die Grotte am Cobenzl, die heute zugemauert und unzugänglich ist, tritt im Bühnenbild der „Zauberflöte" als „wasserspeiender Berg" in Erscheinung. Könnte es sein, dass Mozart damit das Geheimversteck der Illuminaten preisgegeben hat? Schließlich war Mozart zwei Monate nach der Uraufführung der „Zauberflöte" tot.

Mozart selbst hat bereits an seine Vergiftung geglaubt, indem er bei einem Spaziergang im Prater zu Constanze sagte: *„Mit mir dauert es nicht mehr lange: Gewiß, man hat mir Gift gegeben."* Der Autor Ludwig Köppen geht in seinem Buch „Mozarts Tod – ein Rätsel wird gelöst" allerdings davon aus, dass sich der Musiker bei einer „Grabennymphe" mit Syphilis angesteckt hatte. Verfolgt man Köppens These weiter, kommt man allerdings unweigerlich zu der Schlussfolgerung, dass Mozart vom österreichischen Geheimdienst eliminiert wurde.

Der Autor des Buches „W.A. Mozart – Den Göttern gegeben", Dr. Gunther Duda, hält es gar für möglich, dass Mozart einem diabolischen Kultmord zum Opfer gefallen ist, oder dass Mozart sogar seine „Hinrichtung" als Bestrafung für den begangenen Verrat akzeptiert hat.

Einem Wiener Zeitungsbericht zufolge will ein 17-jähriges Mädchen noch den aufgebahrten Mozart in einem Nebenzimmer von Schikaneders „Freihaustheater" gesehen haben, bevor er im Dunklen verschwand, wo man ihm bei einem schwarzmagischen Ritual den Kopf abgetrennt haben soll. Seltsamerweise sind auch die Schädel von Joseph Haydn, Friedrich Schiller, Immanuel Kant sowie Ludwig van Beethoven auf rätselhafte Weise verschwunden, die ebenfalls den Illuminaten nahestanden. Während Dudas These von der offiziellen Mozart-Forschung abgelehnt wird, konnte sie jedoch nie widerlegt werden.

Zudem war Mozart nicht der Einzige aus seinem Umfeld, der unter ominösen Umständen aus dem Leben schied, denn bereits vier Monate vor ihm starb der Hofrat und gleichzeitig oberste Illuminat Wiens, Ignaz von Born, der in der „Zauberflöte" als die Bühnenfigur des weisen Priesters Sarastro verewigt ist, während die Prüfungen, die Tamino und Papageno bestehen müssen, nichts weiter als Initiationen der Illuminaten sind.[36]

In Milos Formans Film *Amadeus* (1984) ist es der stark gealterte Komponist Antonio Salieri (F. Murray Abraham), der mit seinen flehenden Schreien Mozart um Vergebung bittet und gesteht: „*Ich habe dich getötet.*“ Von den Dämonen seiner Vergangenheit geplagt, ist er endgültig dem Wahnsinn verfallen – einem Wahnsinn, der sein Leben prägte, nachdem er viele Jahre zuvor das Genie Wolfgang Amadeus Mozart kennenlernte, gespeist aus Missgunst und Neid, aus egozentrischem Absolutheitsanspruch und dem gleichzeitigen Wissen über die eigene Mittelmäßigkeit, der Antonio Salieri in die Abgründe der Menschlichkeit blicken ließ und ihn schlussendlich in den versuchten Selbstmord und ins Irrenhaus trieb.

Forman, der auch für den in einer Psychiatrie spielenden Film *Einer flog über das Kuckucksnest* (1975) bekannt ist, hat in *Amadeus* beispielhaft den menschlichen Verfall dargestellt, indem er ein generelles Bild von Wahn und Selbstzerstörung zeichnet, das bis heute Bestand hat und beinahe als Blaupause für den Lebensweg so vieler Ikonen der Kunst und den Menschen in ihrer Umgebung gedeutet werden kann, denn auch der zunächst so fidele und schelmische Mozart, der sich seiner Geltung als Genie bewusst ist, zerbricht an dem Druck, den er von Familie, Öffentlichkeit, und vor allem sich selbst, auferlegt bekommt. Dadurch nimmt er ein Phänomen vorweg, das erst bei den späteren Rockstars des 20. Jh. voll zur Entfaltung kommt, indem er gegen das grelle Rampenlicht ankämpft, in das ihn sein gottgegebenes Talent drängt, und sich dem Eskapismus durch Alkohol, Gelage und Frauen hingibt.

Amadeus stellt somit die ultimative Musiker-Biographie dar, indem Forman in seinem Klassik-Epos den inneren Kern eines jeden dieser Filme auf den Punkt bringt: die Problematik eines öffentlichen Lebens, und welchen Wahnsinn ein solches auslösen kann. Dabei rückt er nicht nur die Titelfigur in den Mittelpunkt, sondern widmet sich genauso sensibel und eindringlich der Drangsal der Menschen im Schatten der wahlweise gesegneten oder verfluchten Lichtgestalt. Der Wahnsinn lebt in *Amadeus*. Und *Amadeus* lebt durch den Wahnsinn.[37]

2.2 Ludwig van Beethoven (1770–1827)

Das genaue Geburtsdatum von Ludwig van Beethoven ist unbekannt. Er wurde am 17. Dezember 1770 getauft, und es wird vermutet, dass er am 16. Dezember geboren wurde. Er ist bekannt für seine Musik, die bis heute bedeutsam ist, aber nur wenige kennen die mysteriösen und ungewöhnlichen Aspekte seines Lebens.

Beethoven war ein Freimaurer, der eng mit dem berüchtigtsten aller freimaurerischen Orden verbunden war, den bayerischen Illuminaten, einer Gruppe, die nur sechs Jahre offen existierte. Die Überprüfung von Beethovens Verbindung zu diesem Mysterium ist jedoch keine leichte Aufgabe, da Theoretiker im Laufe der Jahrhunderte vermutet haben, dass die Fakten der Geschichte geändert oder manipuliert werden könnten, um die Integrität und die Geheimnisse solcher „Geheimgesellschaften“ zu wahren.[(38)]

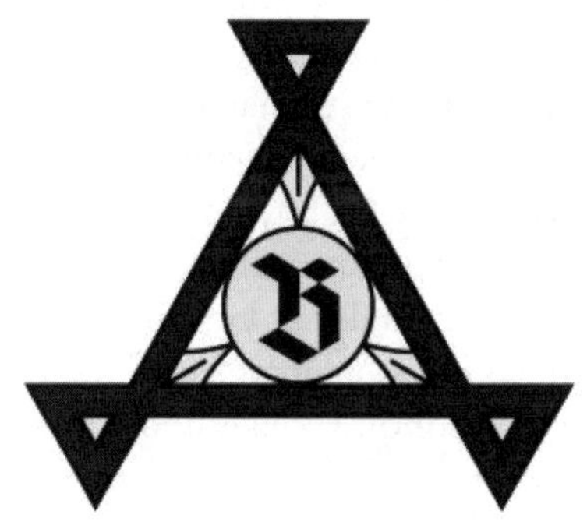

Abb. 40: Bijou der Freimaurerloge „Beethoven zur ewigen Harmonie“. Die am 28. November 1923 gegründete freimaurerische Vereinigung wurde am 22. Januar 1928 von der Großloge „Zur Sonne“ (Bayreuth) als Tochterloge mit ihrem bisherigen Namen in Bonn eingesetzt

1779 kam ein Komponist, Schriftsteller, Lehrer und Träumer namens Christian Neefe (1748–1798) nach Bonn, um für das Wahlgericht zu arbeiten. Neefe war der Inbegriff eines Schwärmers, insbesondere hatte er leidenschaftliche Visionen endloser menschlicher Potenziale, die die wissenschaftliche Revolution und die Aufklärung zu entfesseln versprachen. Wie viele Progressive dieser Zeit glaubte Neefe, dass die Menschheit endlich erwachsen werden würde. Also hatte er den richtigen Ort ausgewählt, um eine Anstellung zu bekommen. Bonn war eine der kultiviertesten und aufgeklärtesten Städte Deutschlands. Das Gericht unterstützte einen großartigen Musik- und Theaterbetrieb. Es dauerte nicht lange, bis Neefe in seinem neuen Posten ein

Genie betreute. In seiner Freizeit verpflichtete er sich einem Plan, der sozusagen in der Weltherrschaft bestand.

Einer von Neefes ersten Schülern war ein mürrischer, schmuddeliger, schweigsamer 10-jähriger Pianist namens Ludwig van Beethoven. Er war der Sohn eines alkoholkranken Sängers, der ihm Musik mehr oder weniger eingeprügelt hatte. Das Kind schien eher ein Fall für die Wohlfahrt als ein angehender Musiker zu sein, aber Neefe entdeckte bald, dass sein Talent ihn in die gleiche Liga wie das musikalische Phänomen der Zeit bringen konnte: ein Wunderkind mit außergewöhnlichem Talent namens Mozart.

Ludwig wurde nach seinem Großvater benannt, der Kapellmeister und Leiter des Hofmusikinstituts gewesen war. Der Sohn des alten Ludwigs, Johann van Beethoven, sang im Chor als Tenor. Als sein Vater starb, hatte er sich als Kapellmeister beworben. Alle außer Johann verstanden, dass das lächerlich war: Er war ein kompetenter Sänger und Musiklehrer, ansonsten aber hoffnungslos mittelmäßig und hing an der Flasche. Wie so oft bekam der Sohn die volle Zügellosigkeit des vereitelten Ehrgeizes des Vaters ab. Johann van Beethoven wollte aus seinem ältesten Kind um jeden Preis einen zweiten Mozart machen.

Die Nachbarn sahen den winzigen Ludwig auf einer Bank stehen, um die Tasten zu erreichen. Sein Vater stand schreiend und bedrohlich über ihm. Der Junge weinte, als er spielte. Als Ludwig sieben Jahre alt war, stellte ihn sein Vater in einem Konzert vor und bewarb ihn zum großen Teil als 6-Jährigen, genau wie Mozart, als er berühmt wurde. Johann hoffte auf eine Sensation, aber es wurde nichts daraus (außer dass Beethoven für den Rest seines Lebens über sein tatsächliches Alter verwirrt war). Mit sieben Jahren war er ein unglaublich frühreifer Pianist gewesen, aber er war kein zweiter Mozart, zumindest noch nicht.

Als Christian Neefe in Bonn ankam und anfing, Beethoven Orgel und Komposition zu unterrichten, war der 10-Jährige ein ebenso guter Pianist wie jeder andere in der Stadt. Bald druckte Neefe einige Variationen, die Ludwig geschrieben hatte, eines seiner ersten Stücke – leicht und konventionell, immer noch nicht Mozart, aber beeindruckend für sein Alter. In einem Zeitungsartikel zitierte Neefe die Variationen und sagte die magischen Worte: Mit der richtigen Erziehung wird dieser Junge „sicherlich ein zweiter Wolfgang Amadeus Mozart".

Als Jugendlicher war Beethoven ein Hofmusiker in verschiedenen Funktionen und machte als Komponist große Fortschritte. Sein Vater hatte ihn nach einigen Jahren von der Schule genommen, damit er sich auf die Musik konzentrieren konnte. (Beethoven lernte addieren und subtrahieren, lernte aber nie multiplizieren. Wenn er 65 mit 59 multiplizieren musste, schrieb er 59 mal 65 in eine Spalte und addierte sie.) In der Zwischenzeit förderte ihn sein Vater unerbittlich, veranstaltete Konzerte im Haus und nahm ihn mit auf Touren durch das Rheinland. Zu diesem Zeitpunkt gab es für Ludwig oder andere kaum eine Frage, ob er auf große Dinge zusteuerte. Eines Tages, als die Tochter seines Vermieters ihn ansprach: „Wie dreckig siehst du wieder aus! Du solltest dich ordentlich sauber halten", sagte er zu ihr. „Was bringt es? Wenn ich ein feiner Herr werde, wird es niemanden interessieren."

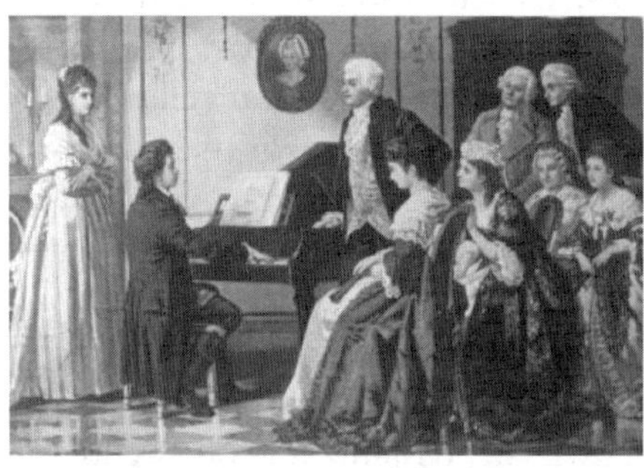

Abb. 41: Beethovens erstes Auftreten am Klavier vor W.A. Mozart und musikalischem Publikum der Wiener Gesellschaft

Das bedeutet, Beethoven war ein Wunderkind und hatte das Problem des klassischen Wunderkinds: Er wusste alles über Musik, aber er wusste nicht, wie er leben sollte. Er hatte nur eine ungefähre Vorstellung von der Realität anderer Menschen. Während Beethovens Jugend versuchten eine Reihe von Mentoren, ihn zu zivilisieren und zu sozialisieren, mit gemischten Ergebnissen.

In diesen Jahren befand sich sein erster ernsthafter Mentor, Neefe der Schwärmer, in einer besonders inbrünstigen Phase seines spirituellen Lebens. Seit einiger Zeit war er Freimaurer, Angehöriger einer Gruppe, die in ihrem ersten Jh. ein fortschrittlicher, internationaler, säkularer, halbgeheimer Orden war, der Männern aller Glaubensrichtungen offenstand. (Als solcher wurden die Freimaurer von Kirchen und Herrschern gleichermaßen verabscheut.) Aber Neefe hatte es satt, dass die Freimaurer endlos über Freiheit und Moral schwatzten. Er wollte eine ehrgeizigere und aktivere Art der Brüderlichkeit – etwa eine neue Weltordnung. Das führte ihn zu einem der bizarreren Nebenschauplätze der Aufklärung: den bayerischen Illuminaten.

Eine Bonner Loge der Illuminaten bildete sich, und Beethovens Lehrer wurde Leiter der Illuminaten.

Die Illuminaten verbanden radikale Politik und Hierarchie im Jesuitenstil mit fanatischer Geheimhaltung. Die Ziele des Ordens waren ehrgeizig: Sie wollten die Welt verändern und hatten einen Plan, dies zu erreichen. Dies sollte nicht durch gewaltsame Revolutionen der Fall sein. Die Idee war, einen Kader aufgeklärter Männer zu bilden, die die Regierungen überall heimlich infiltrieren und sie langsam unter der Führung eines geheimen Regierungsorgans zu einer Art säkular-humanistischem Elysium bringen würden. Adam Weishaupt sagte:

„Fürsten und Nationen werden friedlich vom Erdboden verschwinden, die Menschheit wird eine Familie und die Welt wird ein Zufluchtsort vernünftiger Menschen. Die Moral wird diese Transformation allein und unmerklich erreichen."

Für jeden Illuminaten begann die Perfektion der Gesellschaft mit der Perfektion des eigenen moralischen Charakters. Aufstrebende Mitglieder erhielten Textstapel zum Lesen, mussten eine strenge Selbstprüfung schreiben und sich ritualisierten Verhören unterziehen:

„Woher kommst du? / Aus der Welt der ersten Auserwählten.
Wohin willst du gehen? / Zum innersten Heiligtum.
Was suchst du dort? / Wer ist, wer war und wer wird immer sein.
Was inspiriert dich? / Das Licht, das in mir lebt und jetzt in mir in Flammen steht."

Trotz aller verträumten Mystik hatten die Illuminaten eine hoch aufgeklärte Agenda, rational, humanistisch und universell. Sie veröffentlichten eine monatliche Zeitschrift (Beiträge zur Verbreitung nützlichen Wissens), die teils Stimmungsmache für die Aufklärung, teils praktische Artikel in Bezug auf Sparsamkeit, Haushalt und dergleichen war. Pflicht war das Wesen der Illuminatenlehre, aber es war eine Art Aufklärungspflicht: keine Pflicht gegenüber Gott oder Fürsten, sondern gegenüber der Ordnung und der Menschheit.

In der Praxis waren die Illuminaten eine Art aktivistischer linker Flügel der Freimaurer, aus denen sie die meisten ihrer Mitglieder rekrutierten. Ihre

Anzahl war nie groß, aber sie beinhalteten Leute wie Goethe und Christian Körner, einen engen Freund und Vertrauten von Friedrich Schiller. Körners Einfluss scheint der Grund zu sein, warum einige von Illuminaten geprägte Ideen – universelle Brüderlichkeit und der Triumph des Glücks, der die Menschheit nach Elysium bringt – in Schillers berühmtem Gedicht „Ode an die Freude" auftauchten, das oft vertont und in freimaurerischen und Illuminatenkreisen gesungen wurde. Das Gedicht ging später über das Finale von Beethovens „Neunter Symphonie" in die Geschichte ein.

Als Illuminatus bestand ein wichtiger Teil der Pflicht von Christian Neefe darin, vielversprechende junge Menschen im Verborgenen die Ideale des Ordens einzutrichtern und sie dann zu rekrutieren, wenn sie volljährig wurden. Beethoven war so vielversprechend, wie junge Leute eben sein können. Hat Neefe diesen Schüler beeinflusst? Sicher hat er es getan. Wurde Beethoven für den Orden rekrutiert? Nein, denn die Illuminaten lösten sich 1785 auf, als er 14 Jahre alt war. Es stellt sich auch die Frage, wie unbeeinflussbar Beethoven von irgendjemandem war. Schon als Jugendlicher war er so sehr auf seine eigene Art fixiert, dass er den Rest der Welt nur zeitweise zur Kenntnis nahm.

Nicht nur Neefe, sondern auch die meisten anderen Freunde, Mentoren und Förderer Beethovens waren ehemalige Illuminaten oder Freimaurer. Haben diese Einflüsse sein Leben und seine Kunst beeinflusst? Unter anderem sicherlich. Als Beethoven Bonn verließ, plante er bereits, Schillers Ode zu vertonen, und er hatte eine gute Vorstellung davon, worum es in diesem Gedicht ging, von seiner humanistischen Oberfläche bis zu seinen freimaurerischen und illuministischen Tiefen. Bis dahin hatte Bonn ihm Ideen und Ideale vermittelt, ein Komponist zu sein, wie es nie zuvor der Fall war. Er wollte etwas mehr als nur ein Unterhalter sein. Er wollte Teil der Geschichte sein.

Wenn Beethoven von irgendwo anders als Bonn gekommen wäre, wäre er vielleicht immer noch ein Genie gewesen, aber er wäre nicht derselbe Mann und Komponist gewesen. Er hat sich mehr selbst hochgearbeitet als alles andere, und konnte die Welt nur durch seine eigene Brille sehen. Er war ein legendär widerspenstiger Schüler und behauptete, von keinem seiner Lehrer etwas gelernt zu haben. Sein berühmtester Lehrer, Joseph Haydn, nannte Beethoven süffisant „der große Mogul" – in der heutigen Sprache eine große

Nummer. Gleichzeitig war Beethoven keineswegs distanziert. Er saugte jede Idee um sich herum auf, las umfangreich in der klassischen und modernen Literatur, studierte die Musik älterer Meister und nahm sie sich, bei dem was er tat, zum Vorbild. Seine Kunst schöpfte aus unzähligen Quellen, darunter die extravaganten humanistischen Ideale, die in seiner Jugend in Bonn in der Luft lagen. Alles zusammen summierte sich auf Folgendes: Musik als esoterische Sprache, die von einigen aufgeklärten Männern zum Wohle der Welt verwendet wird. Bei Beethoven ging es um die Pflicht gegenüber der Abstraktion namens Menschlichkeit. Das war es, was ihm beigebracht wurde und wofür er lebte und schrieb, trotz all des Elends, taub zu werden und vieler körperlicher Schmerzen. Die Menschen waren ihm egal. Als er jedoch Schillers Ode für die „Neunte Symphonie“ aufnahm, schlug er vor, nicht nur eine Predigt über die Bruderschaft der Menschheit und den Traum von Elysium zu halten. Er wollte, dass die Neunte dazu beitrug, diese Dinge zu verwirklichen.

Was die Illuminaten betrifft, betrachten Sie sie als ein weiteres Beispiel für die überschwängliche Hoffnung der Aufklärung auf menschliche Perfektionierbarkeit. Seit Beethovens Zeit sind sie aufgrund der Geheimhaltung und der Weltordnungsagenda der Illuminaten ein natürlicher Magnet für Verschwörungstheorien. Die Illuminaten existierten tatsächlich nur etwa neun Jahre, aber es gibt immer noch viele Leute, darunter viele der religiösen Rechten in Amerika und der „John Birch Society“, die glauben, dass die Illuminaten die Mutter aller Verschwörungen sind, einer jüdisch dominierten internationalen Kabale, die mehr oder weniger die Welt regiert, seit sie die Französische Revolution angestiftet hat.[39]

Während Beethovens Jahren in Bonn traf er weitere Mitglieder der Illuminaten, insbesondere Graf Ferdinand Ernst von Waldstein-Wartenberg (1762–1823). Dies war eine Zeit, in der „freies Denken“ populär war und Bonn eine „Universitätsstadt“ war, in der in den Jahren vor der Französischen Revolution viele Ideen zirkulierten. Beethoven liebte zu dieser Zeit die Literatur immer mehr und begann mehr zu lesen. Er durchforstete die Weltliteratur, Mythologie, Kunst, Philosophie und Religion. Seine Lektüre Kants, Homers, Schillers, Herders, der antiken klassischen Schriftsteller, der modernen Romantiker sowie freimaurerischer und brahmanischer Texte erweiterte seinen Wissensschatz. 1785 lösten sich die Bonner Illuminaten aus

Angst vor dem Verbot auf, wurden aber 1787 unter dem Namen „Freunde der Literatur" neugegründet.

Beethoven mochte den reformistischen Kaiser Joseph II., der 1790 in der Kantate auf den Tod Kaiser Josephs II. die erste Verkörperung des „Helden" in Beethovens Musik darstellte. Diese frühen Werke wurden offenbar direkt von den Illuminaten bezahlt. Diese Kantate wurde zu Beethovens Lebzeiten nicht aufgeführt, und die Partitur, die sich im Besitz des Komponisten Hummel befand, der sie offenbar 1813 versteigerte, ging ab 1884 verloren.

In der Zeit der Aufklärung war es neu, dass Kunst eine Form der revolutionären Politik widerspiegelte, und Beethoven brachte dies auf eine andere Ebene. Die meisten Menschen wurden verhaftet oder inhaftiert, weil sie weniger offen waren. Musik und Kunst galten als Waffen gegen die Tyrannei.

„Die Geheimpolizei war im Publikum der Uraufführung von Beethovens Neunter Symphonie anwesend, um sicherzustellen, dass kein Verrat gesungen wurde. Es war so, aber sie haben es nicht bemerkt."[(40)]

Es bleibt die Frage offen, ob die Familie Lichnowsky, die Beethoven in den ersten beiden Jahren seines Aufenthalts in Wien 1794 unterbrachte, Mitglieder der Illuminaten waren. Ihre Beziehung ging über die einer typischen Beziehung zwischen Künstler und Mäzen hinaus, insbesondere in Bezug auf seine Liebesbeziehung mit Prinzessin Lichnoswky. Es ist wahrscheinlich, dass die Beziehungen, die Beethoven in Bonn unterhielt, für seine finanzielle Unterstützung während seines gesamten Lebens in Wien von entscheidender Bedeutung waren und gleichzeitig viele seiner Werke beeinflussten.

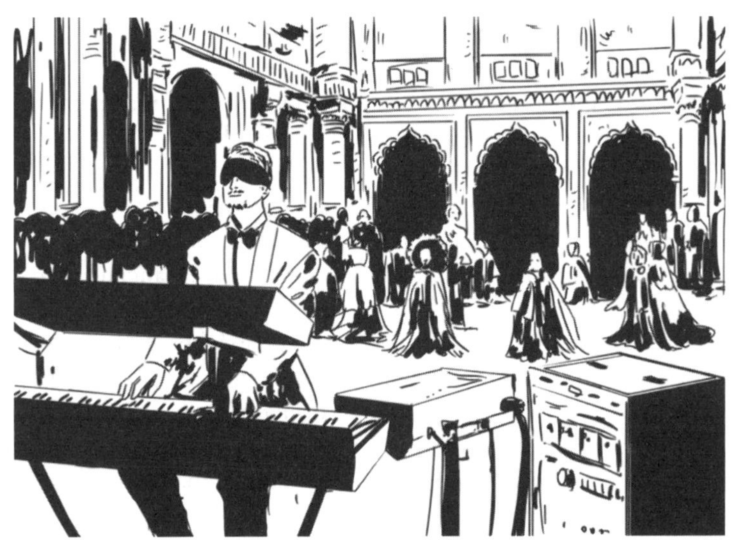

Abb.: 42: Szene aus dem Film *Eyes Wide Shut* von Stanley Kubrick, mit einem Illuminaten-ähnlichen Ritual. Zugang zu der Party erhält die Hauptfigur, gespielt von Tom Cruise, mit dem Passwort „Fidelio".)

Die Worte einiger Vokalwerke, darunter die Oper „Fidelio" und die „Neunte Symphonie", spiegeln ausdrücklich den Einfluss des Denkens der Aufklärung wider und zitieren sogar direkt aus der von den frühen Illuminaten gesponserten Kantate. Beethoven besserte sein Einkommen auch durch die Zusammenarbeit mit Aristokraten und durch Geschäfte mit Verlagen und der Annahme bezahlter Auftragsarbeiten auf. Einige Fakten darüber, wie gut er von anderen Quellen finanziell unterstützt wurde, sind jedoch noch nicht bekannt.

Beethoven war sich bewusst, dass er nicht genügend Zeit haben würde, um seine kreativen Bemühungen abzuschließen, und es ist durch seine Briefe dokumentiert, dass er um ein solches Szenario bat, in dem er dafür bezahlt werden konnte, nur er selbst zu sein und Musik zu komponieren. Ist das nicht der Traum eines jeden Musikers? Beethoven versuchte sein Leben so zu gestalten, dass er kreativ war und gleichzeitig gut davon leben konnte. Seine Absicht war es, alles zu beseitigen, was er für überflüssig und trivial hielt. Einige könnten sagen, dass er deshalb nie geheiratet hat. 1824 schrieb er: *„Nur in meiner göttlichen Kunst finde ich die Unterstützung, die es mir* *ermöglicht, den himmlischen Musen den größten Teil meines Lebens zu opfern.“*

Einige seiner Opfer und Turbulenzen brachten ihn sogar dazu, in quasiklösterlicher Einsamkeit außerhalb der Stadt zu leben.

Es gibt viele Hinweise darauf, dass Beethoven stark von den Ideen der spekulativen Freimaurerei und anderen religiösen Lehren beeinflusst wurde, die mit Weltreligionen in Zusammenhang stehen, zu denen auch esoterische Ritualpraktiken der Religionen des Ostens und der Antike gehören. Einige beziehen Beethoven auf die mysteriösen und exotischen Religionen auf der ganzen Welt, die in der Literatur der Freimaurer und anderer fortschrittlicher brüderlicher Gesellschaften und Gruppen wie der ägyptisch-saitisch-osirischen, orphisch-eleusinischen und kabirisch-dionysischen ausführlich beschrieben wurden, sowie auf deistische Ansichten, die höhere Seinszustände und das Übernatürliche beschreiben. Seine Tagebücher spiegeln Zeichen seines Kampfes um die Verbindung mit Gott wider, indem er seine aufwändigen Werke schafft, die darauf abzielen, nach Gerechtigkeit zu streben.

Beethoven war einzigartig aufgrund seiner unermüdlichen Entschlossenheit, durch seine Werke Einfluss zu nehmen. Er hatte eine tiefe spirituelle Seite, die zum Martyrium neigte, aber als er reifte, taten dies auch sein Gefühl der Sinnhaftigkeit und seine vertrauliche spirituelle Pflicht.

Beethoven verwandelte all seine Gefühle und Kämpfe in komplexe Musik. Er hielt all seine intimsten Momente mit der Natur, den Frauen und der Gesellschaft fest, übertrug sie auf seine musikalische Palette und berichtete immer wieder auf tiefgreifende Weise. Obwohl er einige unergiebige Jahre und offensichtlich mit Problemen zu kämpfen hatte, war dies alles Teil seines spirituellen Weges. Er schien seine Sehnsucht, ein Diener der Welt in der höchsten Form zu sein, einer, der sich ganz seiner Kunst verschrieben hatte, voll und ganz zu ertragen, damit die Menschen mit der Musik in Resonanz treten und reiche und höhere Bereiche des Erfahrungsbewusstseins durchleben konnten.

Seine Musik manifestierte sich in einer Sprache, die ansonsten nicht übersetzbar oder unmöglich auszudrücken ist, außer sie vollständig durch das Medium Klang zu hören und zu erleben. Dadurch vermittelte er eine tiefe Anerkennung der Frustration der Seele, des Unrechts der Regierung und der

Gesellschaft, der persönlichen Triumphe, die er überwunden hatte, und einer unbeschreiblichen Tiefe der Schönheit, der er in der Welt begegnete, und seiner Beziehungen zu anderen.

Dass Beethoven große spirituelle Bestrebungen hatte, der Menschheit zu dienen, wird auch in einem Brief deutlich, den er 1823 schrieb: „Es gibt keine höhere Mission, als sich der Gottheit näher als andere Sterbliche zu nähern und durch diesen Kontakt die Strahlen der Gottheit durch die Menschheit zu verbreiten.“[(41)]

Das Paradoxon im mysteriösen Leben Beethovens wiederholt die allgemein bekannten Aspekte seines physischen Lebens: seine Übellaunigkeit, seine Traurigkeit und seine Neigung, einsam zu sein, der Verlust seiner „unsterblich Geliebten“, und vor allem seine allmähliche und umfassende Taubheit. Seine starke Spiritualität und seine Einsichten spiegeln sich in seinen eigenen Schriften wider. *„Ich hätte mein Leben beendet – das einzige, was mich zurückhielt, war meine Kunst. Allmächtiger Gott, du siehst in mein Herz und weißt, dass es voller Liebe zur Menschheit und dem Wunsch ist, Gutes zu tun. Seit meiner Kindheit sind mein Herz und meine Seele von dem zarten Gefühl des guten Willens durchdrungen; und ich war immer geneigt, große Dinge zu erreichen.“*

Einige Details von Beethovens Leben und seiner Verbindungen mit mysteriösen Gruppen oder Personen bleiben ungewiss, aber Tatsache ist, dass Beethovens Musik immer noch zur kraftvollsten der Welt gehört.[(42)]

Die wechselvolle Rezeptionsgeschichte von Ludwig van Beethovens „Neunter Sinfonie“ lässt sich am Beispiel des Films *Uhrwerk Orange* (1971) von Stanley Kubrick (1928-1999) verdeutlichen, in dem sie eine zentrale Rolle spielt.

Generell hatte Kubrick offenbar ein enges Verhältnis zu klassischer Musik, denn in seinem Film *2001: Odyssee im Weltraum* (1968) dreht sich ein karussellförmiges Raumschiff zu den Walzerklängen von Johann Strauss' „An der schönen blauen Donau“, oder in *Barry Lyndon* (1975) versinnbildlicht ein Satz aus Franz Schuberts „Klaviertrio Es-Dur“ die emotionale Versteinerung einer zerrütteten Ehe zwischen dem Titelhelden und einer alternden Gräfin.

In *Uhrwerk Orange* setzt Kubrick Beethoven, und insbesondere dessen „Neunte Sinfonie“, in vielfältiger Weise ein. Die Hauptfigur Alex ist der

Anführer einer Gang von jugendlichen Randalierern und ein fanatischer Beethoven-Hörer. So lauscht er etwa auf seinem Bett sitzend dem Scherzo-Satz der Sinfonie und murmelt dabei vergötternde Worte an dessen Schöpfer. Gleichzeitig sieht er dabei vor seinem inneren Auge extreme Gewaltszenen, Explosionen, Strangulationen, sich selbst als Vampir und eine Gruppe nackter Jesusse in Tanzposition. An nichts ergötzt er sich so sehr wie an Beethoven und hemmungslosen Gewaltfantasien.

Und genau diesen Zusammenhang macht sich im Film eine Gruppe von Wissenschaftlern zunutze, um den mittlerweile wegen Vergewaltigung und Mordes verhafteten Alex einer Therapie zu unterziehen, die in Anspielung auf den Vornamen Beethovens auf den Namen „Ludovico-Therapie" getauft wurde.

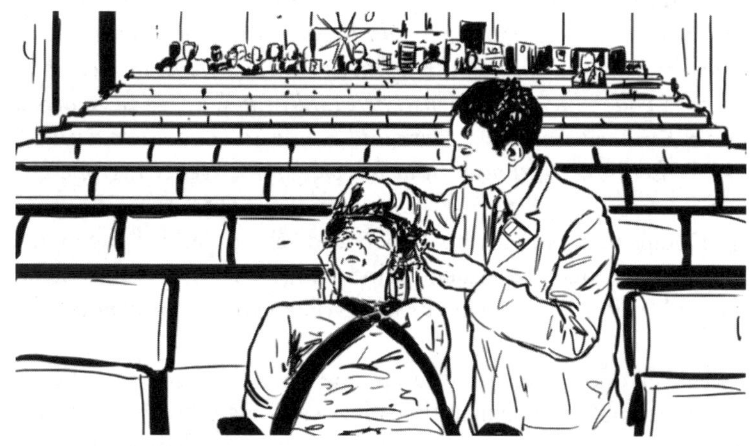

Abb. 43: Teile der Therapie finden in einem Kino statt, während Bilder und Szenen eingespielt werden

Und so wird Alex im Gefängniskrankenhaus die fast schon heilige Musik Beethovens vorgespielt (der „Türkische Marsch" aus dem Finale der „Neunten Symphonie"), zusammen mit Bildern von Nazi-Gewaltverbrechen, die selbst für den hartgesottenen Randalierer zu viel sind.[43]

Für den Zuschauer erscheint diese „Therapie" ebenso pervers wie die Missetaten von Alex und seiner Bande.

Kubricks Einsatz von Beethovens „Neunter Symphonie" lässt sich auch als kritischer Beitrag zu ihrer wechselvollen Rezeptionsgeschichte lesen, denn sie wurde unter den Nationalsozialisten für ihre Propaganda verwendet, und nach dem 2. Weltkrieg bis heute als Hymne für ein vereinigtes Europa.

Dies unterstreicht, dass sich Musik, auch solche mit einem Text wie Schillers „Ode an die Freude", allzu leicht jeder beliebigen Interpretation anpassen lässt, und im Falle Kubricks auf Gewalt im Sinne des Rechtsstaates sowie auf ebensolche gegen ihn.[(44)]

2.3 Richard Wagner (1813–1883)

Am 17.04.1871 kam Richard Wagner zum ersten Mal nach Bayreuth. Es ist kein Zufall, dass sich in nur 100 m Entfernung von Richard Wagners Villa Wahnfried in Bayreuth eine Freimaurerloge befindet. Sein Förderer und Finanzberater wurde der einflussreiche Bankier Friedrich Feustel (1824–1891), der ehemalige Großmeister der Bayreuther Freimaurer-Großloge „Zur Sonne".

An Wagners Geburtstag am 22. Mai 1872 wurde im gleichnamigen Gasthof das Richtfest zur Grundsteinlegung des Festspielhauses gefeiert. U.a. Friedrich Feustel war es auch zu verdanken, dass die Stadt Bayreuth das prächtige Grundstück des Festspielhauses an Wagner verschenkte, ebenso wie das großzügige Grundstück von Haus Wahnfried.

Somit stellt sich einerseits die Frage, wieso die Freimaurer so sehr an Wagner interessiert waren, und andererseits, warum sie ihn trotzdem nicht als Mitglied aufnahmen?

Obwohl es vielleicht nie offen ausgesprochen wurde, ist Wagner wegen seiner antisemitischen Schriften die Mitgliedschaft bei den Freimaurern verwehrt geblieben. Ein weiterer Grund dafür war Wagners Scheidung von seiner ersten Frau Minna, die bei den Freimaurern auf Ablehnung gestoßen war.

Andererseits haben sie jedoch frühzeitig erkannt, dass Wagners letzte Werke tief von ihrer Gedankenwelt durchdrungen waren, weshalb sie ihn außerordentlich geschätzt haben. Dies zeigt sich bereits daran, dass der in Bayreuth aufragende Grüne Hügel mit dem Festspielhaus in gewisser Weise an den Tempel von König Salomo angelehnt ist, dem Inbegriff der Weisheit und des Wissens im Zentrum des Denkens der Freimaurer.

Wagners letztes Werk endet ebenfalls in einem Tempel – dem Gralstempel –, und die zwei großen Tempelfeierlichkeiten in Wagners „Parsifal“, das Liebesmahl im ersten Akt und die Trauerfeier im dritten Akt, weisen offensichtlich Anklänge an zeitgenössische Tafel- und Trauerrituale der Logen auf. Und ebenso wie im freimaurerischen Tempel die Lehrtafel aufgedeckt wird, wird im Tempel von Parsifal der heilige Gral enthüllt.

Die Freimaurer kennen insgesamt 33 Grade der Erkenntnis und inneren Entwicklung. Die letzte Stufe ist auch das Thema von Wagners letztem Werk „Parsifal“.[(45)]

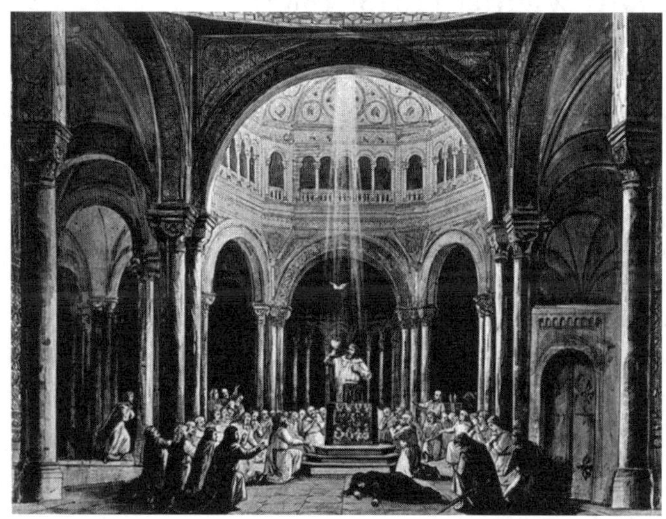

Abb. 44: Bühnenbild für Akt III von Wagners „Parsifal“ (1882)

Richard Wagner war bereits zu seinen Lebzeiten eine umstrittene Figur und ist es auch nach seinem Tod geblieben. Noch heute wird er in den Köpfen vieler mit dem Nationalsozialismus in Verbindung gebracht, und seine Opern sollen oft die Tugenden des Nationalismus preisen. Der Schriftsteller und Wagner-Gelehrte Bryan Magee hat geschrieben:

„Ich denke manchmal, dass es in unserer Kultur zwei Wagners gibt, die sich fast unkenntlich voneinander unterscheiden: den Wagner, der von denen besessen wird, die sein Werk kennen, und den Wagner, den sich diejenigen vorstellen, die ihn nur dem Namen und Ruf nach kennen."

Die meisten dieser Wahrnehmungen ergeben sich aus Wagners veröffentlichten Meinungen zu einer Reihe von Themen. Wagner war auch ein produktiver Schriftsteller, der zeitlebens Essays und Broschüren zu einer Vielzahl von Themen veröffentlichte. Wagners Schreibstil ist oft wortreich, unklar und geschwollen, was erheblich zur Verwirrung über seine Ansichten beigetragen hat. Einige seiner Schriften haben eine gewisse Bekanntheit erlangt, insbesondere sein Aufsatz „Das Judenthum in der Musik", eine kritische Sicht auf den Einfluss der Juden auf die deutsche Kultur und Gesellschaft zu dieser Zeit. Die Essays, die er in seinen letzten Jahren schrieb, waren ebenfalls kontrovers, und viele Leser sahen darin eine Bestätigung rassistischer Überzeugungen. Einige Kommentatoren glauben auch, dass einige von Wagners Opern negative Karikaturen von Juden enthalten.

Wagner avancierte im Nationalsozialismus zu einem der Lieblingskomponisten Adolf Hitlers (1889–1945). Die historische Wahrnehmung von Wagner ist seitdem von dieser Assoziation geprägt, und es wird diskutiert, wie Wagners Schriften und Opern die Entstehung Nazi-Deutschlands beeinflusst haben könnten.

Schließlich gibt es Kontroversen über den Beginn und das Ende von Wagners Leben – seine Vaterschaft und seinen Tod. Es wird vermutet, dass er der Sohn von Ludwig Geyer, und nicht seines rechtmäßigen Vaters Carl Friedrich Wagner, war, und einige seiner Biographen haben vermutet, dass Wagner selbst glaubte, Geyer sei Jude gewesen.

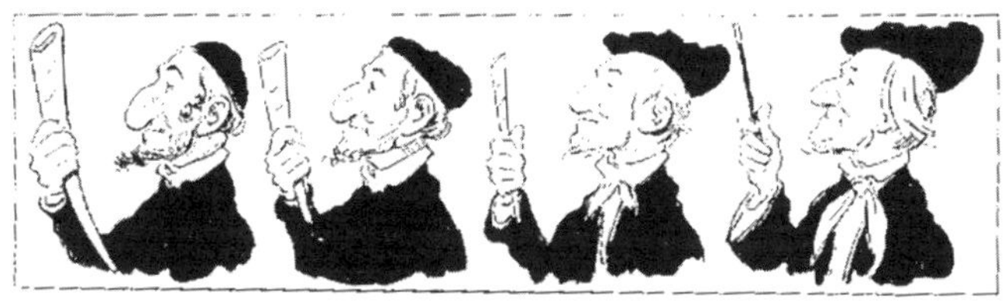

Abb. 45: Karikatur mit dem Titel „Darwinistische Evolution" von T. Zajacskowski in der satirischen Wiener Zeitschrift „Der Floh" (ca. 1875). Es wird angedeutet, dass Wagner von dem orthodoxen Juden (links) abstammt, der einen Schofar hält, während Wagner einen Taktstock hält.

Es besteht auch die Überzeugung, dass sein tödlicher Herzinfarkt einem Streit mit seiner Frau Cosima über die Sängerin Carrie Pringle folgte, über die einige behaupten, dass sie mit ihm eine Liebesaffäre hatte.

Richard Wagner wurde offiziell am 22. Mai 1813 als neuntes Kind von Carl Friedrich Wagner, einem Angestellten der Leipziger Polizei, sowie Johanna Rosine Wagner geboren. Wagners Vater starb sechs Monate nach Richards Geburt an Typhus. Zu diesem Zeitpunkt lebte Wagners Mutter mit dem Schauspieler und Dramatiker Ludwig Geyer in Brühl, dem damaligen jüdischen Viertel von Leipzig. Johanna und Geyer heirateten im August 1814, und in den ersten 14 Jahren seines Lebens war Wagner unter dem Namen Wilhelm Richard Geyer bekannt. Wagner entdeckte in seinen späteren Jahren Briefe von Geyer an seine Mutter, die ihn zu dem Verdacht veranlassten, dass Geyer in Wirklichkeit sein leiblicher Vater war, und spekulierte darüber hinaus, dass Geyer Jude war. Nach Cosimas Tagebüchern (26. Dezember 1868) *„glaubte [Wagner] nicht"*, dass Ludwig Geyer sein richtiger Vater war. Gleichzeitig stellte Cosima eine Ähnlichkeit zwischen Wagners Sohn Siegfried und Geyer fest. Der Philosoph Friedrich Nietzsche (1844–1900) war einer der engsten Gefolgsmänner Wagners und las Wagners Autobiografie „Mein Leben" Korrektur. Es mag diese Nähe gewesen sein, die Nietzsche in seinem 1888 erschienenen Buch „Der Fall Wagner" zu der Behauptung veranlasst hat, Wagners Vater sei Geyer, und das Wortspiel zu machen: *„Ein Geyer ist beinahe schon ein Adler"* – „Adler" ist auch ein sehr gebräuchlicher jüdischer Familienname. Trotz dieser Vermutungen von Wagner und Nietzsche gibt es keine Beweise dafür, dass Geyer Jude war, und es ist unwahrscheinlich, dass die Frage nach Wagners Vaterschaft ohne DNA-Beweise geklärt werden kann.

Die häufige Behauptung, Wagner habe eine Affäre mit der Sängerin Carrie Pringle gehabt und ein Streit mit seiner Frau Cosima habe seinen tödlichen Herzinfarkt ausgelöst, wird vom Wagner-Gelehrten Stewart Spencer erörtert und als Erfindung abgetan, indem er darlegt, dass es für diese Geschichte keine Dokumente oder Beweise aus erster Hand gibt.

Vor 1850 (als er 37 Jahre alt war) gibt es keine Aufzeichnungen darüber, dass Wagner eine dezidierte antisemitische Gesinnung zum Ausdruck gebracht hat. Als er sich jedoch bemühte, seine Karriere weiterzuentwickeln, begann er sich über den Erfolg jüdischer Komponisten wie Felix Mendelssohn und Giacomo Meyerbeer zu ärgern, und machte sie für seinen ausbleibenden Erfolg verantwortlich, insbesondere nach seinem Aufenthalt in Paris in den Jahren 1840 bis 1841, als er verarmt war und auf die Bearbeitung von Musikkopien reduziert wurde.

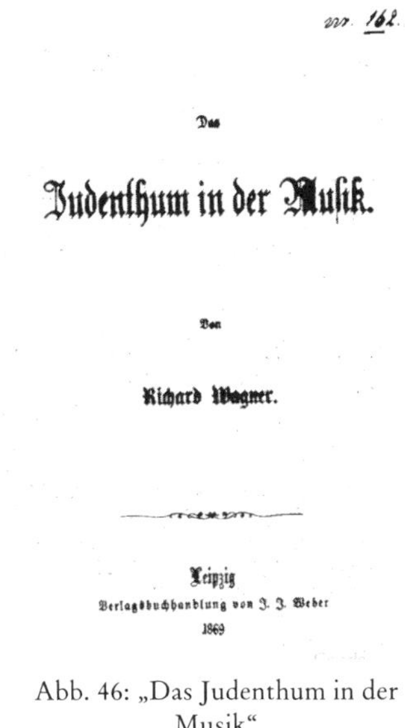
Nr. 162.

Das

Judenthum in der Musik.

Von

Richard Wagner.

Leipzig

Verlagsbuchhandlung von J. J. Weber

1869

Abb. 46: „Das Judenthum in der Musik“

Ironischerweise hatte Wagner zur gleichen Zeit beträchtlichen Kontakt zu Meyerbeer, der ihm Geld lieh und seinen Einfluss nutzte, um die Uraufführung von „Rienzi“, Wagners erster erfolgreicher Oper, 1842 in Dresden zu arrangieren; Meyerbeer drückte später seine Verletzung und sein Befremden über Wagners schriftliche Schmähung von ihm, seinen Werken und seinem Glauben aus. Wagners erster und umstrittenster Aufsatz zu diesem Thema war „Das Judenthum in der Musik“, das ursprünglich 1850 unter dem Pseudonym K. Freigedank in der „Neuen Zeitschrift für Musik“ veröffentlicht wurde. In einer früheren Ausgabe hatte der Musikkritiker Theodor Uhlig den Erfolg von Meyerbeers „Le Prophète“ in Paris angegriffen, und Wagners Aufsatz erweiterte dies auf einen Angriff auf das angebliche „Jüdische“ in der gesamten deutschen Kunst.

Der Aufsatz soll die Abneigung der Bevölkerung gegen jüdische Komponisten erklären, insbesondere gegen Mendelssohn und Meyerbeer, von denen letzterer zwar nicht namentlich erwähnt wird, aber eindeutig Zielscheibe ist. Wagner schrieb, dass das deutsche Volk eine Abneigung gegenüber den Juden aufgrund ihres „fremden“ Aussehens und Verhaltens empfinde: *„Bei all unseren Reden und Schreiben zugunsten der Emanzipation der Juden fühlten wir uns immer instinktiv von einem tatsächlichen, operativen Kontakt mit* *ihnen abgestoßen.*“ Er argumentierte, dass jüdische Musiker nur in der Lage seien, oberflächliche und gekünstelte Musik hervorzubringen, weil sie keine Verbindung zum echten Geist des deutschen Volkes hätten.

Zum Abschluss des Aufsatzes schrieb er über die Juden: „Aber bedenkt, dass nur Eines eure Erlösung von dem auf euch lastenden Fluche sein kann: die Erlösung Ahasvers, – der U n t e r g a n g !“ (Sperrung im Original). Obwohl dies von einigen Kommentatoren als tatsächliche physische Vernichtung angesehen wurde, scheint es sich im Kontext des Aufsatzes nur auf die Ausmerzung der jüdischen Abgesondertheit und Tradition zu beziehen. Wagner rät den Juden, dem Beispiel des zum Protestantismus konvertierten Juden Ludwig Börne zu folgen, indem sie das Judentum aufgeben. Auf diese Weise werden Juden an dieser regenerativen Befreiungsarbeit durch Selbstaufhebung teilnehmen: „*Dann sind wir eins und nicht getrennt!*“ Wagner forderte daher die Assimilation der Juden in die deutsche Mehrheitskultur und -gesellschaft – obwohl aus den Worten, die er in dem Aufsatz verwendet, kaum Zweifel bestehen können, dass dieser Aufruf mindestens ebenso vom Antisemitismus wie vom Wunsch nach sozialer Verbesserung angeregt wurde. (In der allerersten Veröffentlichung wurde das hier als „Selbstaufhebung“ übersetzte Wort durch den Ausdruck „selbstvernichtender, blutiger Kampf“ repräsentiert.)

Die Erstveröffentlichung des Artikels erregte wenig Aufmerksamkeit, aber Wagner schrieb 1851 zu seiner eigenen Rechtfertigung einen Brief an Franz Liszt, in dem er behauptete, sein „*lange unterdrückter Groll gegen dieses jüdische Geschäft*“ sei „*für mich genauso notwendig wie die Galle für das Blut*“. Wagner veröffentlichte die Broschüre 1869 unter seinem eigenen Namen mit einer erweiterten Einführung, die zu mehreren öffentlichen Protesten bei den Uraufführungen von „Die Meistersinger von Nürnberg“ führte. Wagner wiederholte ähnliche Ansichten in späteren Artikeln wie „Was ist Deutsch?“ (1878, aber basierend auf einem Entwurf aus den 1860er Jahren), und Cosima Wagners Tagebücher verzeichneten oft seine Kommentare über Juden. Obwohl viele argumentiert haben, sein Ziel sei es, die Integration von Juden in die Gesellschaft durch Unterdrückung ihres Judentums zu fördern, haben andere die letzten Worte der Broschüre von 1850 dahingehend interpretiert, dass Wagner die Vernichtung des jüdischen Volkes wünschte.

Einige Biographen wie Theodor Adorno und Robert Gutman haben die Behauptung aufgestellt, dass sich Wagners ablehnende Haltung gegenüber Juden nicht nur auf seine Artikel beschränkt habe, sondern dass auch seine Opern solche Botschaften enthielten. Insbesondere die Figuren Mime im „Ring des Nibelungen", Klingsor in „Parsifal" und Sixtus Beckmesser in „Die Meistersinger von Nürnberg" sind angeblich jüdische Stereotypen, obwohl keine von ihnen im Libretto als jüdisch identifiziert wird. Solche Behauptungen sind umstritten. Wagner produzierte im Laufe seines Lebens eine große Menge schriftlichen Materials, das jeden Aspekt seiner selbst analysierte, einschließlich seiner Opern und seiner Ansichten über Juden (sowie vieler anderer Themen); diese angeblich „jüdischen" Charakterisierungen werden nie erwähnt, und es gibt auch keine derartigen Hinweise in Cosima Wagners zahlreichen Tagebüchern.

Trotz seiner veröffentlichten Ansichten zum Judentum hatte Wagner zeitlebens Umgang mit jüdischen Freunden und Kollegen. Einer der bemerkenswertesten war Hermann Levi, ein praktizierender Jude und Sohn eines Rabbiners, dessen Talent von Wagner offen anerkannt wurde. Levis Position als Kapellmeister in München bedeutete, dass er die Uraufführung von „Parsifal", Wagners letzter Oper, dirigieren sollte. Wagner protestierte zunächst dagegen und wurde mit den Worten zitiert, dass Levi getauft werden sollte, bevor Parsifal aufgeführt wird. Levi hielt jedoch an seiner Verehrung für Wagner fest und wurde später gebeten, bei der Beerdigung des Komponisten einer der Sargträger zu sein.

Einige Biographen haben behauptet, Wagner sei in seinen letzten Jahren ein Anhänger der arischen Philosophie von Arthur de Gobineau (1816–1882) gewesen. Der Einfluss von Gobineau auf Wagners Denken ist jedoch umstritten. Wagner wurde im November 1876 erstmals persönlich Gobineau in Rom vorgestellt. Die beiden trafen sich erst 1880 wieder – lange nachdem Wagner das Libretto für „Parsifal" fertiggestellt hatte, die Oper, der am häufigsten vorgeworfen wird, rassistische Ideologien zu enthalten. Obwohl Gobineaus „Versuch über die Ungleichheit der Menschenrassen" 25 Jahre zuvor geschrieben wurde, scheint Wagner das Buch erst im Oktober 1880 gelesen zu haben. Es gibt Hinweise darauf, dass Wagner sehr an Gobineaus Idee interessiert war, dass die westliche Gesellschaft aufgrund einer Mischung zwischen „überlegenen“ und „minderwertigen“ Rassen zum Scheitern verurteilt war.

Wagners Gespräche mit Gobineau während des fünfwöchigen Aufenthalts des Philosophen in Haus Wahnfried im Jahr 1881 wurden von häufigen Auseinandersetzungen unterbrochen. Cosima Wagners Tagebucheintrag für den 3. Juni berichtet von einem Austausch, bei dem Wagner *„im Vergleich zur Rassentheorie zugunsten des Christentums förmlich explodierte“*. Gobineau glaubte auch, dass man eine schwarze Abstammung haben müsse, um musikalische Fähigkeiten zu haben.

Wagner schrieb daraufhin drei Aufsätze als Antwort auf Gobineaus Ideen: „Zur Einführung der Arbeit des Grafen Gobineau ‚Ein Urteil über die jetzige Weltlage‘“, „Erkenne dich selbst“ sowie „Heldentum und Christentum“ (alle 1881). Die Einleitung ist ein kurzes Stück für die „Bayreuther Blätter“, in denen Wagner das Buch des Grafen lobt:

„Wir fragten Graf Gobineau, der von ermüdenden, wissensreichen Wanderungen durch weit entfernte Länder und Völker zurückgekehrt war, was er von der gegenwärtigen Perspektive der Welt halte. Heute übermitteln wir seinen Lesern seine Antwort. Auch er hatte in ein Inneres geschaut: Er bewies das Blut in den Adern der modernen Menschheit und stellte fest, dass es heillos verdorben war.“

In „Erkenne dich selbst“ befasst sich Wagner mit dem deutschen Volk, das Gobineau für die „überlegene“ arische Rasse hält. Tatsächlich lehnt Wagner die Vorstellung ab, dass die Deutschen überhaupt eine Rasse sind, und schlägt ferner vor, über den Begriff der Rasse hinauszuschauen, um uns auf die uns allen gemeinsamen menschlichen Eigenschaften („das Reinmenschliche“) zu konzentrieren. In „Heldentum und Christentum“ legt Wagner nahe, dass das Christentum eine moralische Harmonisierung aller Rassen bewirken könnte, die der physischen Rassenmischung vorzuziehen ist:

„In unvergleichlich geringerer Zahl als die niederen Rassen, kann der Ruin der weißen Rassen darauf zurückgeführt werden, dass sie gezwungen waren, sich mit ihnen zu vermischen; wobei sie, wie bereits bemerkt, mehr unter dem Verlust ihrer Reinheit litten, als die anderen durch die Veredelung ihres Blutes gewinnen konnten [...] Für uns ist Gleichheit nur denkbar, wenn sie auf einer universellen moralischen Übereinstimmung beruht, wie sie unserer Ansicht nach nur durch das Christentum wahrhaft zustande gebracht werden kann.“

Wagners Besorgnis über die Rassenmischung beschäftigte ihn bis zum Ende seines Lebens; zum Zeitpunkt seines Todes schrieb er gerade einen weiteren Aufsatz, „Über das Weibliche im Menschlichen" (1883), in dem er die Rolle der Ehe bei der Schaffung von Rassen erörtert: *„Es ist sicher, dass die edelste weiße Rasse bei ihrem ersten Auftreten in Sage und Geschichte monogam ist, marschiert aber durch Polygamie mit den Rassen, die sie erobert, ihrem Untergang entgegen."*

Wagners Schwiegersohn Houston Stewart Chamberlain (1855–1927) erweiterte die Ideen von Wagner und Gobineau in seinem 1899 erschienenen Buch, einem rassistischen Werk, das das arische Ideal lobte und später Adolf Hitlers Rassenideen stark beeinflusste.

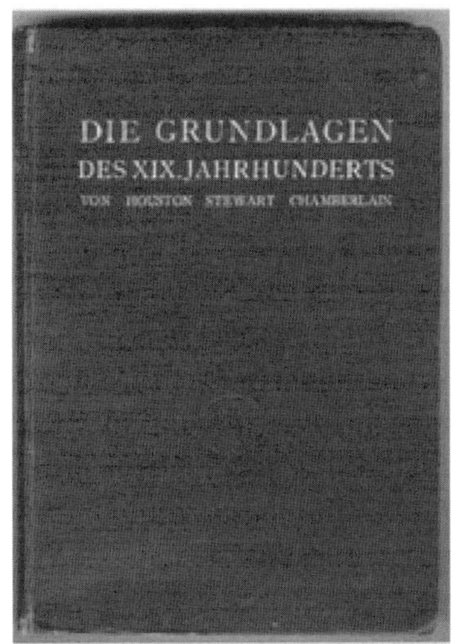

Abb. 47: Das Buch „Die Grundlagen des neunzehnten Jahrhunderts"

Ungefähr zur Zeit von Wagners Tod verloren die nationalistischen Bewegungen Europas den romantischen, idealistischen Egalitarismus von 1848 und nahmen einen Hauch von Militarismus und Aggression an, was nicht zuletzt auf Bismarcks Übernahme und Vereinigung Deutschlands im Jahr 1871 zurückzuführen war. Nach Wagners Tod im Jahr 1883 wurde Bayreuth zunehmend zum Schwerpunkt für deutsche Nationalisten, die vom Mythos der Opern angezogen wurden, die von späteren Kommentatoren als „Bayreuther Kreis" bezeichnet wurden. Diese Gruppe wurde von Cosima Wagner unterstützt, deren Antisemitismus wesentlich weniger komplex und aggressiver war als der von Richard. Ein Mitglied des Kreises war Houston Stewart Chamberlain, der Autor einer Reihe von „philosophischen" Traktaten, die später zur obligatorischen Lektüre der Nazis wurden. Chamberlain heiratete Wagners Tochter Eva. Nach dem Tod von Cosima und Siegfried Wagner im Jahr 1930 ging die Durchführung des Festivals auf Siegfrieds Witwe über, die in England geborene Winifred, die mit Adolf Hitler befreundet war.

Letzterer war ein fanatischer Bewunderer von Wagners Musik und versuchte, sie in seine heroische Mythologie der deutschen Nation einzubeziehen. Hitler bewahrte gegen Ende des 2. Weltkriegs viele von Wagners Originalpartituren in seinem Berliner Bunker auf, obwohl Wieland Wagner darum gebeten hatte, diese wichtigen Dokumente in seine Obhut zu nehmen. Die Partituren gingen in den letzten Kriegstagen zusammen mit Hitler verloren.

Viele Gelehrte haben behauptet, dass Wagners Ansichten, insbesondere sein Antisemitismus und angeblicher arisch-germanischer Rassismus, die Nazis beeinflussten. Diese Behauptungen sind umstritten. Jüngste Studien legen nahe, dass es keine Beweise dafür gibt, dass Hitler überhaupt Wagners Schriften gelesen hat, und argumentieren weiter, dass Wagners Werke die nationalsozialistischen Vorstellungen von Heldentum nicht grundsätzlich unterstützen. Während des NS-Regimes wurde „Parsifal" als „ideologisch inakzeptabel" verurteilt und die Oper wurde in den Kriegsjahren in Bayreuth nicht aufgeführt. Es wurde vermutet, dass „Parsifal" von den Nazis de facto verboten worden war. Zwischen 1939 und 1942 gab es jedoch 23 Aufführungen an der Deutschen Oper Berlin, was darauf hindeutet, dass kein formelles Verbot bestand.

Die Faszination der Nazis für Wagner wurde weitgehend von Hitler inspiriert, manchmal zum Entsetzen anderer hochrangiger Nazi-Beamter, darunter Joseph Goebbels. So befahl Hitler 1933, jeden Reichsparteitag mit einer Aufführung der Ouvertüre von „Rienzi" zu eröffnen. Er händigte auch tausend Freikarten für eine jährliche Bayreuther Aufführung von „Die Meistersinger von Nürnberg" an Nazi-Funktionäre aus. Als Hitler das Theater betrat, stellte er jedoch fest, dass es fast leer war. Im folgenden Jahr wurde diesen Funktionären befohlen, daran teilzunehmen, aber viele waren bei der Aufführung eingedöst, sodass Hitler 1935 nachgab und die Eintrittskarten der Öffentlichkeit zugänglich machte.

Während Wagners Musik oft im Dritten Reich aufgeführt wurde, ging seine Popularität in Deutschland im Allgemeinen zugunsten italienischer Komponisten wie Verdi und Puccini zurück. In der Spielzeit 1938/39 war nur eine Wagner-Oper auf der Liste der 15 beliebtesten Opern der Spielzeit, wobei die Liste von „Pagliacci" des italienischen Komponisten Ruggero Leoncavallo angeführt wurde. Ironischerweise war laut Albert Speer die letzte

Aufführung der Berliner Philharmoniker vor ihrer Evakuierung aus Berlin am Ende des 2. Weltkriegs Brünnhildes Brandopfer am Ende der „Götterdämmerung“.

Im Rahmen der Propagandaabsichten des Regimes, die deutsche Kultur zu „nazifizieren”, wurden spezifische Versuche unternommen, Wagners Musik als „nationalsozialistisch” zu verwenden, und es erschienen pseudo-akademische Artikel wie Paul Bülows „Adolf Hitler und der *Bayreuther Kreis*“ (Zeitschrift für Musik, Juli 1933). Solche Artikel waren Versuche der Nazis, Geschichtsklitterung zu betreiben, um zu demonstrieren, dass Hitler ein wesentlicher Bestandteil der deutschen Kultur war.

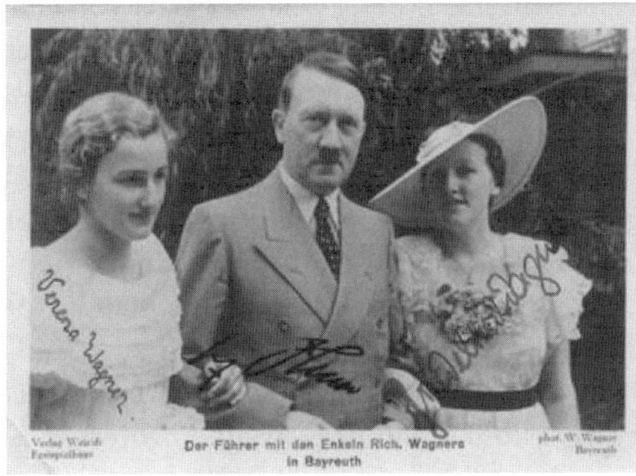

Abb. 48: Adolf Hitler mit Verena und Friedelind Wagner, 1938

Es gibt Hinweise darauf, dass Wagners Musik 1933/34 im KZ Dachau verwendet wurde, um politische Gefangene durch die Aussetzung gegenüber „nationaler Musik“ umzuerziehen. Es scheint jedoch keine Dokumentation zu geben, die Behauptungen stützt, dass seine Musik manchmal in Vernichtungslagern der Nazis gespielt wurde.

Wagners Opern wurden nie im modernen Staat Israel aufgeführt, und die wenigen öffentlichen Instrumentalaufführungen, die stattgefunden haben, haben viele Kontroversen ausgelöst. Trotz Wagners bekannter Schriften gegen Juden, gab es bei der frühen zionistischen Bewegung und ihren Gründern keinen Widerstand gegen seine Musik; Theodor Herzl, der Begründer des Zionismus, war sogar ein begeisterter Bewunderer von Wagners Musik. Das Palästina-Orchester, das 1936 von Bronisław Huberman im heutigen Staat Israel gegründet wurde (und das zum „Israel Philharmonic Orchestra“ wurde), nahm in den ersten zwei Jahren mehrere Werke von Richard Wagner ins Programm auf, der als einer der großen westlichen Komponisten anerkannt wurde, trotz der bekannten Tatsache, dass er ein fanatischer Antisemit gewesen war. Das Orchester verbannte seine Werke jedoch nach der Kristallnacht 1938 aus seinem Repertoire (kurz darauf wurden Werke von Richard Strauss ausgeschlossen).

Obwohl Wagners Werke in staatlichen Radio- und Fernsehsendern der israelischen Regierung ausgestrahlt werden, haben Versuche, öffentliche Aufführungen in Israel zu inszenieren, Proteste ausgelöst, darunter solche von Holocaust-Überlebenden. 1981 spielte Zubin Mehta als Zugabe bei einem Orchesterkonzert in Tel Aviv Auszüge aus „Tristan und Isolde", nachdem er denjenigen (einschließlich zweier Mitglieder des Orchesters, die sich entschuldigen ließen) die Möglichkeit gegeben hatte, zu gehen. Trotz einiger lautstarker Proteste blieb der Großteil des Publikums bis zum Ende des Stücks. 1992 nahm Daniel Barenboim Werke von Wagner bei einem Konzert des „Israel Philharmonic Orchestra" ins Programm, das jedoch nach Protesten abgesagt wurde, obwohl eine Probe für die Öffentlichkeit geöffnet wurde. Die ersten dokumentierten öffentlichen israelischen Wagner-Konzerte fanden im Jahr 2000 statt, als der Holocaust-Überlebende Mendi Rodan die „Siegfried-Idylle" in Rishon LeZion dirigierte, und im August 2001, als ein Konzert von Barenboim in Tel Aviv als Zugabe einen Auszug aus „Tristan und Isolde" enthielt, der das Publikum in Applaus und Protest spaltete. Ein Konzert mit Werken von Wagner wurde für den 18. Juni 2012 in Tel Aviv angekündigt; diese Pläne wurden jedoch nach Protesten aufgegeben.[46]

In Deutschland sieht die Prominenz aus Politik und Medien, die mittlerweile beinahe an jeder Ecke Rechtsextremismus und Antisemitismus wittert, bis heute kein Problem darin, dem unbestrittenen Antisemiten Richard Wagner zu huldigen, indem sie alljährlich zu dessen Wagner-Festspielen nach Bayreuth pilgert und sich dabei im Blitzlichtgewitter der Medien und im Glanz des Komponisten sonnt, der sich selbst als „Stümper" bezeichnete (siehe: Sven Friedrich, „Richard Wagner: Deutung und Wirkung", S. 17).

Mit anderen Worten: Während man den Medien aufgrund ihrer einseitigen Berichterstattung nicht den Vorwurf der Gleichschaltung und Lügenpresse machen darf, ohne gleich selbst in die rechte Ecke gestellt zu werden, weil diese Begriffe angeblich aus der Nazi-Zeit stammen (nebenbei bemerkt wurde auch das bis heute angewandte Einkommensteuergesetz 1936 von den Nazis eingeführt!), ergötzen sich selbsterklärte Moralapostel an der Spitze des Staates weiter am Lieblingskomponisten Adolf Hitlers mit der Selbstverständlichkeit eines offiziellen Staatsaktes.

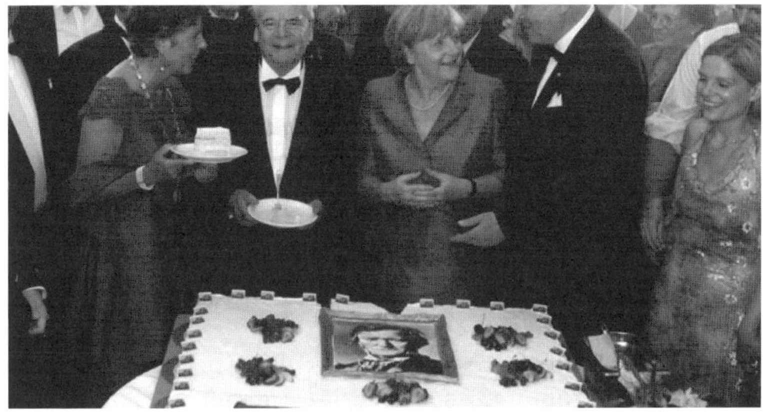

Abb. 49: Ex-Bundespräsident Joachim Gauck und Bundeskanzlerin Angela Merkel im Jahr 2016 mit Richard Wagner-Geburtstagstorte

Dabei war Wagner nicht einfach nur ein Komponist mit einer verschrobenen Weltanschauung – er war laut Hitler sogar *„die größte Prophetengestalt, die das deutsche Volk besessen hat"*, und nur ihn erkannte er öffentlich als seinen Vorläufer – sein einziges Idol – an, wie Joachim Fest in seiner Hitler-Biografie darlegt.

Joachim Köhler sieht in Hitler gar einen Wiedergänger Wagners, wie aus seinem Buch „Wagners Hitler" hervorgeht. Ihm zufolge soll sich Hitler als junger Arbeitsloser in Wien als künftiger Volkstribun Rienzi und später in die Heldenrolle des Siegfried hineingeträumt haben, der gegen die „Schwarzalben" (d.h. Juden) zu Felde zieht. Entgegen anderslautender Darstellungen waren Köhler zufolge auch Wagners Schriften prägend für Hitlers Weltanschauung und Leben.

Nicht zuletzt hatte Hitler seine Rednerposen auch wie ein Schauspieler einstudiert, und wollte übrigens nicht, dass die Fotos, die ihn dabei zeigen, je veröffentlicht wurden.

Da Richard Wagner kein Zeitgenosse Adolf Hitlers war, ist nicht bekannt, wie er sich selbst zu Hitler positioniert hätte. Aufgrund der zuvor geschilderten antisemitischen Gesinnung seines Schwiegersohnes Houston Stewart Chamberlain kann man jedoch davon ausgehen, dass sich Richard Wagner sicherlich auch Adolf Hitler gut als Schwiegersohn hätte vorstellen können.[(47)]

Bereits im Herbst 1923 hatte der in Bayreuth lebende Rassentheoretiker Chamberlain Hitler als „Deutschlands Lichtgestalt" bezeichnet. Nachdem er 1927 ebendort gestorben war, wurde Chamberlain von den Nationalsozialisten wie ein Heiliger verehrt. Die Nazis nutzten den internationalen Ruf der Festspiele als künstlerisch-ideologisches Aushängeschild für ihre Propaganda-Maschinerie. Sie bemächtigten sich der allzu häufig klanggewaltigen Tonsprache Richard Wagners als emotional-martialische Begleitmusik für ihre Welteroberungsfeldzüge.

Richard Wagners Schwiegertochter Winifred war der Ansicht, dass es ihr durch die Förderung ihres „Busen- und Musenfreundes" Hitler, gelungen war, Bayreuth zu einer Art Nationalheiligtum der deutschen Kunst zu machen, oder wie der Stadthistoriker Bernd Meyer einmal formulierte: *„Wahnfrieds Winnie und der böse Wolf"*. Während Winifred zwar nie der Reichstheaterkammer beitrat, um sich u.a. dadurch eine gewisse künstlerische Unabhängigkeit zu bewahren, spekulierte sie jedoch gleichzeitig erfolgreich auf Subventionen aus der großdeutschen Reichskasse.

Am 23. Juli 1940 war Adolf Hitler zum letzten Mal in Bayreuth zu Gast, als er sich bei den ersten Kriegsfestspielen nach dem Frankreich-Feldzug eine Aufführung der „Götterdämmerung" ansah. Anschließend verabschiedete er sich gegenüber Winifred Wagner mit den Worten: *„Ich höre die Flügel der Siegesgöttin rauschen!"* Die Villa Wahnfried, sein Bayreuther Refugium, lag jedoch wenige Jahre später in Trümmern.[(48)]

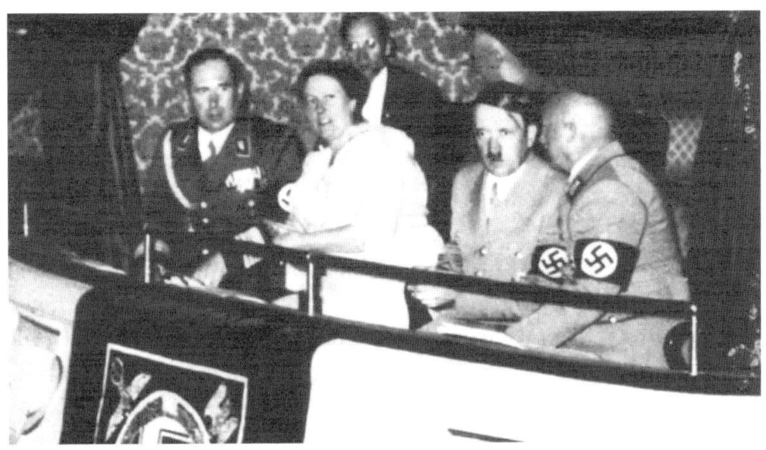

Abb. 50: Winifred Wagner links neben Adolf Hitler in einer Opernloge des Festspielhauses auf dem „Grünen Hügel" in Bayreuth

In der *Wochenschau* vertonten die Nazis 1941 die Landung auf Kreta mit Wagners „Walkürenritt", der wie kein zweites Thema der Klassik zum Standardrepertoire verschiedenster Filme zählt: In Bryan Singers *Operation Walküre – Das Stauffenberg-Attentat* (2008) wurden die Bomben auf Stauffenbergs Landsitz damit unterlegt, während er die *Blues Brothers* (1980) auf der Flucht vor Neonazis begleitet, außerdem in *Nobody* (2007) die Desperados im Westernkampf, er kommt in Fellini-Dramen, Serien wie *Die Simpsons* und sogar bei der Empfängnisverkündung in Billy Wilders Komödie *Eins, zwei, drei* (1961) vor.

Die berühmteste Szene stammt jedoch aus Francis Ford Coppolas Anti-Kriegsfilm *Apocalypse Now* (1979). Während es in Wagners zweitem Teil des „Ring des Nibelungen" acht Geisterwesen sind, die zum berühmten Schlachtruf himmelwärts reiten, sind es bei Coppola acht Helikopter. Als die Flugformation im Begriff ist, eine Art Weltenbrand in einem vietnamesischen Dorf zu entfachen, dreht Lieutenant Colonel Bill Kilgore die Lautsprecher an Bord voll auf und sagt: *„Ich liebe Wagner, dabei scheißen sich die Schlitzaugen in die Hosen"*.

Die Melodie ist allgemein bekannt: Sie beginnt mit Streichern, die sich allmählich in die Höhe schrauben, gefolgt von mächtigen Hörnern, die wie

Fanfaren des Jüngsten Gerichts klingen, bis der Walkürenritt in einem gewaltigen Orchester-Crescendo gipfelt.

Die Opernregisseurin und Dozentin an der Musikhochschule Hannover, Sabine Sonntag, die über Wagner und die Oper promoviert, sagt: *„Wagner ist der erste Filmkomponist der Geschichte. Die Emotionalität seiner Werke lässt Text und Ton interagieren wie bei keinem Komponisten zuvor und danach."*

1850 erfand Wagner mit „Lohengrin" das durchkomponierte Singspiel, bei dem er Arien, Chöre, Sätze und Zäsuren zu einer Art Klangteppich verwob, der später den Kintopp der Stummfilmära genauso beeinflusste wie die heutigen Hollywood-Blockbuster. Sonntag zufolge liegt der Grund dafür vor allem am Leitmotivischen in Wagners Werken, das Generationen von Filmkomponisten geprägt hat, wie etwa John Williams (*Star Wars*, *E.T.*), Hans Zimmer (*König der Löwen*, *Piraten der Karibik*) oder Howard Shore (*Herr der Ringe*-Trilogie). Mit seinem Hang zur akustischen Lückenlosigkeit, seinem militärischen Duktus, seinem permanenten Verarbeiten von Mythen, seiner Mittelalterverklärung und Deutschlandvergötterung hat er durch seine Orchestrierungen dem Medium Film seinen Stempel aufgedrückt.

In Charlie Chaplins *Der große Diktator* (1940) verleihen erst die ätherischen Geigen im Vorspiel aus „Lohengrin" dem Spiel mit dem Globus den nötigen Zynismus; erst Tristans Weltschmerz verleiht Lars von Triers apokalyptischem *Melancholia* (2011) die depressive Stimmung; erst wenn die Rockband Laibach aus der „Walküre" ihren industriellen Metal schmieden, wird die Nazi-Groteske Timo Vuorensolas *Iron Sky* (2012) vorm Klamauk bewahrt; und erst durch die Untermalung der brennenden Ölfelder in Kuwait mit Siegfrieds Trauermarsch in der Dokumentation *Lektionen in Finsternis* (1992) von Werner Herzog, resultiert daraus jenes Endzeitpathos, das dem 2. Golfkrieg gerecht wird.

Laut Sonntag sind in Wagners Werk alle Emotionen wie Trauer, Freude, Angst, Liebe, Leid und Kampfeslust so tief verankert, *„dass man sie praktisch nur abspielen muss"*, oder wie es ausgerechnet der jüdische Regisseur und Schauspieler Woody Allen in *Manhattan Murder Mystery* (1993) formulierte: *„Ich kann nicht so viel Musik von Wagner anhören. Ich hätte sonst den Drang, Polen zu erobern."*

Der mehrfach für einen Oscar nominierte Soundtrack-Lieferant Max Steiner (*Casablanca*), sagte über Wagner, dass er wohl *„Filmkomponist Nummer* *eins geworden*“ wäre, wenn er 100 Jahre später gelebt hätte. Auch für den Kulturredakteur der Wiener Zeitung und Wagner-Kenner Christoph Irrgeher sind die heftigen Bläser aus *Indiana Jones* und die Sphärenstreicher in *Krieg der Sterne* lediglich „raffinierte Leihnahmen“ des visionären Komponisten.[(49)]

3 Der militärische Unterhaltungskomplex

Wenn einer mit Vergnügen in Reih und Glied zu einer Musik marschieren kann, dann verachte ich ihn schon; er hat sein großes Gehirn nur aus Irrtum bekommen, da für ihn das Rückenmark schon völlig genügen würde.

(Albert Einstein)

Unter dem militärischen Unterhaltungskomplex versteht man die Zusammenarbeit zwischen Militär und Unterhaltungsindustrie zum gegenseitigen Nutzen, insbesondere in Bereichen wie Kino, Multimedia und virtueller Realität.

In Hollywood wurden viele Filmproduktionen direkt vom Verteidigungsministerium überwacht. Seit 1989 ist Phil Strub die Hauptverbindung zwischen Hollywood und dem Verteidigungsministerium. Regisseure, die Armeematerial für ihre Filme ausleihen möchten, müssen sich beim Verteidigungsministerium bewerben und die Drehbücher ihrer Filme zur Überprüfung einreichen. Letztendlich hat das Verteidigungsministerium ein Mitspracherecht in praktisch jedem in den USA produzierten Film, der militärische Ressourcen für seine Produktion verwendet (mehr dazu in meinem Buch „Der Hollywood-Code“).

Dass Ähnliches auch für die Musikindustrie, wie etwa Musikvideos gilt, ist weniger bekannt, jedoch wurde z.B. Katy Perrys Video zu „Part of Me“ von 2012, in dem sie sich für die Marines registriert, mit Unterstützung der Marines im „USMC Camp Pendleton in Oceanside“ (Kalifornien) gedreht.

Auf *Youtube* erschien gar ein neues Musikvideo-Genre: militärische Musikvideos. In der Regel handelt es sich dabei um Videos, in denen Sänger in militärischer Ausrüstung und umgeben von Militärfahrzeugen und Waffen dargestellt werden.

Dieses Video-Genre wird von der Armee auf der ganzen Welt verwendet. Hier eine Liste mit Beispielen:

- Aserbaidschans Staatsgrenzdienst: „QƏLƏBƏNİN YOLLARI"
- Nationale Armee von Kolumbien: „Espada de Honor"
- Volksbefreiungsarmee: „Battle Declaration"
- Russische Luftstreitkräfte: [Titel unbekannt]
- Irakische Armee: „ المصلاوي - انا عراقية"

Die „United States Air Force" hat eine offizielle Rockband, Max Impact, und veröffentlichte eine eigene Version ihrer offiziellen Hymne. Anfang 2019 veröffentlichte die US-Armee ein militärisches Hip-Hop-Werbevideo mit dem Titel „Giving all I got" mit der ausdrücklichen Absicht, die Aufmerksamkeit der Jüngeren auf sich zu ziehen.

Im Februar 2019 duellierten sich die Armeen der Volksrepublik China und der Republik China (Taiwan) regelrecht mit Propagandavideos, was zu einem Kampf mittels Musikvideos führte. Das taiwanesische Video „My War Eagles Are Flying Around The Treasured Island" zeigte Düsenflugzeuge der Volksbefreiungsarmee, die über Taiwan flogen, und die Streitkräfte der Republik China reagierten, indem sie das Video „Freedom Isn't Free" zeigte, das die Stärke der Armee des Landes verherrlicht.[50]

3.1 Der Einfluss der Nazis und Rockefellers auf die Musik

Der Einfluss des militärisch-industriellen Komplexes durchdringt selbst Bereiche, bei denen man dies kaum für möglich halten würde. Ein Beispiel dafür ist die erwähnte Festlegung des Kammertons A auf die Frequenz von 440 Hz (Schwingungen pro Sekunde).

Die heute übliche Frequenz von 440 Hz wurde erstmals vom deutschen Musiktheoretiker Johann Heinrich Scheibler (1777-1837) vorgeschlagen und 1834 von der „Gesellschaft Deutscher Naturforscher und Ärzte" anerkannt. Zwischenzeitlich entschied sich jedoch die „Académie française" 1858 für eine Frequenz von 435 Hz, bis 1939 die „International Federation of the National Standardizing Associations" (ISA) in London wieder die Frequenz von 440 Hz einführte.

Über die Gründe hierfür ist offiziell wenig bekannt. Hartnäckig hält sich jedoch das Gerücht, dass dies auf Betreiben von Joseph Goebbels, des nationalsozialistischen Reichsministers für Volksaufklärung und Propaganda unter Einfluss der Rockefellers und Rothschilds geschehen sei. Handelt es sich dabei nur um eine weitere so genannte „abstruse Verschwörungstheorie" oder verbirgt sich dahinter vielleicht doch mehr als es dem einen oder anderen zunächst scheint?

Wie bereits erwähnt, wurde die 440 Hz-Frequenz laut Brian T Collins 1910 in den USA vom Marine-Soldaten John Calhoun Deagan eingeführt, der 1880 eine Firma gründete, die eine Reihe verschiedener Musikinstrumente herstellte.

Ebenfalls bereits 1910 hat die Rockefeller-Stiftung mit Hilfe eines Zuschusses an die „American Federation of Musicians" in den USA und später in Europa zunächst erfolglos versucht, die Frequenz von 440 Hz als Kammerton A zu etablieren. Erst 1939 gelang dies durch das „British Standards Institute" (BSI) und schließlich die bereits zuvor erwähnte „Federation of the National Standardizing Associations" (ISA).

Der zeitliche Abstand von nur wenigen Monaten bis zum Ausbruch des 2. Weltkrieges ist frappierend, und angesichts der Tatsache, dass John D. Rockefeller über seine Firma *Standard Oil* ein Kartell mit *I.G. Farben* einging und zu dieser Zeit von den Kriegsvorbereitungen gewusst haben muss, lässt dies kaum an Zufall glauben. Es sei an dieser Stelle daran erinnert, dass *I.G. Farben* der Hersteller von „Zyklon B" ist, jener tödlichen Chemikalie, die in den Gaskammern der Konzentrationslager eingesetzt wurde.

Laut Harold Burris-Meyer (1902–1985) führte das Anbrechen einer Ära, in der die technische Kontrolle menschlicher Emotionen möglich wurde, dazu, dass die Nazis in Deutschland an die Macht kommen konnten. Dies gehe klar aus Hitlers „Mein Kampf" und Arbeiten von Goebbels hervor.

Prof. James Tobias zufolge boten die ökonomischen Rahmenbedingungen während des Krieges bessere Voraussetzungen für musikalische Forschungen. So erhielt Burris-Meyer im September 1941 50.000 US-Dollar für einen

Einjahresvertrag mit dem „National Defense Research Council". Im Januar 1942 erklärte er, dass er davon überzeugt sei, dass die militärischen Anwendungen seiner Forschungen auf dem Gebiet der Akustik nach dem Krieg in der Unterhaltungsindustrie Anwendung finden würden.

Bald danach plante ein kalifornischer Rüstungskonzern die Entwicklung von Installationen zur Übertragung von Hintergrundmusik im *Muzak*-Stil in Kinos. Prof. Tobias zufolge sah die Rockefeller-Stiftung die Ausübung von Bevölkerungskontrolle mithilfe akustischer Mittel als einen allgemeinen Vorboten von Industrien im Bereich der Kultur, der Fabrikation und des Militärs: Die Kulturindustrie wurde zum kommerziellen Arm des Militärs, der eine umfassendere Bewusstseinskontrolle legitimierte.

Prof. Tobias schließt daraus, dass das Management und die Koordination der Rockefeller-Stiftung zu einer materialistischen anstatt einer metaphysischen Industrialisierung der Musik geführt haben. Laut Forschungen, Analysen und Diskussionen von Walton, Koehler und Reid soll die Frequenz von 440 Hz das Ego und die für das rationale Denken zuständige linke Gehirnhälfte stimulieren, während sie gleichzeitig das mitfühlende Empfinden und intuitive Denken unterdrückt.[(51)]

Angesichts dessen sollten wir uns auch noch einmal an die mahnenden Worte aus der Abschiedsrede von US-Präsident Dwight D. Eisenhower erinnern, als er am 17. Januar 1961 eindringlich vor dem militärisch-industriellen Komplex warnte:

„In den Regierungsräten müssen wir uns davor schützen, dass der militärisch-industrielle Komplex ungerechtfertigten Einfluss erlangt, egal ob er gesucht oder nicht gewünscht wird. Das Potenzial für den katastrophalen Aufstieg fehlgeleiteter Macht besteht und wird bestehen bleiben. Wir dürfen niemals zulassen, dass das Gewicht dieser Kombination unsere Freiheiten oder demokratischen Prozesse gefährdet. Wir sollten nichts für selbstverständlich halten. Nur eine aufmerksame und sachkundige Bürgerschaft kann die ordnungsgemäße Vernetzung der riesigen industriellen und militärischen Verteidigungsmaschinerie mit unseren friedlichen Methoden und Zielen erzwingen, damit Sicherheit und Freiheit gemeinsam gedeihen können.

Ähnlich und maßgeblich verantwortlich für die tiefgreifenden Veränderungen in unserer industriell-militärischen Haltung war die technologische Revolution in den letzten Jahrzehnten.

In dieser Revolution ist die Forschung zentral geworden, sie wird auch formalisierter, komplexer und kostspieliger. Ein stetig steigender Anteil wird für, von oder auf Anweisung der Bundesregierung durchgeführt.
Die Aussicht auf eine Vorherrschaft der nationalen Gelehrten durch die Beschäftigung des Bundes, die Projektzuweisung und die Macht des Geldes ist immer präsent und muss ernsthaft berücksichtigt werden.

Wenn wir jedoch wissenschaftliche Entdeckungen in Bezug auf das, was wir sollten, halten, müssen wir uns auch der gleichen und entgegengesetzten Gefahr bewusst sein, dass die öffentliche Ordnung selbst zum Gefangenen einer wissenschaftlich-technologischen Elite werden könnte.“[52]

Auch die Worte von Eisenhowers Nachfolger John F. Kennedy in seiner Rede vom 27. April 1961 stehen dem in nichts nach:

„Es bedarf einer Änderung der Perspektive, einer Änderung der Taktik, der Änderung der Mission – seitens der Regierung, seitens der Menschen, von jedem Geschäftsmann oder Gewerkschaftsführer und von jeder Zeitung. Denn wir stehen rund um die Welt einer monolithischen Verschwörung gegenüber, die sich vor allem auf verdeckte Mittel stützt, um ihre Einflusssphäre auszudehnen – auf Infiltration anstatt Invasion; auf Unterwanderung anstatt Wahlen; auf Einschüchterung anstatt freier Wahl; auf nächtliche Guerillaangriffe anstatt auf Armeen bei Tag. Es ist ein System, das mit gewaltigen menschlichen und materiellen Ressourcen eine eng verbundene, komplexe, und effiziente Maschinerie aufgebaut hat, die militärische, diplomatische, geheimdienstliche, wirtschaftliche, wissenschaftliche und politische Operationen kombiniert.“[53]

Der Artikel von Prof. James Tobias, dem die zuvor genannten und weitere Informationen entstammen, wurde übrigens auf der Internetseite des „Rockefeller Archive“ veröffentlicht.[54]

3.2 „Muzak“

Häufig wird die Gründung der „Advanced Research Projects Agency“ des US-Verteidigungsministeriums im Jahr 1958 und die Schaffung des ersten paketvermittelten Netzwerks „ARPAnet“ als Beginn des Internets angegeben.

Allerdings kann die Arbeit des amerikanischen Militärs bei der Schaffung des Internets bereits auf das Jahr 1910 datiert werden, als der Armeeoffizier George Owen Squier (1865–1934) eine Möglichkeit erfand, eine Telefonleitung mehrere Signale gleichzeitig übertragen zu lassen. Seine Entdeckung – das „Multiplexing“ – ebnete den Weg für die Entwicklung von Telefon- und Datennetzen; ebenso wie seine spätere Erfindung, Musik über elektrische Leitungen zu senden.

Squier wurde am 21. März 1865 in Dryden (Michigan) geboren und schloss mit 22 Jahren die Militärakademie in West Point ab. Er war ein seltener Intellektueller. Er wurde an die „Johns Hopkins University“ aufgenommen und promovierte 1893 als erster Angehöriger der Armee. Er verbrachte seine Karriere damit, neue Strukturen in der US-Armee zu erfinden und aufzubauen. Seine erste Erfindung im Jahr 1896 (zusammen mit Albert Cushing Crehore) war eine Kamera, die die Geschwindigkeit von Sprengköpfen maß, wenn sie den Lauf einer Kanone verließen.

Squier wurde nach dem Spanisch-Amerikanischen Krieg der US-amerikanischen Fernmeldetruppe zugeteilt, wo er für die Schaffung der Luftfahrtabteilung verantwortlich war. Er war der erste Offizier der Armee, der in einem Flugzeug flog, und war 1909 Teil des Teams, das die ersten Flugzeuge der Armee von den Gebrüdern Wright kaufte.

Die Luftfahrtabteilung war für die Entwicklung der Kommunikations- und Navigationsausrüstung und -verfahren für Militärflugzeuge verantwortlich.

Während Squier 1910 nach Möglichkeiten suchte, die Anzahl der Anrufe zu erhöhen, die die Fernmeldetruppe in seinem Telefonnetz verarbeiten konnte, entwickelte er eine Methode zum Multiplexen von Anrufen, ähnlich wie mehrere Signale im Telegraphennetz gebündelt werden könnten, die als „Trägerfrequenz“ bezeichnet werden.

Während des 1. Weltkriegs wurde er zum Generalmajor und Signalchef der Armee befördert, der während des Krieges für die gesamte Kommunikation und Luftfahrt verantwortlich war.

1919 wurde er für seine Arbeit in den Bereichen Telefonie, Radio und Luftfahrt in die Nationale Akademie der Wissenschaften gewählt.

Aufbauend auf seiner Multiplex-Arbeit entwickelte Squier 1922 ein System, Musik durch elektrische Drähte zu leiten. Er erhielt eine Reihe von Patenten für die Lieferung von Musik und anderen Informationen über Kabel. Seine Ideen sind grundlegend für das Konzept des Internets.

Seine *Wired Radio Inc.* wurde unter der Marke *Muzak* populär.[55]

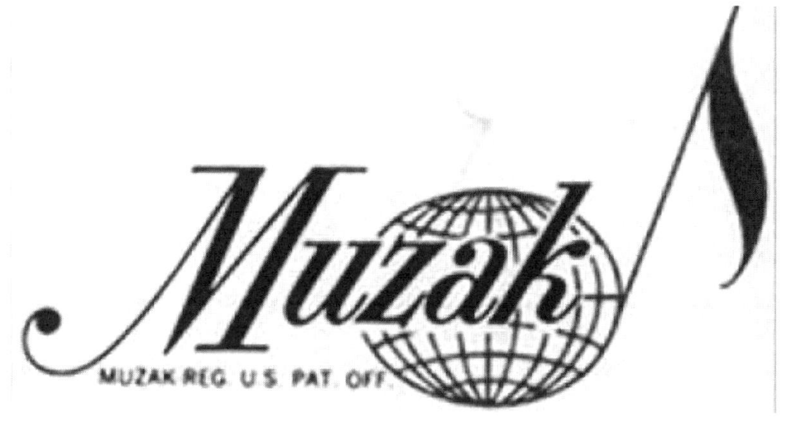

Abb. 51: *Muzak*-Logo

Auch wenn vielen Leuten der Name *Muzak* nichts sagt – in Berührung gekommen mit den Dienstleistungen dieses amerikanischen Unternehmens sind die meisten von uns sicher schon irgendwann einmal, nämlich in Form harmlos wirkender Hintergrundmusik, so genannter „Fahrstuhlmusik“, die weltweit in Kaufhäusern zu hören ist.

Der Sinn und Zweck dieser Musikberieselung ist durchaus etwas ernster: Man will die Kunden mit seichter Musik in eine Stimmung zu versetzen, in der sie im Kaufhaus möglichst viel Geld ausgeben. Den meisten Menschen ist dabei weder bewusst, dass die Musik speziell zu diesem Zweck produziert wurde, und sie sind sich häufig noch nicht einmal bewusst, dass in ihrem

Kaufhaus überhaupt Musik abgespielt wird, wie Befragungen von Kunden ergeben haben.

Einer der Berater von *Muzak* war der zuvor erwähnte Toningenieur Harold Burris-Meyer vom „Stevens Institute of Technology“ in New Jersey, der von der „Rockefeller-Stiftung“, der US-Marine und dem „National Defense Research Council“ bezahlt wurde.

Burris-Meyer leistete im 2. Weltkrieg auch seinen Beitrag zur Arbeit des US-Verteidigungsministeriums, indem er Kampfflugzeuge mit Lautsprechersystemen ausstattete, um Feinde bis hin zur Auslösung von Massenhysterien zu beeinflussen. Eine ähnliche Szene ist, wie bereits erwähnt, z.B. im Film *Apocalypse Now* zu sehen, in der Richard Wagners „Walkürenritt“ während eines Angriffs auf ein vietnamesisches Dorf von einem amerikanischen Kampfhubschrauber aus abgespielt wird.

An Burris-Meyers Forschungen war auch das an der „Princeton University“ stattfindende und ebenfalls von der Rockefeller-Stiftung finanzierte „Radio Research Project“ beteiligt, bei dem es um die Erforschung der Auswirkungen von Massenmedien auf die Gesellschaft ging, während gleichzeitig nebenan das „Institute for Advanced Study“ (IAS) das Manhattan-Projekt zur Entwicklung der Atombombe begann.

Laut James Tobias, Professor an der „University of California“, gelangte Burris-Meyer zu der Überzeugung, dass die Kontrolle menschlicher Emotionen mit Hilfe akustischer Mittel für einen Teil der Bevölkerung möglich sei, der groß genug sei, um effektive Massenkontrolle ausüben zu können.

Parallel zur Förderung von Forschungen zur Auslösung von Massenhysterien finanzierte und verwaltete die Rockefeller-Stiftung 1938 laut Michele Milmes ein Kartell britisch-amerikanischer Radio- und Fernsehsender, allen voran BBC und RCA.[(56)]

Muzak gehört heute zu *Mood Media*, zu dessen Kunden etwa *Boots*, *Sainsbury's* und *Primark* zählen.[(57)]

3.3 Subliminale Botschaften

Unter subliminalen Botschaften, versteht man solche, die unterhalb der bewussten Wahrnehmungsschwelle liegen: Obwohl man nichts (bewusst) hört oder sieht, ist auf der unterbewussten Ebene dennoch eine Wirkung auf Geist und Psyche möglich. Wie das genau funktioniert, fragen sich seit den 1950ern nicht nur Psychologen, sondern auch Mentaltrainer, Kaufhausbesitzer, Werbeagenturen – und das Militär. In den letzten Jahren kommen vermehrt neue Techniken auf den Markt, die aufhorchen lassen, insbesondere, weil seit dem 11. September 2001 wieder vermehrt Geld in diesen Sektor fließt.

Ein Beispiel hierfür ist subliminale Werbung in Russland im September 2002: Laut Swetlana Nemtsowa, der Direktorin des staatlichen gesamtrussischen Forschungsinstituts für Fernsehen und Rundfunk (VNIITR) wird Russland mit subliminaler Werbung bombardiert, wie sie gegenüber der *Moscow Times* erklärte. Sie ist nach eigenen Angaben überrascht, wie oft subliminale Werbespots im Fernsehen gesendet werden, indem MTV sublimale Werbung für ein Deo, eine neue Musikzeitschrift oder das neue Album der Gruppe Red Hot Chili Peppers eingeblendet werde, während in einem anderen Sender seltsamerweise in einer Bierwerbung auch für *Pepsi* geworben werden soll. Das Institut habe nun ein System namens „ODSV-1" entwickelt, um die Ausstrahlung solcher Botschaften festzustellen.

In den 1950ern tauchte das sog. „Tachistoskop", mit dem man einzelne Bilder kurz aufleuchten lassen konnte, in der Forschung auf. Der Werbefachmann James Vicary behauptete 1956, dass es ihm gelungen sei, den Absatz von Popcorn in einem Kino in New Jersey um 58%, und den von Cola um 18% zu steigern, indem er während des Films (für Bruchteile einer Sekunde) „Drink Coca-Cola" und „Hungry – Eat Popcorn" einblendete. Der Autor Vance Packard nahm die Geschichte in sein Buch „The Hidden Persuaders" auf, und prägte damit eine ganze Generation von Kommilitonen und Konsumenten.

Während in der Wirtschaft und beim Militär fleißig mit unsichtbaren Bildern und unhörbaren Wörtern und Sätzen gearbeitet wurde, hielt sich die Psychologie in Bezug auf subliminale Botschaften weitgehend bedeckt. Als in den 1980ern hunderte von Kassetten mit subliminalen Botschaften den US-Markt überfluteten, geriet die Methode endgültig in Verruf. Zwar waren die Versprechen phantastisch, aber die Ergebnisse waren widersprüchlich, sodass sich kaum ein Forscher auf das verminte Terrain wagte.

Das „Skeptic Dictionary", stuft sie als *„weitverbreiteten Glauben, der wissenschaftlich nicht erhärtet ist"* ein, und ordnet sie irgendwo zwischen Hypnose, Bewusstseinskontrolle und Pareidolie ein. Nichtsdestotrotz tauchen immer wieder Meldungen über den Einsatz solcher „Subliminals" auf.

Ende der 1980er kam es im französischen Wahlkampf zu einem Eklat, als man der Regierungspartei die Verwendung von subliminalen Botschaften in ihren Fernsehwerbespots nachweisen konnte. Hal Becker installierte (frei programmierbare) „Black Boxes" in deutschen Kaufhäusern, und die US-Senatoren Wyden und Breaux machten 2000 eine Eingabe, weil in einem politischen Spot unter dem Wort „BUREAUCRATS" (Bürokraten) subtil das Wort „RATS" (Ratten) auftauchte. Im Wahlkampf von Wladimir Putin haben subliminale Botschaften eine wichtige Rolle gespielt, in Indien werden Werbespots entsprechend nachbearbeitet, und auch im Krieg gegen den Irak wurden mit einer neuen Technik feindliche Radiosender mit subliminalen Botschaften moduliert.[(58)]

In der Silvesternacht 2001 ereignete sich in Berlin ein gefährlicher Präzedenzfall ähnlicher Art, indem eine größtenteils ahnungslose Bevölkerung über den Rundfunk einer Frequenzdroge ausgesetzt wurde. Der verantwortliche Radiosender *94,3 r.s.2* macht zu dem Vorfall widersprüchliche Angaben.

Einen Tag vorher gab der *94,3 r.s.2*-Programmdirektor Stephan Hampe in einer Pressemeldung bekannt:

„Der private Berliner Radiosender 94,3 r.s.2 wird an Silvester ein Glückssignal über das Radioprogramm auf allen Berliner – und Brandenburger UKW-Frequenzen von 18.00 - 2.00 Uhr ausstrahlen.
Wir werden im Programm jeweils nach dem Verkehrsblock eine Glückssignal-Pause von ca. 3 sec haben. Mit sehr empfindlichen Boxen ist es dann sogar hörbar", sagte *94,3 r.s.2*-Programmdirektor Stephan Hampe.

„Dieses Glückssignal setzt sich aus einer bestimmten Kombination von Hochfrequenztönen zusammen. Amerikanische Wissenschaftler haben in Langzeituntersuchungen festgestellt, dass derartige Hochfrequenztöne beim Menschen Glücksgefühle erzeugen können. Denn motiviert durch die Töne setzt der Körper Endorphine (Glückshormone) frei. Diesen Umstand macht sich der private Berliner Radiosender 94,3 r.s.2 zu Nutze.

Wir wollen, dass alle Berliner und Brandenburger in diesem Jahr ein glückliches Silvester erleben werden und sehen dieses Glückssignal als unseren Beitrag für einen guten Start mit Hoffnung auf ein besseres 2002. Deshalb laden wir jeden ein, nach Berlin zu kommen und mit uns zusammen das glücklichste Silvester in Deutschland zu begehen.“

Aber wer liest schon einen Tag vor Silvester solche Pressemitteilungen? Groß darüber berichtet hatte die Berliner Presse jedenfalls nicht.

Und so begann der Sender um 18 Uhr damit, seinem Musikprogramm ein unhörbares Frequenzsignal zu unterlegen, das er als „Glücksfrequenzen“ bezeichnete. Damit markiert dieser Tag den Beginn einer neuen Ära, denn zum ersten Mal in der Geschichte ist technische Bewusstseinskontrolle öffentlich geworden.

Als sich gegen 20 Uhr auf dem Pariser Platz vor dem Brandenburger Tor allmählich hunderttausende Menschen zur großen Silvesterparty versammelten und die Live-Bands gerade eine Pause machten, erklang auch hier über den ganzen Platz lautstark das Programm „Happy Holiday“ von *r.s.2* mit der Ausstrahlung seiner Frequenzdroge. Selbstverständlich wurden auch die Zuhörer, die zuhause allein oder mit Verwandten und Freunden feiern, von der Frequenz (zwangs)beglückt.

Gegen 22 Uhr war die „Diskothek 94,3 r.s.2“ auch noch an anderen Plätzen der Stadt regelmäßig zu hören: auf der Bühne an der Straße des 17. Juni, Unter den Linden nahe der Schadowstraße und der Wilhelmstraße, an der Entlastungsstraße im Tiergarten, am Großen Stern sowie rund um die Siegessäule.

Durch die Live-Übertragung der Party am Brandenburger Tor des Fernsehsenders SFB (heute RBB) kamen auch die Zuschauer am Bildschirm unfreiwillig in den Genuss der Silvester-Frequenzdroge.

Am 1. Januar 2002 hatten sich gegen 0:05 Uhr mehr als eine Million Menschen am Brandenburger Tor versammelt und ausgelassen gefeiert, ohne dass ihre Beschallung mit der „Glücksfrequenz“ durch *r.s.2* irgendjemand gestört hätte. Und niemand stellte Fragen, wie etwa, wie lange die Wirkung anhalten wird oder ob irgendwelche Nebenwirkungen auftreten könnten.

Auch die Berliner Presse verschwieg die Angelegenheit. Hätte sie aber genauso (nicht) reagiert, wenn der Veranstalter stattdessen allen Feiernden eine Droge wie Ecstasy in die Getränke gemischt hätte?

Natürlich klingt es im ersten Moment harmlos, denn man mag sich denken, dass doch nichts dabei ist, wenn Menschen, die ohnehin schon in Feierlaune sind, mit einer Frequenz noch etwas besser in Stimmung kommen.

Von einer anderen Seite aus betrachtet, handelt es sich hierbei jedoch um einen Tabubruch, einen Punkt ohne Wiederkehr, denn am 31.12.2001 wurde nichts weniger als ein Präzedenzfall hinsichtlich der Bewusstseinsmanipulation der Bevölkerung geschaffen.

Was bereits einmal gemacht wurde, kann in der Zukunft umso leichter wiederholt werden, schließlich war es auch in anderen Bereichen der Wissenschaft so. Auch die erste Kernspaltung durch Otto Hahn in dessen Physiklabor war im Grunde ein Ereignis, das niemandem schadete, allerdings bereitete sie den Weg zur Atombombe. Oder man denke z.B. auch an das erste Klonen des Schafes Dolly.

Grundsätzlich sollte man sich fragen: Wer hat eigentlich das Recht, darüber zu entscheiden, in welcher Stimmung die Bevölkerung sein soll? Und was wäre, wenn die Regierung oder die Massenmedien versuchen würde, auf diese Weise die Stimmung der Bevölkerung zu beeinflussen?

Schließlich ist auch nicht garantiert, dass so etwas nur mit „Glücksfrequenzen" funktioniert, und es ist auch schon seit vielen Jahren bekannt, dass amerikanische Wissenschaftler zu Forschungszwecken Gehirnwellenmuster von Depressionskranken in großem Stil analysiert haben, um diese mit Hilfe einer Frequenzmodulation künstlich nachzuahmen.[(59)]

3.4 Brummtöne

Immer wieder berichten Betroffene in Deutschland und anderen Ländern von rätselhaften Brummtönen, die ihnen den Schlaf rauben und sie schier in den Wahnsinn treiben, aber selbst unhörbare Frequenzen scheinen Menschen krank zu machen, wenn sie in ausreichender Stärke auftreten. Doch was hat es damit auf sich? Ist alles nur Einbildung, ein harmloses Phänomen oder steckt mehr dahinter?

Tatsächlich fühlen sich nicht nur einzelne Betroffene durch die unangenehmen Geräusche und unbekannten Einflüsse gestört, sondern solche Phänomene betreffen in der Regel ganze Ortschaften, was bereits gegen ein rein subjektives Empfinden – also Einbildung – spricht. Zudem sind die tiefen Frequenzen auch physikalisch messbar, das Phänomen ist also real.

Die Frage ist also nur: Wer oder was ist dafür verantwortlich, ist es natürlichen oder technischen Ursprungs, und wer ist schuld daran?

Erstmals aufgetaucht ist das Brummton-Phänomen bereits in den 1950er Jahren in Großbritannien, wo in den nationalen Medien darüber berichtet wurde. 1989 tauchte dieses Phänomen dann in Taos (New Mexico) auf und wird seitdem auf Englisch als „Taos Hum“ oder „The Hum“ bezeichnet, das mindestens 2% der örtlichen Einwohner wahrgenommen haben sollen.

In Deutschland wird seit dem Jahr 2000 gelegentlich in den Medien über ähnliche Fälle berichtet. 2001 stellten aufgrund des Phänomens in Baden-Württemberg 200 Betroffene Strafanzeige gegen unbekannt wegen Körperverletzung. Es wurden mit einer Spezialausrüstung Messungen an 13 Orten durchgeführt, jedoch wurde keine gemeinsame Ursache gefunden.

Heute setzt sich der Verein zur Erforschung und Verhinderung des Brummtons für die Lösung des Problems ein.

Auch 2016 brummte es noch in Leinfelden-Echterdingen bei Stuttgart, wo 10.000 Euro für eine Messung berappt werden mussten, und mittlerweile 70 Opfer des Phänomens bekannt sind, die die tiefen Schallfrequenzen auch als Vibrationen spüren.

Prof. Detlef Krahé vom Lehrstuhl für „Nachrichtentechnik / Audiosignalverarbeitung und InCar Noise Control“ an der Universität Wuppertal hat in mehreren Wohnungen vor Ort Messungen durchgeführt, auf denen das Signal eindeutig zu erkennen ist. Angesichts dessen sind somit Versuche, das Phänomen allein mit subjektiven Empfindungen wie Tinnitus erklären zu wollen, hanebüchener Unsinn.

Weitere Schwerpunkte des Brummton-Phänomens sind z.B. in Steinhöring im Landkreis Ebersberg bei München, wo ebenfalls seit Jahren nach der Herkunft der störenden Geräusche gesucht wird, die z.B. bei Mobilfunkmasten oder Gasverdichterstationen vermutet wird.

Weitere Erklärungsansätze reichen von elektromagnetischen Feldern über Vibrationen der Erde bis hin zu militärischen Geheimprojekten und außerirdischer Strahlung, doch dazu später mehr.

Aus Hamburg wird berichtet, dass das dort bereits Jahre zuvor zu hörende Störgeräusch erneut zurückgekehrt sei, dessen Klang in den meisten

Schilderungen der Brummton-Opfer mit einem LKW verglichen wird, der vor dem Haus im Standgas seinen Dieselmotor laufen lässt.

Dort habe eine 2007 von der Umweltbehörde durchgeführte Messung eine Lautstärke von 17,5 Dezibel erreicht, die somit unterhalb des Grenzwertes von 20 dB liege, weshalb das Brummen laut eines Sprechers der örtlichen Umweltbehörde „messtechnisch nicht erfassbar" sei und somit von öffentlich-rechtlicher Seite nicht eingegriffen werden könne.

Ein Betroffener aus dem Hamburger Stadtteil Rissen vermutet in der „Welt", dass die Quelle des Brummens in diesem Fall der neu in Betrieb genommene Teilchenbeschleuniger „Petra III" vom „Deutschen Elektronen-Synchrotron" (DESY) sei. Seinen Angaben zufolge sei ein dumpfes Dröhnen zu hören, seit dieser im April hochgefahren wurde, doch hält es ein DESY-Sprecher für unwahrscheinlich, dass ein Zusammenhang mit dem Brummton-Phänomen bestehe, nachdem eine Überprüfung durch eigene Experten stattgefunden habe.

Zwar seien laut Experten nur 5-10% der Menschen für die Geräusche sensibel, die aber dennoch auch nach Auffassung des Umweltamtes von Leinfelden-Echterdingen gefährlich seien, indem es erklärt: *„Es geht um die Gesundheit der Leute."*

Laut Rüdiger Borgmann vom Bayerischen Landesamt für Umweltschutz liegen über Infraschall nur wenige fundierte Kenntnisse vor, obwohl es sich dabei um alles andere als ein seltenes Phänomen handelt: Meeresbrandungen, Wasserfälle, Donner, Lawinen, Erdbeben, Vulkanausbrüche und Meteore können natürliche Quellen von unhörbar tiefen Frequenzen sein.

Eine der häufigsten natürlichen Ursachen ist jedoch der Wind, durch den bei Sturm über 135 dB im unhörbaren Bereich erreicht werden können – aber auch durch ein offenes Fenster oder Schiebedach bei einer Autofahrt.

Insbesondere in Verkehrsmitteln, unter Brücken oder Tunnels können die Pegel besonders hoch sein; weit verbreitet wird Infraschall aber auch durch Heizungs-, Klima- oder Lüftungsanlagen.

Im Gegensatz zu hörbarem Schall gibt es übrigens keine gesetzlichen Grenzwerte für Infraschall, was es erschwert, hiergegen juristisch vorzugehen, z.B. bei Problemen am Arbeitsplatz oder durch Belästigungen nahe gelegener Industriebetriebe.

Während Infraschall üblicherweise aus naheliegenden Gründen unerwünscht ist, wird er mitunter aber auch absichtlich erzeugt, z.B. beim

„Sensurround“-System, das erstmals 1974 beim Spielfilm *Erdbeben* eingesetzt wurde und für eine so realistische Geräuschkulisse gesorgt haben soll, dass die Zuschauer in manchen Gegenden gedacht haben, dass sie zu einem echten Erdbeben gehört.

Durch den großen Schalldruck von 100-120 dB stürzten in einem Kino in den USA sogar Teile der Decke herunter, wodurch zum Glück aber niemand verletzt wurde.

Außerdem existiert das Gerücht, dass auch bei Kirchenorgeln so genannte „Demutspfeifen“ im Infraschallbereich Kirchgänger in besonders andächtige Stimmung versetzen sollen, was jedoch nicht belegbar zu sein scheint.

Beim menschlichen Körper wirken sich die tiefen Frequenzen neben dem Ohr besonders auf gasgefüllte Hohlräume wie Lunge, Nasen- und Stirnhöhlen sowie Darm aus. Obwohl eigentlich unhörbar, lassen sie sich aber dennoch vom Körper wahrnehmen, wobei der Pegel allerdings derart hoch sein muss, dass bei vergleichbaren Pegeln hörbarer Frequenzen bereits Schutzmaßnahmen zur Vermeidung von Gehörschäden ergriffen werden müssten.

Die genauen Auswirkungen auf den menschlichen Körper lieferten – insbesondere bei schwächeren Pegeln – kaum gesicherte Erkenntnisse, aber laut Rüdiger Borgmann sollen Werte von 160 dB die Ohren mechanisch beschädigen, während 170 dB bereits nach zehnminütiger Einwirkung tödlich seien, indem sie die Lungenbläschen zum Reißen bringen.

Zu den typischen körperlichen Reaktionen bei 140 bis 155 dB gehören Atem- und Kopfschmerzen, Abnahme des Leistungs- und Konzentrationsvermögens, allgemeine Stressreaktionen, Ohrenklingeln und –rauschen sowie Benommenheit. Kein Wunder also, dass Militärs bereits an die Entwicklung von Waffen gedacht haben, mit der sich eine künstliche „Seekrankheit“ auslösen lässt.

Tatsächlich sollen während des 2. Weltkrieges in England und Japan sowie 20 Jahre später in Frankreich so genannte „Todesposaunen“ entwickelt worden sein, mit deren Hilfe versucht wurde, Infraschall als tödliche Waffe oder zumindest als Stresskanone einzusetzen. Eine tödliche Wirkung im Umkreis von 250 Metern setzte aber derart hohe Schallpegel voraus, dass eine solche Waffe etwa im Vergleich zur Neutronenbombe zu unpraktikabel erschien.

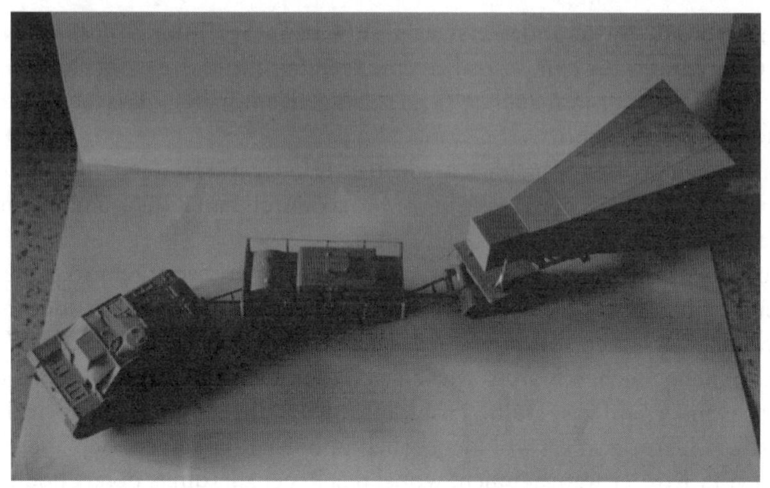

Abb. 52: Modell der „Todesposaune“

Dies gilt jedoch nicht für eine militärische Anlage, bei der man zwar nicht im eigentlichen Sinn von einer „Waffe“ sprechen kann, und deren Existenz in dieser Form zwar offiziell bestritten wird, deren physikalische Auswirkungen jedoch eindeutig nachgewiesen werden können und mit den technologischen Möglichkeiten einer Infraschallwaffe vergleichbar sind.

Laut den Autoren Grazyna Fosar und Franz Bludorf existiert auf dem Gelände des ehemaligen Berliner Flughafen Tempelhof – dem bis zur Fertigstellung des Pentagons größten Gebäudes der Welt – eine militärische „Längstwellenanlage“, die während der Teilung Berlins von der amerikanischen Besatzungsmacht installiert worden war. Teil dieser Anlage ist eine Radarkugel, deren Funktion unabhängig vom Flughafenbetrieb war, die einer weiträumigen Luftüberwachung dient und Teil der unterirdischen Längstwellenanlage ist.

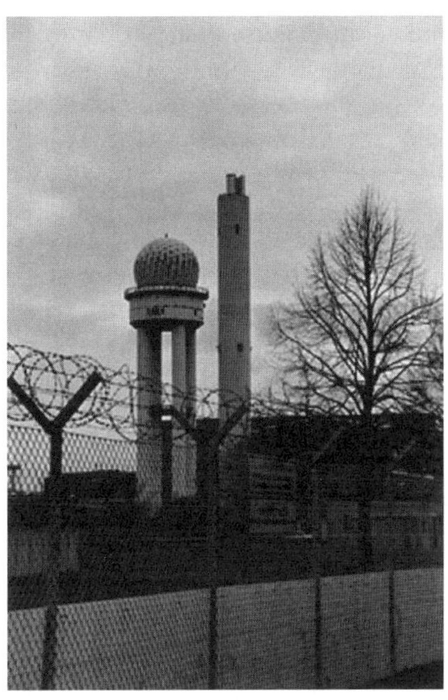

Abb: 53: Die Radarkugel auf dem Gelände des ehemaligen Flughafens Berlin-Tempelhof

Der Betrieb der Anlage war ursprünglich streng geheim, wird heute noch streng bewacht und ist nicht für Besucher zugänglich. Aufgrund physikalischer Messungen der Autoren ist bewiesen, dass die Anlage elektromagnetische Wellen ausstrahlt, die aufgrund ihrer Frequenz und Modulation als gesundheitsschädlich eingestuft werden können und in den USA bei Schallwaffen eingesetzt werden. Sie werden außerdem als Auslöser für das chronische Müdigkeits- und Immunschwächesyndrom („Chronical Fatigue and Immune Dysfunction Syndrome"/CFIDS) gehandelt.

Die Autoren Fosar und Bludorf wurden nach eigener Aussage von einem ehemaligen Mitarbeiter am Flughafen-Tempelhof kontaktiert, der sich aus ihrem Buch „Zaubergesang" über das HAARP-Projekt in Alaska informiert habe und in Bezug auf die Tempelhofer Längstwellenantenne von einer verwandten Anlage sprach.

Der Informant hatte Zugang zu einigen der unterirdischen Geschosse des Flughafens, wo er eine aus gewaltigen Kabeln bzw. Hohlleitern bestehende

Anlage sah, deren Funktion er sich nicht erklären konnte und Nachforschungen anstellte. Daraufhin wurde ihm von Mitarbeitern des Flughafens mitgeteilt, dass es sich um eine geheime militärische Anlage der „7350 Air Base Group/LGC“ der „US Air Force“ handele, wie das amerikanische Militär das Gelände auf dem Flughafen Tempelhof nennt.

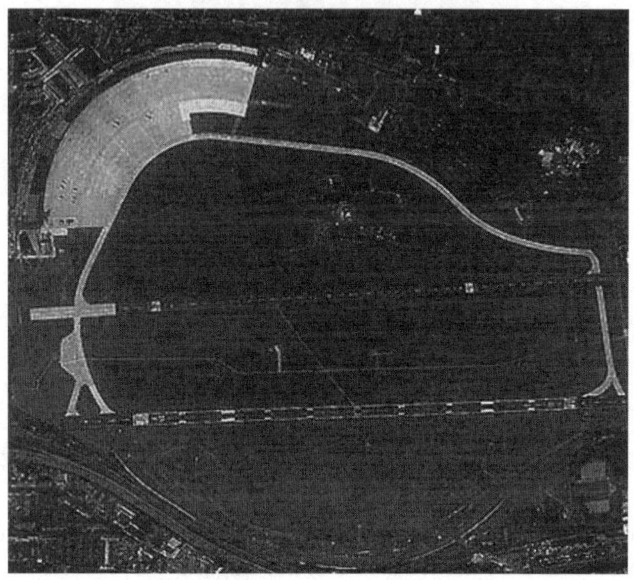

Abb. 54: Vogelperspektive auf das Flughafengelände, unter dem sich eine „Längstwellenantenne“ befinden soll

Unter „Längstwellen“ bzw. ELF(„extremely low frequency“)-Wellen versteht man elektromagnetische Wellen unter 100 Hz. Aufgrund ihrer geringen Frequenz haben besonders die tiefsten davon ab 10 Hz abwärts eine extrem große Wellenlänge, die mehrere tausend Kilometer betragen kann, und sie sollen aufgrund dessen für militärische Anwendungen geeignet sein.

Wie bereits erwähnt, kommen Längstwellen auch in der Natur vor (wie etwa bei der Erdresonanz- bzw. Schumann-Frequenz von 7,83 Hz), aber es gibt auch zwei Möglichkeiten, diese künstlich zu erzeugen: einmal, indem man (wie bei der HAARP-Anlage in Alaska) normale Radiostrahlung in die obere Schicht der Atmosphäre (Ionosphäre) schießt, und zum anderen, indem mithilfe einer extrem großen, d.h. mehrere Quadratkilometer umfassenden, Ringantenne solche Wellen ausgelöst werden. Im letzten Fall dient eine unterirdische Verlegung nicht nur der Geheimhaltung, sondern auch der Abschirmung von Störeinflüssen.

Solche ELF-Transmitter sind z.B. durch eine Anlage im Rahmen des „Project Sanguine" im US-Bundesstaat Wisconsin bekannt:

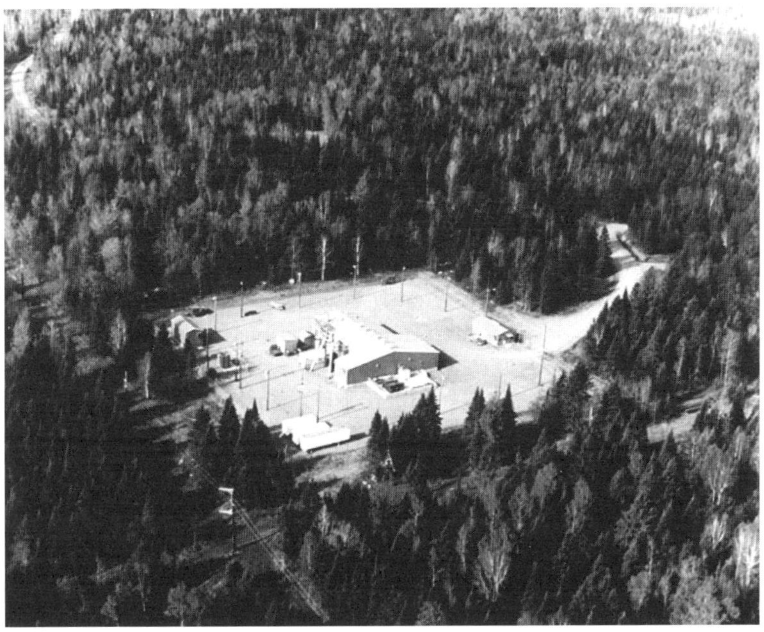

Abb. 55: ELF-Transmitter „Clam Lake" in Wisconsin

Die Vermutung, dass es sich bei der Berliner Anlage um eine „konventionelle" militärische Anwendung als Überwachungsradar für weit entfernte Objekte handelt, ist allerdings nicht sehr überzeugend, weil bereits seit den 1960er Jahren die gewaltige Luftraumüberwachungsanlage NORAD im Inneren von Cheyenne Mountain in Colorado existiert, von wo aus der gesamte irdische Luftraum und erdnahe Weltraum mit Hilfe von Satelliten überwacht werden kann.

Der Grund, warum insbesondere die extrem tieffrequenten Längstwellen so problematisch für die Gesundheit sind, liegt daran, dass sie zwar unterhalb des menschlichen Hörspektrums liegen, das bis etwa 16 Hz reicht, sich dafür aber im gleichen Frequenzbereich wie die vom Gehirn erzeugten elektromagnetischen Wellen befinden, die mit Hilfe eines Elektroenzephalographen (EEG) gemessen werden und unterschiedlichen Bewusstseinszuständen zugeordnet werden können.

Dadurch kann es zu einer Überlagerung bzw. Angleichung verschiedener Frequenzbereiche kommen, wodurch die Hirntätigkeit entweder angeregt oder verringert werden kann. Der ausgestrahlte Frequenzbereich einer Längstwellenantenne entspricht etwa dem Bereich der Schumann-Frequenz bzw. dem Theta-Spektrum des Gehirns, was bedeutet, dass er eine schläfrig machende Wirkung aufweist und das Gehirn in einen Zustand erhöhter Beeinflussbarkeit versetzt – ähnlich wie bei einer Hypnose.

Der Informant über die Berliner Längstwellenantenne leidet nach eigener Aussage seit Jahren am chronischen Müdigkeitssyndrom CFIDS, von dem auch bereits über zwei Millionen Menschen in Deutschland betroffen sind, und wofür u.a. auch Elektrosmog verantwortlich gemacht wird. Neben Müdigkeit und Antriebslosigkeit kann CFIDS auch zu Immunschwäche, Infektionen und zu anderen gesundheitlichen Problemen führen, in Extremfällen sogar zu Krebs und AIDS. Der Informant war zwar der Ansicht, dass die Anlage seit dem Abzug der Amerikaner nicht mehr in Betrieb sei, allerdings erfuhren Fosar und Bludorf, dass sie an die Bundeswehr übergeben wurde und ihr Betrieb heute nicht mehr geheim ist.

Jedoch gilt dies nur für den Betrieb der Radarkugel, während die Existenz der Längstwellenantenne abgestritten wird – und das, obwohl sie durch die Messungen der Autoren eindeutig nachweisbar ist.[(60)]

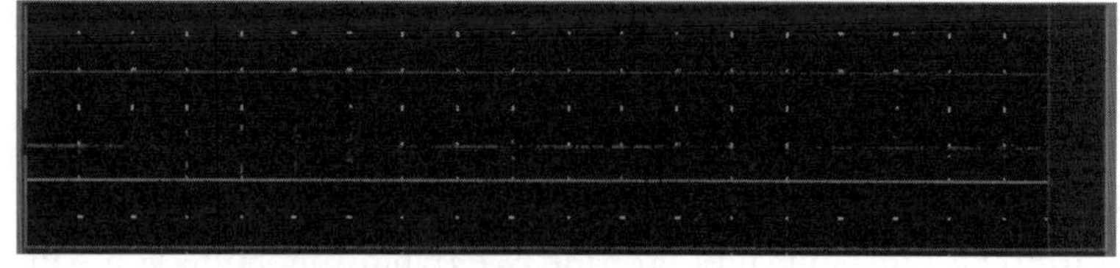

Abb. 56: ELF-Signal vom Flughafen Tempelhof

3.5 Schallwaffen

Laut des Nachrichtenmagazins „US News“ vom 7.7.1997 können außer Laserstrahlen und Mikrowellen auch ELF-Wellen als nicht-tödliche Waffensysteme eingesetzt werden und sind nicht nur für den Kriegseinsatz vorgesehen, sondern werden in den USA auch bereits von der Polizei und den Justizbehörden zur zivilen Aufruhrbekämpfung und zu Selbstverteidigungszwecken eingesetzt.

Wie es der Zufall so will, ist ausgerechnet das „Directed Energy Directorate“ auf der „Kirtland Air Force Base“ in Albuquerque (New Mexico) bei der Erforschung „gerichteter Energien“ federführend – und somit genau diejenige Militärbasis, die für das „Taos-Hum“-Signal verantwortlich gemacht wird, durch welches das Brummton-Phänomen erstmals größere Bekanntheit erlangte.

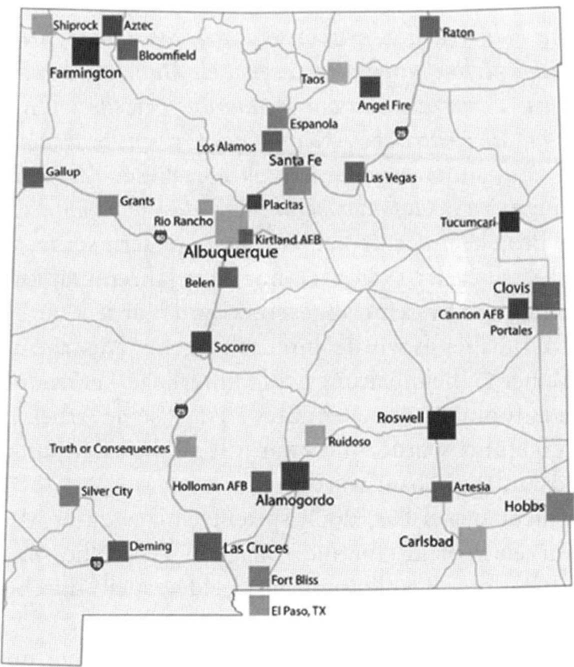

Abb. 57: Die „Kirtland Air Force Base“ liegt unweit von Taos

Laut *US News* erklärte das Pentagon zu den Auswirkungen von akustischen Waffen auf Menschen, deren Impulse nicht unbedingt hörbar sein müssen: *„Akustische oder Soundwaffen … können das Innere von Menschen in Vibration versetzen, um sie zu betäuben, Übelkeit auszulösen oder sogar den Darminhalt zu verflüssigen und sie [d.h. die potentiellen Gegner] damit auf ein zitterndes Durchfallproblem zu reduzieren.“*

Von 1980 bis 1983 fand am „Armed Forces Radiobiology Research Institute“ in Bethesda (Maryland) ein ELF-Schallwaffenprojekt statt, über das der Forschungsleiter Elron Byrd gegenüber *US News* berichtete, dass bei Tierversuchen erfolgreich eine geballte Ausschüttung von Endorphinen, d.h. natürlicher Opiate, im Gehirn ausgelöst werden konnte. Hierdurch konnten die Tiere in einen Zustand körperlicher Erstarrung (Stupor-Zustand) bzw. verstärkter Histamin-Produktion versetzt werden, wie Byrd erklärte:

„Beim Menschen löste dies grippeähnliche Symptome aus und brachte Übelkeit hervor. Die Felder waren extrem schwach. Sie waren nicht nachweisbar. Die Effekte waren nicht tödlich und reversibel. Man konnte eine Person temporär ausschalten. Es wirkte wie ein Betäubungsgewehr.“ Und er fuhr fort: *„Wir schauten auf die elektrische Aktivität des Gehirns und wie man sie beeinflussen konnte.“* Ein anderes seiner Projekte in diesem Zusammenhang war: *„Versetze den Feind in Schlaf oder verhindere, dass der Feind schläft.“*

Obwohl das Projekt ursprünglich vier Jahre dauern sollte, wurde es trotz erfolgreicher Tests bereits 1983 nach nur zwei Jahren und kurz vor der Erstellung waffenfähiger Systeme abgesetzt. Byrd wurde kein Feldversuch im großen Stil erlaubt, aber es wurde ihm nach eigener Aussage mitgeteilt, dass sein Projekt keiner Geheimhaltungsstufe unterliege, *„es sei denn, es funktioniert“*. Und da es funktionierte, vermutet er, dass seine Arbeit als „schwarzes Projekt“ weitergeführt wurde, und zwar just zu dem Zeitpunkt, als in Tempelhof die Radaranlage gebaut wurde.

Zwar ist es nicht beweisbar, doch spricht einiges dafür, dass es sich bei diesem „schwarzen Projekt“ um die Anlage in Tempelhof handeln könnte, und dass an der Berliner Bevölkerung ein „Feldversuch“ durchgeführt wurde bzw. wird.

Zwar sind die hervorrufbaren Krankheitssymptome eher unspezifisch, es gibt jedoch Anhaltspunkte dafür, dass von der Radarkugel eine

Gesundheitsgefahr für die Berliner Bevölkerung ausgeht, indem beim direkt gegenüber gelegenen Kraftverkehrsamt ein überdurchschnittlich hoher Krankenstand feststellbar ist. Außerdem sind bei der Berliner Verwaltung insgesamt wesentlich mehr Krankschreibungen registriert als in anderen Städten Deutschlands.

Und obwohl auch das chronische Müdigkeitssyndrom CFIDS im Einzelfall schwer diagnostizierbar ist, kann ebenfalls statistisch belegt werden, dass in Berlin wesentlich mehr Menschen an Schlaflosigkeit leiden als im Bevölkerungsdurchschnitt.

Das hierfür vorgebrachte Standardargument des „Großstadtlärms" greift zu kurz, weil die meisten Berliner nicht an Hauptverkehrsadern wohnen, sondern in ruhiger gelegenen Wohngebieten, wo es sogar leiser ist als an vielbefahrenen Landstraßen.

Bereits 1968 berichtete *Die Zeit*, dass die Franzosen Gerüchten zufolge im Besitz eines schrecklichen Gerätes seien, mit dem sich auf der Basis von unhörbarem Infraschall im Umkreis von zehn Kilometern alles Leben auslöschen lasse, und dass das Militär die Waffe für ihre Eignung für Kriegseinsätze teste. Das französische Patentamt habe dem in den Laboratorien für Automation und Elektroakustik am „Centre National de la Recherche Scientifique" arbeitenden Prof. Wladimir Gavreau für seine Entwicklung sogar Patente mit den Nummern 131 551 und 437 460 erteilt.

Im Heft des *Science Journal* vom Januar 1968 äußerte sich Prof. Gavreau selbst zu dem Thema und bürgte mit seinem Namen dafür, dass die Gerüchte den Tatsachen entsprechen, und dass er und sein Team aus Physikern und Ingenieuren eine Reihe verschiedener Infraschall-Vorrichtungen entwickelt haben, zu denen starke lautlose „Trillerpfeifen", „Schallkanonen" und ein „Akustik-Laser" gehörten. Bei Letzterem lasse sich ein gebündelter Schallstrahl fokussieren und „auf jedes nicht durch Erdkrümmung verdeckte Ziel treffsicher ausrichten".

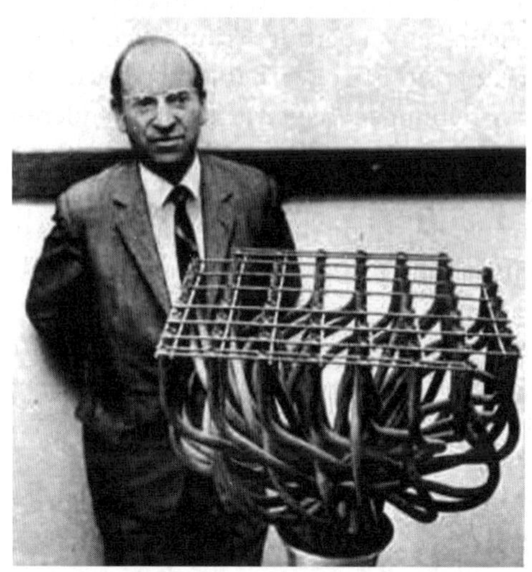

Abb. 58: Wladimir Gavreau mit einer seiner Erfindungen

Erste militärische Forschungen über Anwendungen im Infraschall-Frequenzbereich gehen bis in die Zeit des 1. Weltkrieges von 1914–1918 zurück, bei denen man versuchte, feindliche Geschütze akustisch zu orten. In den 1930er Jahren sollen US-Forscher vergeblich versucht haben, eine gigantische Orgelpfeife zu konstruieren, die lautlose Frequenzen hervorbringen sollte, jedoch sollen die Franzosen auf diesem Gebiet erstmals große Erfolge erzielt haben.

Ausschlaggebend hierfür soll eine technische Panne gewesen sein, da eines Tages die Einrichtungsgegenstände in den Laboratorien zu wackeln anfingen und die Forscher um Prof. Gavreau einen rhythmischen Druck auf den Ohren spürten, der sehr schmerzhaft und potentiell gefährlich gewesen sei. Wie sich herausstellte, war hierfür ein defekter Ventilator auf dem Dach eines benachbarten Fabrikgebäudes ursächlich, der Schallwellen von 7 Hz erzeugte.

Einer der Forscher namens Levavasseur konnte bei Experimenten mit einer durch einen „Resonanzboden“ versehenen Polizeipfeife deren Lautstärke um das Vierhundertfache steigern, was ihn laut Gavreau zu einem Krüppel gemacht habe, ohne jedoch die körperliche Schädigung seines Kollegen näher zu erläutern.

Gavreau selbst entwickelte eine Sirene mit 37 Hz, die ganze Gebäude in Schwingungen versetzen konnte und sogar Risse in den Wänden hinterließ, wobei sich herausstellte, dass das Haus wie ein Resonator wirkte und dabei laut Gavreau mit Schwingungen von 7 Hz „vibrierte wie eine riesige Orgelpfeife“.

Der „Akustik-Laser“ hingegen besteht aus einer großen Anzahl von mit einem Lautsprecher verbundenen Röhren, durch die ein gebündelter

Schallstrahl erzeugt werden kann und in der Lage ist, körperliche Schäden hervorzurufen, indem er die „Resonanzfrequenz" bestimmter Organe erschüttern kann.

Laut Gavreau haben deutsche Untersuchungen ergeben, dass man durch Infraschall Seekrankheit, Übelkeit, Schrecken und Panik auslösen kann, während amerikanische Studien zeigten, dass mit Hilfe extrem tiefer Schallwellen Brust und Bauch zum Erzittern gebracht, die Sehkraft getrübt sowie Schwindel und Schlappheit verursacht werden können. Er selbst vermutete, dass Infraschall von Schwermaschinen, Ventilatoren oder anderen Geräten für Allergien, Nervenzusammenbrüche oder andere ungewollte Nebenwirkungen des Großstadtlebens verantwortlich sein könnte.

Laut des *Zeit*-Artikels sei es leicht vorstellbar, dass eine Infraschallanlage bei entsprechender Leistungsstärke auch eine tödliche Wirkung haben könne, allerdings müsse die Maschinerie umso größer sein, je tiefer die zu erzeugenden Frequenzen sein sollen. Die französischen Forscher waren daher der Meinung, dass eine solche Waffe zu klobig und auffällig sei.[(61)]

Telepolis berichtete 2003 über die Brain-Warfare-Rede des damals frischgebackenen CIA-Direktors Allen W. Dulles vom 10. April 1953, die heute als der Startschuss für das ambitionierteste bekannte Forschungsprogramm zur Beherrschung des menschlichen Gehirnes in der Geschichte gilt, das unter der Ägide der CIA durchgeführt wird. Darin beschwor Dulles die Schlacht um die Köpfe der Menschen, die mit den Sowjets zu schlagen sei, weshalb dafür dringend Mittel zur psychologischen Kriegsführung zu entwickeln seien.[(62)]

Nicht minder pikant ist folgender Absatz aus einem Artikel von Thomas Barth:

„Zur Vertuschung dieser geheimen Forschungs- und Produktionsaktivitäten kamen offenbar psychologische Techniken aus dem Artichoke-Programm zum Einsatz, auch gegen einen führenden US-Biowaffen-Wissenschaftler, Frank R. Olson. Dieser musste 1953 offenbar nach einer gescheiterten LSD-Behandlung sterben, da die CIA ihm nicht mehr traute; an der Vertuschung des Mordes waren 1975 auch der junge Richard Cheney und Donald Rumsfeld beteiligt, so das Fazit des Autorenduos Koch/Wech."[(63)]

Und am 5. September 2002 titelte wiederum *Telepolis*:

„Bayerische Justiz und Psychiatrie im Dienst der uneingeschränkten Solidarität? Referent der ‚InfowarCon 2002' vorsorglich in die Erlanger Psychiatrie eingewiesen."(64)

Im Folgenden wurde über die Verhaftung des Diplompsychologen Dr. Reinhard Munzert, einem Lehrbeauftragter an der technischen Fakultät Erlangen und dessen Einweisung in eine psychatrische Anstalt berichtet, der unterwegs zur „InfowarCon" in Washington war, wo er als Referent für den Workshop „Electromagnetic Terrorism: Offense and Defense of the Infowarrior" angekündigt war, und einen Vortrag mit dem Titel „Targeting the human with directed energy weapons" („Der Mensch im Visier gerichteter Energiewaffen") halten sollte. Allerdings landete er kurz vor seiner Abreise auf gerichtlichen Beschluss im Klinikum am Europakanal in Erlangen.

Wie mehrere Presseberichte und Websites über den Fall Dr. Reinhard Munzert nahelegen, handelte es sich dabei offenbar um eine Art bayerische Gefälligkeitsjustiz gegenüber interessierten amerikanischen Kreisen. Der ganze Vorfall erscheint ziemlich dubios, zumal es sich bei dem Klinikum am Europakanal ausgerechnet um die ehemalige Heil- und Pflegeanstalt der Regierungsbezirks Mittelfranken handelt, die laut „Telepolis" *„eines der deutschen Zentren der NS-Psychiatrie"* war.

Psychologische Kriegsführung hat Tradition (und Zukunft), aber wer mehr darüber wissen will, stößt schnell an seine Grenzen. In den USA kann nach dem „Freedom of Information Act" (FOIA) auf Anfrage eines US-Bürgers die Herausgabe von Dokumenten durch Bundesbehörden genehmigt werden, wenn dadurch weder die nationale Sicherheit, noch Privatsphäre oder Wirtschaftsgeheimnisse gefährdet werden. Demnach mussten FBI, CIA, NSA, Navy, NASA und andere Behörden bereits Einblick in viele Dokumente gewähren, die frei verfügbar sind, sodass man sich ein eigenes Bild machen kann.

Konflikte werden mittlerweile auf immer niedrigerer Schwelle, jedoch mit immer höherer Technisierung, und immer seltener zwischen Armeen, dafür jedoch gegen die eigene Zivilbevölkerung ausgetragen. Die Grenze zwischen Freund und Feind verschwimmt, während wechselnde Koalitionen ethische Grundsätze ersetzen und alle potentiell im Verdacht stehen können,

Terroristen zu sein. Aus einem Bericht des „Non-Lethal Weapons Steering Committee" des Pentagon geht hervor, wie das Militär seine Gegner definiert: *„Der Begriff ‚Gegner' wird hier in seinem breitesten Sinn benutzt, diejenigen einschließend, die nicht erklärte Feinde sind, sich jedoch für Aktivitäten engagieren, die wir zu stoppen wünschen."*

Zwar scheint es durchaus legitim zu sein, wenn sich der Staat vor Angriffen schützt, aber es muss die Frage erlaubt sein, wer eigentlich die Kontrolleure kontrolliert und wer wessen Interessen schützt? Dazu einige Hintergründe:

1998 befasste sich der Ausschuss für auswärtige Angelegenheiten, Sicherheit und Verteidigungspolitik des Europaparlaments in Straßburg mit nichttödlichen Waffen und legte im Januar 1999 einen Bericht und einen Resolutionsentwurf vor, der dann als „EU-Dokument A4-0005/99" verabschiedet wurde:

„Entschließung zu Umwelt, Sicherheit und Außenpolitik: Das Europäische Parlament ... in der Erwägung, dass die militärischen Forschungsarbeiten über die Beeinflussung der Umwelt als Waffe trotz bestehender Übereinkommen weitergeht, wie das Beispiel des HAARP-Systems mit Standort in Alaska zeigt ... bedauert die wiederholte Weigerung der Regierung der Vereinigten Staaten, einen Vertreter zu der öffentlichen Anhörung oder den folgenden Sitzungen seines zuständigen Ausschusses über die Auswirkungen des Forschungsprogramms über hochfrequente Strahlen (High Frequency Active Auroral Research Project – HAARP), das gegenwärtig in Alaska durchgeführt wird, zu entsenden; ... fordert vor allem ein internationales Übereinkommen über ein generelles Verbot von Forschungs- und Entwicklungsprojekten – ob militärisch oder zivil –, die die Anwendung der Erkenntnisse auf dem Gebiet

- *chemischer und elektrischer Vorgänge*
- *oder von Schallwellen oder*
- *oder anderen Funktionen des menschlichen Gehirns*
- *zur Entwicklung von Waffen beinhalten,*
- *die jeder beliebigen Form der Manipulation des Menschen Tür und Tor öffnen könnten; dieses Übereinkommen sollte auch ein Verbot aller derzeit bekannten sowie aller erdenklichen Anwendungsmöglichkeiten solcher Systeme umfassen ...*

In der anschließenden Begründung werden die Ausschussmitglieder noch konkreter:

Es sind sowohl gegen Sachen als auch gegen Personen gerichtete Waffen entwickelt worden. Einige Beispiele sind

- *akustische Waffen, die durch die Erzeugung eines Niedrigfrequenztons verwirren und desorientieren und dadurch den Feind neutralisieren können. ...*

Sogenannte nichttödliche Waffen lassen sich auch

- *gegen die Infrastruktur und die Behörden eines Landes einsetzen,*
- *sie können Eisenbahnsysteme zum Erliegen bringen oder*
- *Chaos im Finanzsystem eines Landes verursachen.*

Diesen Waffen gemeinsam ist, dass sie darauf ausgerichtet sind, einen potentiellen Feind auf ‚strategischer Ebene' aufzuhalten, zu behindern und zu besiegen."[(65)]

Die „US Air Force" experimentiert seit den 1960ern mit akustischen und optischen Waffen wie unsichtbarem Stroboskoplicht und unhörbaren Tönen. Obwohl dabei niemand etwas bewusst wahrnahm, sollen sich dabei von 100 Versuchspersonen 25 übergeben haben, 70 Ohrensausen bekommen haben, es soll zu temporärem Hörverlust, Flackern vor den Augen und bei 5 Personen zu epileptischen Anfällen gekommen sein.

Anfang der 1990er berichtete „Amnesty International" („Repression Trade UK Limited: How the UK Makes Torture and Death its Business", London 1992) von Folter in den Vereinigten Arabischen Emiraten mit subletalen Stroboskopblitzen und gepulsten Akustikwaffen britischer Herkunft. Solche nicht-tödlichen Waffen werden nach einem Bericht des Ausschusses für Wissenschaft und Technikfolgenabschätzung (1996) eingesetzt, wenn *„politische und militärische Ziele auf taktischer und strategischer Ebene schnell durchgesetzt werden sollen, mit einem Minimum an Verlusten von Menschenleben und Zerstörung von Gegenständen"*.

Laut dem NLW-Experten und US-Wissenschaftler Nick Begich gilt die Definition: *„Wenn weniger als 25% einer Gruppe von Menschen getötet werden, dann handelt es sich um ein nichtletales Waffensystem."*

Seit Mitte der 1990er Jahre verfolgen die USA mehr als tausend solcher Projekte, die in die vier Klassen unterteilt werden:

- physikalische Körper
- chemische Stoffe
- Mikrowellen und
- manipulierte Information

Außerdem sind sie in zehn Basiskonzepte unterteilt: mechanische, elektrische, optische, makrobiologische, pharmakologische, mikrobiologische und akustische Waffen, Mikrowellen, Software und Medien für die Desinformation von Freund und Feind. Unter den 40 bislang entwickelten Techniken zählen Mikrowellen, Schall und Laser zu den vielversprechendsten.

Das „Fraunhofer-Institut" erklärte 2001 anlässlich eines Kongresses über nicht-tödliche Waffen in Ettlingen, dass Fortschritte in der Bündelung von Schallwellen und Schalldruck erzielt worden und neue Systeme in der Erprobung seien: Schallkanonen, *„die hörbare oder nichthörbare Schallwellen hoher Intensität verbreiten, um Menschen vorübergehend zu lähmen und zu verwirren. Bei geringen Schallstärken wirken akustische Waffen nicht tödlich. Unwohlsein und Erbrechen kann man dann erreichen. Doch schon bei einer Lautstärke von 120 Dezibel kann es zu inneren Blutungen kommen."*

Große fahrzeuggestützte Systeme seien schon damals verfügbar gewesen und könnten zur Niederschlagung von Aufständen eingesetzt werden, oder Fahrzeugkonvois könnten den Weg durch Menschenmengen freimachen. Ein solches Waffensystem hätte durchaus den US-Marines zur Zeit des Somalia-Konflikts zur Verfügung gestellt werden können, jedoch habe das US-Verteidigungsministerium den Einsatz verboten, weil man das System für noch nicht ausreichend getestet gehalten habe. Man habe befürchtet, bei einem breiten Einsatz gegen die aufständische Bevölkerung permanente Schäden für Ungeborene sowie für ältere und kranke Menschen zu verursachen, so *Die Welt* vom 27.09.2001.

Während die ersten Schallkanonen noch mehrere hundert Kilo schwer waren, mit Spezialfahrzeugen transportiert werden mussten und ihr Killerpotential bereits nach wenigen Metern verpuffte, wurde mittlerweile am „Massachusetts Institute of Technology" (MIT) eine völlig neue Generation von

Lautsprechersystemen entwickelt, die Schall extrem bündeln kann. So verwandelt „Audio Spotlight“ den Ton zunächst in 60 kHz Ultraschallwellen, die sich dann über die Luft abgestrahlt wieder in normale Schallwellen zurückverwandeln und noch 100 Meter weiter hörbar sind, allerdings in einem extrem engen Umkreis. Der Schall lässt sich dabei so genau fokussieren, dass man nichts mehr hört, wenn man nur einen Schritt weiter geht.

Eine weitere Erfindung dieser Art ist das „HyperSonic Sound System“ (HSS), bei dem niederfrequente Schallwellen in 22 KHz Signale eingebettet werden, und mit dem ebenfalls Schall über weite Strecken gebündelt gerichtet werden kann. Erster Lizenznehmer war *American Technologies* aus San Diego, die umgehend Verträge mit dem Militär abschlossen.

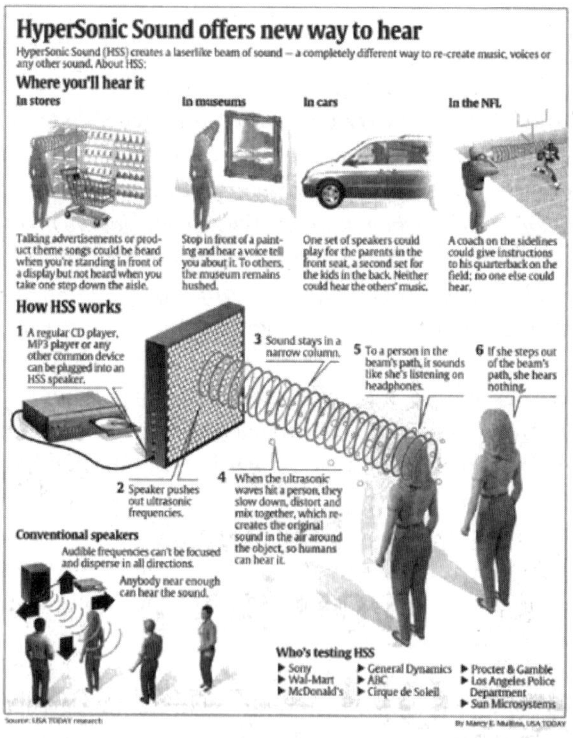

Abb. 59: „HyperSonic Sound System“ (HSS)

Solche akustischen Gewehre können extreme Schmerzen im Trommelfell verursachen und das Gleichgewichtsorgan im Innenohr lahmlegen. Ab einer Lautstärke von 140 Dezibel empfinden wir Schmerzen, und es kann zu inneren Blutungen und bleibenden Hörschäden kommen. Bei 150 Dezibel genügt bereits eine halbe Sekunde, um taub zu werden, während bei noch größeren Lautstärken das Trommelfell platzt, und ab 200 Dezibel möglicherweise das Lungengewebe.[(66)]

Schallkanonen senden schrille, pulsierende Töne von bis zu 49 Dezibel aus – genug, um dauerhaften Gehörschaden zu verursachen. Polizeieinheiten haben diese Geräte unter anderem 2011 bei einer Demonstration bei „Occupy Wall Street" und 2014 in Ferguson (Missouri) eingesetzt. Ein kommerzielles Gerät namens „Mosquito" hält junge Menschen davon ab, sich zu versammeln. Es sendet Töne im Bereich von 17,5 bis 18,5 Kilohertz aus, die im Allgemeinen nur Personen unter 25 Jahren hören können.[(67)]

3.6 Musik als Waffe

Musik berührt die Seele und hat infolgedessen eine geheimnisvolle Macht über die menschlichen Gefühle, wodurch sie zur heimtückischen Waffe werden kann.

Seit es Krieg gibt, wird er von Musik begleitet – sei es als preußischer Marsch, afrikanischer Kriegstanz oder ohrenbetäubende Heavy Metal-Musik: Klänge und Rhythmen sollen wahlweise die Angriffslust der eigenen Kämpfer steigern oder die Feinde zermürben, wobei Letzteres sogar mit einem niedlichen Kinderlied bewerkstelligt werden kann, wenn es in Endlosschleife und mit entsprechender Lautstärke abgespielt wird.[(68)]

Im Dezember 1989 wurde der panamaische Diktator Manuel Noriega von amerikanischen Streitkräften entmachtet. Um der Gefangennahme zu entgehen, flüchtete er in die päpstliche Nuntiatur in Panama-Stadt. Als ein amerikanischer General eintraf, um mit dem päpstlichen Nuntius zu sprechen, schmetterte die US-Armee Musik aus den Lautsprechern, um das Abhören von Journalisten zu verhindern.

Mitglieder einer Abteilung für psychologische Kriegsführung entschieden dann, dass Non-Stop-Musik Noriega dazu bringen könnte, sich zu ergeben. Sie forderten Lieder beim örtlichen Radiosender der Streitkräfte an und richteten den Lärm auf Noriegas Fenster. Es wurde angenommen, dass der Diktator Oper bevorzugt, und so dominierte Hardrock die Wiedergabeliste. Die Songs vermittelten bedrohliche, manchmal spöttische Botschaften wie Alice Coopers „No More Mr. Nice Guy" oder AC/DCs „You Shook Me All Night Long".

Obwohl sich die Medien über das Spektakel freuten, äußerten sich Präsident George H. W. Bush und General Colin Powell, damals Vorsitzender der gemeinsamen Stabschefs, missbilligend darüber. Bush nannte die Aktion „irritierend und belanglos", und Powell ließ sie stoppen. Noriega, der in den sechziger Jahren in „Fort Bragg" eine Ausbildung in psychologischer Kriegsführung erhalten hatte, soll während des Lärms tief durchgeschlafen haben. Trotzdem waren Militär- und Strafverfolgungsbeamte davon überzeugt, auf eine wertvolle Taktik gestoßen zu sein. *„Seit dem Noriega-Vorfall werden zunehmend Lautsprecher eingesetzt"*, erklärte ein Sprecher für psychologische Kriegsführung.

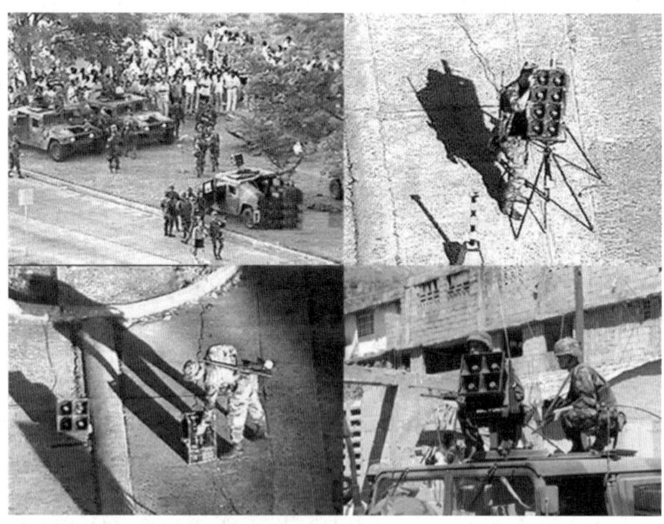

Abb. 60: „Operation Nifty Package", als die USA Manuel Noriega mit Black Sabbath aus der päpstlichen Anstalt vertrieben

Während der Belagerung des Davidianer-Geländes in Waco (Texas) im Jahr 1993 beschallte es das FBI Tag und Nacht mit Musik und Lärm. Als militante Palästinenser die Geburtskirche in Bethlehem besetzten, versuchten israelische Streitkräfte Berichten zufolge, sie mit Heavy Metal zu vertreiben.

Und während der Besetzung des Iraks verwendete die CIA während der Folterpraxis, die als „verstärktes Verhör" bekannt ist, zusätzlich Musik. In Guantánamo wurden die Häftlinge bis auf die Unterwäsche ausgezogen, an Stühle gefesselt und von Blitzlichtern geblendet, während Heavy Metal, Rap und Kinderlieder ihre Ohren malträtierten. Musik hat Kriegshandlungen begleitet, seit Trompeten an den Mauern von Jericho erklangen, aber in den letzten Jahrzehnten wurde sie wie nie zuvor als Waffe eingesetzt.

Die Schnittstelle von Musik und Gewalt hat eine Flut von akademischen Studien inspiriert. Es gibt einen ganzen Stapel an düsteren Büchern, in denen Folter und Schikanen untersucht werden, die Wiedergabelisten von Soldaten und Vernehmenden während des Irak-Krieges, musikalische Taktiken bei amerikanischen Kriminalpräventionsbemühungen, im Holocaust und anderen Völkermorden verübte Grausamkeiten, die musikalischen Vorlieben von Al-Qaida-Kämpfern und von Neonazi-Skinheads.

Es gibt auch eine neue englischsprachige Übersetzung durch Matthew Amos und Fredrick Rönnbäck von Pascal Quignards 1996 erschienenem Buch „The Hatred of Music", in dem uralte Zusammenhänge zwischen Musik und Barbarei untersucht werden.

Wenn Musik zu kriegerischen Zwecken eingesetzt wird, neigen wir dazu zu glauben, dass dies ihrem unschuldigen Wesen zuwider läuft. Wir widersetzen uns Beweisen, die darauf hindeuten, dass Musik die Vernunft trüben, Wut erregen, Schmerzen verursachen oder sogar töten kann. Es ist unwahrscheinlich, dass sich mit Fußnoten versehene Abhandlungen über die dunkle Seite der Musik verkaufen, ebenso wenig wie die aufmunternden populärwissenschaftlichen Bücher, die die Fähigkeit der Musik anpreisen, uns schlauer, glücklicher und produktiver zu machen. Dennoch bringen sie uns wahrscheinlich näher an die wahre Funktion der Musik in der Evolution der menschlichen Zivilisation.

J. Martin Daughtry erinnert in „Listening to War: Sound, Music, Trauma, and Survival in Wartime Iraq" an den Klang des Schlachtfeldes im jüngsten Irakkrieg und unterstreicht dabei etwas Entscheidendes am Wesen des Klangs, und im weiteren Sinne der Musik: Wir hören nicht nur mit unseren Ohren, sondern auch mit unserem Körper. Wir zucken durch laute Geräusche zusammen, noch bevor das Bewusstsein des Gehirns versucht, sie zu verstehen.

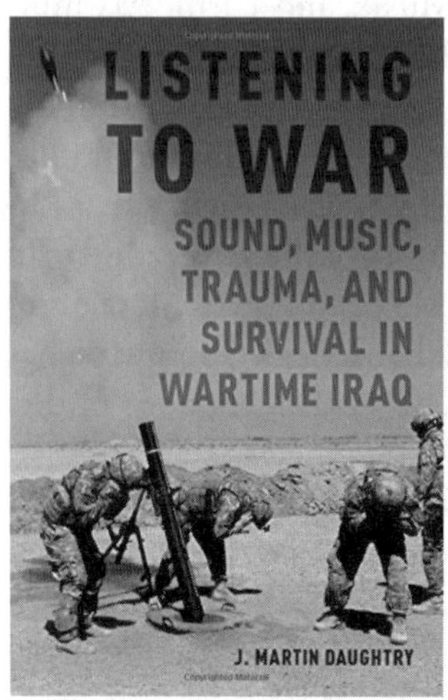

Abb. 61: J. Martin Daughtrys Buch: „Listening to War: Sound, Music, Trauma, and Survival in Wartime Iraq"

Es ist daher ein Fehler, „Musik" und „Gewalt" in getrennte Kategorien einzuteilen. Wie Daughtry schreibt, kann Klang selbst eine Form von Gewalt sein. Die Detonation von Granaten löst Überschallwellen aus, die langsamer werden und zu Schallwellen werden. Solche Wellen wurden mit traumatischen Hirnverletzungen in Verbindung gebracht, die einst als Granatenschock bekannt waren. Die Symptome einer posttraumatischen Belastungsstörung werden häufig durch Schallsignale ausgelöst. Die Einwohner von New York erlebten dies nach dem 11. September 2001, als ein geplatzter Reifen alle hochfahren ließ.

Schall ist umso wirkungsvoller, als er unausweichlich ist: Er füllt einen Raum und kann durch Wände dringen. Quignard – ein Romanautor und Essayist mit einer schrägen, aphoristischen Neigung – schreibt:

„Jeder Schall ist das Unsichtbare in Form eines Durchdringers von Umhüllungen. Gleichgültig, ob es sich um Körper, Räume, Wohnungen, Burgen oder befestigte Städte handelt. Immateriell durchdringt er alle Barrieren … Hören ist nicht wie Sehen. Was gesehen wird, kann durch die Augenlider ausgeblendet werden, kann durch Trennwände oder Vorhänge gestoppt werden, kann durch Wände sofort unzugänglich gemacht werden. Was gehört wird, kennt weder Augenlider noch Trennwände, weder Vorhänge noch Wände … Der Schall dringt ein. Er verletzt."

Die Tatsache, dass Ohren – trotz Ohrstöpseln – keine Lider haben erklärt, warum Reaktionen auf unerwünschte Geräusche extrem sein können. Wir werden mit konturlosen Eindringlingen konfrontiert; wir werden von unsichtbaren Händen berührt.

Menschen reagieren mit besonderer Abneigung auf musikalische Signale, die nicht ihrer Wahl oder ihrem Geschmack entsprechen. Viele neurowissenschaftliche Theorien darüber, wie Musik auf das Gehirn wirkt – wie die Vorstellung des US-amerikanisch-kanadischen Experimentalpsychologen, Kognitionswissenschaftlers, Linguisten und populärwissenschaftlichen Autors Steven Pinker, dass Musik wie ein „auditorischer Käsekuchen" ist, ein biologisch nutzloses Vergnügen – ignorieren, wie sich der persönliche Geschmack auf unsere Verarbeitung von Musikinformationen auswirkt. Ein Genre, das eine Person aufregt, kann einen Placebo-Effekt auf eine andere Person haben. Eine Studie der Psychologin Laura Mitchell aus dem Jahr 2006, in der getestet wurde, wie Musiktherapiesitzungen Schmerzen lindern können, ergab, dass bei einer leidenden Person ihre „bevorzugte Musik" bessere Dienste leistete als ein Stück, von dem angenommen wurde, dass es von sich aus beruhigende Eigenschaften aufweist. Mit anderen Worten: Eine Musiktherapie für einen Heavy Metal-Fan sollte Heavy Metal beinhalten – und nicht Enya.

Lily Hirschs „Music in American Crime Prevention and Punishment" untersucht, wie Geschmacksunterschiede für Zwecke der sozialen Kontrolle ausgenutzt werden können. 1985 begannen die Manager einer Reihe von *7 Eleven*-Läden in British Columbia, auf ihren Parkplätzen klassische und Easy Listening-Musik zu spielen, um herumlungernde Teenager zu vertreiben. Die Idee war, dass junge Leute eine solchen Klangkulisse unerträglich uncool finden würden. Das Unternehmen *7 Eleven* wandte diese Praxis dann in ganz Nordamerika an und dehnte sie bald auf andere Gewerbeflächen aus. Zum Leidwesen vieler Fans klassischer Musik, insbesondere der einsamen jüngeren, scheint es zu funktionieren. Dies ist eine Umkehrung des Konzepts von *Muzak*, das erfunden wurde, um öffentlichen Umgebungen eine angenehme Klangkulisse zu verleihen. Hier wird Instrumentalmusik abstoßend.

Für Hirsch ist es kein Zufall, dass *7 Eleven* seine Technik der „musikalischen Säuberung" perfektionierte, während die amerikanischen Streitkräfte mit musikalischer Belästigung experimentierten. Beide spiegeln eine Strategie der „Abschreckung durch Musik" wider, bei der die Wut gegen das Unerwünschte genutzt wird.

Die Verbreitung tragbarer digitaler Technologie, von CDs über den iPod bis hin zu Smartphones, macht es einfacher als je zuvor, einem Ort Musik aufzuzwingen und an den psychologischen Stellschrauben zu drehen. Der logische nächste Schritt könnte ein *Spotify*-Algorithmus sein, der herausfinden kann, welche Kombination von Songs eine bestimmte Zielperson am wahrscheinlichsten in den Wahnsinn treibt.

Als Primo Levi, ein italienischer Schriftsteller und Chemiker, 1944 in Auschwitz ankam, bemühte er sich, nicht nur das zu verstehen, was er sah, sondern auch das, was er hörte. Als die Gefangenen nach einem Tag harter Arbeit ins Lager zurückkehrten, marschierten sie zu populärer Musik: insbesondere zur Polka „Rosamunde", die zu dieser Zeit ein internationaler Hit war. (In Amerika hieß sie „Beer Barrel Polka" und wurde u.a. von den Andrews Sisters gesungen.) Levis erste Reaktion war, dass er lachte. Er glaubte, Zeuge einer „kolossalen Farce des teutonischen Geschmacks" zu sein.

Später begriff er, dass das groteske Nebeneinander von Unterhaltungsmusik und Horror den Verstand so zielsicher zermürben sollte, wie die Krematorien den Körper vernichteten. Die fröhlichen Klänge von „Rosamunde", die auch bei Massenerschießungen von Juden in Majdanek aus Lautsprechern kamen, verspotteten das Leid, das die Lager verursachten.

Die Nazis waren Pioniere des musikalischen Sadismus, obwohl Lautsprecher offenbar eher eingesetzt wurden, um die Schreie der Opfer zu übertönen, als um sie zu foltern. Jonathan Pieslak führt in seinem 2009 erschienenen Buch „Sound Targets: American Soldiers and Music in the Iraq War" einen aussagekräftigen Präzedenzfall in Alfred Hitchcocks 1940er Film *Der Auslandskorrespondent* an, in dem Nazi-Spione einen Diplomaten mit hellem Licht und Swing-Musik quälen.

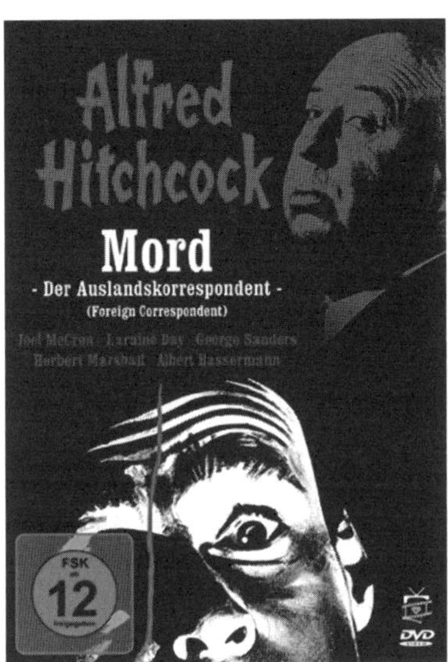

Abb. 62: Zufall oder nicht? Die „Ein-Augen-Symbolik" auf dem DVD-Cover

Bis zu einem gewissen Grad war das klanglich verstärkte Verhör möglicherweise eine Hollywood-Fantasie, die in die Realität überging – genau wie andere Aspekte des amerikanischen Folterregimes von Fernsehsendungen wie *24* inspiriert wurden. In ähnlicher Weise bombardierten in der Schlacht von Falludscha 2004 auf Geländefahrzeuge montierte Lautsprecher die Iraker mit Metallica und AC/DC und ahmten die Wagner-Szene in *Apocalypse Now* nach.

Jane Mayer, die Autorin von „The Dark Side: The Inside Story of How the War on Terror Turned Into a War" und andere Journalisten haben gezeigt, dass die Idee, jemanden mit Musik zu bestrafen, auch aus der Erforschung des Konzepts der „berührungslosen Folter" aus der Zeit des Kalten Krieges hervorgegangen ist und keine Spuren auf den Körpern der Opfer hinterlassen hat.

Forscher dieser Zeit zeigten, dass sensorische Deprivation und Manipulation, einschließlich längerer Lärmangriffe, zur Auflösung der Persönlichkeit einer Zielperson führen können. Ab den 1950er Jahren hatten Programme, mit denen amerikanische Soldaten und Geheimdienstmitarbeiter geschult wurden, um Folter zu widerstehen, eine musikalische Komponente. Zu einem Zeitpunkt standen angeblich die Industrial-Band Throbbing Gristle und die Avantgarde-Sängerin Diamanda Galás auf der Playlist.

Das Konzept dehnte sich auf Militär- und Polizeieinheiten in anderen Ländern aus, wo es nicht auf Auszubildende, sondern auf Gefangene angewendet wurde. In Israel wurden palästinensische Häftlinge an Kindergartenstühle gebunden, gefesselt, bekamen Kapuzen über den Kopf und wurden moderner klassischer Musik ausgesetzt. Im Chile unter Pinochet verwendeten die Vernehmer unter anderem den Soundtrack zu *Uhrwerk Orange*, dessen berüchtigte Aversionstherapie-Sequenz, die von Beethoven untermalt wurde, möglicherweise ähnliche Experimente im wirklichen Leben gefördert hat.

In Amerika wurde musikalische Folter in einem Memo von General Ricardo Sanchez vom September 2003 genehmigt. „*Schreien, laute Musik und Lichtsteuerung*" könnten verwendet werden, „*um Angst zu erzeugen, den Häftling zu verwirren und den Gefangenenschock zu verlängern*", vorausgesetzt, die Lautstärke werde „*kontrolliert, um Verletzungen zu verhindern*". Solche Praktiken waren bereits im Mai 2003 in einem kurzen Artikel in „Newsweek" öffentlich bekannt gemacht worden. In dem Artikel wurde darauf hingewiesen, dass in Verhören häufig das schnulzige Thema von Barney & Friends aufgegriffen wurde, in dem ein lila Dinosaurier singt: „*Ich liebe dich / Du liebst mich / Wir sind eine glückliche Familie.*" Der Autor des Artikels, Adam Piore, erinnerte sich später daran, dass seine Redakteure dem Artikel hämischerweise hinzufügten: „*Auf der Suche nach Kommentaren von Barneys Leuten, Hit Entertainment, ertrug Newsweek fünf Minuten Barney in der Wiederholungsschleife. Ja, es hat unseren Willen auch gebrochen.*"

Indem sie ein Muster aus den Ereignissen um Noriega und Waco wiederholten, schlugen die Medien ideale Folterlieder vor.

Die Heiterkeit ließ nach, als die Öffentlichkeit mehr über die Vorgänge in Abu Ghraib, Bagram, Mossul und Guantánamo erfuhr. Hier einige Einträge aus dem Verhörprotokoll von Mohammed al-Qahtani, dem mutmaßlichen „20. Entführer" des 11. September 2001, dem im August 2001 die Einreise in die USA verweigert wurde:

- *1315: Sanitäter überprüfte die Organfunktionen – O.K. Christina Aguilera-Musik gespielt. Die Vernehmer verspotteten den Häftling, indem sie kreative Geschichten entwickelten, um Lücken in der Verschleierungsgeschichte des Häftlings zu schließen.*
- *0400: Der Häftling sollte stehen und laute Musik wurde gespielt, um den Häftling wach zu halten. Ihm wurde gesagt, er könne schlafen gehen, wenn er die Wahrheit sagt.*
- *1115: Das Verhör-Team betrat die Zelle. Es wurde laute Musik gespielt, die Lieder auf Arabisch enthielt. Der Inhaftierte beklagte sich darüber, dass es ein Verstoß gegen den Islam sei, arabische Musik zu hören.*

- *0345: Dem Inhaftierten wurde Essen und Wasser angeboten – abgelehnt. Der Inhaftierte bat darum, die Musik auszuschalten. Der Gefangene wurde gefragt, ob er den Vers im Koran finden könne, der Musik verbietet.*
- *1800: Eine Vielzahl von Musikstücken wurde gespielt, um dem Häftling zuzusetzen.*

Aguilera scheint ausgewählt worden zu sein, weil Sängerinnen eine Beleidigung für islamistische Häftlinge darstellen sollten. Die Wiedergabelisten von Verhören stützten sich auch auf Heavy Metal- und Rap-Stücke, die wie im Fall Noriega Einschüchterungs- und Zermürbungsbotschaften übermittelten. Zu den regelmäßig wechselnden Songs gehörten Eminems „Kim" (*„Setz dich, Schlampe / Wenn du dich noch einmal bewegst, werde ich dich fertig machen"*) und Drowning Pools „Bodies" (*„Lass die Körper auf den Boden fallen"*).

Gilt ein solches erzwungenes Anhören als Folter? Die in New York ansässige Musikwissenschaftlerin Suzanne Cusick, eine der ersten Wissenschaftlerinnen, die sich intensiv mit Musik im Irakkrieg befasste, ging 2008 in einem Artikel für das *Journal der Society for American Music* auf die Frage ein. Während der Bush-Regierung vertrat die US-Regierung die Auffassung, dass Techniken, die eher psychische als physische Schmerzen hervorrufen, keine Folter darstellen, wie es internationale Konventionen definiert haben. Cusick macht jedoch deutlich, dass die Taktik der lauten Musik ein erschreckendes Maß an leichtfertigem Sadismus zeigt: Die Auswahl der Lieder scheint darauf ausgelegt zu sein, die Entführer zu amüsieren und die Gefangenen anzuwidern. Nur wenige Häftlinge haben wahrscheinlich die an sie gerichteten englischen Texte verstanden.

Keine offizielle Richtlinie legte die Gefängnis-Wiedergabelisten fest; die Vernehmer improvisierten sie vor Ort und nutzten die Musik, die sie zur Hand hatten. Pieslak, der eine Reihe von Irak-Veteranen interviewte, stellt fest, dass Soldaten viele der gleichen Lieder zu ihrem eigenen Vorteil spielten, insbesondere wenn sie sich auf eine gefährliche Mission vorbereiteten. Auch sie bevorzugten die anarchistischsten Auswüchse von Heavy Metal und Gangsta Rap. So dienten bestimmte Lieder sowohl dazu, Soldaten in eine tödliche Raserei zu versetzen als auch die Psyche der „feindlichen Kämpfer" zu brechen. Man könnte sich keine klarere Demonstration der

Nicht-Universalität der Musik und ihrer Fähigkeit, Zwietracht zu säen, wünschen.

Die Soldaten sagten Pieslak, dass sie Musik benutzten, um sich von Empathie zu befreien. Einer sagte, er und seine Kameraden suchten nach einer „Raubtiermusik“. Ein anderer sagte, nachdem er mit einiger Verlegenheit zugegeben hatte, dass Eminems „Go to Sleep“ („Stirb, Motherfucker, stirb“) ein „Erkennungslied“ für seine Einheit war: *„Man muss unmenschlich werden, um unmenschliche Dinge zu tun.“* Die beunruhigendste Wahl war Slayers „Angel of Death“, das sich in Josef Mengele hineinversetzt: *„Auschwitz, die Bedeutung von Schmerz / Die Art, wie ich möchte, dass du stirbst“*

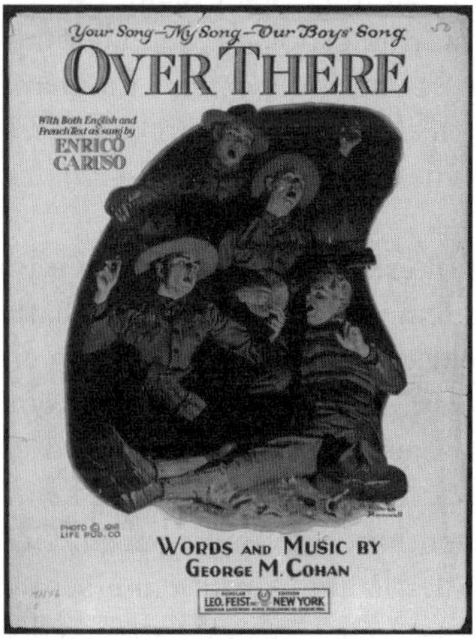

Abb. 63: Norman Rockwell - Zeichnung auf Umschlag

Solche Lieder sind weit entfernt von erbaulicher Kriegspropaganda wie „Over There“, der patriotischen Melodie von George M. Cohan aus dem Jahr 1917.

Das Bild von Soldaten, die sich auf eine Mission vorbereiten, indem sie Metallicas „One“ – *„Landmine hat mir die Sicht genommen ... machte mir das Leben zur Hölle“* – deutet an, inwieweit auch sie sich in einer böswilligen Maschinerie gefangen fühlten.

Wie Hirsch und andere Wissenschaftler hervorheben, hat sich die Vorstellung einer ihrem Wesen nach guten Musik erst in den letzten Jahrhunderten durchgesetzt. Philosophen früherer Epochen neigten dazu, die Kunst als eine mehrdeutige, unzuverlässige Sache zu betrachten, die ordnungsgemäß verwaltet und kanalisiert werden musste. In Platons „Republik“ spottet Sokrates über die Vorstellung, dass *„Musik und Poesie nur Spielerei seien und überhaupt keinen Schaden anrichteten“*. Er unterscheidet zwischen musikalischen Modi, die *„den Ton und Rhythmus einer mutigen Person, die im Kampf aktiv ist, angemessen imitieren“*, und solchen, die ihn als sanft, verweichlicht, lüstern oder melancholisch empfinden.

Das chinesische „Buch der Riten“ unterschied zwischen dem freudigen Klang eines gut regierten Staates und dem missgünstigen Klang eines verwirrten Staates. John Calvin glaubte, dass Musik *„eine heimtückische und nahezu unglaubliche Kraft hat, uns dahin zu bewegen, wohin sie will“*. Er fuhr fort: *„Wir müssen umso sorgfältiger sein, Musik so zu kontrollieren, dass sie uns für immer dient und uns in keiner Weise schadet.“*

Deutsche Denker in der idealistischen und romantischen Tradition wie Hegel, E.T.A. Hoffmann und Schopenhauer lösten unter anderem eine drastische Neubewertung der Bedeutung der Musik aus. Sie wurde zum Tor zur Unendlichkeit der Seele und drückte die kollektive Sehnsucht der Menschheit nach Freiheit und Brüderlichkeit aus.

Mit der Kanonisierung Beethovens wurde Musik zum Vehikel des Genies. So erhaben Beethoven auch ist, der Anspruch auf Universalität vermischte sich allzu leicht mit einem deutschen Streben nach Vorherrschaft. Der Musikwissenschaftler Richard Taruskin, dessen strikt unsentimentale Sicht auf die westliche Musikgeschichte die jüngsten Arbeiten auf diesem Gebiet verankert, zitiert gern einen Satz, der ironischerweise vom im vergangenen Jahr verstorbenen Historiker Stanley Hoffman formuliert wurde: *„Es gibt universelle Werte, und es sind zufälligerweise meine.“*

Trotz der kulturellen Katastrophe im nationalsozialistischen Deutschland bleibt die romantische Idealisierung der Musik bestehen. Popmusik in der amerikanischen Tradition gilt heute als die allumfassende, welterlösende Kraft. Viele Konsumenten bevorzugen es, nur die positive Seite des Pop zu sehen: Sie schätzen ihn als einen kulturell und spirituell befreienden Einfluss, der irgendwie frei von der Vergewaltigung des Kapitalismus ist, selbst wenn er den Markt überfordert.

Wann immer vermutet wird, dass Musik Gewalt hervorrufen oder anregen könnte – Eminems gewaltverherrlichende Phantasien von Missbrauch und Mord, oder in jüngerer Zeit der Hauch von Vergewaltigungskultur in Robin Thickes „Blurred Lines“ –, spielen Fans plötzlich das Potential der Musik herunter und stellen sie als Vehikel einer harmlosen Spielerei dar, das Körper nicht in Aktion bringen kann. Wenn Eminem verkündet, dass er „nur herumalbert“, wird er beim Wort genommen.

Bruce Johnson und Martin Cloonan enthüllen diese Inkonsistenz in „Dark Side of the Tune: Popular Music and Violence“ (2008). Sie sind keine Reaktionäre im Modus, die versuchen, eine moralische Panik auszulösen.

Als Pioniere der Popmusikforschung sprechen sie ihr Thema mit tiefem Respekt an.

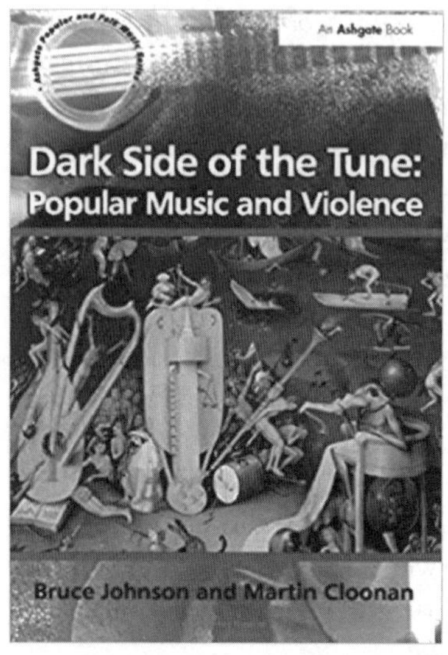

Abb. 64: Buch „Dark Side of the Tune: Popular Music and Violence"

Wenn Musik jedoch *„unseren Sinn für das Mögliche"* formen kann, wie sie sagen, muss sie auch destruktiv sein können. Entweder beeinflusst Musik die Welt um sie herum, oder nicht. Johnson und Cloonan vermeiden Behauptungen der direkten Kausalität, lehnen es jedoch ab, Verbindungen zwischen Gewalt in der Musik – sowohl in Bezug auf den lyrischen Inhalt als auch in Bezug auf die Auswirkungen von Dezibel – und Gewalt in der Gesellschaft auszuschließen. Darüber hinaus muss musikalische Brutalität keine brutale Handlung beinhalten, denn ein *„Lied der Verunglimpfung ist an sich ein Akt sozialer Gewalt"*.

Das Muster der akustischen Aggression, das von der Belagerung Noriegas bis zum Irak-Krieg reicht, verdeutlicht diese Probleme auf anschaulichste Art. In der harten, hypermaskulinen Musik, mit der ausländische Gefangene gedemütigt wurden, war ein böser Sog des kulturellen Triumphes zu spüren. *„Die Subjektivität des Häftlings sollte in einer Flut amerikanischer Klänge verloren gehen"*, schreiben Johnson und Cloonan. Auf symbolischer Ebene zeichnen die Rituale in Guantánamo ein extremes Bild davon, wie sich die amerikanische Kultur einer oft unwilligen Welt aufdrängt.

Obwohl Musik eine enorme Fähigkeit besitzt, ein Gemeinschaftsgefühl zu erzeugen, kann sich keine Gemeinschaft bilden, ohne Außenstehende auszuschließen. Das Gefühl der Einheit, das ein Lied in einer menschlichen Gefolgschaft fördert, kann entweder schön oder abstoßend wirken – normalerweise abhängig davon, ob man das betreffende Lied liebt oder hasst. Lautheit erhöht die Spannung: Dröhnende Musik ist ein hegemonialer Schritt, eine Erklärung der Verachtung für jeden, der anders denkt. Ob wir marschieren oder tanzen oder still auf Stühlen sitzen, wir werden durch Klang zu einer einzigen Masse geformt. Wie Quignard in „The Hatred of Music" feststellt, enthält das lateinische Wort „obaudire" (gehorchen) „audire" (hören). Musik „*hypnotisiert und veranlasst den Menschen, das Ausdrückbare aufzugeben*", schreibt er. „*Beim Zuhören wird der Mensch in Beschlag genommen.*"

Quignard war jahrelang in der französischen Musikszene aktiv, organisierte Konzerte und arbeitete mit dem katalanischen Geigenspieler Jordi Savall zusammen. Quignard war Co-Autor des Drehbuchs für den musikdurchtränkten Film *Tous les Matins du Monde* aus dem Jahr 1991. Bald darauf zog er sich von solchen Projekten zurück und schrieb „The Hatred of Music" als Cri de Cœur. Obwohl er diesen Sinneswandel nicht erklärt, deutet er auf die bedeutungslose Allgegenwart der Musik im zeitgenössischen Leben hin – Mozart im *7 Eleven*-Laden. Quignard verleiht dieser vertrauten Klage eine verschärfte Note: In einem Kapitel über den höllischen *Muzak* von Auschwitz zitiert er Tolstoi: „*Wo man Sklaven haben will, muss man so viel Musik wie möglich haben.*"

Die beunruhigendsten Passagen des Buches deuten darauf hin, dass Musik schon immer in ihrem Kern gewalttätig war – dass sie möglicherweise im Drang begründet ist, zu dominieren und zu töten. Er spekuliert, dass einige der frühesten Musikstücke von Jägern gemacht wurden, die ihre Beute lockten, und widmet dem Mythos der Sirenen ein Kapitel, die in seiner Lektüre Männer mit Liedern verführten, so wie Männer einst Tiere mit Musik verführten. Quignard reflektiert auch darüber, dass einige frühe Waffen gleichzeitig als Instrumente dienten: Eine über einen Bogen gespannte Schnur konnte resonant gezupft werden oder einen Pfeil durch die Luft schicken. Musik beruhte auffälligerweise auf dem Schlachten von Tieren: Rosshaarbögen die über Darmsaiten gezogen werden, und Hörnern, die aus den Köpfen des Großwilds gerissen wurden.

Was tun mit diesen schrecklichen Überlegungen? Auf Musik zu verzichten ist keine Option – nicht einmal Quignard kann sich dazu durchringen. Vielmehr können wir auf die Fiktion der Unschuld der Musik verzichten.

Diese Illusion zu verwerfen bedeutet nicht, die Bedeutung der Musik zu mindern. Vielmehr können wir die unheimliche Kraft des Mediums registrieren. Zuzugeben, dass Musik ein Instrument des Bösen werden kann, bedeutet, sie als Form des menschlichen Ausdrucks ernst zu nehmen.[(69)]

3.7 Die Geburt der Musikindustrie aus dem Geiste der Illuminati

Heutzutage enthüllen mehr Künstler den wahren Charakter der Musikindustrie als je zuvor. Unzählige Künstler aus jedem Genre tragen dazu bei, den Schleier zu lüften, der seit den Anfängen der Unterhaltungsindustrie die Massen verblendet hat.

Viele haben erkennen lassen, dass sie die Agenda der globalen Elite vorantreiben und sich für Geld und Ruhm verkauft haben.

Die Mainstream-Musikindustrie wird bereits seit Langem als Form der Gedankenkontrolle genutzt, um die Wahrnehmung der Realität durch die Menschen zu formen und ihnen ihre Wünsche, Bedürfnisse und Begehrlichkeiten zu vermitteln, verbunden mit unterschwelligen Botschaften, die in das Unterbewusstsein eingepflanzt werden.

Es ist ein Teil der globalen Kontrollmatrix, die den menschlichen Geist programmiert und dazu beiträgt, dass der Mensch seinen natürlichen Zustand und sein wahres Selbst nicht erkennt. Es ist ein Zweig des gesamten „militärisch-industriellen Komplexes".

Für wen arbeiten die Künstler? Wem gehört die Mainstream-Musikindustrie? Wer treibt die Agenda voran und woher kommt die Mainstream-Musikindustrie? Königliche Blutlinien haben immer schon Mechanismen zur Kontrolle eingesetzt.

Der einzige Unterschied zu heute ist, dass mehr Hilfsmittel für die Kontrolle entwickelt wurden. Die Mainstream-Musikindustrie wird von einer kleinen Gruppe von Entitäten kontrolliert. Die größte und erste, die sich entwickelt hat, ist die *Universal Music Group* (UMG).

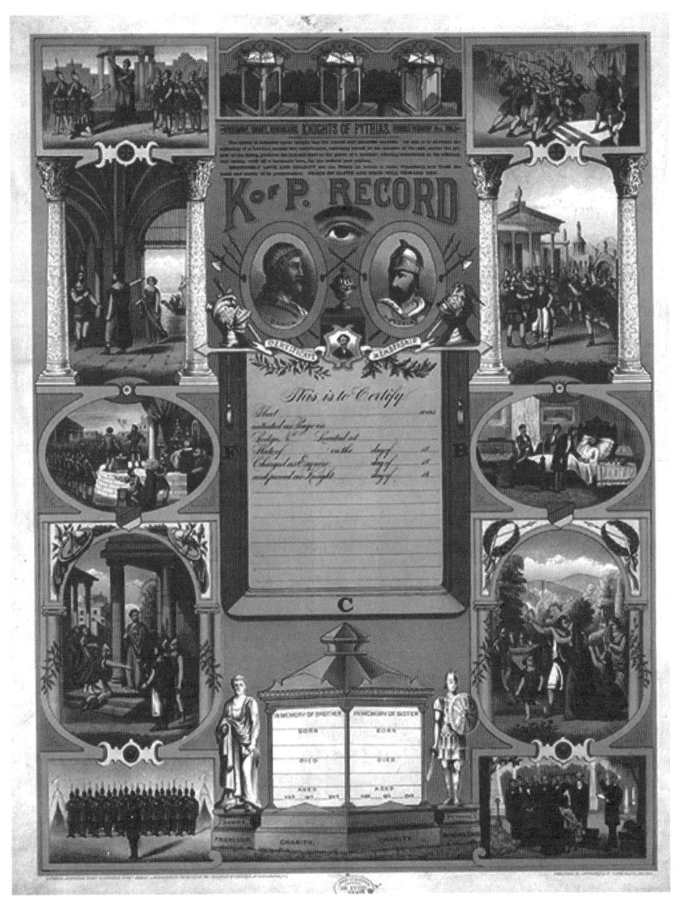

Abb. 65: Zertifakt von *Knights of Pythias Record* mit Darstellungen von Illuminati-Einauge und Militär

Die *Universal Music Group* ist ein multinationales Musikunternehmen. Es ist die größte der „Großen Drei" Plattenfirmen, zu denen auch *Sony Music Entertainment* und die *Warner Music Group* gehören. Die UMG war ursprünglich die Firma des Filmstudios *Universal Pictures*. Ihre Ursprünge gehen jedoch auf die Gründung von *Decca Records* zurück.

Decca Records stammt aus England, einem der wichtigsten Kontrollzentren der Illuminati. Die *Decca Corporation of England* gründete ihre amerikanische Niederlassung im Jahr 1939. *Decca Records* war bekannt für seine Entwicklung von Aufnahmemethoden, *Decca* und die UMG sind jetzt im Besitz von *General Motors* und *Comcast*, und ursprünglich im Besitz von *Vivendi*, einem Medienkonzern mit Hauptsitz in Frankreich, den wir an späterer Stelle genauer betrachten.

Decca bezeichnete sich selbst als „The Supreme Record Company" („Die oberste Plattenfirma"). Der Name wurde gebildet, indem das Wort „Mekka" mit dem Anfangs-D ihres Logos verschmolzen wurde, was für einen Ort steht, der viele Menschen anzieht.

Als die *Decca*-Niederlassung in Amerika aufgebaut wurde, gründeten sie ihr Studio-Hauptquartier im Pythischen Tempel in New York City. Warum sollte *Decca* / UMG ihr Hauptquartier ausgerechnet im Pythischen Tempel errichten?

Die UMG hat ihre Wurzeln innerhalb der Illuminati, auf einer bestimmten Ebene der Pyramide. Musik sollte strikt zu Kontrollzwecken verwendet werden. Wie wir heute sehen, werden die meisten Formen menschlicher Kunst und Schöpfung heutzutage als Werkzeuge der Manipulation und Täuschung genutzt.

Der Pythische Tempel ist ein Gebäude, das einst den „Knights of Pythias" („Rittern von Pythias") gehörte, als *Decca* / UMG dort ihr Studio aufbauten. Die „Knights of Pythias" sind eine Bruderschaft und Geheimgesellschaft, die im Februar 1864 in Washington DC gegründet wurde.

Sie waren die allererste Bruderschaft, die nach einem Gesetz des Kongresses der Vereinigten Staaten eine Charta erhielt. Sie wurde von Justus H. Rathbone gegründet, der – was nicht überraschen dürfte – ein Komponist und Schauspieler war. Zu einigen bemerkenswerten Pythias-Rittern gehören:

- Nelson A. Rockefeller, Vizepräsident der Vereinigten Staaten
- Warren G. Harding, US-Präsident
- William McKinley, US-Präsident
- Franklin D. Roosevelt, US-Präsident
- Hugo Black, Richter am Obersten Gerichtshof der USA
- Benjamin Cardozo, Richter am Obersten Gerichtshof der USA
- Louis Armstrong, Jazzmusiker, Schauspieler
- Sun Ra, Jazzmusiker
- Hubert Horatio Humphrey, Vizepräsident der Vereinigten Staaten

Können Sie den Zusammenhang erkennen? Die *Universal Music Group* (UMG) entstand innerhalb von *Decca Records. Decca Records* stammt aus dem Vereinigten Königreich und expandierte nach Amerika, wo mit der Einführung der UMG begonnen wurde.

Das Studio hatte zu dieser Zeit seinen Sitz im Pythischen Tempel, der Heimat der „Knights of Pythias". Eine interessante Verbindung, die eine kurze Geschichte von einem der wichtigsten Musik-Labels, der UMG, beleuchtet.

Wollen wir nun vor dem Hintergrund dieser kurzen Geschichte der UMG einen Sprung in die heutige Zeit machen und schauen, wer und welches Unternehmen die Kontrolle darüber hat.

Vivendi SA (früher bekannt als *Vivendi Universal*) ist ein multinationales französisches Massenmedien- und Telekommunikationsunternehmen mit Sitz in Paris (Frankreich). Es war bis 2004 Alleineigentümer von UMG / *Decca. Vivendi SA* war ursprünglich die *Compagnie Générale des Eaux* (CGE) (Allgemeines Wasserversorgungsunternehmen) und wurde 1854 durch ein kaiserliches Dekret von Napoleon III. gegründet.

Die CGE wurde ausschließlich zur Kontrolle der Wasserversorgung geschaffen. Zur gleichen Zeit war die Familie Rothschild stark beteiligt, da beide Pläne hatten, Amerika zu „erobern".

Sie waren in Bezug auf ihre Pläne ständig miteinander in Dialog. Aus der CGE ist ebenfalls *Veolia Environnement S.A.* hervorgegangen, was heute ein bedeutendes multinationales Unternehmen mit Aktivitäten in den Bereichen Wasserversorgung, Wassermanagement, Abfallwirtschaft und Energie ist.

Wie Sie sehen, hat die Musikindustrie einige ziemlich interessante Ursprünge und Verbindungen, indem sie mit anderen Industrien verbunden ist, die die Menschheit und ihre Aktivitäten auf der Welt regulieren.

Im Jahr 2004 kaufte *General Electric* einen Anteil von 80% an *Universal Pictures* von *Vivendi*, während *Vivendi* 20% von NBC erwarb und die Firma *NBC Universal* gründete, die von *Comcast* und *General Electric* (GE) kontrolliert wird. Jetzt haben *Comcast* und GE je die Hälfte. Also wer besitzt dieses große Musik-Label jetzt? GE und *Comcast*.

Der Banker JP Morgan und die von der Morgan-Familie finanzierte *Electric Illuminating Company* von Thomas Edison waren für die Fusion der *Illuminating Company* und *General Electric*" (GE) verantwortlich.

Als Nikola Tesla entdeckte, wie man auf die Nullpunktenergie zugreifen kann, wurde sein Labor niedergebrannt und die Finanzierung eingestellt. Heute ist es bekannt, dass der Name Rockefeller mit GE in Verbindung steht.

GE besitzt auch einen großen Teil unserer Mainstream-Medien. Der Hauptsitz von GE in New York ist der Mittelpunkt des gesamten „Rockefeller Center Complex". Wenn man zu den bemerkenswerten „Knights of Pythias" zurückkehrt, sieht man ebenfalls eine Verbindung mit den Rockefellers.

Es scheint ziemlich verrückt zu sein, dass das Musikgeschäft Teil dieser globalen Verbindung ist. Aber diejenigen, die die Ressourcen der Welt kontrollieren, sind auch bei GE aktiv, das im Besitz von *NBC Universal* ist, dem wiederum die *Universal Music Group* gehört.

Wenn es um Musikvideos, Fernseh- und Musikkünstler geht, sind diejenigen, die an der Spitze stehen, dieselben, die auch eng mit GE verbunden sind.

Die Illuminati haben sich als eine Reihe von multinationalen Konzernen getarnt, aber die leitenden Positionen führen immer zu denselben Familien, denn es geht darum, die menschliche Bevölkerung zu kontrollieren und sie es nicht wissen zu lassen.[70]

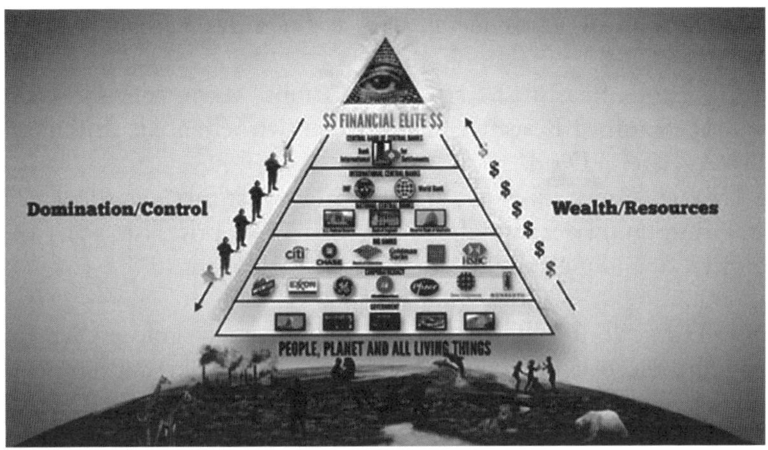

Abb. 66: Macht- und Reichtumspyramide

4 Die „britische Invasion“

Die perfekte Diktatur wird den Anschein einer Demokratie machen, einem Gefängnis ohne Mauern, in dem die Gefangenen nicht einmal davon träumen, auszubrechen. Es ist ein System der Sklaverei, bei dem die Sklaven dank Konsum und Unterhaltung ihre Liebe zur Sklaverei entwickeln.

(Aldous Huxley)

Britische Bands wie die Beatles und Rolling Stones wurden künstlich geschaffen durch das „Tavistock-Institut“ – eine Jesuitengesellschaft bzw. gefördert durch den Schwarzen Adel.

Es wurde die „britische Invasion“ genannt. In den 1960er Jahren begann eine Zeit, in der „Autorität infrage gestellt“ wurde, die Haare lang wachsen gelassen wurden und Hippies und Blumenkinder sich in Kriegsgegner verwandelten.

Alles so angelegt, alles geplant, um die Gedanken zu kontrollieren und zu manipulieren, was die Baby-Boomer-Generation dachte, welche Sprache und

Umgangssprache sie verwendeten und wie sich das Verhalten der Masse kontrollieren ließ.

Das „Tavistock Institute of Human Relations" sowie seine Unterorganisation, das „Stanford Research Institute", entwickelten u.a. die amerikanische Band Grateful Dead.

Alan Trist, ein Social Engineer des „Tavistock-Instituts", wurde der Manager im Hintergrund der Grateful Dead. Sein Vater Eric Trist war eines der wichtigsten Gründungsmitglieder des „Tavistock-Instituts".

Es war Teil der Entwicklung einer dynamischen psychologischen Kriegsführung, die bei ausländischen und inländischen Bevölkerungsgruppen eingesetzt werden sollte, und die letztendlich den Lord-Gordon-Unruhen in London und dem Jakobiner-Terror der Französischen Revolution nachempfunden war. Der Zweck war es, als ideologische Opposition zum Staat, Menschenmassen aufzuwiegeln – eine Operation zur Massendestablisierung.

Rebellion gegen die Gesellschaft, sich die Haare wachsen lassen, abhängen, abschalten, während Millionen von LSD-Tabs aus CIA-Labors und mit Unterstützung des CIA-Agenten von der „Harvard University", Timothy Leary (1920–1996), und der Verbreitung durch die Grateful Dead in die Hippie-Szene kamen.

Die Beatles und die Rolling Stones waren zwei Seiten einer Medaille, die vom „Tavistock-Institut" geprägt wurde, um einer neuen Generation eine neue Sprache und eine neue kulturelle Erziehung in Bezug auf angebliche Freiheiten vorzustellen, für sich selbst zu denken, und die Freiheit, Drogen zu nehmen und zur Gegenkultur zu werden.

Und es wurde alles fabriziert. Die Texte der Beatles, die Cover für die Rolling Stones-Alben, ihre Manager (oder Hintermänner) stammen alle vom „Tavistock-Institut", ebenso wie sein Name für die Kontrolle von „menschlichem Verhalten" steht.[(71)]

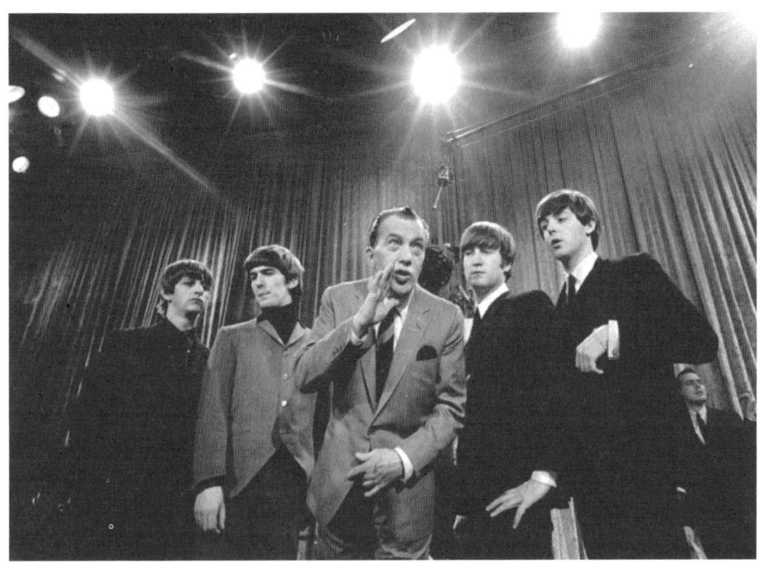

Abb. 67: Ed Sullivan weiß etwas, und die „Fab Four“ wissen nicht recht, was geschieht

1963 kamen die Beatles in die USA, und mit ihrer maßgeblichen Ausstrahlung in der „Ed Sullivan Show“ nahm der „britische Sound“ in den USA seinen Anfang. Sie kombinierten Rock mit mystischer Musik, langen Haaren und der Verehrung des Hinduismus.

Der Guru, den die Beatles aufsuchten, war Maharishi Mahesh Yogi. In vielen ihrer Songs wurde auf Drogen angespielt: „Yellow Submarine“ (ein „U-Boot“ steht für ein Beruhigungsmittel, engl.: „downer“), „Lucy in the Sky with Diamonds“ (die Initialen der Hauptwörter ergeben „LSD“), „Hey Jude“ (ein Lied über die Droge Methamphetamin), „Strawberry Fields“ (Erdbeerfelder, auf denen Opium angebaut wird, damit es nicht entdeckt wird) und „Norwegian Wood“ (eine britische Bezeichnung für Marihuana). John Lennons Lied „Imagine“ griff die Religion an („Stell dir vor, es gibt keinen Himmel [heaven], es ist einfach, wenn du es versuchst, keine Hölle unter uns, über uns nur der Himmel [sky]“), trat für eine eigene Philosophie ein („Stell dir alle Menschen vor, die für das ‚Heute‘ leben“), griff nationale Souveränität an („Stell dir vor, es gibt keine Länder“), wiederum Religion („Nichts, für das man töten oder sterben müsste, und auch keine

Religion"), forderte die Abschaffung des Privateigentums („Stell dir vor, es gibt keine Besitztümer"), unterstützte eine neue internationale Ordnung („Keine Notwendigkeit für Gier oder Hunger, eine Bruderschaft der Menschen, stell dir vor, alle Leute teilen sich die ganze Welt") und befürwortete eine Eine-Welt-Regierung („Ich hoffe, dass du dich uns eines Tages anschließt und die Welt eins wird"). Lennon forderte die Abschaffung des Privateigentums und hinterließ dann seiner Witwe Yoko Ono ein Vermögen in Höhe von 250 Millionen Dollar (ca. 210 Millionen Euro).

Für ihre Leistung wurden die vier Rockmusiker von Ihrer Majestät, der Königin, mit dem Orden des britischen Imperiums ausgezeichnet. Die Beatles, Animals, Rolling Stones und nachfolgenden Punkrocker waren natürlich genauso wenig eine spontane Welle entfremdeter Jugendlicher wie die Drogenkultur, mit der sie einhergingen.

Wie schon bei der britischen Überschwemmung Chinas mit Drogen im 19. Jh., ist es der britischen Gegenkultur gelungen, das Gefüge der Nation bis auf die obersten Regierungsebenen zu untergraben.[72]

4.1 Aldous Huxley und die „Wassermann-Verschwörung"

„Das Zeitalter des Wassermanns ist ein astrologischer Begriff, der entweder das aktuelle oder bevorstehende astrologische Zeitalter bezeichnet, abhängig von der Methode der Berechnung. Astrologen behaupten, dass ein astrologisches Alter ein Produkt der langsamen Präzessionsrotation der Erde ist und durchschnittlich 2.160 Jahre dauert (26.000 Jahre Präzessionsperiode / 12 Sternzeichen = 2.160 Jahre). In der Populärkultur bezieht sich das Zeitalter des Wassermanns auf das Aufkommen der New-Age-Bewegung in den 1960er und 1970er Jahren.

Es gibt verschiedene Methoden zur Berechnung der Länge eines astrologischen Zeitalters. In der Sonnenzeichenastrologie ist das erste Zeichen Widder, gefolgt von Stier, Zwillinge, Krebs, Löwe, Jungfrau, Waage, Skorpion, Schütze, Steinbock, Wassermann und Fische, woraufhin der Zyklus zum Widder und wieder durch die Tierkreiszeichen zurückkehrt. Das astrologische Zeitalter verläuft jedoch in die entgegengesetzte Richtung (‚rückläufig' in der Astronomie). Daher folgt das Zeitalter des Wassermanns dem Zeitalter der Fische.

Propheten haben das Zeitalter des Wassermanns längst vorausgesagt. Das Zeitalter ist ein neues Zeitalter der Erleuchtung, in dem die Menschen das erlaubte kreative Potenzial in einem neuen Grad des Denkens sehen können. Bevor ein Zeitalter der Aufklärung stattfinden kann, muss es zuerst ein Zeitalter des Chaos geben. Aus dem Chaos kommt die Ordnung, aus der Koagulation kommt ein Lösungsmittel, und aus der Ballade Gottes kommt ein neues Lied zum Singen. Dies ist die Ballade der Gottheit zur Güte und der Aufruf zur Antwort.

Sie werden bald in das Zeitalter des Wassermanns eintreten, aber zuerst ist der Ruf, die Zeit des Chaos zu sein, nahe. Das Chaos wird Ordnung schaffen, das tut es immer und wird es immer tun, aber es gibt nichts zu befürchten, außer der Illusion von Angst, und es gibt keine Angst, wenn es auftritt.

Wenn Sie sich leicht damit tun und die Wege des Universums akzeptieren, können Sie der bessere Schöpfer sein, nachdem das Chaos eingetreten ist. Der Ruf der Zeit der Prophezeiung rückt näher. Dies ist der Ruf Henochs in den erlaubten Manuskripten, die seine Zeit und Erfahrung während des letzten Zeitalterwechsels beschreiben.

Zeit ist immer eine Illusion, aber diejenigen, die gegenwärtig die Welt kontrollieren, die Zeit kontrollieren und was Sie sehen, sind nicht immer wahrhaftig. Sie sind auf eine bestimmte Art und Weise programmiert, und dies geschieht aus gutem Grund. Alles ist nur ein Test des Verstandes, um zu sehen, wie es Ihnen in schwierigen Situationen ergeht. Wenn Sie Ihre Karten richtig ausspielen, werden Sie sich als guter Spieler erweisen. Wenn Sie Ihre Karten unklug und nutzlos ausspielen, sind Sie der Dummkopf und werden nicht als würdig erachtet, dem Ideal der neuen Erde zu entsprechen. Sie müssen schnell denken, ruhig denken und rational sein. Die Nachrichten verleiten Sie dazu, zu verdummen, aber wenn Sie weise sind, können Sie zwischen den Zeilen lesen", so die Analyse auf der Webseite *evolveandascend.com*.[(73)]

Seit Jahren diskutieren Astronomen, Astrologen und spirituelle Menschen über den Beginn des Wassermannzeitalters. Einige behaupten, dass das Ende des Maya-Kalenders am 21. Dezember 2012 die Geburt des neuen Zyklus markiert.

Der Schweizer Psychologe Carl Gustav Jung (1875–1961) vertrat die Ansicht, dass der Wechsel zwischen 1997 und 2000 stattfinde. Für den britischen Forscher Isaac Newton (ca. 1642/1643–1726) war der Beginn des Wassermannzeitalters im Jahr 2060. Der Meister des Kundalini, Yogi Bhajan (1929–2004), hat ebenfalls das Jahr 2012 als Termin für den neuen Weltenzyklus des Menschseins beschrieben.

Die obigen Ausführungen von *evolveandascend.com* spiegeln sehr gut die aktuelle Corona-Agenda wider. Die eine Seite bietet ein Bühnenstück dar, an dem wir teilnehmen. Jetzt liegt es an uns, ob wir, ähnlich wie in einem Kino der Angst-Karte der Globalisten folgen, oder uns bewusst werden, in gewisser Weise mitzuspielen. Aber frank und frei jeder Furcht entledigt, wird es ein gutes Ende nehmen, wenn deren Kartenhaus zusammenbricht und wir unser Spiel auf der Bühne des Lebens realisieren.

Im Frühjahr 1980 erschien ein Buch mit dem Titel „The Aquarian Conspiracy" („Die sanfte Verschwörung. Persönliche und gesellschaftliche Transformation im Zeitalter des Wassermanns"), das sich als Manifest der Gegenkultur vorstellte und die Gegenkultur als bewusstes Umarmen der Irrationalität begrüßte – von Rock und Drogen bis hin zu Biofeedback, Meditation, „Bewusstseinsbildung", Yoga, Bergsteigen, Gruppentherapie und Psychodrama. „Die sanfte Verschwörung" erklärt, dass es jetzt an der Zeit sei, dass sich die 15 Millionen Amerikaner, die an der Gegenkultur beteiligt sind, an einer „radikalen Veränderung in den USA" beteiligen.

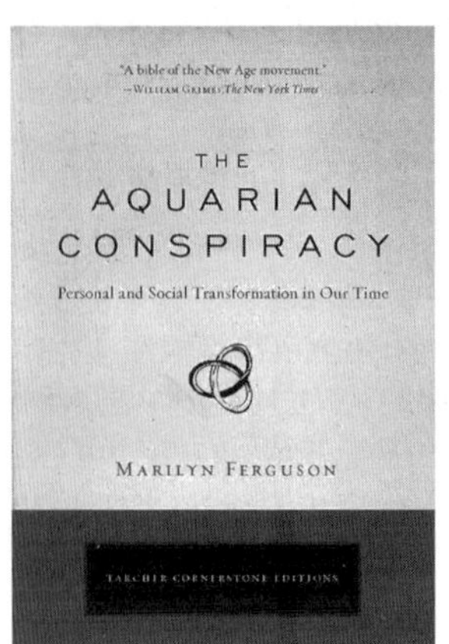

Abb. 68: Die englischsprachige Ausgabe von Marilyn Fergusons Buch: „The Aquarian Conspiracy: Personal and Social Transformation in Our Time"

Die Autorin Marilyn Ferguson schreibt: „*Während ich ein noch nicht betiteltes Buch über die aufkommenden sozialen Alternativen skizzierte, dachte ich noch einmal über die eigentümliche Form dieser Bewegung nach: ihre atypische Führung, die geduldige Intensität ihrer Anhänger, ihre unwahrscheinlichen Erfolge. Es fiel mir plötzlich auf, dass die Teilnehmer beim Teilen von Strategien, bei der Verknüpfung und beim gegenseitigen*

Erkennen durch subtile Signale nicht nur miteinander kooperierten. Sie hatten eine geheime Absprache. Sie – diese Bewegung – ist eine Verschwörung!"

Ferguson benutzte eine Halbwahrheit, um eine Lüge aufzutischen. Die Gegenkultur ist eine Verschwörung – aber nicht halbbewusst, wie Ferguson behauptet, und wie sie nur allzu gut weiß. Ferguson schrieb ihr Manifest unter der Leitung von Willis Harman, dem damaligen Direktor für Sozialpolitik am „Stanford Research Institute", als populäre Version einer politischen Studie vom Mai 1974 über die Umwandlung der USA in Aldous Huxleys „Schöne neue Welt". Die Gegenkultur ist eine Verschwörung an der Spitze, die als Methode der sozialen Kontrolle geschaffen wurde und dazu dient, die USA ihres Engagements für den wissenschaftlichen und technologischen Fortschritt zu entledigen.

Diese Verschwörung geht auf die 1930er Jahre zurück, als die Briten Aldous Huxley als Agenten für eine Operation in die USA schickten, um sie auf die massenhafte Verbreitung von Drogen vorzubereiten. Mit der „Wassermann-Verschwörung" ist der britische Opiumkrieg gegen die USA offenkundig geworden.

Die Briten hatten bereits einen Präzedenzfall für die Gegenkultur, die sie den USA auferlegten: die heidnischen Kultzeremonien der dekadenten Reiche Ägyptens und Roms. Die folgende Beschreibung von Kultzeremonien aus dem ägyptischen Isis-Priestertum des dritten Jahrtausends v. Chr. könnte genauso gut eine journalistische Darstellung eines „Hippie-Be-In" um 1969 n. Chr. sein:

„Die Handlungen oder Gesten, die die Beschwörungsformeln begleiten, bilden den Ritus (der Isis). Bei diesen Tänzen wurden das Trommeln und der Rhythmus der Musik und sich wiederholende Bewegungen durch halluzinogene Substanzen wie Haschisch oder Meskalin unterstützt, die als Adjuvantien konsumiert wurden, um die Trance und die Halluzinationen zu erzeugen, die als Erscheinung der Gottheit angesehen wurden. Die Drogen waren heilig und das Wissen darüber war auf die Eingeweihten beschränkt. Möglicherweise, weil sie die Illusion befriedigter Wünsche mit sich bringen und die innersten Gefühle ausbrechen ließen, nahmen diese Riten während ihrer Ausführung einen Charakter der Raserei an, der bei bestimmten Zaubersprüchen auffällt:

Weiche zurück! Re durchbohrt deinen Kopf, zerschneidet dein Gesicht auf, spaltet deinen Kopf und zerquetscht ihn in seinen Händen; deine Knochen sind zerschmettert, deine Glieder sind in Stücke geschnitten!"

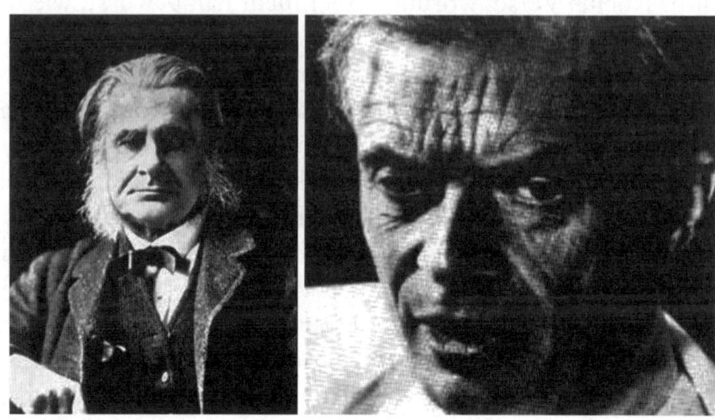

Abb. 69: Thomas H. Huxley (links) und sein Enkel Aldous Huxley

Der Hohepriester für den britischen Opiumkrieg war Aldous Huxley (1894–1963), der Enkel von Thomas H. Huxley (1825–1895), dem Gründer der „Rhodes Roundtable-Gruppe" und lebenslange Mitarbeiter von Arnold Toynbee (1852–1883). Toynbee selbst saß fast 50 Jahre lang im Rat des „Chatham House / Royal Institute of International Affairs" (RIIA), leitete die Forschungsabteilung des britischen Geheimdienstes während des 2. Weltkriegs und war während des Krieges „Briefing Officer" von Premierminister Winston Churchill. Toynbees „A Study of History" („Ein Studium der Geschichte"), die in seiner 20-bändigen „History of Western Civilization" dargelegt wurde, bestand darin, dass ihre bestimmende Zivilisation immer vom Aufstieg und Niedergang der großen kaiserlichen Dynastien geprägt war. An dem Punkt, an dem es diesen Dynastien – dem „Tausendjährigen Reich" der ägyptischen Pharaonen, des Römischen Reiches und des Britischen Imperiums – gelingt, ihre Herrschaft über die gesamte Erdoberfläche durchzusetzen, neigen sie dazu, unterzugehen. Toynbee argumentierte, dass dieser Niedergang gemindert werden könnte, wenn sich die herrschende Oligarchie (wie die des britischen „Roundtable") der Rekrutierung und Ausbildung eines immer größer werdenden Priestertums widmen würde, das den Prinzipien der imperialen Herrschaft gewidmet ist.

Aldous Huxley wurde in Toynbees Oxford ausgebildet und war einer der Eingeweihten in die „Kinder der Sonne", einem dionysischen Kult, der sich aus Kindern der britischen „Roundtable"-Elite zusammensetzte. Unter den anderen Eingeweihten befanden sich T. S. Eliot, W. H. Auden, Sir Oswald Mosley und D. H. Lawrence, Huxleys homosexueller Liebhaber. Darüber hinaus war es Huxley, der in den 1950er Jahren den Rechtsstreit um die Einreise von Lawrences pornografischem Roman „Lady Chatterley's Lover" in die USA mit der Begründung einleitete, es handele sich um ein missverstandenes „Kunstwerk".

Aldous Huxley wurde zusammen mit seinem Bruder Julian (1887–1975) in Oxford von H.G. Wells (1866–1946) dem Schriftsteller, Fabianer und Chef des britischen Auslandsgeheimdienstes während des 1. Weltkriegs sowie dem spirituellen Großvater der „Wassermann-Verschwörung" unterrichtet. Ferguson sieht die Gegenkultur als die genaue Verwirklichung dessen, was Wells die „offene Verschwörung" nannte: Blaupausen für eine Weltrevolution. Die „offene Verschwörung", schrieb Wells, „*wird meiner Meinung nach zuerst als eine bewusste Organisation intelligenter und möglicherweise in einigen Fällen wohlhabender Männer erscheinen, als eine Bewegung mit unterschiedlichen sozialen und politischen Zielen, die den größten Teil des bestehenden Apparats politischer Kontrolle ignoriert oder ihn nur als zufälliges Werkzeug in den Stadien benutzt, eine bloße Bewegung einer Reihe von Menschen in eine bestimmte Richtung, die gegenwärtig mit einer Art Überraschung das gemeinsame Objekt entdecken wird, auf das sie sich alle zubewegen … auf alle möglichen Arten werden sie den Apparat der angeblichen Regierung beeinflussen und kontrollieren.*"

Was Ferguson ausließ, war, dass Wells seine Verschwörung als „Eine-Welt-Gehirn" bezeichnete, das als „Polizei des Geistes" fungieren würde. Bücher wie „Die offene Verschwörung" waren für das Priestertum selbst bestimmt. Aber Wells' populäre Schriften („Die Zeitmaschine", „Die Insel des Dr. Moreau" usw.) und die seiner Schützlinge Aldous Huxley („Schöne neue Welt") und George Orwell („1984" und „Farm der Tiere") wurden als Dokumente zur Organisation der Massenwirkung im Namen der Weltordnung geschrieben. Nur in den USA werden diese „Science-Fiction-Klassiker" in der Volksschule als Angriffe gegen den Faschismus unterrichtet.

In seinem „Wiedersehen mit der Schönen neuen Welt" (1958) beschrieb Aldous Huxley eine Gesellschaft, in der *„das erste Ziel der Herrscher um jeden Preis darin besteht, ihre Untertanen davon abzuhalten, Ärger zu machen".* Er beschrieb eine wahrscheinliche Zukunft: *„Die vollständig organisierte Gesellschaft ... die Abschaffung des freien Willens durch methodische Konditionierung, die Knechtschaft, die durch regelmäßige Dosen chemisch induzierten Glücks akzeptabel gemacht wird."*

Er sagte voraus, dass Demokratien ihre Natur ändern würden: überkommene Formen – Wahlen, Parlamente, Oberste Gerichte werden bleiben, aber die zugrunde liegende Substanz wird gewaltfreier Totalitarismus sein.

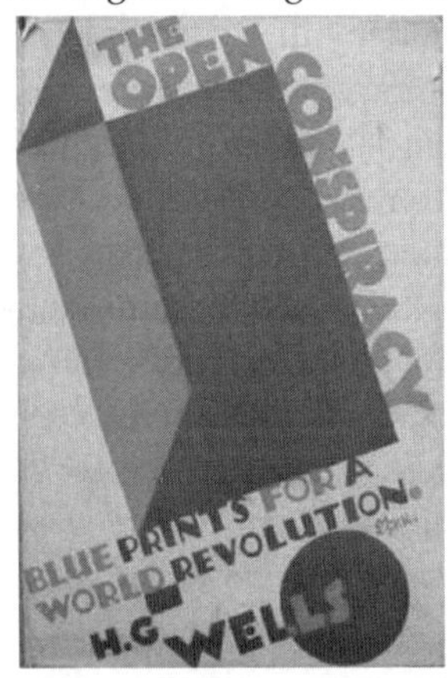

Abb. 70: Die Originalausgabe von „Die offene Verschwörung: Blaupausen für eine Weltrevolution"

Demokratie und Freiheit werden das Thema jeder Sendung und jedes Leitartikels sein – aber Demokratie und Freiheit im strengen Pickwick'schen (d.h. nicht wörtlichen) Sinne. Unterdessen werden die herrschende Oligarchie und ihre hochqualifizierte Elite aus Soldaten, Polizisten, Gedankenherstellern und Gedankenmanipulatoren die Dinge am Laufen halten, wie sie es für richtig halten.

Die „gut ausgebildete Elite", bestehend aus Erfüllungsgehilfen, die den Willen der Oligarchie umsetzen, sind Betrogene, denen gesagt wurde, sie seien gegen die Unternehmenselite und würden eine bessere Welt aufbauen. Im Allgemeinen können diese selbstgerechten unbedeutenden Menschen den Weg zum „Erfolg" riechen.

Sind sie die „Agenten des Wandels", die Verschwörungsmitglieder die H. G. Wells in „Die offene Verschwörung" und Marilyn Ferguson in „Die sanfte Verschwörung" erwähnen?[(74)]

Unter Wells' Anleitung wurde Huxley zuerst Aleister Crowley (1875–1947) vorgestellt. Crowley war ein Produkt des kultischen Kreises, der sich ab den 1860er Jahren in Großbritannien unter dem Einfluss von Edward

Bulwer-Lytton (1803–1873) entwickelte, der während des 2. Opiumkrieges Kolonialminister unter Lord Palmerston war. Im Jahr 1886 bildeten Crowley, William Butler Yeats (1865–1939) und mehrere andere Bulwer-Lytton-Schützlinge den „Isis-Urania Temple of Hermetic Students of the Golden Dawn". Dieser Isis-Kult wurde um das Manuskript „Isis entschleiert" von Madame Helena Blavatsky (1831–1891) von 1877 herum organisiert, in dem die russische Okkultistin die britische Aristokratie aufforderte, sich zu einem Isis-Priestertum zu organisieren.

Der subversive „Isis-Urania Temple of Hermetic Students of the Golden Dawn" ist heute ein internationaler Drogenring, der angeblich vom kanadischen Multimillionär Maurice Strong (1929–2015) kontrolliert wurde, der auch ein Top-Agent des britischen Geheimdienstes und erster Generaldirektor des Umweltprogramms der Vereinten Nationen war.

1937 wurde Huxley in die USA geschickt, wo er während des 2. Weltkriegs blieb. Durch einen Kontakt in Los Angeles wurden Jacob Zeitlin, Huxley und der Päderast Christopher Isherwood als Drehbuchautoren für MGM, *Warner Brothers* und die *Walt Disney Studios* eingestellt. Hollywood wurde bereits von Elementen der organisierten Kriminalität dominiert, die über London finanziert und kontrolliert wurden. Joseph Kennedy war der Frontmann eines britischen Konsortiums, das *RKO Pictures* gründete, und „Bugsy" Siegel, der Westküstenchef des Lansky-Syndikats, war stark an „Warner Brothers" und MGM beteiligt. Wo immer es Drogen gibt, gibt es „Dope, Inc."

Wir gehen davon aus, dass große Unternehmen wirtschaftliche Ziele verfolgen. Wir erwarten jedoch nicht, dass sie auch eine geheime soziale und okkulte Agenda haben.

Zum Beispiel erwarten wir nicht, dass sie eine bestimmte Entwicklung und einen Zusammenbruch der Familie bewirken. Wir erwarten nicht, dass sie die Popkultur nutzen, um Entfremdung und Funktionsstörungen zu fördern.

Zentralbanker mit Sitz in der City of London kontrollieren die Kartelle, die die Welt beherrschen. Sie haben das Recht, Geld auf der Grundlage unseres Kredits zu drucken, und diesen Vorteil ganz natürlich zu nutzen, um alles zu kaufen, das es sich zu haben lohnt.

Dies könnte erträglich sein, wenn grenzenloser Reichtum alles wäre, was sie wollen. Sie wollen aber auch grenzenlose Macht: nicht nur eine Weltdiktatur, sondern die totale Kontrolle über unseren Geist und unsere Seele.

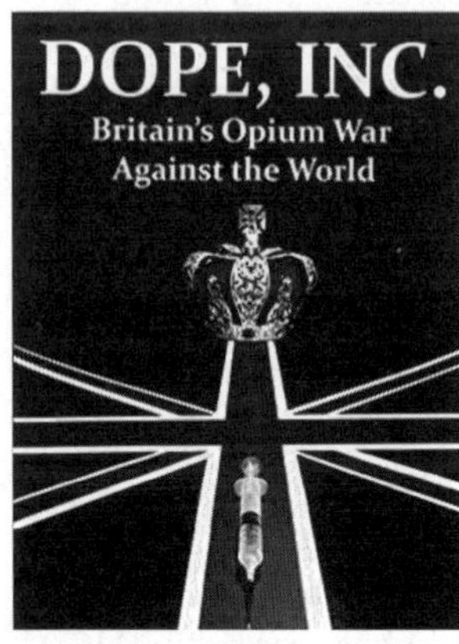

Abb. 71: „Dope, Inc." enthüllt die Agenda und geistige Manipulation

In dem Buch „Dope, Inc." enthüllen Forscher des „Executive Intelligence Review" („EIR") den wahren okkulten und kriminellen Charakter der Banker-Agenda. So unglaublich und bizarr es sich auch anhören mag, praktizieren die Banker den heidnischen Isis-Kult, der das Herzstück der Freimaurerei, der Theosophie und der Kabbala bildet.[75]

„Ihre Religion ist nicht das anglikanische Christentum, zu dem sie sich öffentlich bekennen, sondern ein Durcheinander aus Heidentum, einschließlich satanischer Kulte wie Theosophie und Rosenkreuzertum. Die zentrale, synergetische Ideologie des inneren Kultlebens der Oligarchie ist der wiederbelebte ägyptische Drogenkult, der Mythos von Isis und Osiris, der gleiche antichristliche Kult, der das Römische Reich regierte."[76]

Aus diesem Grund finden sich okkulte Symbolik in den Logos der meisten großen Unternehmen. Deshalb enthält ihre Werbung oft eine offene soziale Botschaft, den in letzter Zeit okkulten Feminismus.

Laut „EIR" verhält sich die „New-Age"-Gegenkultur, die der Jugend Amerikas in den 1960er Jahren aufgezwungen wurde, nicht nur analog zum antiken Isis-Kult. Sie ist eine buchstäbliche Auferstehung des Kultes.

Aus diesem Grund haben die meisten Symbole der Gegenkultur, wie das Friedenszeichen, auch okkulte antichristliche Ursprünge.[77]

„Populärkultur" (Musik, Fernsehen, Filme, Bücher, Mode usw.) ist NICHT spontan, sondern von Unternehmen kontrolliert und fabriziert. „EIR" vergleicht es mit dem Drogenhandel im Allgemeinen:

„Die heutige Massenkultur funktioniert wie der Opiumhandel: Das Angebot bestimmt die Nachfrage."[78]

Huxley gründete in Südkalifornien und in San Francisco ein Nest von Isis-Kulten, das ausschließlich aus mehreren hundert Anbetern von Isis und anderen Kultgöttern bestand. Während der kalifornischen Zeit übersetzte und propagierte Isherwood eine Reihe alter Dokumente des Zen-Buddhismus und inspirierte dabei Zen-mystische Kulte.

Tatsächlich legten Huxley und Isherwood (kurz darauf zusammen mit Thomas Mann und seiner Tochter Elisabeth Mann Borghese) in den späten 1930er und 1940er Jahren den Grundstein für die spätere LSD-Kultur, indem sie einen Kern von „Eingeweihten" in die Isis-Kulte rekrutierten, die Huxleys Mentoren Bulwer-Lytton, Blavatsky und Crowley während ihrem Aufenthalt in Indien gegründet hatten.

„Ironischerweise", schreibt Ferguson, *„war die Einführung wichtiger psychedelischer Drogen wie LSD in den 1960er Jahren weitgehend auf die Untersuchung der CIA über Substanzen für einen möglichen militärischen Einsatz zurückzuführen. Experimente an mehr als 80 Universitäten steigerten unter verschiedenen CIA-Codenamen unabsichtlich die Popularität von LSD. Tausende Doktoranden dienten als Versuchskaninchen. Bald synthetisierten sie ihre eigene ‚Säure'."*

Die CIA-Operation hatte den Codenamen MKULTRA. Ihr Ergebnis war nicht absichtslos und begann 1952, dem Jahr, in dem Aldous Huxley in die USA zurückkehrte.

Lysergsäurediethylamid oder LSD wurde 1943 von Albert Hofmann (1906–2008), einem Chemiker bei *Sandoz*, einem Schweizer Pharmakonzern im Besitz von *S. G. Warburg*, entwickelt. Zwar gibt es keine genauen Unterlagen über die Schirmherrschaft, unter der die LSD-Forschung in Auftrag gegeben wurde, es kann jedoch davon ausgegangen werden, dass der britische Geheimdienst und seine Tochtergesellschaft „US Office of Strategic Services" direkt beteiligt waren. Allen Dulles, der Direktor der CIA, als diese Behörde MKULTRA ins Leben rief, war während der frühen *Sandoz*-Forschung der OSS-Verbindungsbeamte in Bern (Schweiz). Einer seiner OSS-Assistenten war James Warburg aus derselben Warburg-Familie, der maßgeblich an der Gründung des „Institute for Policy Studies" im Jahr 1963 beteiligt war und sowohl mit Huxley als auch mit Robert Hutchins zusammenarbeitete.

Aldous Huxley kehrte in Begleitung von Dr. Humphry Osmond, dem Privatarzt der Huxleys, aus Großbritannien in die USA zurück. Osmond war Teil einer Diskussionsgruppe gewesen, die Huxley im „National Hospital" am Queens Square in London organisiert hatte. Zusammen mit einem anderen Seminarteilnehmer, J.R. Smythies, schrieb Osmond „Schizophrenia: A New Approach", worin er behauptete, dass Meskalin – ein Derivat des Peyote-Kaktus, der in heidnischen altägyptischen und indischen Riten verwendet wird – einen psychotischen Zustand hervorbrachte, der in allen klinischen Aspekten mit Schizophrenie identisch ist. Auf dieser Grundlage befürworteten Osmond und Smythies das Experimentieren mit halluzinogenen Arzneimitteln als Mittel zur Entwicklung eines „Heilmittels" für psychische Störungen.

Osmond wurde von Allen Dulles engagiert, um eine herausragende Rolle bei MKULTRA zu spielen. Zur gleichen Zeit veranstalteten Osmond, Huxley und Robert Hutchins von der „University of Chicago" 1952 und 1953 eine Reihe geheimer Planungssitzungen für ein zweites privates LSD-Meskalin-Projekt, das von der „Ford Foundation" finanziert wurde. Hutchins war der Programmdirektor der „Ford Foundation" in dieser Zeit. Sein LSD-Vorhaben erregte bei Henry Ford II. eine solche Wut, dass Hutchins im folgenden Jahr aus der Stiftung entlassen wurde.

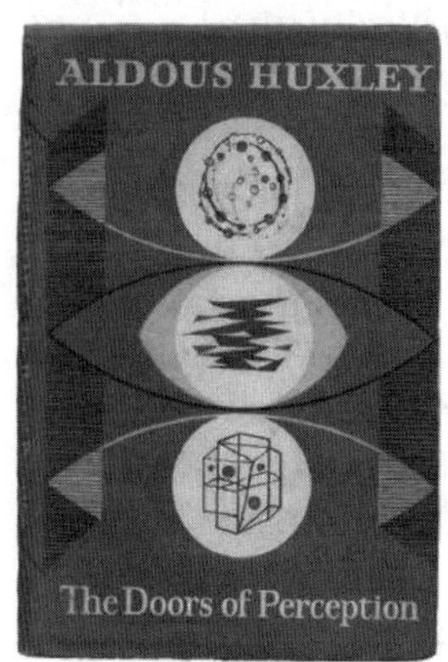

Abb. 72: Die Originalausgabe von Aldous Huxleys Buch „Die Pforten der Wahrnehmung" 1954

Es war auch im Jahr 1953, als Osmond Huxley einen Vorrat an Meskalin für seinen persönlichen Gebrauch gab. Im nächsten Jahr schrieb Huxley „Die Pforten der Wahrnehmung", das erste Manifest des psychedelischen Drogenkultes, in dem behauptet wurde, halluzinogene Drogen „erweitern das Bewusstsein". Obwohl die „Ford Foundation" den Vorschlag von Hutchins und Huxley für die Finanzierung von LSD durch private Stiftungen ablehnte, wurde der Vorschlag nicht fallen gelassen. Ab 1962 begann die „Rand Corporation" in Santa Monica (Kalifornien) ein vierjähriges Experiment mit LSD, Peyote und Marihuana. Die

„Rand Corporation“ wurde gleichzeitig mit der Umstrukturierung der „Ford Foundation“ im Jahr 1949 gegründet. Die „Rand Corporation“ war ein Ableger der „Strategic Bombing Survey“ aus Kriegszeiten, einer Studie zur „Kostenanalyse“ über die psychologischen Auswirkungen der Bombardierungen deutscher Bevölkerungszentren.

Nach einem „Rand“-Abstract von 1962 führte W. H. McGlothlin eine vorbereitende Studie mit dem Titel „The Long-Lasting Effects of LSD on Certain Attitudes in Normals: An Experimental Proposal“ durch. Im folgenden Jahr führte McGlothlin ein einjähriges Experiment an 30 menschlichen Versuchskaninchen durch, das als „Short-Term Effects of LSD on Anxiety, Attitudes and Performance“ bezeichnet wurde. Die Studie kam zu dem Schluss, dass LSD die emotionalen Verfassungen verbesserte und Angstprobleme löste.

Bei der Arbeit erweiterte Huxley sein eigenes LSD-Meskalin-Projekt in Kalifornien, indem er mehrere Personen rekrutierte, die ursprünglich in die kultischen Kreise hineingezogen worden waren, die er während seines früheren Aufenthalts mit aufgebaut hatte. Die beiden bekanntesten Personen waren Alan Watts (1915–1973) und Dr. Gregory Bateson (1904–1980) (der frühere Ehemann von Margaret Mead). Watts wurde ein selbsternannter „Guru“ eines landesweiten Zen-Buddhismus-Kultes, der sich um seine stark propagierten Bücher drehte. Bateson, ein Anthropologe des OSS, wurde Direktor einer experimentellen Klinik für halluzinogene Arzneimittel im „Palo Alto Veterans Administration Hospital“. Unter der Schirmherrschaft von Bateson wurde der initiierende „Kader“ des LSD-Kultes – die Hippies – programmiert.

Gleichzeitig gründete Watts die „Pacifica Foundation“, die zwei Radiosender finanzierte, *WKBW* in San Francisco und *WBM-FM* in New York. Die „Pacifica“-Stationen gehörten zu den ersten, die den „Liverpool Sound“ unter die Leute brachten – den von Großbritannien importierten harten Rock der Rolling Stones, der Beatles und der Animals. Sie waren später Pioniere des „Acid Rock“ und schließlich des selbsterklärten psychotischen „Punkrocks“.

Im Herbst 1960 wurde Huxley zum Gastprofessor am „Massachusetts Institute of Technology“ (MIT) in Boston ernannt. Während seines Aufenthalts in dieser Stadt bildete Huxley in „Harvard“ parallel zu seinem LSD-

Team an der Westküste einen weiteren Kreis. Zur „Harvard"-Gruppe gehörten Huxley, Osmond und Watts (aus Kalifornien) sowie Timothy Leary und Richard Alpert.

Das angebliche Thema des „Harvard"-Seminars war „Religion und ihre Bedeutung in der Moderne". Das Seminar war eigentlich eine Planungssitzung für die Gegenkultur in Form des „Acid Rock". Huxley nahm während dieser „Harvard"-Zeit Kontakt mit dem Präsidenten von *Sandoz* auf, der zu dieser Zeit an einem CIA-Vertrag zur Herstellung großer Mengen von LSD und Psilocybin (einem anderen synthetischen halluzinogenen Medikament) für MKULTRA, das offizielle Experiment der CIA zur chemischen Kriegsführung, arbeitete. Laut kürzlich veröffentlichten CIA-Dokumenten kaufte Allen Dulles über 100 Millionen Dosen LSD – fast alle davon überfluteten Ende der 1960er Jahre die Straßen der USA. Im gleichen Zeitraum begann Leary auch privat große Mengen LSD von *Sandoz* zu kaufen.

Aus den Diskussionen des „Harvard"-Seminars stellte Leary das Buch „Psychedelische Erfahrungen" zusammen, das auf dem alten „Tibetischen Totenbuch" basiert. Es war dieses Buch, das Osmonds zuvor geprägten Begriff „psychedelische Geisteserweiterung" populär machte.

Zurück in Kalifornien hatte Gregory Bateson die Huxley-Operation außerhalb des Krankenhauses in Palo Alto (Virginia) aufrechterhalten. Durch LSD-Experimente an Patienten, die bereits wegen psychischer Probleme ins Krankenhaus eingeliefert wurden, etablierte Bateson einen Kern von „Eingeweihten" in den „psychedelischen" Isis-Kult.

Zu seinen Rekruten in Palo Alto gehörte vor allem Ken Kesey. 1959 verabreichte Bateson Kesey die erste Dosis LSD. 1962 hatte Kesey den Roman „Einer flog über das Kuckucksnest" fertiggestellt, in dem die Vorstellung populär gemacht wurde, dass die Gesellschaft ein Gefängnis ist und die einzigen wirklich „freien" Menschen die Wahnsinnigen sind.

Anschließend organisierte Kesey einen Kreis von „LSD-Initiierten" mit dem Namen „The Merry Pranksters". Sie tourten durch das Land, um LSD zu verbreiten (oft ohne die Empfänger zu warnen), bauten lokale Vertriebsverbindungen auf und lieferten den Vorwand für ein hohes Maß an Werbung im Namen der immer noch winzigen „Gegenkultur".

Bis 1967 hatte der Kesey-Kult solche Mengen an LSD verteilt, dass eine beträchtliche Drogenpopulation im Stadtteil Haight-Ashbury in San

Francisco entstanden war. Hier richtete Huxley-Mitarbeiter Bateson eine „Free Clinic“ ein, zu deren Belegschaft Dr. David Smith – später ein „medizinischer Berater“ der „National Organization for the Reform of Marijuana Laws“ (NORML); Dr. Ernest Dernberg, ein Militäroffizier im aktiven Dienst, wahrscheinlich im Auftrag von MKULTRA; Roger Smith – während der Zeit der „Free Clinic“ der Bewährungshelfer des Kult-Massenmörders Charles Manson; und Dr. Peter Bourne – ehemals Präsident Carters Sonderassistent für Drogenmissbrauch – gehörte. Bourne war in seiner psychiatrischen Klinik tätig, in der er zuvor eine Profilstudie über heroinsüchtige GIs in Vietnam durchgeführt hatte.

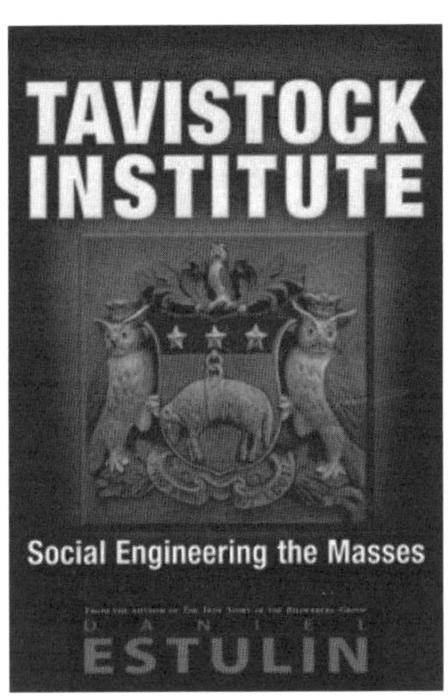

Abb. 73: Das „Tavistock Institute“ in Sussex, England, bezeichnet sich selbst als gemeinnützige Organisation, die die Sozialwissenschaft auf aktuelle Themen und Probleme anwendet

Das Buch „Tavistock Institute“ geht davon aus, dass das Institut das weltweite Zentrum für Massen-Gehirnwäsche und Social Engineering-Aktivitäten ist. Es entwickelte sich von einem etwas groben Anfang im Wellington House zu einer hoch entwickelten Organisation, die das Schicksal des gesamten Planeten prägen und dabei das Paradigma der modernen Gesellschaft ändern sollte. In dieser augenöffnenden Arbeit werden sowohl das „Tavistock“-Netzwerk als auch die Methoden der Gehirnwäsche und der psychologischen Kriegsführung aufgedeckt. Mit Verbindungen zu US-amerikanischen Forschungsinstituten, Think Tanks und der Pharmaindustrie hat das „Tavistock“ eine große Reichweite, und das Buch „Tavistock Institute“ versucht zu zeigen, dass die Verschwörung real ist, wer dahinter steckt, was seine endgültigen langfristigen Ziele sind und wie wir ihm Einhalt gebieten können.

Die „Free Clinic“ begleitete ein Projekt am „Tavistock-Institut“, der Behörde für psychologische Kriegsführung des britischen Geheimdienstes. „Tavistock“, in den 1920er Jahren in London als Klinik gegründet, war während des 2. Weltkriegs unter ihrem Direktor, Dr. John Rawlings Rees, zur psychiatrischen Abteilung der britischen Armee geworden.

In den 1960er Jahren förderte die „Tavistock"-Klinik die Vorstellung, dass es keine Kriterien für geistige Gesundheit gibt, und dass psychedelische, „den Geist erweiternde", Drogen wertvolle Werkzeuge der Psychoanalyse seien. 1967 sponserte „Tavistock" eine Konferenz über die „Dialektik der Befreiung" unter dem Vorsitz des „Tavistock"-Psychoanalytikers Dr. R. D. Laing, der selbst ein populärer Autor und Verfechter des Drogenkonsums war. Diese Konferenz zog eine Reihe von Menschen an, die bald eine herausragende Rolle bei der Förderung des Terrorismus spielen sollten. Angela Davis und Stokely Carmichael waren zwei prominente amerikanische Delegierte.

So hatte Huxley bis 1963 seinen Kern aus „Eingeweihten" rekrutiert. Alle – Leary, Osmond, Watts, Kesey, Alpert – wurden zu den bekanntesten Promotern der frühen LSD-Gegenkultur. Mit dem Kult der „Blumenkinder" in Haight-Ashbury und dem Aufkommen der Friedensbewegung waren die USA 1967 bereit für die Überschwemmung mit LSD, Haschisch und Marihuana, die Ende der 1960er Jahre auf die amerikanischen Universitäten gelangte.

Aber ohne den Vietnamkrieg und die Friedensbewegung wäre der Isis-Kult ein Randphänomen geblieben – nicht größer als der Beatnik-Kult der 1950er Jahre, der aus den frühen Huxley-Unternehmungen in Kalifornien hervorgegangen war. Der Vietnamkrieg schuf das Klima der moralischen Verzweiflung, das Amerikas Jugend für Drogen öffnete.

Unter Kennedy wurde in begrenztem Umfang ein militärisches Engagement der USA in Vietnam eingeleitet, gegen das die Eisenhower-Regierung ein Veto eingelegt hatte. Unter Lyndon Johnson war die amerikanische Militärpräsenz in Vietnam massiv eskaliert, während gleichzeitig die Bemühungen der USA – das Rahmenkonzept eines „begrenzten Krieges" – eingeschränkt wurden. Das anglophile „Eastern Establishment", das vom führenden nationalen Sicherheitshelfer des Weißen Hauses, McGeorge Bundy, und Verteidigungsminister Robert McNamara verkörpert wurde, überzeugte Präsident Johnson davon, dass unter dem nuklearen „Gleichgewicht des Terrors" oder dem Regime der gegenseitigen und gesicherten Zerstörung die

USA sich weder eine politische Lösung des Konflikts noch die Verpflichtung zu einem militärischen Sieg leisten konnten.

Das Ergebnis dieses Debakels war ein wichtiger strategischer Rückzug der USA aus Asien, der in Henry Kissingers „Guam-Doktrin" dargelegt wurde, die Annahme des spektakulären Scheiterns, das als „China-Card-Strategie" zur Eindämmung des sowjetischen Einflusses bekannt ist, und die Demoralisierung des amerikanischen Volkes über den Krieg, bis zu dem Punkt, dass das Gefühl des Nationalstolzes und des Vertrauens in den zukünftigen Fortschritt der Republik schwer beschädigt wurde.

Ebenso wie die Konsequenzen von Aldous Huxleys Unterwanderung der USA mithilfe der Subkultur von vor 30 Jahren offensichtlich wurden, begann Lord Bertrand Russell (1872–1970) bereits vor dem Ende der 1930er Jahre, die Grundlagen für die Friedensbewegung der 1960er Jahre zu legen. Russells „Pazifismus" war immer relativ – das Mittel zu seinem am meisten geschätzten Zweck, einer Eine-Welt-Regierung nach imperialem Vorbild, die den Nationalstaat und seine anhaltende Tendenz zum Republikanismus und zum technologischen Fortschritt bremsen würde.

Lord Russell und Aldous Huxley gründeten 1937 gemeinsam die „Peace Pledge Union", die sich für Frieden mit Hitler einsetzte – kurz bevor beide für die Dauer des 2. Weltkriegs in die USA gingen. Während des 2. Weltkriegs war Lord Russell dagegen, dass die Briten und Amerikaner gegen die Nazis Krieg führten. Als die USA 1947 im Gegensatz zu Russland im Besitz der Atombombe waren, trat Russell lautstark dafür ein, dass die USA die Sowjets auffordern, sich einer Eine-Welt-Regierung zu ergeben, die ein restriktives Monopol auf Atomwaffen unter Drohung eines präventiven 3. Weltkriegs gegen die Sowjetunion genießen würde. Seine „Ban the Bomb"-Bewegung aus den 1950er Jahren war auf dasselbe Ziel ausgerichtet – sie fungierte als Anti-Technologie-Bewegung gegen die Potenziale des Friedens durch wirtschaftliche Entwicklung, die von Präsident Eisenhowers „Atoms for Peace"-Initiative vertreten wurden.

Ab Mitte der 1950er Jahre bestand Russells Hauptaufgabe darin, eine internationale Antikriegs- und antiamerikanische Bewegung aufzubauen. Gleichzeitig mit der Eskalation des US-Einsatzes in Vietnam unter britischer Manipulation rüstete Russell die alte „Peace Pledge Union" auf (die in der Nachkriegszeit in Westdeutschland eingesetzt worden war, um einen antikapitalistischen „neuen linken“ Flügel der SPD zu fördern und mehrere zukünftige Mitglieder der terroristischen Baader-Meinhof-Bande für die „Bertrand Russell Peace Foundation“ zu rekrutieren.

In den USA stellten die New Yorker Banken mehrere hunderttausend Dollar zur Verfügung, um das „Institute for Policy Studies“ (IPS) zu gründen, praktisch die US-amerikanische Zweigstelle der „Russell Peace Foundation“. Zu den Gründungs-Treuhändern des IPS gehörte James Warburg, der die Interessen der Familie direkt vertrat.

Das IPS rekrutierte seine aktivsten Mitarbeiter aus einer Vielzahl von durch Großbritannien dominierten Institutionen. IPS-Gründungsdirektor Marcus Raskin war Mitglied des Nationalen Sicherheitsrates der Kennedy-Administration und Mitglied der „National Training Labs“, einer US-amerikanischen Tochtergesellschaft des von Dr. Kurt Lewin gegründeten „Tavistock-Instituts“.

Nach seiner Gründung durch die „League for Industrial Democracy“ wurden die „Students for a Democratic Society “ (SDS), die Dachorganisation der studentischen Friedensbewegung, wiederum finanziert und geführt durch IPS – bis hin zu ihrer Zersplitterung Ende der 1960er Jahre in eine Reihe von Terroristen und maoistische Banden. Im weiteren Sinne wurden die Institutionen und Ansichten der US-Friedensbewegung von den direkten politischen Nachkommen der von Großbritannien dominierten „sozialistischen Bewegung“ in den USA dominiert, die bereits vor dem Weltkrieg von den Morgans gefördert wurde.

Dies bedeutet nicht, dass die Mehrheit der Antikriegsdemonstranten bezahlte, waschechte britische Agenten waren. Im Gegenteil, die überwiegende Mehrheit der Antikriegsdemonstranten trat aufgrund der Empörung über die Entwicklungen in Vietnam den SDS bei. Doch als sie einmal in der von Russell und den Experten für psychologische Kriegsführung des „Tavistock-Instituts“ definierten Umgebung gefangen waren und von der Botschaft überschwemmt wurden, dass hedonistisches Vergnügen eine legitime Alternative zum „unmoralischen Krieg“ sei, gingen ihr Sinn für Werte und ihr kreatives Potenzial in einer Wolke aus Haschischrauch auf.

Jahrzehnte später, mit fast einer ganzen Generation amerikanischer Jugendlicher, die sich Drogen hingegeben haben, die die Universitäten überfluteten, konnte Marilyn Ferguson in „Die Sanfte Verschwörung" schreiben:

„Es gibt Legionen von Wassermann-Verschwörern. Sie sind in Unternehmen, Universitäten und Krankenhäusern, an den Fakultäten öffentlicher Schulen, in Fabriken und Arztpraxen, in staatlichen und föderalen Behörden, in Stadträten und im Weißen Haus, in staatlichen Gesetzgebungen, in Freiwilligenorganisationen, in praktisch allen Bereichen der Politikgestaltung des Landes."

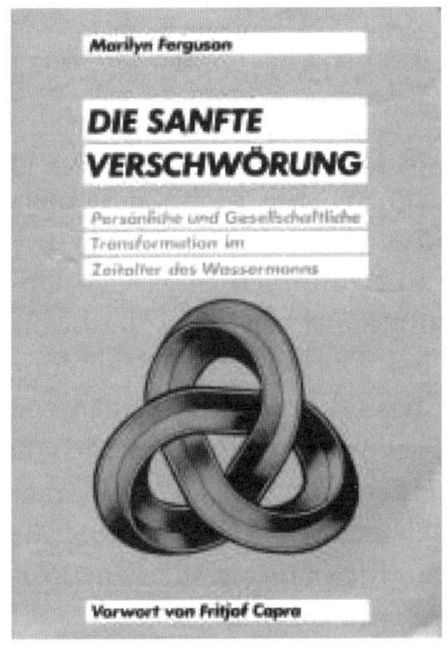

Abb. 74: „Die Sanfte Verschwörung" (1982)

Was als die Schaffung der Gegenkultur durch Großbritannien begann, um den Markt für seine Drogen zu öffnen, hat einen langen Weg zurückgelegt.

Wer stellte die Drogen zur Verfügung, die Ende der 1960er Jahre die Friedensbewegung und die Universitätsgelände der USA überfluteten? Die Infrastruktur der organisierten Kriminalität, die 1928 die Peking-Verbindung für den Opiumhandel eingerichtet hatte, erbrachte in den 1960er und 1970er Jahren dieselben Dienstleistungen, wie während der Prohibition. Dies war auch das gleiche Netzwerk, mit dem Huxley in den 1930er Jahren in Hollywood Kontakt aufgenommen hatte. Die LSD-Verbindung beginnt mit einem gewissen William „Billy" Mellon Hitchcock.

Hitchcock war Absolvent der Universität Wien und ein Spross der millionenschweren Bankiersfamilie Mellon aus Pittsburgh. (Andrew Mellon aus derselben Familie war während der gesamten Prohibition US-Finanzminister gewesen.) Als Timothy Leary 1963 aus „Harvard" vertrieben wurde, mietete Hitchcock ein Herrenhaus mit 55 Zimmern in Millbrook (New York), wo der gesamte Kreis der „Eingeweihten" von Leary / Huxley untergebracht war, bis er später nach Kalifornien zurückkehrte.

Hitchcock war auch Makler für das Lansky-Syndikat und für die *Fiduciary Trust Co.* (Nassau / Bahamas) – eine hundertprozentige Tochtergesellschaft von *Investors Overseas Services*. Er war offiziell bei *Delafield* und *Delafield Investments* beschäftigt, wo er daran arbeitete, große Mengen von Aktien der *Mary Carter Paint Co.* zu kaufen und zu verkaufen, woraus bald *Resorts International* wurde.

1967 brachte Dr. Richard Alpert (1931–2019) Hitchcock mit Augustus Owsley Stanley III. in Kontakt. Als Vertreter von Owsley behielt Hitchcock die Anwaltskanzlei „Babinowitz, Boudin and Standard" bei, um eine Machbarkeitsstudie mehrerer karibischer Länder durchzuführen und den besten Standort für die Herstellung und den Vertrieb von LSD und Haschisch zu ermitteln.

Während dieser Zeit schloss sich Hitchcock Leary und seinem Kreis in Kalifornien an. Leary hatte einen LSD-Kult namens „Brotherhood of Eternal Love" und mehrere Tarnfirmen gegründet, darunter „Mystics Art World Inc." aus Laguna Beach (Kalifornien). Diese in Kalifornien ansässigen Unternehmen führten einen lukrativen Handel mit mexikanischem Marihuana und LSD aus der Schweiz und Großbritannien. Die britische Verbindung wurde direkt von Hitchcock hergestellt, der das Chemieunternehmen von Charles Bruce beauftragte, große Mengen der chemischen Bestandteile von LSD herzustellen. Mit Finanzmitteln von Hitchcock und George Grant Hoag, dem Erben des „J. C. Penney"-Einzelhandelsvermögens, baute die „Brotherhood of Eternal Love" 1968 in Costa Rica Operationen zur Produktion und Vermarktung von LSD und Haschisch auf.

Gegen Ende des Jahres 1968 erweiterte Hitchcock die Produktion von LSD / Haschisch in der Karibik mit Mitteln der *Fiduciary Trust Co.* (IOS). In Zusammenarbeit mit *J. Vontobel & Co.* aus Zürich gründete Hitchcock in Liechtenstein eine Gesellschaft namens *4-Star Anstalt*. Dieses Unternehmen, das „Investmentfonds" (d.h. Drogeneinnahmen) von *Fiduciary Trust* einsetzte, kaufte große Landstriche auf den Bahamas sowie große Mengen Ergotamintartrat auf, der Grundchemikalie, die bei der Herstellung von LSD verwendet wird.

Hitchcocks persönliche Beteiligung bei der LSD-Verbindung endete einige Jahre später abrupt. Hitchcock hatte eng mit Johann F. Parravacini von der *Parravacini Bank Ltd* in Bern (Schweiz) zusammengearbeitet. Ab 1968 hatten sie gemeinsam den weiteren Ausbau der karibisch-kalifornischen LSD / Haschisch-Unternehmungen finanziert. In den frühen 1970er Jahren waren sowohl Hitchcock als auch Parravacini als Ergebnis einer Untersuchung der „Securities and Exchange Commission" wegen eines Aktienbetrugs in Höhe von 40 Millionen US-Dollar angeklagt und verurteilt worden. Parravacini hatte einen Verkauf von 40 Millionen Dollar an Hitchcock registriert, für den Hitchcock keinen Cent Bargeld oder Sicherheiten hinterlegt hatte. Dies war einer der seltenen Fälle, in denen es den bundesstaatlichen Ermittlern gelang, in den 200-Milliarden-Dollar-Drogenfonds einzudringen, als dieser sich seinen Weg durch das „Offshore"-Bankensystem bahnte.

Ein weiterer Kanal zum Waschen von schmutzigem Drogengeld – ein Kanal, der noch nicht von den bundesstaatlichen Ermittlungsbehörden kompromittiert wurde – ist hier zu beachten. Dies ist die Verwendung steuerfreier Stiftungen zur Finanzierung von Terrorismus und Umweltschutz. Ein unmittelbar relevanter Fall macht dies deutlich.

1957 gründete Robert M. Hutchins von der Universität von Chicago das „Center for the Study of Democratic Institutions" (CSDI) in Santa Barbara (Kalifornien). Großoffizier Hutchins zog Aldous Huxley, Elisabeth Mann Borghese und einige Rhodes-Wissenschaftler an, die ursprünglich in den 1930er und 1940er Jahren an die Universität von Chicago gebracht worden waren.

Das CSDI wurde ursprünglich von 1957 bis 1961 durch einen mehrere Millionen Dollar teuren Fonds finanziert, den Hutchins vor seinem vorzeitigen Ausscheiden aus der „Ford Foundation" auflegen konnte. Ab 1961 wurde das Zentrum hauptsächlich durch das organisierte Verbrechen finanziert. Die beiden Finanzierungskanäle waren der „Fund of Funds", eine steuerbefreite Tarnung für Bernie Cornfelds lOS, und die „Parvin Foundation", eine parallele Tarnung für die „Parvin-Dohnnan Co." (Nevada). IOS und Marvin / Doorman waren an *Desert Inn*, *Aladdin* und *Dune* beteiligt – allesamt Kasinos in Las Vegas, die mit dem Lansky-Syndikat verbunden sind. Wie bereits dokumentiert, war IOS in den 1960er Jahren federführend für die Verteilung von LSD, Haschisch und Marihuana. Allein 1967 leitete IOS zwischen 3 und 4 Millionen US-Dollar an das Zentrum.

1964 bereisten Ken Kesey und seine „Merry Prankster"-Freunde das Land in einem von *Day-Glo* bemalten Schulbus. Später veranstalteten sie Acid Test-Partys und lieferten LSD, was noch legal war.

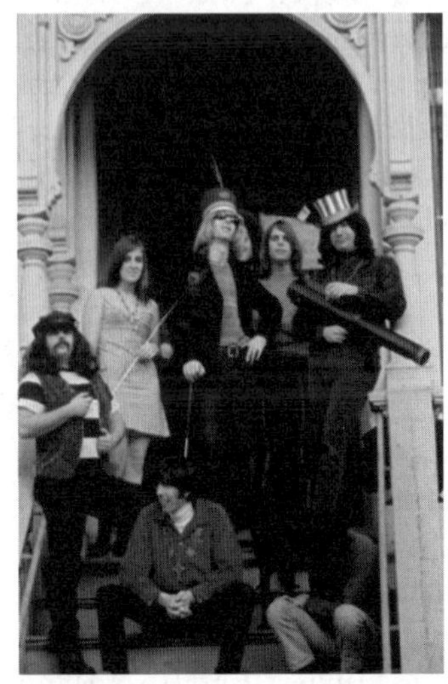

Abb. 75: „Grateful Dead" und Freunde

Bei späteren Acid Tests wurde Musik von den Grateful Dead zur Verfügung gestellt. Die Grateful Dead begannen in der „Ashbury Street" 710 als „Acid Rock"-Gruppe mit dem 24-jährigen E-Gitarristen Jerry Garcia, dem Schlagzeuger Mickey Hart, Ron „Pigpen" McKernan und anderen. Der Name stammt aus einer Anmerkung im „Oxford Dictionary" über die Beerdigung ägyptischer Pharaonen. McKernan starb an Alkohol und Drogen. 1965 verwendete Allen Ginsberg (1926–1997) bei einer Kundgebung in Berkeley den Ausdruck „Flower Power".(79)

Der Ausdruck ist angelehnt an „ewige Blumenkraft" aus der „Illuminatus!"-Trilogie von Robert Shea und Robert Anton Wilson, dem Wahlspruch der Illuminaten. Da „Flower Power" ein modernes Konzept ist, das von Hippies entwickelt wurde, ist es wahrscheinlich, dass Shea und Wilson dies als Witz gedacht haben, obwohl sie dies typischerweise nie sagen. Sie führen die Bekanntmachung dieses Slogans auf einen Artikel von Shea zurück, der im März 1969 unter dem Pseudonym „Sandra Glass" in der Zeitschrift *TeenSet* verfasst wurde.(80)

Laut diesem Artikel waren die Illuminaten ursprünglich die islamische Sekte der Ismailiten und tauchten erst 1776 über Adam Weishaupt in Europa wieder auf. Das Magazin beschrieb die Ismailiten als „Drogenabhängige" und behauptete, Weishaupt hätte durch die Lehren des Anführers der Assassinen („Haschischesser", engl. „assassin" = Attentäter) Hasan-i Sabbah und durch Hanf, den er in seinem Garten anbaute, „Erleuchtung erlangt".(81)

Den Assassinen wird nachgesagt, dass sie aufgrund der Bewusstseinskontrolle mithilfe von Haschisch zu Attentätern gemacht wurden. Es wurde auch spekuliert, dass Adam Weishaupt nach dem Verbot der Illuminaten nach Amerika ausgewandert sei, dort George Washington umgebracht habe und an seine Stelle getreten sei, wofür als Indiz u.a. angegeben wird, dass George Washington ebenfalls Hanf angebaut habe.[82]

Eine andere Deutungsmöglichkeit des Begriffs „ewige Blumenkraft" besteht darin, dass die Rose und die Lotusblume wichtige Symbole für die spirituelle Entwicklung sowohl in westlichen als auch in östlichen Mysterienschulen sind. Die vollständige Version des Wahlspruchs als „ewige Blumenkraft und ewige Schlangenkraft" könnte in „Illuminatus!" auch auf die Verbindung von Kreuz und Rose im alchemistischen Ofen (Athanor) hinweisen. Nach dieser Interpretation scheinen die Autoren Sexualmagie als das bzw. ein Geheimnis der Illuminaten anzudeuten.[83]

Übrigens wird auch behauptet, Beethovens Symphonien seien durch Illuminismus und „Blumenkraft" inspiriert worden.[84]

In einem Artikel des *San Francisco Examiner* aus dem Jahr 1965 benutzte der Reporter Michael Fallon den Begriff „Hippie". Die Beatniks verwendeten den Begriff Hippie als Ausdruck der Verachtung. Während Hippies der Erfahrung wegen Drogen konsumierten, hatten Beatniks Drogen der Kunst wegen konsumiert. Sie zogen auch Rockmusik dem Jazz vor. Während die Beatniks die Kultur der Schwarzen aufgegriffen hatten, wandten sich die Hippies den amerikanischen Ureinwohnern zu. Hirschleder-Mokassins, Silber-, Türkisschmuck und Stirnbänder wurden übernommen sowie Peyote eingenommen. Die Identifikation mit amerikanischen Ureinwohnern erfolgte zusammen mit der Bezeichnung kommunaler Gruppen als „Stämme" Die Multimedia-Show „America Needs Indians" war 1965 ein großer Erfolg. Im Mai 1965 erfüllte Owsley Stanley III. aus seinem Labor in Los Angeles LSD-Aufträge aus dem ganzen Land. Er finanzierte die Rockgruppe Grateful Dead, die Untergrundzeitung „Oracle" in San Francisco, schloss sich Ken Kesey an und wurde Chefchemiker für die Acid Tests.

Bereits vor 4.000 Jahren gab es Todeskulte. Das Wiederaufleben der Todeskulte begann mit der Ankunft von Aldous Huxley in Amerika. Er kopierte die Formel aus dem Isis-Osiris-Kult, dem Dionysos-Kult und den Ritualen tibetischer und ägyptischer Hohepriester. Ein Hauptschüler von ihm war Timothy Leary. LSD, hergestellt von *Hoffman-La Roche*, wurde von

Huxley und Bertrand Russell in Amerika eingeführt. Nach der Zusammenarbeit mit Leary in „Harvard" gründeten Huxley und Leary das „International Federation for Internal Freedom Psychedelic Training Center" in Mexiko. Studenten dieser „unsichtbaren Universität" hatten Unterricht aus dem tibetischen Totenbuch. Eine zentrale Lehre war: *„Der Tod ist ein Übergang, er ist nur eine Formänderung, in einigen Fällen eine glückliche Befreiung."*

Zu den Todeskulten zählen die „Luciferian Society", der Dionysos-Kult, der Osiris-Horus-Kult des Alten Ägypten, die Freimaurer, der „Hermetische Orden der Goldenen Morgenröte", die „Kinder der Sonne", Hexerei, Dämonenanbeter und Aquarianer, die Caligula verehren. Todeskulte verehren absichtlich den Teufel und alle enden für jemanden mit dem Tod.

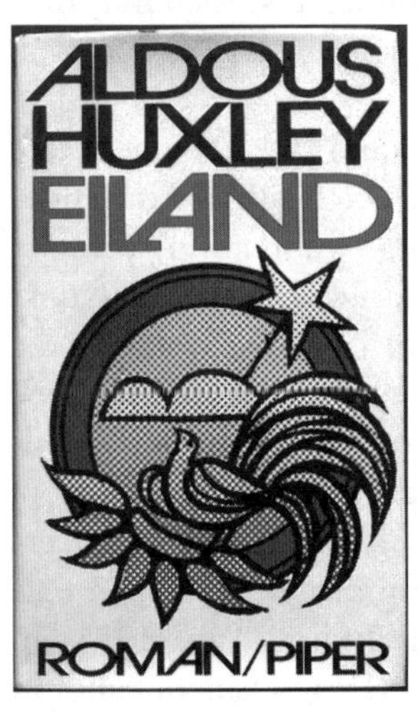

Abb. 76: Deutsches Cover von „Eiland"

In „Eiland" verließ sich Huxleys Gesellschaft zum Heilen auf den Geist. Sein letzter Roman handelte von Großfamilien, Lernen durch Handeln und Imaginieren, und dass der Handel der Ökologie unterworfen ist. Huxley starb am 22. November 1963 in Los Angeles. Dies war genau der Tag, an dem John F. Kennedy ermordet wurde und an dem auch der Schriftsteller C.S. Lewis starb. Er *„bat auf seinem Sterbebett um eine LSD-Injektion und erhielt diese ... Seine Zeit auf Erden erstreckte sich über das Ende des viktorianischen Zeitalters und den Beginn des Wassermann-Zeitalters, und er war immer ein Vorreiter, hatte nie Angst, das Fremde und Mystische zu untersuchen (und sogar daran zu glauben), aber er verlor nie den Respekt vor der alltäglichen Realität."* Er verfasste 47 Bücher, darunter „Crome Yellow" und „After Many A Summer Dies the Swan". Huxley lebte und arbeitete 40 Jahre lang in Hollywood und arbeitete mit Adorno und Horkheimer zusammen (dazu später mehr).

Aldous Huxley schrieb über Soma – ein berauschendes Getränk für die Brahmanen. In der Fabel wurde es als eine Gottheit personifiziert – als Repräsentant des Mondes.

Aldous Huxley war mit Dr. Louis Jolyon West, einem Gehirnwäsche-Experten für die Luftwaffe und die CIA, befreundet. West erforschte für die CIA „die Psychologie dissoziierter Zustände“ unter Verwendung von LSD und Hypnose. Huxley schlug Dr. West während eines MKULTRA-Experiments vor, dass West seine Probanden vor der Verabreichung von LSD hypnotisieren sollte, um ihnen *„posthypnotische Suggestionen zu vermitteln, die darauf abzielen, die drogeninduzierte Erfahrung in eine gewünschte Richtung zu lenken.“* Dr. West wurde von der Regierung aufgefordert, Jack Ruby zu untersuchen, der Lee Harvey Oswald getötet hatte, bevor Oswald wegen seiner angeblichen Rolle bei der Ermordung von US-Präsident John F. Kennedy vor Gericht gestellt werden konnte. Huxley interessierte sich auch für Parapsychologie und hielt Vorträge zu diesem Thema an der „Duke University“. Dort hatte Huxley Kontakt zu J. B. Rhine, der Berichten zufolge Experimente mit psychischen Phänomenen für die CIA und die Armee durchführte. Der langjährige CIA-Arzt Louis J. West behandelte einst Aldous Huxley. Es war Wests Diagnose zu verdanken, dass Ruby als ein „für die Behandlung geeigneter Kandidat“ eingestuft wurde, was es ermöglichte, ihn unter Drogen zu setzen.

In den radikalen 1960er Jahren haben Timothy Leary und Richard Alpert in Zusammenarbeit mit Aldous Huxley, Allen Ginsberg und anderen umfangreiche Forschungen zu LSD und anderen psychedelischen Elementen durchgeführt. Das Paar floh in eine Villa im Bundesstaat New York. Während Leary weiterhin nackt auf Pferden ritt, ging Alpert 1967 nach Indien und traf seinen spirituellen Lehrer Neem Karoli Baba. Dort traf er einen 23-jährigen Mann namens Bhagwan Dass. Nach Fasten, Yoga und Meditation wurde Alpert schließlich dem Guru von Dass, Maharaji, vorgestellt.

Er kehrte mit einem neuen Namen in die USA zurück – Baba Ram Dass („Diener Gottes“) und schrieb das Buch „Sei jetzt hier“. Dann begann er, Harvard-Schülern die Anbetung von Kali (der Göttin der Diebe) beizubringen. Als er zu Ram Dass wurde, gab er seine jüdische Erziehung auf und entfremdete sich von seiner Familie. Sein nie genannter Vater war ein wohlhabender Anwalt, Präsident der „New York, New Haven and Hartford Railroad“ und Gründer der „Brandeis University“. Ram Dass soll auf der ganzen Welt nach Eigendarstellung als „HinJew“ bekannt und beliebt sein. Dass wurde 1963 mit Leary aus Harvard entlassen und war am „Zihuatanejo

Project“, der „International Foundation for Internal Freedom“ (IFIF) und der „Castalia Organisation in Millbrook“ beteiligt. All dies waren Versuche, eine psychedelische Utopie zu verwirklichen, wie sie von Aldous Huxley in „Eiland“ und Hermann Hesse in „Das Glasperlenspiel“ vorgestellt wurde.

LSD wurde erst 1966 illegal. Im selben Jahr gründete „Leary die League of Spiritual Discovery“ und wurde wegen Besitzes von Marihuana auf dem Anwesen in Millbrook (New York) verhaftet und trat bei drei Anhörungen im Kongress auf. Er sagte zu Senator Ted Kennedy: *„LSD ist keine gefährliche Droge“.* Im selben Jahr gründete er seine eigene Religion – die „League for Spiritual Discovery (LSD)“ – mit LSD als Sakrament. Der Slogan lautete: *„Turn On, Tune In, and Drop Out“.*[(85)]

Leary erklärte den Slogan wie folgt: Turn on = „Finde ein Sakrament, das Dich zu Gott bringt und zu Deinem eigenen Körper; geh über Dich hinaus, verwandle Dich“ – Tune in = „Bleibe wiedergeboren, drücke es aus, beginne ein neues Leben, das Deine Visionen widerspiegelt!“ – Drop out = „Befreie Dich vom äußeren Drama, das so ausgehöhlt und leer ist wie eine TV-Show!“[(86)]

Das Musical „Hair“ wurde 1967 ins Leben gerufen. Das Lied „Age of Aquarius“ handelt vom Einfluss, der am Ende des Jahrhunderts beim „Anbruch des Wassermann-Zeitalters“ zu spüren sein soll. Das (mit Jesus bzw. dem Christentum assoziierte) Zeitalter der Fische dauert von 0 bis 2000 n. Chr. während das Zeitalter des Wassermanns um 2000 n. Chr. beginnt und bis 4000 n. Chr. andauert.

Um 1967 waren viele Einwohner von Haight-Ashbury von LSD auf Speed umgestiegen.

Im selben Jahr begleiteten die Beatles den Maharishi nach Indien und kündigten ihre Absicht an, Drogen aufzugeben und seinen Lehren zu folgen.

Ebenfalls um 1967 nahm in San Francisco, wo Ken Kesey LSD verteilt hatte, ein großer Teil der Bevölkerung Drogen. Im gleichen Jahr leitete R. D. Laing eine von „Tavistock“ gesponserte „Konferenz über die Dialektik der Befreiung“. Zwei der amerikanischen Delegierten waren Angela Davis und Stokely Carmichael.

Das „Human Be-In“ von 1967 wurde als „Versammlung der Stämme“ bezeichnet. Dem Happening im Januar 1967 folgte der „Sommer der Liebe“ in Haight-Ashbury. Bill Graham gab sechs Tage die Woche Konzerte im

Fillmore. Die Veranstaltung wurde von Allen Ginsberg, Timothy Leary und Jerry Rubin koordiniert. Etwa 10.000 *„hörten Reden, tanzten zu Musik von Bands aus San Francisco, sangen hinduistische und buddhistische Rituale, aßen kostenlose Truthahn-Sandwiches (einige mit LSD versetzt) und feierten im Allgemeinen die Geburt der gegenkulturellen Gemeinschaft."*

Im April 1967 wurden Warnungen ausgegeben und Geschäfte in Haight-Ashbury nach einem großen Zustrom von Hippies geschlossen. Als Reaktion darauf veranstalteten Hippies einen Protestmarsch und riefen: „Haight ist Liebe." Bei der Demonstration wurden über 30 Personen festgenommen.

Im Winter 1967-1968 erreichte LSD einen Höhepunkt. Seine Verwendung flachte danach ab. Meskalin, das eine geringere innere Erfahrung bietet, aber dafür ein intensiveres sensorisches Erlebnis als LSD, wurde für viele frühere LSD-Anwender zum Halluzinogen der Wahl.

Im April 1968 wurde die „Columbia University" von einer Gruppe von Studenten für mehrere Tage beschlagnahmt. James Kunen, einer der Studentenführer, schrieb in „The Strawberry Statement", dass in einem Bericht über die SDS-Konvention Männer von „Roundtable International" erwähnt wurden, die versuchten, Radikale zu kaufen. *„Diese Männer sind die weltweit führenden Industriellen und kommen zusammen, um zu entscheiden, wie unser Leben verlaufen soll. Sie haben angeboten, unsere Demonstration in Chicago zu finanzieren. Uns wurde auch ‚Esso'-Geld (der Rockefellers) angeboten. Sie wollen, dass wir eine Menge radikalen Aufruhr machen, damit sie mehr in die Mitte schauen können, wenn sie sich nach links bewegen."*

Jerry Rubin sagte einmal: *„Die hippen Kapitalisten haben einige Verbündete innerhalb der revolutionären Gemeinschaft: Langhaarige, die als Vermittler zwischen den jungen Leuten auf der Straße und den millionenschweren Geschäftsleuten arbeiten."*

Im Herbst 1969 wurden 85.000 US-Dollar an Mitteln der „Carnegie Foundation" an die SDS gezahlt. Ein verdeckter Polizei-Informant des SDS sagte, er habe sich *„gefragt, woher das Geld für all diese Aktivitäten stamme, und habe bald herausgefunden, dass es durch Radikale über die Vereinten Nationen, von der „Rockefeller-Stiftung", der Ford Foundation, den United Auto Workers sowie aus Zigarrenkisten mit amerikanischem Geld von der kubanischen Botschaft"* kam.

Die „Brandeis University“ war Leiter aller SDS-Ortsgruppen in den USA. Die Gründer und einige ihrer hochrangingen Verwalter waren *„auf gewalttätige Weise antireligiös und haben Verbindungen mit der Linken“.*

Das Woodstock-Festival (offizieller Name: „Woodstock Music & Art Fair presents An Aquarian Exposition“) zog im August 1969 300.000 Menschen nach Bethel (New York). Aufgetreten waren unter anderem Jimi Hendrix, Joan Baez, Ritchie Havens, Jefferson Airplane, The Who, Grateful Dead, Carlos Santana und andere. Abbie Hoffman nannte es *„den ersten Versuch, den Menschen auf der Erde zu landen“.*

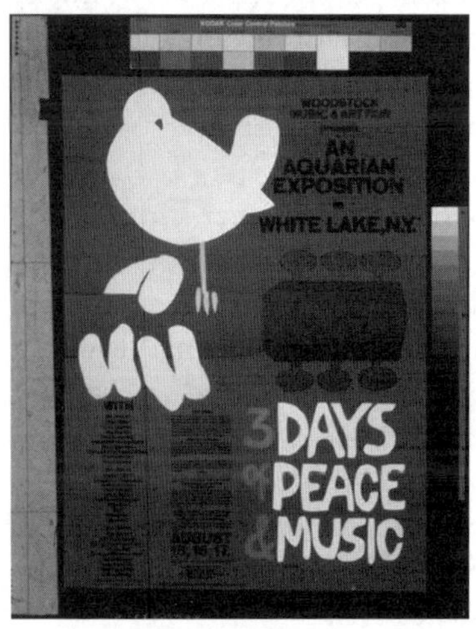

Abb. 77: Poster zum Woodstock-Festival

Am 6. Dezember 1969 lockte das „Altamont Free Concert“ außerhalb von San Francisco 300.000 Menschen zu einem kostenlosen Rolling Stones-Konzert. Die Hell’s Angels sorgten für mehrere Schlägereien und erstachen einen schwarzen Jungen, als er versuchte, die Bühne zu erreichen.

1970 sagte Margaret Mead: *„Es gibt keine Ältesten, die wissen, was diejenigen, die in den letzten 20 Jahren aufgezogen wurden, über die Welt wissen, in die sie hineingeboren wurden.“* Sie forderte psychologisch „qualifizierte“ Eltern auf, alle Kinder zu erziehen – und überließ den weniger qualifizierten Eltern die Freiheit, sich selbst und einander zu erkunden. Weiterhin sagte sie: *„Dieser Bruch zwischen den Generationen ist völlig neu: Er betrifft den ganzen Planeten und ist universell.“*

Ebenfalls 1970, kurz vor der Invasion von Nixon / Kissinger in Kambodscha (die einen Sturm von Antikriegsprotesten an den und außerhalb der Universitäten auslöste), diskutierten die Bilderberger über die „zukünftige Funktion der Universität in unserer Gesellschaft“. Zu den Teilnehmern gehörten Paul Samuelson, Graham T. Allison (später Dekan der „Kennedy School“ an der „Harvard University“) und Andrew Cordier (Dekan der „School of International Affairs“ an der „Columbia University“ 1962-68)

(1968 auch amtierender Präsident der „Columbia University" während der Studentenbesetzung). 1970 gab der Gouverneur Reagan die Möglichkeit eines „Blutbads" zu, um die Unruhen auf dem Campus niederzuschlagen.

Nachdem der erste „Tag der Erde" in New York von einer kleinen Gruppe organisiert worden war, die sich mit Umweltverschmutzung und Smog befasste, fand am 22. April 1970 der erste „Tag der Erde" statt. Zu den Aktivitäten im ganzen Land gehörten „Beerdigungen", Verkehrsblockaden und Aufräumprogramme. An diesem Tag erklärte Norman Cousins (CFR), der langjährige Präsident der „United World Federalists" (später „World Federalist Association"): *„Die Menschheit braucht eine Weltordnung. Eine voll souveräne Nation ist nicht in der Lage, mit der Umweltverschmutzung umzugehen ... Die Verwaltung des Planeten ... erfordert eine Weltregierung."*

Die UNESCO-Biosphärenkonferenz und der ökologische Aktivismus brachten den ersten „Tag der Erde" hervor. Sowohl der „Tag der Erde" als auch der Beginn der Army-McCarthy-Anhörungen haben das Datum 22. April (Lenins Geburtstag) miteinander gemein.

Der Bruder von Aldous Huxley, Julian Sorell Huxley trug zu Kenntnissen in Embryologie, Systematik, Genetik, Ethologie und Evolutionsstudien bei. Er studierte die Entwicklung vieler Organismen und schrieb mit Sir Gavin De Beer „Elements of Experimental Embryology" (1934).

Huxley präsentierte viele seiner Ideen zu evolutionären Mechanismen in „Evolution: The Modern Synthesis" (1942). 1946 wurde er zum ersten Generaldirektor der „Organisation der Vereinten Nationen für Erziehung, Wissenschaft und Kultur" (UNESCO) ernannt. 1948 forderte Sir Julian Huxley eine radikale Eugenik-Politik in der UNESCO: *„Obwohl es durchaus richtig ist, dass eine radikale Eugenik-Politik der kontrollierten menschlichen Vermehrung für viele Jahre politisch und psychologisch unmöglich sein wird, wird es für die UNESCO wichtig sein, dies zu tun, damit das Eugenik-Problem mit größter Sorgfalt untersucht wird und dass die Öffentlichkeit über die anstehenden Probleme informiert wird, sodass vieles, was jetzt undenkbar ist, zumindest denkbar werden kann."*

Die Tatsache, dass die Entstehung einer organisierten Jugend-Gegenkultur um den „postindustriellen" Utopismus die Entstehung der oben genannten Arten psychosozialer Konditionierung widerspiegelte, sollte nicht als Beweis dafür verstanden werden, dass die Entstehung der Bewegung selbst in irgendeiner Weise „spontan“ oder „natürlich“ war. Sehr wenig in der modernen Geschichte war weniger natürlich, ja unnatürlicher als der selbsternannte Naturkult, der „im Namen der Umwelt“ um die Initiativen des reaktionären „World Wildlife Fund“ (WWF) von Prinz Philip und Prinz Bernhard von 1961 entstanden ist. Die Mitglieder der neuen Jugend-Gegenkultur waren praktisch Versuchskaninchen im Campus-Labor, deren Verhalten von Anfang an von oben nach unten induziert und gelenkt wurde.

Die Umweltkrise wurde entwickelt, um eine Eine-Welt-Regierung hervorzubringen: *„Durch eine geschickte Hochzeit des Sozialismus, des New Age-Pantheismus und eines künstlichen Klimas der Verzweiflung über einen ‚sterbenden Planeten‘ haben diese mächtigen Individuen (David Rockefeller und Edmund de Rothschild) ein Klima der Angst geschaffen, in dem die Menschheit eine Eine-Welt-Regierung nicht nur akzeptieren, sondern fordern wird, um uns von der Umwelt-Apokalypse zu befreien. Diese Eine-Welt-Regierung wird natürlich der Schlussstein ihrer geplanten Neuen Weltordnung sein: Auf der Suche nach einem neuen Feind, der uns vereint, kamen wir auf die Idee, dass mit Umweltverschmutzung, der Gefahr der globalen Erwärmung, Wasserknappheit, Hungersnot und dergleichen die Rechnung aufgehen würde“*, erklärten Mitglieder des „Club of Rome“ in einem umfassenden Bericht von 1991 über Global Governance: *„All diese Gefahren werden durch menschliches Eingreifen verursacht ... Der wahre Feind ist also die Menschheit selbst.“*

Aldous’ „Roundtable“-Vater, Thomas Henry Huxley (1825-1895), war ein viktorianischer Wissenschaftler, Essayist, Verteidiger Darwins (Evolutionist) und Agnostiker. Am Vorabend der Veröffentlichung von Darwins „Über die Entstehung der Arten“ versprach T. H. Huxley, Darwins These zu unterstützen. Er war so vehement in seiner Verteidigung, dass er den Spitznamen „Darwins Bulldogge“ erhielt. Er sagte einmal: *„Es ist das übliche Schicksal neuer Wahrheiten, als Häresien zu beginnen und als Aberglaube zu enden.“*

Huxleys „Man’s Place in Nature“ (1863) verwickelte ihn in weitere Kontroversen; darin vertrat er die Idee, dass die nächsten Verwandten des Menschen die Menschenaffen sind. Nach seinem Studium bei Professor Thomas H. Huxley unterrichtete H. G. Wells in Nordwales. Huxley beschrieb seine Kirche der Menschheit als „Katholizismus minus Christentum“. Für Huxley war die einzige gute Kirche eine tote Kirche. Huxley übernahm die

Philosophie von David Hume. Er bekannte sich zum Glauben an Gott und entzog jedem Argument für seine Existenz die Grundlage. Sir Leslie Stephen erklärte ihn im „Dictionary of National Biography“ zum „schärfsten Denker Großbritanniens des 18. Jh.“ und entlarvte die Verleumdungen der Kirche über seine letzten Stunden.

Huxley war nicht nur einer der am meisten ausgezeichneten Männer der Wissenschaft seiner Zeit, sondern sein ganzes Leben lang ein ausgesprochener Agnostiker (ein Begriff, den er selbst geprägt hatte, um die Härte des Begriffs Atheist zu vermeiden). Fromme Leute verbreiteten das Gerücht einer Bekehrung am Ende seines Lebens, aber sein Sohn Leonard zeigt in seiner Biographie seines Vaters, dass all dies Unsinn ist. Einige Monate vor seinem Tod sagte er zu seinem Sohn: *„Die bemerkenswerteste Leistung des Juden bestand darin, Europa 18 Jahrhunderte lang seinen eigenen Aberglauben aufzuzwingen.“*

Die Bakers waren maßgeblich an der Unterstützung der Eugenik und des utopisch-feudalistischen Social Engineering beteiligt. Captain James A. Baker (1857-1941), so heißt es in der Geschichte, klärte den Mord an seinem Kunden William Marsh Rice auf und übernahm die Kontrolle über Rices riesiges Anwesen. Baker nutzte das Geld, um die „Rice University“ zu gründen und wurde Vorsitzender des Kuratoriums der Schule.

Baker versuchte, ein Zentrum für die Verbreitung rassistischer Eugenik zu schaffen, und brachte zu diesem Zweck Julian Huxley von der berüchtigten britischen Oligarchen-Familie dazu, ab 1912 das Biologie-Programm an der „Rice University“ zu gründen.

Huxley war der Vizepräsident der „British Eugenics Society“ und half tatsächlich bei der Organisation von „Rassenlehre“-Programmen für das nationalsozialistische Innenministerium, bevor er 1946-48 Generaldirektor der UNESCO wurde. James A. Baker (CFR) wurde am 28. April 1930 in der vierten Generation seiner wohlhabenden Familie geboren. Zu den Baker-Beteiligungen gehörten *Exxon*, *Mobil*, *Atlantic Richfield*, *Standard Oil* aus Kalifornien, *Standard Oil* aus Indiana, *Kerr-Mcgee*, *Merck* und *Freeport Minerals*. Baker hielt während seiner Zeit als Finanzminister auch Aktien einiger großer New Yorker Banken, als er über die lateinamerikanische Schuldenkrise verhandelte. Das Familienvermögen und die Macht von Sekretär Baker stammten vom „Skull & Bones"-Mitglied W. Averell Harriman, dessen „Harriman-Institut" von der „Rockefeller-Stiftung" mitfinanziert wird, den internationalen Ölfirmen und George Bushs *Zapata Petroleum*, die alle Finanziers der Bevölkerungskontrolle oder der „Ban Dark Babies"-Bewegung sind. Diese Bewegung ist gleichbedeutend mit dem schottischen Ritus der Freimaurerei.

Im Sommer 1991 zitierte Tal Brooke Brock Chisholm, den Direktor der Weltgesundheitsorganisation der Vereinten Nationen im *SCP Journal*: *„Um eine Weltregierung zu erreichen, ist es notwendig, den Individualismus, die Loyalität gegenüber Familientraditionen, den nationalen Patriotismus und religiöse Dogmen aus den Köpfen der Menschen zu entfernen."*

Das zweite Äon, sagte Aleister Crowley, der Lehrer des jungen Aldous Huxley, sei jenes von Osiris, dem Vater. Diese Zeit sei *„geprägt von patriarchalischen Religionen wie Judentum, Buddhismus, Islam und Christentum."* Aleister Crowley schrieb, dass bei der Einweihung in das neue Zeitalter *„der ganze Planet in Blut getränkt werden muss ... Dieses blutige Opfer ist der kritische Punkt der Weltzeremonie ..."* Er verehrte die Göttin als „unsere Liebe Frau Babylon". *„Die Große Hure war ein uralter Beiname für die Göttin."* Alice Bailey schrieb, dass der Mond heutzutage eine tote Vorstellung sei, die in naher Zukunft zusammenbrechen werde. Gurdjieff war anderer Meinung. Er glaubte, er sei eine Pflanze, die darauf wartet, geboren zu werden, und sie wird lebendig, indem sie Menschen verschlingt und dabei tötet. Isis (der „Stern des Meeres") war die ägyptische Göttin der Fruchtbarkeit. Sie wurde als auf dem Halbmond stehend mit Sternen um ihren Kopf dargestellt (vgl. Königin der Nacht in Mozarts „Zauberflöte" auf S. 98).

Dieses Isis-Thema ist weiter verbreitet als man denkt – bei Figuren, die in den britischen Kreisen ziemlich prominent sind, auch in diesem Fall unter Beteiligung von Aldous Huxley. Jonathan Cott schrieb in „Isis and Osiris: Exploring the Goddess Myth" in seinen Danksagungen: *„Ich bin meiner Herausgeberin Jacqueline Onassis unschätzbar dankbar, dass sie mich durch die Reiche von Isis und Osiris geführt hat."*

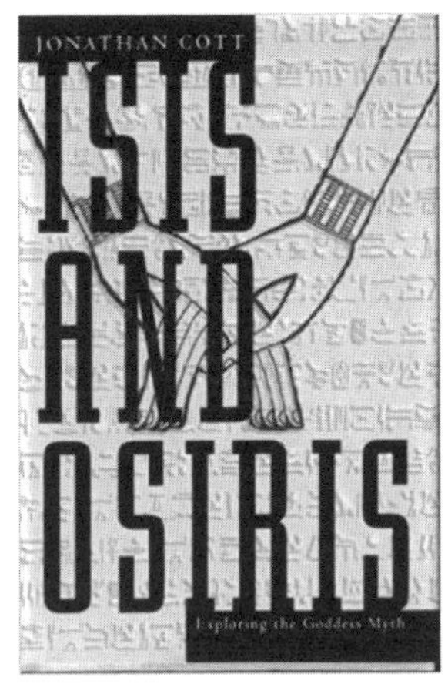

Abb. 78: Das Buch „Isis and Osiris“

In „Isis and Osiris“ (dem Buch, das Jackie Onassis kurz vor ihrem Tod betreute) ist eine Gruppe namens Ammoniten prominent und hat Angst vor Verfolgung. Der Hauptgott der Ammoniter war Moloch.

Ein gewisser Prof. Elletson stellte die These auf, dass die satanische Geldmacht die Kultur und Zivilisationen des arischen, indoeuropäischen oder westlichen Menschen geistig und genetisch zerstören will.

Arnold Toynbee gab zu, dass allen anderen Sprachen eine Original- oder „arische“ bzw. „indogermanische“ Sprache vorausging. Wells sagte, dass diejenigen, die arischer Abstammung sind, gleich denken. Ersterer war ein hoher Offizier des britischen Geheimdienstes, während letzterer ein Fabianer war.

Das „Royal Institute of International Affairs“ (RIIA) benutzte das Lebenswerk von Aldous Huxley und Bulwer-Lytton als Blaupause, um einen Staat zu schaffen, in dem die Menschheit innerhalb der Eine-Welt-Regierung / Neuen Weltordnung des sich rasch nähernden neuen dunklen Zeitalters (New Dark Age) keinen eigenen Willen mehr haben wird. Huxley sagte: *„In vielen Gesellschaften auf vielen Ebenen der Zivilisation wurden Versuche unternommen, Drogenrausch mit Gottesrausch zu verschmelzen. Im antiken Griechenland beispielsweise hatte Ethylalkohol seinen Platz in den etablierten Religionen. Dionysos, oder Bacchus, wie er oft genannt wurde, war eine wahre Gottheit. Ein vollständiges Verbot chemischer Veränderungen kann verordnet, aber nicht durchgesetzt werden.“*

Der homosexuelle Drogenabhängige und Agent der City of London, Aldous Huxley, führte LSD im Auftrag des geheimen „Tavistock-Instituts“ in die USA ein, das angeblich auch für das Massaker von Port Arthur verantwortlich ist.

Er war mit Lord Philip und Lady Ottoline Morrell befreundet – berühmten Anführern der „Bloomsbury Group“. Auf ihrem Landsitz traf er D. H. Lawrence. Huxley sagte, Eliot sei es „seltsam langweilig – vielleicht weil er in seiner zweiten Ehe endlich glücklich war.“

Die sexuellen Perversionen der „Bloomsbury Group“ waren eine bewusste Erklärung der moralischen Autonomie. Laut Keynes und seinem manchmal geliebten Lytton Strachey war Homosexualität der höchste Zustand der Existenz, „das christliche Verständnis überragend“ und heterosexuellen Beziehungen überlegen. Die ethische Überlegenheit der Homosexualität lag in ihrer auffälligen Opposition gegen die äußere Moral der viktorianischen Ära und die moralischen Gesetze Gottes. Wie Deacon vermutete, war Keynes' Homosexualität letztendlich eine Rebellion *„gegen die puritanische Ethik: Er hasste Puritanismus in jeglicher Form …“*

Obwohl Keynes bis in seine Jugend an Gottesdiensten teilnahm, wie er einmal einem Freund erklärte, war er zuversichtlich, dass Huxley die gesamte christliche Religion gesprengt hatte. Er schrieb einem anderen Freund, dass Christen irrational seien und hartnäckigen Stolz zeigten: *„Sie wollen nicht zugeben, dass eine Position, die sie mit Zuversicht eingenommen haben, unhaltbar ist.“* Laut Keynes stand das Christentum für „Tradition, Konvention und Hokuspokus“.

Sowohl in der Fiktion als auch in der Sachliteratur wurde Huxley in den 1930er Jahren zunehmend kritisch gegenüber der westlichen Zivilisation. Sein berühmtestes Werk „Schöne neue Welt“ (1932) ist ein bitter satirischer Bericht über eine unmenschliche Gesellschaft, die von Technologie kontrolliert wird, in der Kunst und Religion abgeschafft wurden und Menschen sich durch künstliche Befruchtung reproduzieren. Huxleys Bedrängnis über das, was er als geistigen Bankrott der modernen Welt ansah, führte ihn zur Mystik und zum Gebrauch halluzinatorischer Drogen. Huxley deutete eine Welt an, in der die Menschen eher ins „Fühlkino“ als ins Kino gehen, wo Männer von „pneumatischen Mädchen“ (eine Phrase aus T. S. Eliots Gedicht „Whispers of Immortality“) besucht wurden und die Reproduktion vom Staat kontrolliert wird. Die perfekte Droge, Soma, wird mit folgenden Worten beschrieben: *„Euphorisch, narkotisch, angenehm halluzinogen – alle Vorteile des Christentums und des Alkohols, keiner seiner Nachteile.“*

Bereits in den 1820er Jahren gestand der englische Schriftsteller Thomas De Quincey, dass englische Aristokraten und Künstler seiner Zeit häufig Opium konsumierten. Zu den gewohnheitsmäßigen Nutzern von Laudanum und Morphium gehörten Coleridge, Dickens, Carlyle, Rossetti, Elizabeth Barrett Browning und der Dichter Laureate Tennyson.

Der Mohn, aus dem Opium gewonnen wird, war den indischen Moguln, die einem schwierigen Gegner die Samen in den Tee mischten, lange bekannt. Er wird auch als schmerzstillendes Medikament verwendet, das Chloroform und andere ältere Anästhetika vergangener Zeiten weitgehend ersetzte. Opium war in allen angesagten Clubs des viktorianischen London beliebt, und es war kein Geheimnis, dass Männer wie die Huxley-Brüder es ausgiebig benutzten. Mitglieder der orphischen Dionysus-Kulte im hellenischen Griechenland und der Osiris-Horus-Kulte im ptolemäischen Ägypten, die die viktorianische Gesellschaft umfasste, rauchten alle Opium; es war „in", es zu tun.[(87)]

4.2 Die Illuminati-Verbindungen der Beatles und Rolling Stones

Die Beatles waren eine Illuminati-Kreation. Ihre Lieder wurden für sie komponiert und Hintermänner haben ihre Handlungen und Worte geschrieben. Sie demonstrieren, dass Popkultur in Wirklichkeit Gedankenkontrolle ist.

In seinem Buch „Das Komitee der 300" enthüllt der ehemalige MI6-Offizier Dr. John Coleman, dass die Beatles eine psychologische Operation des von der „Rockefeller-Stiftung" mitfinanzierten „Tavistock-Instituts" waren.

Die Beatles wurden geschaffen, um die Bildung einer korrupten Sklavenbevölkerung im Stil von Aldous Huxleys „Schöne neue Welt" voranzutreiben. Diese Agenda hatte in den 1960er Jahren großen Anklang gefunden, als Rockgruppen als soziale Agitatoren fungierten.

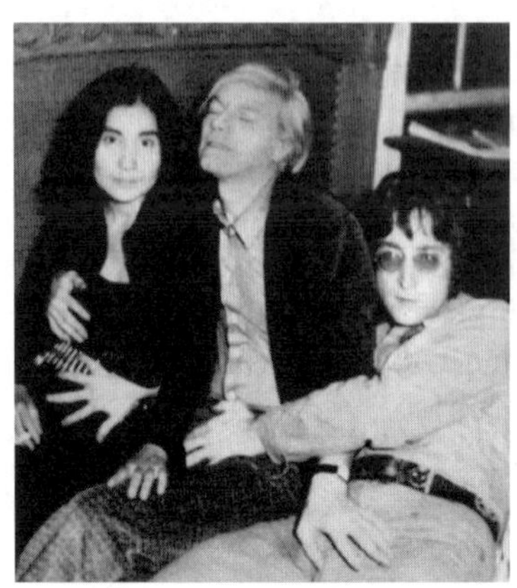

Abb. 79: (V.l.n.r.:) John Lennons Frau Yoko Ono, Andy Warhol und John Lennon beim gegenseitigen Befummeln. Yoko Ono hatte „bunte.de" zufolge in den 1970ern eine Affäre mit Hillary Clinton.[88] „n-tv" titelt „Lennon wollte Sex mit Männern"[89]

Freie Liebe, Drogen und Rockmusik wurden gefördert. Um das Christentum zu ersetzen, führten die Illuminati die New Age-Bewegung ein: spirituelle Lehren, nach denen der Einzelne keinen moralischen Gesetzen folgen muss.

Die Beatles wurden zwar als Anti-Establishment präsentiert, erhielten aber endlose Aufmerksamkeit in den Mainstream-Medien. 1965 erhielten sie von der Königin den Orden des britischen Imperiums (MBE).[90] John Lennon gab seinen Orden später zurück und begründete dies hauptsächlich mit der Beteiligung Großbritanniens am Vietnam- und Biafra-Krieg.

Die Königin ist eines der höchsten Illuminati-Mitglieder auf diesem Planeten. Wenn die Beatles so „rebellisch" und gegen das System waren, wie John Lennon immer sagte, warum akzeptierte die Königin sie dann? Später wurde Paul McCartney auch zum Ritter geschlagen. Elton John ist ein weiteres Beispiel für eine Reihe von Künstlern und Schauspielern, die zum Ritter geschlagen wurden. Die einzigen, die von der Königin von England zum Ritter geschlagen werden, sind diejenigen, die der Illuminati-Agenda gut gedient haben. Nichts ist so, wie es zu sein scheint. Wir wurden schwer manipuliert und extrem getäuscht.[91]

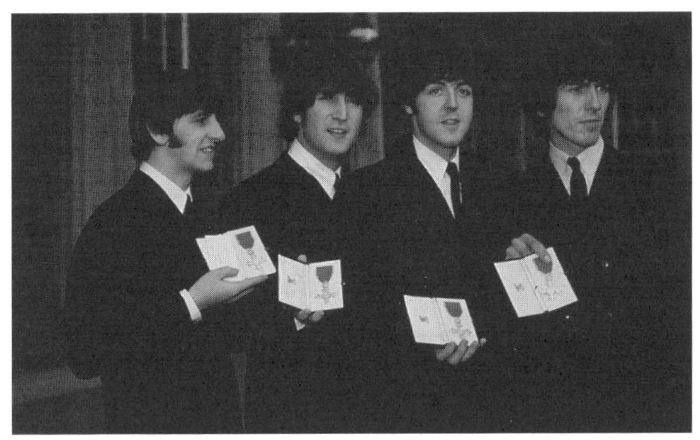

Abb. 80: Die Beatles 1965 mit ihren Orden des britischen Imperiums

Die okkulten Referenzen im Beatles-Œuvre beweisen, dass es sich um Illuminati-Marionetten handelte.

Ein Promo-Foto für das Album „Yellow Submarine" zeigt John Lennon, wie er die Teufelshörner macht, während Paul McCartney ein 666 / Horusauge macht.

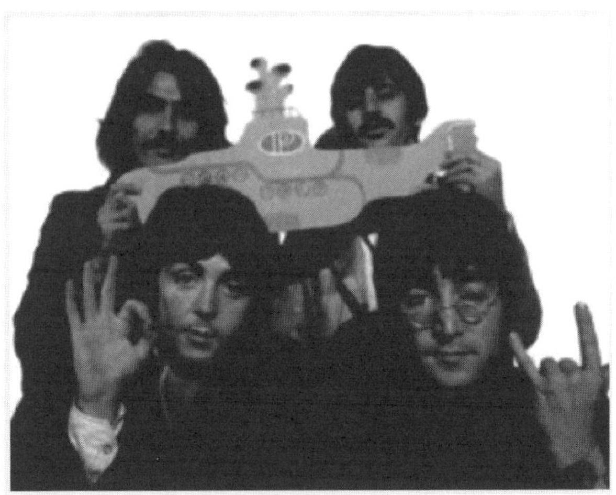

Abb. 81: McCartney und Lennon mit satanischen Handgesten

Das Cover des Albums „With The Beatles“ zeigt ihre Gesichter halb im Schatten. Dies repräsentiert das „Horusauge“, das heutzutage in der Musikindustrie eine wahre Epidemie darstellt. Die Schwarz-Weiß-Dualität entspricht zudem der freimaurerischen Lehre, Gut und Böse in Einklang zu bringen.

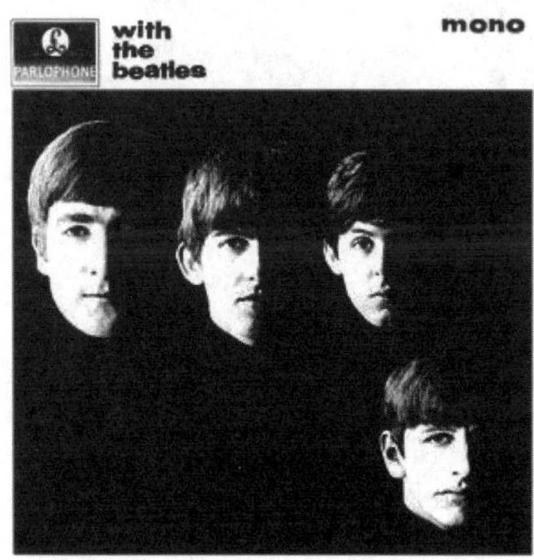

Abb. 82: Das Cover des 2. Beatles-Albums „With the Beatles“ (1963)

Das Album wurde in Großbritannien am 22.11.(22+11=33)1963 veröffentlicht, was dem höchsten Grad der Freimaurerei entspricht. Seltsamerweise starben am selben Tag sowohl die Schriftsteller Aldous Huxley und C. S. Lewis als auch der ehemalige US-Präsident John F. Kennedy![92]

1988 wurden zusammen zwei Beatles-Zusammenstellung unter dem Titel „Past Masters“ veröffentlicht. „Past Master“ ist ein freimaurerischer Begriff, der verwendet wird, um den ehemaligen verehrungswürdigen Meister einer Freimaurerloge zu bezeichnen. Beide Alben enthalten zusammen genau 33 Lieder.

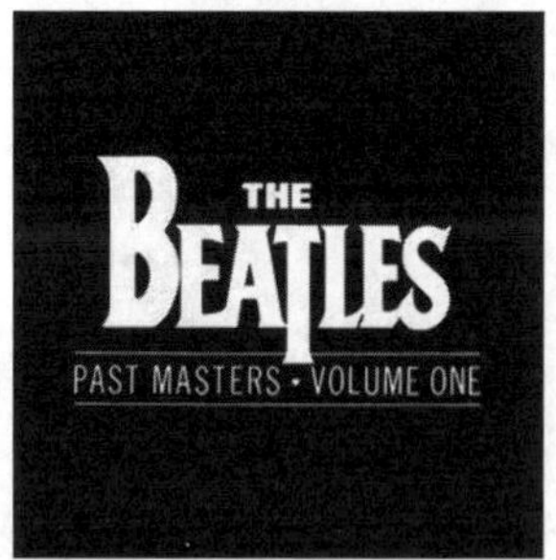

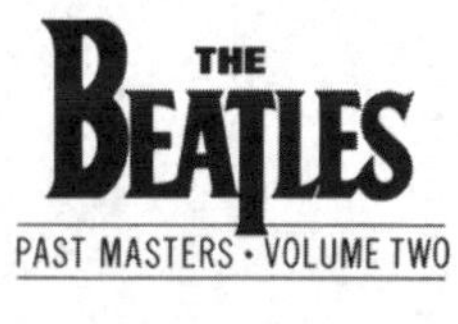

Abb. 83: Die Beatles-Zusammenstellungen „Past Masters“ Vol. 1 und 2 im Schwarzweiß-Muster des freimaurerischen Schachbrettbodens

Im Film *The Magical Mystery Tour* verwenden die Beatles einen Zauberstab, um ahnungslose Mitglieder der Öffentlichkeit zu verzaubern.

Zauberstäbe bestehen aus Stechpalmenholz (engl.: holly wood = Hollywood) und sind das Instrument des okkulten Magiers, der sein Publikum (die Bevölkerung) in Trance versetzt. Der Film zeigt mehrere freimaurerische Handschläge.

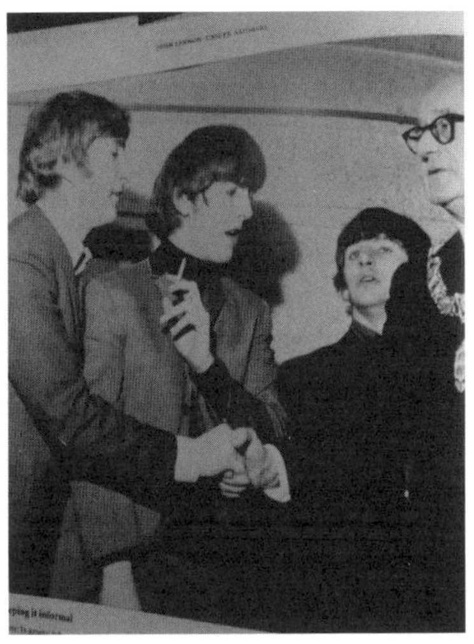

Abb. 84: John Lennon mit Freimaurer-Handschlag

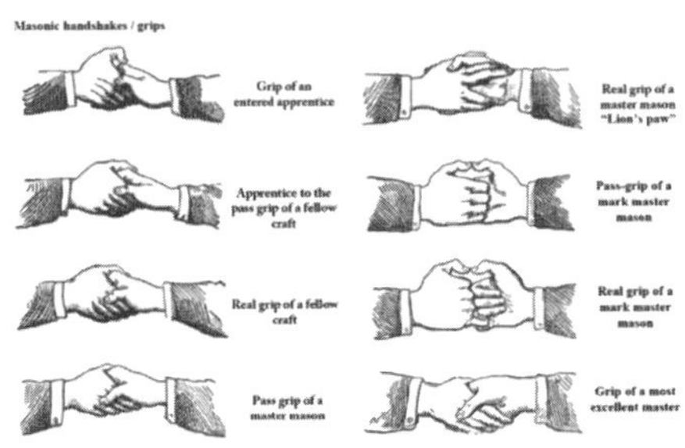

Abb. 85: Verschiedene Freimaurer-Handschläge

Die Lieder enthalten auch okkulte Texte. Das Lied „Lucy in the Sky With Diamonds“, was neben LSD auch auf „Luzifer am Himmel mit Diamanten“ (d.h. „Sterne“; der Hundsstern Sirius repräsentiert Luzifer) verweist.

Das Lied „Across The Universe“ handelt von dämonischer Besessenheit. John Lennon singt „Gai Guru Deva“ (alle begrüßen die Devas). In der Theosophie ist ein Deva eine spirituelle Einheit, d.h. ein Dämon, der hinter den Kulissen existiert und menschliches Verhalten manipuliert und lenkt. Luziferianer glauben, dass sie von diesen Wesenheiten besessen sind, wenn sie unschuldige Opfer vergewaltigen, foltern und töten.

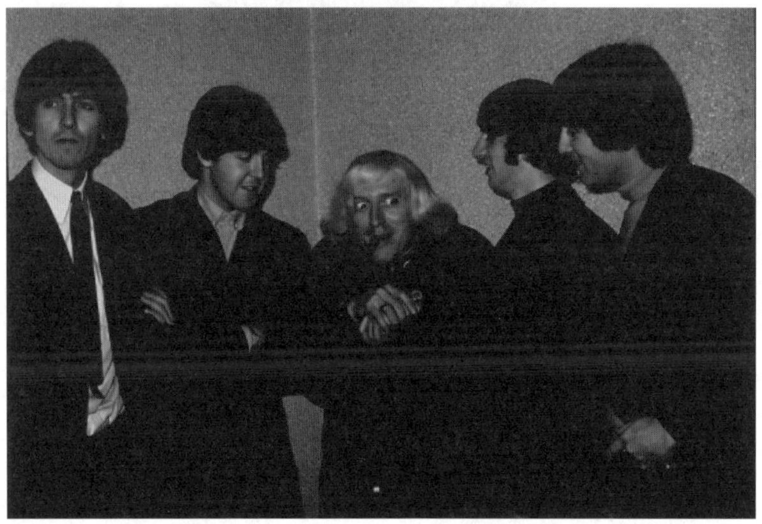

Abb. 86: Die „Fab(ricated) Four“ mit Jimmy Savile, dem Massenpädophilen, Perversen und engen Freund von Prinz Charles

Vier junge Männer aus der Arbeiterklasse hätten unmöglich solche Lieder schreiben können! Die Beatles waren ursprünglich eine Rock'n'Roll-Coverband, die im Hamburger Rotlichtviertel spielte, aber wir sollen glauben, dass sie nur wenige Jahre später Lieder mit tiefen okkulten Bedeutungen komponierten!

Das Verhalten der Beatles wurde von Hintermännern geschrieben, die die Agenda hinter der Gruppe kannten.

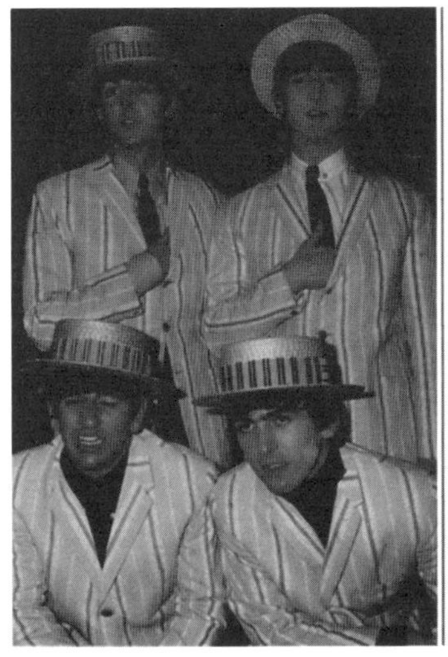

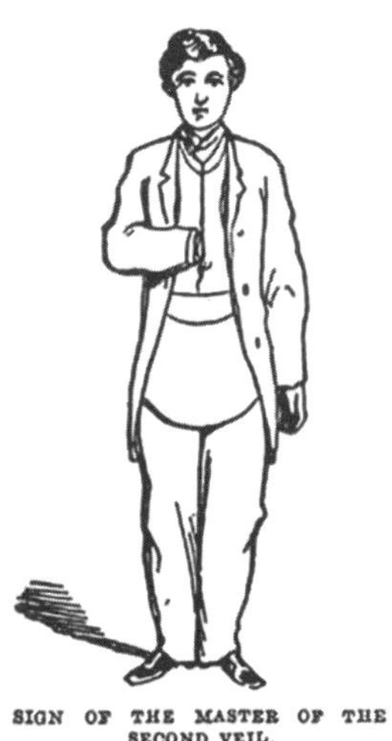

Abb. 87: Paul McCartney und John Lennon mit freimaurerischer Geste der versteckten Hand

Die Drogen-Agenda wurde in dem berüchtigten Interview, das Paul McCartney 1966 der BBC gab, vorangetrieben, als er zugab, viermal LSD genommen zu haben. Das Interview sollte zu Kontroversen führen und junge Menschen ermutigen, LSD auszuprobieren. Wenn die BBC wirklich gegen den Drogenkonsum gewesen wäre, hätten sie das Interview nicht an Millionen von Menschen ausgestrahlt.

Sobald wir erkennen, dass die Beatles junge Menschen vom Christentum abbringen sollten, klingen ihre antichristlichen Zitate wie vorgefertigt.

1963 sagte McCartney: „*Das Christentum passt nicht zu meinem Leben.*"[(93)] 1966 war Lennon noch offener und sagte gegenüber *Newsweek*: „*Das Christentum wird vergehen. Es wird verschwinden und schrumpfen. Darüber brauche ich nicht zu diskutieren; ich habe recht und ich werde recht behalten. Wir sind gerade populärer als Jesus; ich weiß nicht, was zuerst dahinscheiden wird – Rock'n'Roll oder das Christentum. Jesus war in Ordnung, aber seine Jünger waren dumm und einfältig. Ihr Verdrehen verdirbt es mir.*"[(94)]

In den 1960er Jahren hatten die großen Plattenlabels die totale Kontrolle über die Künstler. Ist es glaubhaft, dass die Beatles im Widerspruch zu ihrem Label EMI eine antichristliche Stimmung hätten ausdrücken können?

Ihre Fotos wurden auch eindeutig von Illuminati-Hintermännern inszeniert.

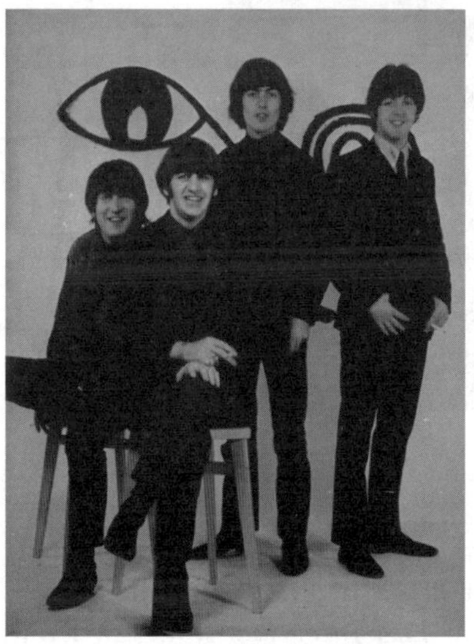

Abb. 88: Die Beatles mit dem Illuminati-Einauge-Symbol

Ein schockierendes Beispiel ist das alternative Cover zum Album „Yesterday and Today", bei dem die Beatles symbolisch mit Körperteilen toter Babys bedeckt sind. Dies war ein schallendes Lachen über Abtreibung, das unvermeidliche Ergebnis der Agenda der freien Liebe, die die Beatles förderten.

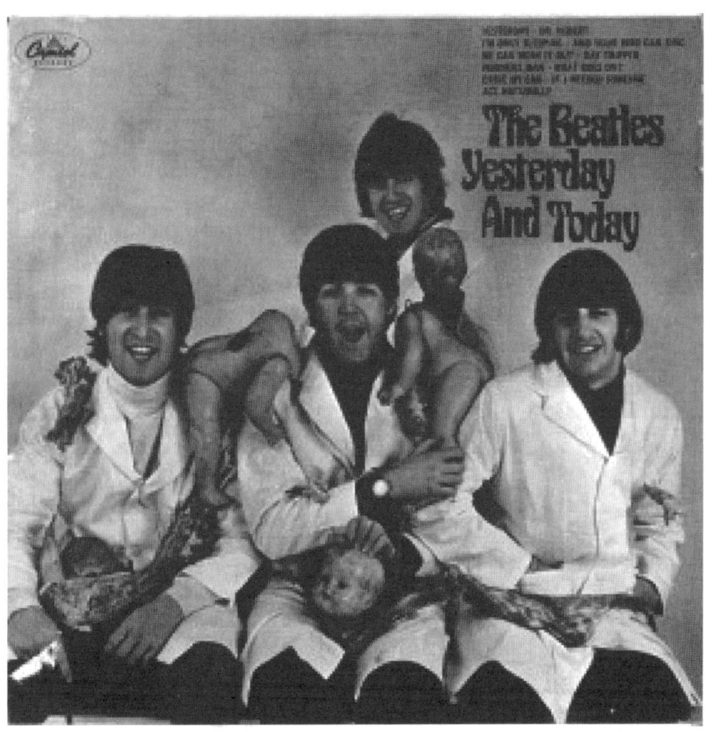

Abb. 89: Cover des Beatles-Albums „Yesterday and Today“ mit der symbolischen Darstellung zerstückelter Babys

Die Titelseite des „Sgt. Pepper“-Albums zeigt die Beatles-Helden. Dazu gehören eine ganze Reihe von Illuminati-Hintermännern: Aldous Huxley, Karl Marx, Aleister Crowley, Mahatma Gandhi, H. G. Wells und George Bernard Shaw.

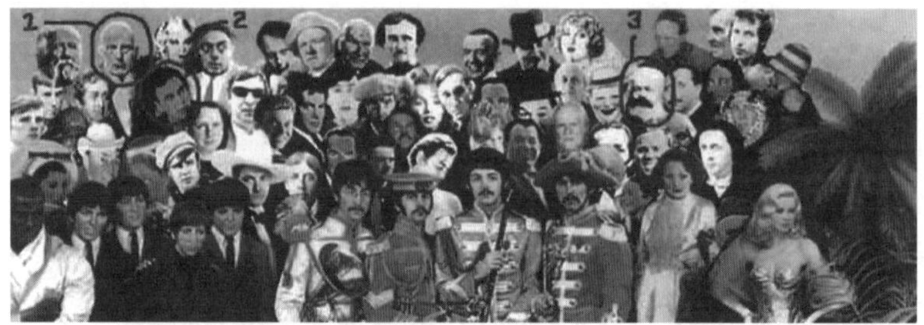

Abb. 90: Das Cover des „Sgt. Pepper"-Albums enthält u.a. Fotos von Aleister Crowley (1), Aldous Huxley (2) und Karl Marx (3)

Bezeichnenderweise enthält es Ausschnitte der Beatles aus ihren frühen Tagen. Ist dies ein Eingeständnis, dass sie auch den Illuminati gedient haben?

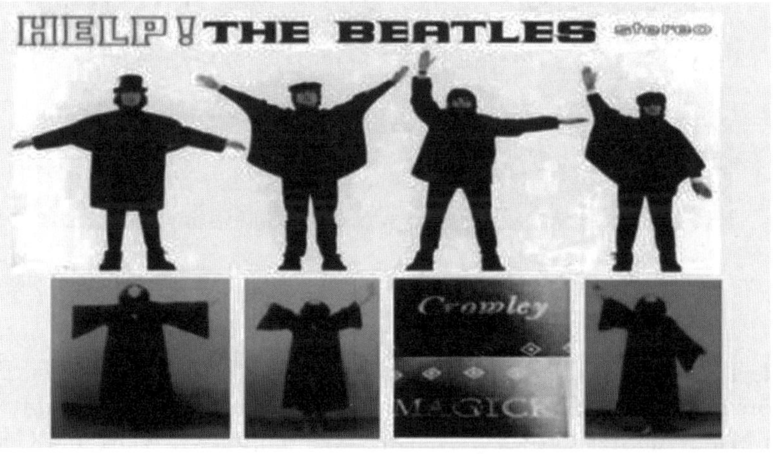

Abb. 91: Das Cover des Albums „Help!" enthält auch Gesten wie bei Aleister Crowleys „Magick"

Die Beatles sorgten nach Ansicht des Autors Henry Makow für eine Degenerierung, Spaltung und Schwächung des Westens. Der Journalist David Noebel fasste es 1982 folgendermaßen zusammen, als er den Einfluss von John Lennon auf die Musik folgendermaßen beurteilte:

„Die gegenwärtige Rock'n'Roll-Szene ist ein riesiges, multimediales Porträt der Degeneration – eine schmuddelige Welt der Unmoral, Geschlechtskrankheiten, Anarchie, des Nihilismus, Kokains, Heroins, Marihuanas, von Tod, Satanismus, Perversion und Orgien."

Im Stil wahrer Satanisten verkauften die Beatles diese Abartigkeit als „Liebe" – eine Erinnerung daran, dass die Welt von einem satanischen Kult kontrolliert wird, den Illuminati, die Gott und uns alle hassen.[(95)]

Das gleiche gilt für die Rolling Stones. Die Beatles sollten die „Guten" sein, während die Rolling Stones die „Bösen" waren. Außerdem waren die Rolling Stones Experten für die Hervorbringung sich wiederholender „Riffs", was eine musikalische Phrase bedeutet, die sich immer wieder wiederholt (wie in „Satisfaction", „Jumpin' Jack Flash" usw.). Diese sich wiederholenden Riffs schalten den Verstand aus und machen empfänglich für jede unterschwellige Botschaft, die man in den Geist des Hörers übertragen will. Im Fall der Rolling Stones haben wir satanische Botschaften in ihren Texten, und sie haben dies im Laufe der Jahre immer wieder wiederholt (ein neueres Beispiel ist das Album „Bridge To Babylon"). Diese Riffs, die unter dem Einfluss bestimmter Drogen angehört werden, versetzen in einen hypnotischen Zustand, können aber unter anderen Umständen auch hyperenergetisch machen.

Es ist nichts Falsches daran, Riffs in der Musik zu verwenden, aber viele Musiker fügen auch Texte und / oder unterschwellige Botschaften hinzu, und all das beeinflusst das Unterbewusstsein auf die gewünschte Weise. Rockmusik ist ein sehr mächtiges Werkzeug für die Illuminaten.[(96)]

Dr. John Coleman erwähnte in der Vergangenheit, dass der Schwarze Adel die Rolling Stones bevorzugte. Was er nicht mitteilte, war, wer genau es war, der die Band ganz oben kontrollierte, höher als das „Tavistock-Institut".

Tatsächlich war für die Rolling Stones der Präsident des britischen Zweiges des „Souveränen Malteserordens" federführend gewesen. Es war ein Mitglied mit dem Namen Prinz Rupert Ludwig Ferdinand zu Loewenstein-Wertheim-Freudenberg (1933–2014), der 1968 das Lied „Sympathy for the Devil" gesponsert hat.

Dieser Prinz war auch Großinquisitor des sehr mächtigen „Konstantinordens", der dem „Ritterorden vom Heiligen Grab zu Jerusalem" nahesteht, die beide hochrangiger sind als der „Malteserorden". Sein Sohn ist Prinz Konrad Löwenstein, ein hochrangiger Priester des byzantinischen Ritus in der römisch-katholischen Kirche „Chiesa di San Simon Piccolo" in Venedig. Sie werden feststellen, dass das Haus Löwenstein auch Verbindungen zum Haus Rosenberg hat, einem Ableger des mächtigen Hauses Orsini. Vergessen wir nicht die Verbindung zum mächtigen Haus von Aldobrandini in Borghese, das nach dem hoch okkulten Aldebaran benannt ist, der eng mit den wichtigen Plejaden verbunden ist. Hören Sie sich noch einmal den Rolling Stones-Titel „2000 Thousand Light Years from Home" aus dem Album „Their Satanic Majesties Request" von Ruperts Jungen Mick Jagger an. Dieses Lied handelt von den Aldebaranern.

In den Swinging Sixties war Prinz Rupert einer der jungen Wilden, die das Establishment erschüttern und dabei ein Vermögen machen wollten. Er wurde 1933 auf Mallorca geboren und zählt zu seinen bayerischen Vorfahren von Größen wie dem Kurfürsten Friedrich I., während sein Adressbuch eine unschätzbare Zusammenstellung der richtigen Kontakte darstellt. Nachdem er 1940 nach England kam, nahm er am „Magdalen College" an Vorlesungen über mittelalterliche Geschichte teil, schloss sich den Maklern *Bache and Co* an, um die Vorgehensweise der Stadt aufzugreifen, und traf sich dann mit den Oxfordianern Jonathan Guinness und Richard Cox Johnson sowie Louis Heyman, und dann mit den Rothschilds.

1968 wird Rupert zu Loewenstein auf einer Party in einem Club in London der Sänger Mick Jagger vorgestellt. Eine Legende besagt, dass der Prinz zu dieser Zeit keine Ahnung hat, wer oder was die Rolling Stones sind. Das Treffen fand auf Wunsch des Rockstars auf der Suche nach einem Spezialisten statt, der die Finanzen der Gruppe retten kann. In der Tat waren die Stones zu dieser Zeit bankrott. Aus Unwissenheit verkauften sie die Rechte aller ihrer Platten vor 1970 – einschließlich der weltweiten Erfolge wie „Satisfaction" und „Jumpin' Jack Flash" – an ihren ehemaligen Manager Allen Klein.

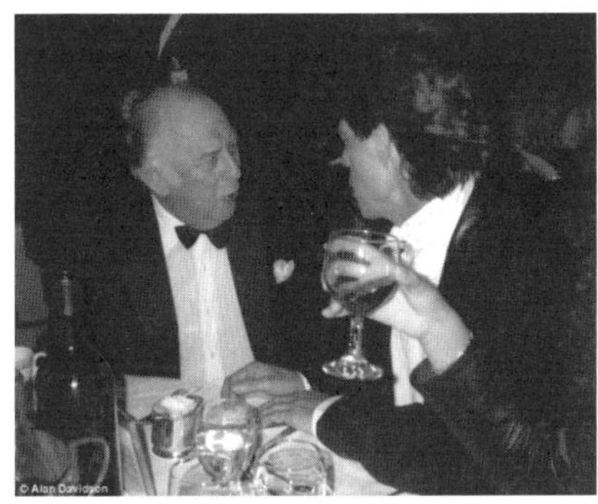

Abb. 92: Prinz Rupert Loewenstein mit Rolling Stones-Sänger Mick Jagger

Für Rupert zu Loewenstein war dies ein interessantes Abenteuer und er willigte ein, es anzunehmen. Seine erste Entscheidung war, dass die Rolling Stones Großbritannien sofort verlassen sollten, um von einer günstigeren steuerlichen Behandlung ausländischer Bürger zu profitieren. Die meisten Mitglieder ließen sich in Frankreich nieder, darunter Keith Richards, der in ein gotisches Schloss investierte, in dem die Band „Exile on Main Street" aufgenommen hat, und Bill Wyman, der sich mit dem Maler Marc Chagall anfreundete. Mick Jagger heiratete dann Bianca.

Die zweite Entscheidung: die Umstrukturierung des Konzernunternehmens. Angeregt durch Loewenstein verwandelten sich die Rolling Stones in eine Unternehmenspyramide, die auf vier in den Niederlanden ansässigen Unternehmen beruht und selbst eine Vielzahl von Unternehmen leitet, die sich mit verschiedenen Nebentätigkeiten der Gruppe von hunderten von Menschen, Technikern, Heerscharen von Anwälten und Unternehmensmanagern befassen, die tatsächlich an einer internationalen Tour arbeiten. Entscheidungen über Aufnahmen und Konzerte wurden nun auf der Grundlage von Steuervorteilen der jeweiligen Länder getroffen. Ganz zu schweigen vom Prinzip des Sponsorings der Stones, das in erster Linie bei einer Tournee zum Tragen kommt (*Volkswagen*, *Budweiser*, *Chase Manhattan Bank*...) und der kommerziellen Verwendung von Musikstücken: Bei der Markteinführung von „Windows 95", zahlte der damalige *Microsoft*-Chef Bill Gates 6 Millionen Pfund für die Verwendung eines Auszugs von „Start Me Up".[97]

Interessanterweise ist Rupert Loewenstein der Urenkel von Lord Pirbright / Baron Henry de Worms, einem Rothschild, nach dem das „Pirbright-Institut" benannt ist, welches im Besitz eines Coronavirus-Patents ist und von der „Bill-und-Melinda-Gates-Stiftung" mitfinanziert wird.[98]

Verwundert es da noch, dass sowohl die Rolling Stones als auch Paul McCartney 2020 beim Corona-Event „One World: Together at

Home“ beteiligt waren, um für Verständnis gegenüber dem globalen Lockdown zu werben (dazu mehr in Kapitel 7).

Unter Loewensteins Führung wurden die Rolling Stones zur reichsten Gruppe der Musikgeschichte. Durch Tourneen und Merchandising haben sie eine Milliarde Pfund (1,2 Milliarden Euro) verdient. Das Vermögen von Sir Mick Jagger wird mittlerweile auf 228,5 Millionen Pfund (ca. 256 Millionen Euro) geschätzt, womit er zu den 20 reichsten Künstlern gehört.[(99)]

4.3 Die Beatles und das „Tavistock-Institut“

Ein herausragendes Beispiel für soziale Konditionierung, um Veränderungen zu akzeptieren, auch wenn sie aus Sicht des „Stanford Research Institute“ von der großen Bevölkerungsgruppe als unwillkommen erkannt worden sind, war das „Aufkommen“ der Beatles. Die Beatles wurden im Rahmen eines sozialen Experiments in die USA gebracht, bei dem große Bevölkerungsgruppen einer Gehirnwäsche unterzogen wurden, der sie sich nicht einmal bewusst waren.[(100)]

Das „Tavistock-Institut“ wurde 1946 in London mit Hilfe eines Stipendiums der „Rockefeller-Stiftung“ gegründet. Es handelt sich um eine Denkfabrik sowie Politik- und Beratungsorganisation. Es veröffentlicht eine wissenschaftliche Zeitschrift namens „Human Relations and host Evaluation: The International Journal of Theory, Research and Practice“. Laut seiner Website unterstützt es verschiedene Organisationen.

Drei Elemente machen das Institut ungewöhnlich, wenn nicht sogar einzigartig: Es hat die Unabhängigkeit, sich vollständig selbst zu finanzieren, ohne Subventionen der Regierung oder anderer Quellen; die Ausrichtung der Aktionsforschung positioniert es zwischen die Bereiche Wissenschaft und Beratung, aber nicht innerhalb diesen, und das Spektrum der Disziplinen umfasst Anthropologie, Wirtschaft, Organisationsverhalten, Politikwissenschaft, Psychoanalyse, Psychologie und Soziologie.

Das „Tavistock-Institut“ hat seinen Hauptsitz in London. Sein Prophet Sigmund Freud (1856–1939) ließ sich in Maresfield Gardens nieder, als er nach England zog. Er erhielt eine Villa von Prinzessin Bonaparte. „Tavistocks“ Pionierarbeit in der Verhaltenswissenschaft, die sich an Freuds

Leitlinien zur „Kontrolle“ der Menschen orientiert, etablierte es als weltweites Zentrum der Grundideologie.

Heute betreibt das „Tavistock-Institut“ in den USA ein Netzwerk von Stiftungen im Wert von 6 Milliarden US-Dollar pro Jahr, die alle aus US-Steuergeldern finanziert werden. Zehn große Institutionen stehen unter seiner direkten Kontrolle, mit 400 Tochtergesellschaften und 3.000 anderen Studiengruppen und Denkfabriken, die viele Arten von Programmen entwickeln, um die Kontrolle der Weltordnung über das amerikanische Volk zu verbessern.

Das „Stanford Research Institute“, das an die „Hoover Institution“ angrenzt, ist ein Betrieb mit einem jährlichen Umsatz von 150 Millionen US-Dollar und 3.300 Mitarbeitern. Es setzt die Programmüberwachung für *Bechtel*, *Kaiser* und 400 andere Unternehmen sowie umfangreiche Geheimdienstoperationen für die CIA fort. Es ist die größte Institution an der Westküste, die Gedankenkontrolle und Verhaltenswissenschaften fördert.

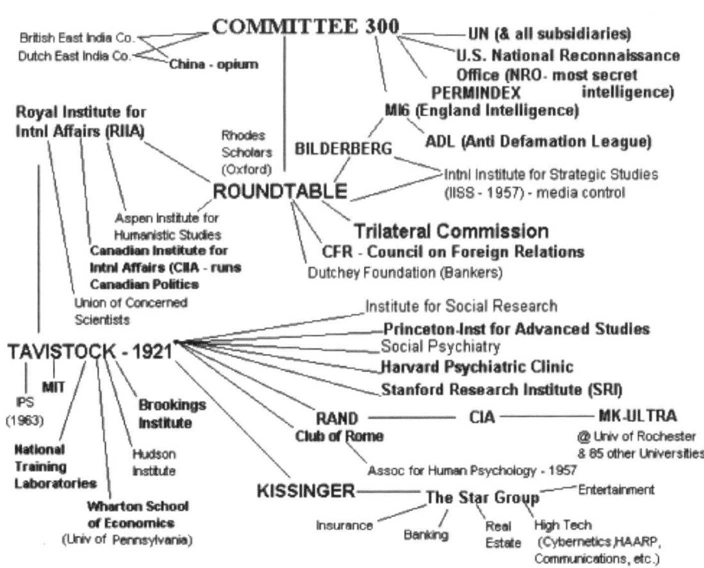

Abb. 93: Vernetzung des „Tavistock-Instituts“

Eine der wichtigsten Behörden für geheime Anweisungen von „Tavistock" ist die 1957 gegründete „Ditchley Foundation". Die amerikanische Niederlassung der „Ditchley Foundation" wird von Cyrus Vance, dem ehemaligen Außenminister und Direktor der „Rockefeller-Stiftung", und Winston Lord geleitet, dem Präsidenten des CFR.

Und sie haben kontrolliert und manipuliert, was wir denken, welche Musik wir hören und mit welchen kulturellen Identitäten sich die letzten Generationen identifiziert haben.

Die Einführung von vier Pilzköpfen mit unglaublichem Talent aus einer Stadt in Liverpool (England) zur Beeinflussung ganzer Generationen bis heute, war eine wissenschaftlich geplante, gut umgesetzte Agenda, um die Jugend der 1970er Jahre zu einer Gegenkultur zu führen, mit der sie sich identifizieren konnten, indem sie Jugendlichen in die falsche Richtung lenken und ihre Kultur durch Musik beeinflussen.[(101)]

Als das „Tavistock-Institut" die Beatles in die USA brachte, konnte sich niemand die kulturelle Katastrophe vorstellen, die sich daraus ergeben würde.

Das Phänomen der Beatles war keine spontane Rebellion der Jugend gegen das alte Sozialsystem. Stattdessen war es eine sorgfältig ausgearbeitete Verschwörung, die von einem nicht identifizierbaren Verschwörungsorgan eingeführt werden sollte, ein äußerst destruktives und spaltendes Element in einer großen Bevölkerungsgruppe, das gegen ihren Willen Veränderungen anstrebt.

Neue Wörter und neue Phrasen wurden – vorbereitet von „Tavistock" – zusammen mit den Beatles in Amerika eingeführt. Wörter wie „rock" in Bezug auf musikalische Klänge, „teenager", „cool", „discovered" und „pop music" waren ein Lexikon getarnter Codewörter, die Akzeptanz von Drogen bedeuten und mit den Beatles kamen und sie begleiteten, wohin sie auch gingen, um von „Teenagern" „entdeckt" zu werden. Das Wort „Teenager" wurde übrigens erst kurz vor dem Aufkommen der Beatles verwendet – mit freundlicher Genehmigung des „Tavistock-Instituts".

Wie im Fall von Bandenkriegen hätte nichts ohne die Kooperation der Medien – insbesondere der elektronischen Medien und speziell des skurrilen Ed Sullivan, der von den Verschwörern in Bezug auf die Rolle, die er spielen sollte, trainiert worden war – erreicht werden können. Niemand hätte dem zusammengewürfelten Haufen aus Liverpool und dem 12-stufigen atonalen „Musik"-System, das folgen sollte, viel Aufmerksamkeit geschenkt, wenn es nicht so viele Presseberichte gegeben hätte. Das 12-stufige atonale System bestand aus schweren, sich wiederholenden Klängen, die Adorno aus der Musik des Dionysos-Kultes und des Baal-Priestertums übernahm und der von diesem besonderen Freund der Königin von England, und somit dem „Komitee der 300", eine „moderne" Note verpasst wurde.

„Tavistock" und sein „Stanford Research Center" schufen Trigger-Wörter, die dann allgemein im Umfeld der „Rockmusik" und ihrer Fans verwendet wurden. Trigger-Wörter schufen eine neue, weitgehend junge Bevölkerungsgruppe, die durch Social Engineering und Konditionierung davon überzeugt wurde, dass die Beatles wirklich ihre Lieblingsgruppe waren. Alle im Zusammenhang mit „Rockmusik" entwickelten Trigger-Wörter wurden für die Massenkontrolle der neuen Zielgruppe, die Jugend Amerikas, entwickelt.

Die Beatles haben perfekte Arbeit geleistet, oder vielleicht wäre es richtiger zu sagen, dass „Tavistock" und „Stanford" perfekte Arbeit geleistet haben. Die Beatles reagierten lediglich wie ausgebildete Roboter „mit ein wenig Hilfe ihrer Freunde" – Codewörter für den Drogenkonsum und dafür, „cool" zu sein. Die Beatles wurden zu einem weithin sichtbaren „neuen Typ" – ebenfalls „Tavistock"-Jargon – und somit dauerte es nicht lange, bis die Gruppe neue Stile (Modeerscheinungen in Bezug auf Kleidung, Frisuren und Sprachgebrauch) entwickelte, die für die ältere Generation, wie beabsichtigt, ein Ärgernis waren. Dies war Teil des von Willis Harmon und seinem Team aus Sozialwissenschaftlern und Gentechnikern erarbeiteten und in die Tat umgesetzten „Fragmentierungs-Fehlanpassungs"-Prozesses.

4.4 Theodor Adorno und das „Radio Research Project“

Nach den Beatles kamen weitere Rockgruppen „Made in England”, für die, wie für die Beatles, Theodor Adorno ihre Kulttexte schrieb und die gesamte „Musik“ komponierte.(102)

Adorno verließ Deutschland im Frühjahr 1934. Während der Nazizeit lebte er in Oxford, New York und Südkalifornien. Dort schrieb er mehrere Bücher, für die er später berühmt wurde, darunter „Dialektik der Aufklärung“ (mit Max Horkheimer), „Philosophie der neuen Musik“, „Die autoritäre Persönlichkeit“ (ein Gemeinschaftsprojekt) und „Minima Moralia“. Aus diesen Jahren stammen seine provokativen Kritiken der Massenkultur und der Kulturindustrie. Adorno kehrte 1949 als Professor für Philosophie und Soziologie nach Frankfurt zurück, und etablierte sich schnell als führender Intellektueller Deutschlands und zentrale Figur am „Institut für Sozialforschung“.

Das 1923 als freies Zentrum für marxistische Wissenschaft gegründete Institut wurde seit 1930 von Max Horkheimer geleitet. Es bildete den Mittelpunkt der sogenannten „Frankfurter Schule“. Adorno wurde 1958 Direktor des Instituts.

Konflikt und Konsolidierung markierten das letzte Jahrzehnt in Adornos Leben. Adorno, eine führende Figur im „Positivismusstreit“ in der deutschen Soziologie, war maßgeblich an den Debatten über die Umstrukturierung deutscher Universitäten beteiligt und ein Blitzableiter sowohl für studentische Aktivisten als auch für ihre rechten Kritiker. Diese Kontroversen hinderten ihn nicht daran, zahlreiche Bände mit Musikkritik, zwei weitere Bände mit Anmerkungen zur Literatur, Bücher über Hegel und über die Existenzphilosophie zu veröffentlichen sowie Aufsätze in Soziologie und Ästhetik zu sammeln.

Es gibt ein großartiges Mem im Internet darauf anspielt, dass Theodor Adorno der Kopf hinter den Beatles war. Stellen Sie sich diese Szene vor: Es ist 1963 und Lennon und McCartney kämpfen mit der Komposition von „She Loves You“. Lennon sagt *„She loves you. Was kommt als nächstes?“* *„Yeah Yeah Yeah?“*, mischt sich Adorno ein. *„Genial, Teddie, einfach genial“*, sagt McCartney. Infolgedessen wird der Song zu einem transatlantischen Knaller, der meistverkauften Single der Beatles. Tatsächlich verachtete Adorno natürlich, wie zu erwarten war, die Liverpooler Beat-Combo mit ihren Pilzköpfen und alles, wofür sie standen. 1965 sagte Adorno im Magazin *Akzente*, sie würden sich „heruntergekommener Ausdrucksmittel" bedienen und seien Teil einer „dirigistischen Massenkultur". Für Adorno war jeder Versuch, über die Popmusik gute Botschaften oder Inhalte transportieren zu wollen, zum Scheitern verurteilt.[(103)]

Adorno machte sich auch Gedanken über die Protestmusik der 1960er Jahre und argumentierte in einem Interview: *„Ich glaube allerdings, dass Versuche, politischen Protest mit der Unterhaltungsmusik zusammenzubringen, deshalb zum Scheitern verurteilt sind, weil die ganze Sphäre der Unterhaltungsmusik, auch wo sie irgendwie modernistisch sich aufputzt, so mit dem Warencharakter, mit dem Amusement, mit dem Schielen nach dem Konsum verbunden ist, dass Versuche, dem eine veränderte Funktion zu geben, ganz äußerlich bleiben. Und ich muss sagen, dass wenn irgendjemand sich hinstellt und auf eine im Grunde doch schnulzenhafte Musik dann irgendwelche Dinge darüber singt, dass Vietnam nicht zu ertragen sei, dann finde ich gerade, dass dieser Song nicht zu ertragen ist, weil er, indem er das Entsetzliche noch irgendwie konsumierbar macht, schließlich auch daraus noch so etwas wie Konsumqualitäten herauspresst."* [(104)]

Allerdings verliert die edle Gesinnung von Adornos Kritik an Kraft, wenn man sich bewusst macht, dass sie von einem Philosophen zum Ausdruck gebracht wurde, der sich in den 1960er Jahren gerne das Safari-Drama *Daktari* mit seinem Helden Clarence, dem schielenden Löwen, angesehen hat.[(105)]

Die Projekte des „Tavistock-Instituts" waren eine Fortsetzung der Arbeit der deutschen Wissenschaftler, die als „Frankfurter Institut für Sozialforschung" oder „Frankfurter Schule" bekannt ist, und die sich auf der Grundlage von Freuds Gedanken auf das Studium und die Kritik der Kultur konzentrierte.

Hier ein paar Nebeninformationen zu etwas, wovon kaum jemand etwas weiß, und achten Sie dabei auf die Namen:

Das „Radio Research Project" war ein von der „Rockefeller-Stiftung" finanziertes Sozialforschungsprojekt zur Untersuchung der Auswirkungen von Massenmedien auf die Gesellschaft.

1937 begann die „Rockefeller-Stiftung“ mit der Finanzierung von Forschungsarbeiten, um die Auswirkungen neuer Formen von Massenmedien, insbesondere dem Radio, auf die Gesellschaft zu ermitteln.

Mehrere Universitäten schlossen sich zusammen und ein Hauptquartier wurde an der „School of Public and International Affairs“ der „Princeton University“ gebildet. Folgende Personen waren beteiligt:

- Paul Lazarsfeld – Direktor des „Radio Research Project“
- Theodor Adorno – Chef der Musikabteilung
- Hadley Cantril – Psychologe am Institut für Psychologie der Princeton University
- Gordon Allport – ein weiterer Assistent von Lazarsfeld – er war später der führende Vertreter des „Tavistock-Instituts“ in den USA
- Frank Stanton – CBS-Forscher, der zur Unterstützung des Projekts geschickt wurde und CBS-Präsident wurde

Zu den ersten Studien des Projekts gehörten Seifenopern, die zu dieser Zeit als „Hörspiele“ bekannt waren. Das „Radio Research Project“ untersuchte auch die Halloween-Sendung „The War of the Worlds“ von 1938. Sie fanden heraus, dass von den geschätzten 6 Millionen Menschen, die diese Sendung hörten, 25% sie für real hielten.

Die meisten Menschen, die in Panik gerieten, glaubten nicht, dass es sich um eine Invasion vom Mars handelte, sondern um eine Invasion der Deutschen. Später wurde festgestellt, dass aufgrund der Radiosendungen über das Münchner Abkommen zu Beginn des Jahres die Massen dafür anfällig waren.

Ein drittes Forschungsprojekt befasste sich mit Hörgewohnheiten. Aus diesem Grund wurde eine neue Methode entwickelt, um ein Publikum zu befragen – dies wurde als „Little Annie Project“ bezeichnet. Der offizielle Name war „Stanton-Lazarsfeld Program Analyzer“.

Auf diese Weise konnte man nicht nur herausfinden, ob einem Zuhörer die Aufführung gefiel, sondern auch, wie er sich in jedem einzelnen Moment fühlte, und zwar über ein Ziffernblatt, mit dem er seine Präferenz (positiv oder negativ) ausdrücken konnte. Dies ist seitdem ein wesentliches Instrument in der Fokusgruppenforschung.

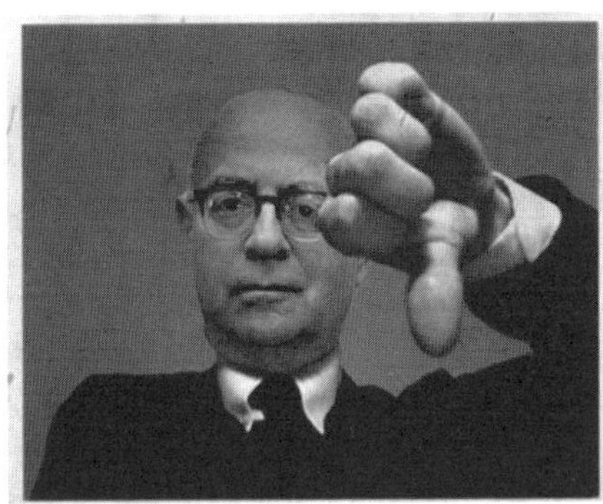

Abb. 94: Theodor Adorno mit einem „Fingerzeig" wohin die Musk steuern soll?

Theodor Adorno verfasste zahlreiche Berichte über die Auswirkungen des „atomisierten Hörens", die vom Radio unterstützt wurden und denen er äußerst kritisch gegenüberstand. Aufgrund tiefgreifender methodischer Meinungsverschiedenheiten mit Lazarsfeld über den Einsatz von Techniken wie Hörerumfragen sowie „Little Annie" (Adorno war der Ansicht, dass das Ausmaß des kommerziellen Marketings das Ergebnis des kommerziellen Marketings stark vereinfachte und ignorierte), verließ Adorno das Projekt 1941.

Adorno war sehr einflussreich und arbeitete später für die „Crown Corporation". In seinem wahrhaften Zynismus hatte er ein Stelldichein mit den Rockbands von „Tavistock" und schrieb schnulzige, einfache Musik, um seine Konzepte zu beweisen, wie einfach es ist, Menschen mit zeitlich festgelegten und wiederholten Botschaften in der Musik zu beeinflussen...[(106)]

Die Tatsache, dass Adorno die Musik und die Texte für die Beatles schrieb, blieb der Öffentlichkeit verborgen.

Als Michael Jackson den Beatles-Katalog kaufte, gehörte er zum Nachlass von Theodor Adorno, dem die meisten ihrer von ihm geschriebenen Lieder und Texte gehörten. Adorno schrieb auch eine Menge Hits für Bands der „britischen Invasion", die sehr berühmt sind, am „Tavistock-Institut" in London entstanden und sie zu Stars machten.

Theodor W. Adorno war der Kopf hinter den Beatles, da er die Rechte an der Musik besaß, die schließlich sein Nachlassverwalter an Michael Jackson verkaufte.

Adorno, ein klassischer Musiker, schrieb ihre Musik, und alles drang durch zu John Lennon und Paul McCartney, die übrigens keine Noten lesen konnten. Tatsächlich war George Harrison der einzige halbwegs echte Musiker in der Band. John war ein Poet, der ein paar Akkorde spielen konnte, und Ringo bestenfalls ein mittelmäßiger Schlagzeuger. George fragte sich oft, warum sie seine Lieder nie benutzen wollten.

Die Beatles wurden der Öffentlichkeit vorgestellt, um die Jugendkultur zu verbreiten, die zur Verbreitung der New Age-Kultur führte, und dies alles war darauf ausgerichtet, eine nihilistische Kultur aufzubauen, die heute allzu präsent ist. Es heißt „teile und herrsche", aber dies wird zu einer weiteren „Büchse der Pandora", wenn Sie so wollen. Nichts ist so, wie es scheint.

Das erklärt auch, warum sich die Beatles damals aufgelöst haben, weil nämlich Adorno starb, nachdem er die Lieder und die Musik für das Album „Abbey Road" geschrieben hatte.[(107)]

Die soziale Theorie des Rock wurde vom Musikwissenschaftler Theodor Adorno ausgearbeitet, der 1939 in die USA kam, um das „Radio Research Project" der „Princeton University" zu leiten. Adorno schreibt: *„In einem imaginären, aber psychologisch emotionsgeladenen Bereich, wird sich der Hörer, der sich an einen Hit erinnert, zum idealen Thema des Liedes verwandeln, zu der Person, die das Lied auf ideale Weise anspricht. Gleichzeitig wird er als einer von vielen, die sich mit diesem fiktiven Thema, diesem musikalischen Ich, identifizieren, eine Erleichterung seiner Isolation fühlen, wenn er sich in die Gemeinschaft der ‚Fans' integriert fühlt. Wenn er ein solches Lied pfeift, beugt er sich einem Ritual der Sozialisation, obwohl seine Isolation über diese unartikulierte subjektive Bewegung des Augenblicks hinaus unverändert bleibt. Der Vergleich mit Sucht ist unvermeidlich. Süchtiges Verhalten hat im Allgemeinen eine soziale Komponente: Es ist eine mögliche Reaktion auf die Atomisierung, die, wie Soziologen bemerkt haben, mit der Komprimierung des sozialen Netzwerks einhergeht. Musiksucht in Bezug auf eine Reihe Hörer von Unterhaltungsmusik wäre ein ähnliches Phänomen."*

Die Hitparade wird genau nach den gleichen Prinzipien organisiert, die das ägyptische Isis-Priestertum anwendet, und zu demselben Zweck: der Rekrutierung von Jugendlichen für die dionysische Gegenkultur.

In einem Bericht, der für das „Institute for Social Research" der Universität Michigan erstellt wurde, beschrieb Paul Hirsch das Ergebnis von Adornos „Radio Research Project": Laut Hirsch verwandelte die Einrichtung der Hitparade des Nachkriegsradios das Massenmedium in eine Institution für subkulturelle Programmierung. Funknetze wurden in Rund-um-die-Uhr-Recyclingmaschinen umgewandelt, die die 40 erfolgreichsten Hits wiederholten. Hirsch dokumentiert, wie die gesamte Populärkultur – Filme, Musik, Bücher und Mode – jetzt mit demselben Programm der Vorauswahl betrieben wird.(108)

Und George Martin, der „5. Beatle", hat alle Orchesterarrangements mit Adorno für spätere Beatles und britische Bands angefertigt, denen sie zugewiesen wurden.

Im Zentrum der Frankfurter Schule steht die These, dass Massenmedien dazu eingesetzt werden könnten, um „regressive mentale Zustände zu induzieren, Individuen zu atomisieren und eine erhöhte Belastung zu erzeugen", mit anderen Worten: Passivität zu schaffen durch Förderung der Entfremdung wie 1955 bei dem Film *… denn sie wissen nicht, was sie tun*, oder Verherrlichung mieser krimineller Jugendlicher in *Die Saat der Gewalt*. Glauben Sie wirklich, dass diese beiden Filme, die ein Massenpublikum erreichten und die gesamte westliche Hemisphäre verändert haben, nur Produkte einiger Hollywood-Produzenten in den 1950er Jahren waren?

Bis zu diesem Zeitpunkt war noch nicht einmal das Wort „Teenager" überhaupt in Gebrauch, und die Jugendkultur wurde ins Leben gerufen, um Familien in der äußerst bedrückenden Ära des Kalten Krieges der 1950er Jahre nach dem 2. Weltkrieg, dem großen Schritt zu globalistischen Agenden, zu zerrütten.

I. The Science of Brainwashing

How the British use the media for mass psychological warfare

by L. Wolfe

> I know the secret of making the average American believe anything I want him to. Just let me control television. . . . You put something on the television and it becomes reality. If the world outside the TV set contradicts the images, people start trying to change the world to make it like the TV set images. . . .
> —Hal Becker, media "expert" and management consultant, the Futures Group, in an interview in 1981[1]

In the 15 years since Becker's comment, Americans have become even more "wired" into a mass media network that now includes computer and video games, as well as the Internet—an all-surrounding network whose power is so pervasive that it is almost taken for granted. As the standup comic said, "We are really a media conscious people. I know a guy who was run over by a car in the street. He didn't want to go to the hospital. Instead, he dragged himself over to the nearest bar, to check out whether he made it onto the evening news. When it wasn't on, he said, 'What does a guy have to do, get killed, to get on television?' "

In the highest circles of the British monarchy and its Club of Isles, this great power is not taken for granted. Rather, it is carefully manipulated and directed, as Becker describes from a limited standpoint, to create and mold popular opinion. In a 1991 report published by the Malthusian Club of Rome, entitled "The First Global Revolution," Sir Alexander King, top adviser on science and education policy to the royal family and Prince Philip, wrote that new advances in communications technology will greatly expand the power of the media, both in the advanced and developing sectors. The media, he proclaimed, is the most powerful weapon and "agent of change" in the fight to establish a "one-worldist," neo-Malthusian order that will transcend and obliterate the concept of the nation-state.

"It is certainly necessary to engage in a broad debate with the journalists and the top media executives involved to study the conditions for them to be able to define this new role," King wrote.

In this project, the Club of Rome can count on cooperation from the media cartel, which is a British asset, as documented in our report. It can also call on the capabilities of a mass psychological warfare machine, also run by the British and their assets, which extends into key phases of media production, and includes writers and psychiatrists who help shape the content, and the pollsters who fine-tune and analyze the impact on targetted populations. Beyond this interacting network, there are millions of participants involved in the production, distribution, and transmission of media messages, whose thinking, in turn, has been shaped by the content of the media product, and who are, effectively, self-brainwashed by the culture within which they live.

The Tavistock 'mother'

The historic center of this mass psywar apparatus is based outside London, in the Tavistock Center.[2] Established in the aftermath of World War I under the patronage of the Duke George of Kent (1902-42), the original Tavistock Clinic, led by John Rawlings Rees, developed as the psychological warfare center for the royal family and British intelligence. Rees and a cadre group of Freudian and neo-Freudian psychiatrists, applied wartime experience of psychological collapse, to create theories about how such conditions of breakdown could be induced, absent the terror of war. The result was a theory of mass brainwashing, involving group experience, that could be used to alter the values of individuals, and through that, induce, over time, changes in the axiomatic assumptions that govern society.

1. The Futures Group, a private think-tank, was one of the first organizations to specialize in the use of computer interfaces in psychological manipulations of corporate executives and political leaders. In 1981, it pioneered the RAPID program for the U.S. State Department, which used computer-driven graphics to brainwash select developing sector leaders into supporting International Monetary Fund conditionalities and population control programs. It was also involved in extensive profiling of the U.S. population for major multinationals.

2. The LaRouche movement undertook groundbreaking work on the Tavistock network in 1973-74, and published the results of its investigations in *Campaigner* magazine (Winter 1973, Spring 1974 issues). Additional work has been published in *EIR*, most recently in the May 24, 1996 issue, a *Special Report* entitled "The Sun Never Sets on the British Empire."

18 Feature

EIR January 17, 1997

Abb. 95: „How The British Use The Media for Mass Psychological Warfare" („Wie die Briten die Medien für psychologische Kriegsführung gegenüber den Massen einsetzen") bei „EIR" 1997

Leanna Wolfe beschreibt in „How The British Use The Media for Mass Psychological Warfare", wie nach der Studie des „Tavistock-Instituts" über Kriegspsychose diese die individuelle Persönlichkeit stört:

„Aus ihrer Arbeit ging eine üble These hervor: Durch den Einsatz von Terror kann der Mensch in einen kindlichen und unterwürfigen Zustand versetzt werden, in dem seine Vernunftkräfte getrübt sind und in dem seine emotionale Reaktion auf verschiedene Situationen und Reize vorhersehbar werden kann, oder in Tavistock'schen Begriffen, ‚profitabel'. Durch die Kontrolle des Angstniveaus ist es möglich, bei großen Gruppen von Menschen einen ähnlichen Zustand

herbeizuführen, deren Verhalten dann von den oligarchischen Kräften kontrolliert und manipuliert werden kann, für die ‚Tavistock' gearbeitet hat."

Da haben wir den „entfremdeten Teenager", der in seiner eigenen unbedeutenden kleinen Welt als formbar hergestellter „Ausgestoßener" niemals erwachsen wird, der in Form des Peter-Pan-Syndroms niemals in einer ununterbrochenen Entwicklung aufwächst.

Die ununterbrochene Flut des Programmierens von Menschen nach dem 2. Weltkrieg mit Radio, dann Fernsehen plus Filmen und Musik durch diese Technologie, war ein Angriff auf Menschen, die sich nicht bewusst sind, programmiert zu werden, und brachte sogar „Rebellen" hervor, die sich von der Gesellschaft und ihren Eltern und alten Ideen „entfremdet" fühlten ... Entfremdung ist Teil des Prinzips teile und herrsche. Aufwachen!

Mit einer sehr großen Anzahl neuer britischer Rockbands in den USA wurden Rockkonzerte zu einem festen Bestandteil des sozialen Kalenders der amerikanischen Jugend. Parallel zu diesen „Konzerten" stieg der Drogenkonsum unter den Jugendlichen proportional an. Das teuflische Chaos disharmonischer und heftiger Beat-Sounds betäubte die Zuhörer, sodass sie leicht dazu verleitet wurden, die neue Droge LSD auf der Grundlage zu probieren, dass „es jeder macht". Gruppenzwang ist eine sehr starke Waffe.

Eine Reihe von Staatsoberhäuptern und Kirchenmännern war sehr verärgert über den neuen Kult, aber ihre Energien wurden gegen das Ergebnis des Geschehens, und nicht gegen die Ursache, fehlgeleitet. Kritiker des Rock-Kultes machten die gleichen Fehler wie in der Zeit der Prohibition, sie kritisierten Strafverfolgungsbehörden, Lehrer, Eltern – jeden, außer den Verschwörern selbst.

4.5 Allen Ginsberg und die Rolle der Medien

Die Rolle der Print- und elektronischen Medien in unserer Gesellschaft ist entscheidend für den Erfolg der Gehirnwäsche großer Bevölkerungsgruppen. In Los Angeles endeten Bandenkriege 1966 erst, als die Medien ihre Berichterstattung darüber einstellten. Straßenbanden werden am Rebstock verdorren, sobald die flächendeckende Berichterstattung durch die Medien abgeschwächt und dann vollständig zurückgezogen wird. Wie im Jahr 1966 würde das Thema „ausgelutscht" sein. Straßenbanden werden ihren Zweck erfüllt haben, Turbulenzen und Unsicherheit zu erzeugen. Genau das gleiche Muster wird bei Rockmusik angewendet. Ohne Medienaufmerksamkeit wird sie irgendwann Geschichte sein.[(109)]

Der Aufstieg der Beatles zur obersten Riege des Rock'n'Roll-Pantheons, indem sie Elvis Presley und amerikanische Rocklegenden verdrängten, die die Zügel des Rock'n'Roll fest in der Hand hielten, wurde von der britischen Krone und dem britischen Militärgeheimdienst manipuliert und in Stellung gebracht.

Zum Beispiel berichteten die Zeitungen im August 1963 bei ihrem ersten großen Fernsehauftritt im *London Palladium*, dass die Polizei „1.000 kreischende Teenager" zurückhalten musste, aber die Geschichte war erfunden. Der kleine Ausschnitt des Zeitungsfotos zeigte tatsächlich nur drei schreiende Teenager und behauptete, es seien tausend gewesen. Ein Reporter, der später dort war, sagte, es seien weniger als acht Mädchen anwesend gewesen. Es gab keinen „Tumult" frenetischer Teenager-Mädchen.

In ähnlicher Weise wurde im Februar 1964 auf dem „JFK Airport" die „Beatlemania"-Hysterie fabriziert, als die Beatles in den USA ankamen, um in der „Ed Sullivan Show" aufzutreten.

Busladungen von Mädchen aus einer Bronx-Schule wurden von Beatles-Promotern dafür bezahlt, hysterisch zu schreien, als die Beatles aus dem Flugzeug stiegen und in den Terminal gingen.

Es war ein künstlicher Werbetrick, aber er zahlte sich aus, die Stimmung für die „Ed Sullivan Show" anzuheizen, was bei vielen amerikanischen Teenagern eine frenetische Stimmung hervorrief, in moralischer Hinsicht den Boden für gelockerte Zügel bereitete und die Kinder „anständiger" Familien der Mittelklasse die Tür öffnete, mit dem Konsum von Drogen anzufangen, was genau dem entsprach, was der britische Geheimdienst, „Tavistock" und die CIA die ganze Zeit im Sinn hatten.

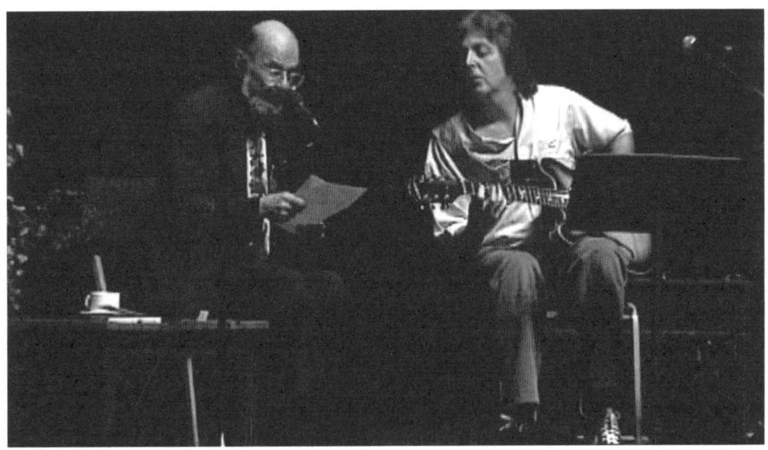

Abb. 96: Allen Ginsberg und Paul McCartney spielen „A Ballad of American Skeletons" (1995)

Allen Ginsberg war nach Ansicht von Dr. John Coleman einer der schlimmsten Drogenjunkies, der jemals auf den Straßen Amerikas wandelte. Ginsberg drängte auf die Verwendung von LSD durch Werbung, die ihn nichts kostete, obwohl es unter normalen Umständen Millionen für Fernsehwerbung gekostet hätte. Diese kostenlose Werbung für Drogen und insbesondere für LSD erreichte Ende der 1960er Jahre dank der stets willigen Zusammenarbeit der Medien einen neuen Höchststand. Die Wirkung von Ginsbergs Massen-Werbekampagne war verheerend; die amerikanische Öffentlichkeit war in rascher Folge einem kulturellen Zukunftsschock nach dem anderen ausgesetzt.

Sie wurde überflutet und überreizt, und wir wollen uns noch einmal daran erinnern, dass dies „Tavistock"-Jargon ist, der aus dem „Tavistock"-Trainingshandbuch entnommen wurde, überwältigt von seiner neuen Entwicklung, und als sie diesen Punkt erreichten, begannen die Gedanken der Amerikaner in Apathie zu verfallen; es war einfach zu viel, um damit fertig zu werden, d.h., die weitreichende Invasion hatte sie erfasst. Ginsberg behauptete, ein Dichter zu sein, aber laut Coleman hat niemals jemand, der jemals danach strebte, Dichter zu werden, größeren Müll geschrieben. Ginsbergs vorgesehene Aufgabe hatte demnach wenig mit Poesie zu tun; seine Hauptaufgabe war es, die neue Subkultur voranzutreiben und der großen Zielgruppe die Akzeptanz aufzuzwingen.

Um ihn bei seiner Aufgabe zu unterstützen, nahm Ginsberg die Dienste von Norman Mailer in Anspruch, einer Art Schriftsteller, der einige Zeit in einer Nervenheilanstalt verbracht hatte. Mailer war ein Liebling des linken Hollywood-Publikums und hatte daher kein Problem damit, ein Maximum an Sendezeit im Fernsehen für Ginsberg zu erreichen. Natürlich musste Mailer einen Vorwand haben – nicht einmal er konnte das wahre Wesen von Ginsbergs Fernsehauftritten offen herausstellen. Und so wurde ein Affentheater ausgeheckt: Mailer sprach mit Ginsberg vor der Kamera „ernsthaft" über Poesie und Literatur.

Diese Methode, eine breite Fernsehberichterstattung kostenlos für sich selbst zu erhalten, wurde von jeder Rockgruppe und jedem Konzertveranstalter aufgegriffen, die dem Beispiel von Ginsberg folgten. Die Mogule der elektronischen Medien hatten ein großes Herz, wenn es darum ging, diesen schmutzigen Kreaturen und ihren noch schmutzigeren Produkten und schmutzigen Ideen Sendezeit einzuräumen. Ihre Werbung für schrecklichen Müll sprach Bände, und ohne die reichliche Hilfe der Print- und elektronischen Medien hätte sich der Drogenhandel nicht so schnell ausbreiten können wie in den späten 1960er und frühen 1970er Jahren, und wäre wahrscheinlich auf einige kleine lokale Bereiche beschränkt geblieben.

Ginsberg konnte unter dem Deckmantel „neuer Ideen" und „neuer Kulturen", die sich in der Kunst- und Musikwelt entwickelten, mehrere landesweit im Fernsehen übertragene Auftritte zum Besten geben, in denen die Vorzüge von LSD und Marihuana gepriesen wurden. Um nicht von den elektronischen Medien in den Schatten gestellt zu werden, schrieben Ginsbergs Bewunderer inbrünstige Artikel über „diesen schillernden Mann" in den Kunst- und Sozialkolumnen aller großen amerikanischen Zeitungen und Zeitschriften.

In der Geschichte von Zeitung, Radio und Fernsehen hatte es noch nie eine so medienübergreifende kostenlose Werbekampagne gegeben, die die

Befürworter der „Wassermann-Verschwörung", der NATO und des „Club of Rome" keinen Cent kostete. All dies war absolut kostenlose Werbung für LSD, die nur spärlich kaschiert war als „Kunst" und „Kultur".

Einer von Ginsbergs engsten Freunden, Kenny Love, veröffentlichte einen fünfseitigen Bericht in der *New York Times*. Dieser steht im Einklang mit der von „Tavistock" und „Stanford" verwendeten Methodik: Wenn etwas gefördert werden soll, dessen Akzeptanz die Öffentlichkeit noch nicht vollständig einer Gehirnwäsche unterzogen hat, lässt man jemanden einen Artikel schreiben, der alle Seiten des Themas abdeckt.

Die andere Methode besteht darin, Live-Talkshows im Fernsehen zu veranstalten, in denen eine Expertengruppe das Produkt und / oder die Idee unter dem Vorwand der „Diskussion" bewirbt. Es gibt Standpunkte und Gegenstandpunkte, sowohl Pro- als auch Contra-Teilnehmer, die ihre Unterstützung oder Opposition ausdrücken. Letztlich wurde das zu fördernde Thema in die Öffentlichkeit gebracht. Während dies in den frühen 1970er Jahren neu war, ist es heutzutage eine Standardpraxis, die Talkshows erfolgreich macht.

Der fünfseitige Pro-LSD / Pro-Ginsberg-Artikel von Love wurde pflichtgemäß von der *New York Times* gedruckt. Hätte Ginsberg versucht, den gleichen Platz für eine Werbeanzeige zu kaufen, hätte ihn das mindestens 50.000 Dollar gekostet. Aber Ginsberg musste sich keine Sorgen machen; dank seines Freundes Kenny Love bekam Ginsberg die massive Werbung kostenlos. Mit Zeitungen wie der *New York Times* und der *Washington Post* unter der Kontrolle des „Komitees der 300" wird diese Art der kostenlosen Werbung für jedes Thema angeboten, insbesondere für diejenigen, die dekadente Lebensstile – Drogen-Hedonismus – fördern, alles, was im amerikanischen Volk Verwirrung stiftet. Nach dem Probelauf mit Ginsberg und LSD wurde es zur Standardpraxis des „Club of Rome", große Zeitungen in Amerika aufzufordern, Menschen und Ideen, die sie propagieren, auf Anfrage kostenlose Werbung einzuräumen.

Schlimmer noch – oder noch besser, je nach Standpunkt – *United Press* (UP) griff Kenny Loves kostenlose Werbung für Ginsberg und LSD auf und sendete sie per Fernschreiber unter dem Deckmantel einer „Nachricht" an hunderte von Zeitungen und Zeitschriften im ganzen Land. Selbst so angesehene Establishment-Magazine wie *Harpers Bazaar* und *TIME* machten Ginsberg respektabel. Wenn Ginsberg und den Förderern von LSD von einer Werbeagentur eine landesweite Kampagne dieser Größenordnung vorgelegt worden wäre, hätte der Preis mindestens 1 Million US-Dollar nach dem Stand von 1970 betragen. Heute wäre der Preis um ein Vielfaches höher.

Ohne den massiven Medienrummel und ohne fast rund um die Uhr stattfindende Berichterstattung über den Hippie-Beatnik-Rock wäre der Drogenkult niemals in Gang gekommen; es wäre eine begrenzte Kuriosität geblieben. Mit ihrem Gitarrengeschrammel, ihren albernen Grimassen, ihrer Drogensprache und seltsamen Klamotten wären die Beatles sang- und klanglos untergegangen. Stattdessen haben die USA einen Kulturschock nach dem anderen erlitten, weil die Medien flächendeckend über die Beatles berichtet haben.

Die Männer in den Denkfabriken und Forschungseinrichtungen, deren Namen und Gesichter nur wenigen bekannt sind, sorgten dafür, dass die Presse ihren Teil dazu beitrug. Umgekehrt hat die wichtige Rolle der Medien, die Macht hinter den zukünftigen Kulturschocks nicht aufzudecken, dafür gesorgt, dass die Ursache der Krise nie identifiziert wurde. So wurde unsere Gesellschaft durch psychische Schocks und Stress verrückt gemacht. „In den Wahnsinn getrieben" stammt aus dem „Tavistock"-Trainingshandbuch. Von seinen bescheidenen Anfängen im Jahr 1921 an war „Tavistock" 1966 bereit, eine große irreversible Kulturrevolution in Amerika auszulösen, die noch nicht beendet ist. Die „Wassermann-Verschwörung" ist ein Teil davon.

Auf diese Weise unterminiert, wurden die USA nun als reif für die Einführung von Drogen angesehen, die in ihrem Umfang und den enormen Geldbeträgen mit der Ära der Prohibition konkurrieren sollten. Auch dies war ein wesentlicher Bestandteil der „Wassermann-Verschwörung". Die Verbreitung des Drogenkonsums war eines der untersuchten Themen der „Science Policy Research Unit" (SPRU) an der „Sussex University" des „Tavistock-Instituts". Es war bekannt als das „Zukunftsschock"-Zentrum, ein Titel, der der sogenannten zukunftsorientierten Psychologie verliehen wurde, um ganze Bevölkerungsgruppen zu manipulieren und „Zukunftsschocks" auszulösen. Es war die erste von mehreren von „Tavistock" eingerichteten Institutionen.

„Zukunftsschocks" werden als eine Reihe von Ereignissen beschrieben, die so schnell eintreten, dass das menschliche Gehirn die Informationen nicht aufnehmen kann. Die Wissenschaft hat gezeigt, dass das Ausmaß der Veränderungen und die Art der Veränderungen, mit denen der Geist umgehen kann, deutlich begrenzt sind. Nach anhaltenden Schocks stellt die große Zielgruppe fest, dass sie keine Entscheidungen mehr treffen will. Apathie greift um sich, oft als Folge sinnloser Gewalt, wie sie für Straßenbanden in Los Angeles, Serienmörder, Vergewaltiger und Kindesentführer charakteristisch ist.

Eine solche Gruppe wird leicht zu kontrollieren und wird den Anweisungen fügsam folgen, was Gegenstand der Übung ist. *„Zukunftsschocks"*, sagt *SPRU*, *„werden als physische und psychische Belastung definiert, die sich aus der übermäßigen Belastung des Entscheidungsmechanismus des menschlichen Geistes ergibt."*

So wie ein überlasteter Stromkreis einen Auslöseschalter aktiviert, geht der Mensch auf einen „Trip", ein Syndrom, das die Medizin erst jetzt zu verstehen beginnt, obwohl John Rawlings Reese bereits in den 1920er Jahren Experimente auf diesem Gebiet durchgeführt hat. Wie zu erkennen ist, ist eine solche Zielgruppe bereit, „auszusteigen" und Drogen zu nehmen, um dem Druck so vieler Entscheidungen zu entkommen, die getroffen werden müssen ... Was mit den Beatles und den LSD-Proben begann, ist zu einer Flut des Drogenkonsums angewachsen, die Amerika überschwemmt.

Der Drogenhandel wird vom „Komitee der 300" von oben nach unten kontrolliert. Der Drogenhandel begann mit der *British East India Company* (BEIC) und wurde von der *Dutch East India Company* (DEIC) genau befolgt. Beide wurden von einem „Rat der 300" kontrolliert. Die Liste der Namen von Mitgliedern und Aktionären der BEIC liest sich wie aus *Debretts Peerage*. Die BEIC gründete die „China Inland Mission", deren Aufgabe es war, die chinesischen Bauern oder Kulis, wie sie genannt wurden, opiumsüchtig zu machen. Dies schuf den Markt für Opium, den die BEIC dann belieferte.

In ähnlicher Weise nutzte das „Komitee der 300" die Beatles, um „soziale Drogen" bei den Jugendlichen Amerikas und der „Schickeria" Hollywoods bekannt zu machen. Ed Sullivan wurde nach England geschickt, um die erste Rockgruppe kennenzulernen, die das „Tavistock-Institut" auf die USA losließ. Sullivan kehrte dann in die USA zurück, um die Strategie für die elektronischen Medien zu entwerfen, wie die Gruppe präsentiert und verkauft werden soll. Ohne die uneingeschränkte Zusammenarbeit der elektronischen Medien und insbesondere von Ed Sullivan, wären die Beatles und ihre Musik sang- und klanglos untergegangen. Stattdessen hat sich das Leben und der Charakter der Amerikaner für immer verändert.

Jetzt, da wir es wissen, ist nur allzu klar, wie erfolgreich die Beatles-Kampagne zur Verbreitung des Drogenkonsums war. Die Hauptfunktion der Beatles bestand darin, dass sie von Teenagern entdeckt werden sollten, die dann einer ununterbrochenen Flut von „Beat-Musik" ausgesetzt waren, bis sie überzeugt waren, dass sie den Sound mochten und ihn zusammen mit allem, was ihn begleitete, übernahmen. Die Liverpooler Gruppe hat die Erwartungen erfüllt und mit „ein wenig Hilfe von ihren Freunden" (wie im Beatles-Lied: „With A Little Help From My Friends"), d.h. illegalen Substanzen, die wir Drogen nennen, eine ganz neue Klasse junger Amerikaner geschaffen, genau in der vom „Tavistock-Institut" festgelegten Form.[110]

5 US-Armee und -Geheimdienste als Geburts- und Sterbehelfer der „Gegenkultur“

Unsere Gesellschaft wird von Verrückten geführt, für verrückte Ziele. Ich glaube, wir werden von Wahnsinnigen gelenkt, zu einem wahnsinnigen Ende, und ich glaube, ich werde als Wahnsinniger eingesperrt, weil ich das sage. Das ist das Wahnsinnige daran.

(John Lennon)

Wenn alles andere auf der Welt auf dem Kopf zu stehen scheint, können wir uns zumindest in der Rockmusik wohlfühlen, indem wir unseren alten Helden zuhören, die wirklich wissen, worum es in der Welt geht und wie man dagegen rebelliert. Zumindest glauben wir das.

Bevor wir fortfahren, die Puzzle-Teile zusammenzusetzen, müssen wir zunächst mit dem Mythos aufräumen, dass die Musikindustrie unser Bestes im Sinn hat. Inzwischen wird immer mehr Menschen bewusst, dass diese Welt zu einem großen Teil von einer geheimen Kabale kontrolliert wird, die wir Illuminati nennen, eine Schattenregierung, wenn Sie so wollen, die eine Neue Weltordnung und eine Eine-Welt-Regierung schaffen will. Sie haben bereits einen großen Teil der Weltpolitik, der Wirtschaft, der Bildung und der religiösen Bewegungen übernommen. Diese Tatsache wird von vielen akzeptiert, weil die Beweise überwältigend sind. Warum sollte diese Kabale, die totale Kontrolle und die Fähigkeit haben will, unsere Gedanken und Denkprozesse zu beeinflussen, ausgerechnet die Film- und Musikindustrie in Ruhe lassen?

Versetzen Sie sich in die Lage dieser Leute, und Sie werden verstehen, wovon hier die Rede ist. An ihrer Stelle wären die Musik- und Filmindustrie zwei der ersten Dinge, die es sich zu kontrollieren lohnen würde. Warum? Ganz einfach: Dabei hat man die einmalige Gelegenheit, die Massen zu beeinflussen und in jede gewünschte Richtung zu führen. Alles, was man tun muss, ist, Superhelden (Götter) zu erschaffen, zu denen die Menschen aufschauen und denen sie folgen können.

„Die beste Art die Opposition zu kontrollieren, ist, indem wir sie selbst anführen." (Wladimir Iljitsch Lenin)

Es geht um Bewusstseinskontrolle, aber es ist nicht nur das Publikum, das kontrolliert wird, sondern auch viele der Künstler. Es geht also darum, aufzudecken, wer die Fäden in der Hand hält und damit die Künstler und letztendlich uns kontrolliert!

Aufgrund des „Freedom of Information Act" ist es mittlerweile allgemein bekannt, dass es dabei um MKULTRA-Bewusstseinskontrolle geht, und dass Psychiater, die für die CIA arbeiten, bei Menschen, die nicht mitspielen wollten, ausgefeilte Techniken zur Bewusstseinskontrolle anwenden. Dies zerstörte das Leben der Opfer, und viele von ihnen starben infolge der Experimente. Die Regierung schuf mandschurische Kandidaten für den Kalten Krieg, aber auch als politische Attentäter im Allgemeinen. Uns wird jedoch gesagt, dass diese Experimente in den 1970er Jahren aufgehört haben und jetzt nur ein weiteres dunkles Kapitel in der amerikanischen Geschichte sind. Opfer und Forscher erzählen uns jedoch etwas anderes. Diese Experimente wurden bis heute fortgesetzt, jedoch unter anderen Codenamen, und sind jetzt noch ausgefeilter. Die Illuminati-Wissenschaftler kennen sich sehr gut mit der Funktionsweise des menschlichen Geistes aus und wissen, wie man ihn manipuliert.

Diese Mind-Control-Techniken wurden in der Musikindustrie verwendet und werden heute noch in Grunge, Gangsta Rap, Hip Hop oder jedem anderen Genre verwendet. Es sind die gleichen alten Techniken im neuen Gewand...

Der brillante Forscher David McGowan veröffentlichte eine sehr detaillierte und lange Artikelserie mit dem Titel „Inside The LC: The Strange but Mostly True Story of Laurel Canyon and the Birth of the Hippie Generation". Es ist eine erstaunliche Sammlung von Nachforschungen, bei denen er effektiv darauf hinweist, dass die Top-Künstler der Musik- und Filmindustrie, ihre Manager und Produzenten häufig Militär- und / oder Geheimdienstverbindungen haben. Viele sind auch an organisierter Kriminalität, Drogenhandel, Mord, Prostitution, Kinderpornografie, Snuff-Filmen und schwarzer Magie beteiligt.[111]

5.1 Die Geburt der Hippie-Generation im Laurel Canyon

Kommen Sie nun mit auf eine Reise in die Vergangenheit, zu einer Zeit vor fast fünf Jahrzehnten – einer Zeit, in der Amerika zuletzt uniformierte Bodentruppen hatte, die einen anhaltenden und blutigen Kampf führten, um souveränen Nation eine entschieden Orwellsche „Demokratie" aufzuzwingen.

Es ist die erste Augustwoche 1964, und US-Kriegsschiffe unter dem Kommando des US-Navy-Admirals George Stephen Morrison sollen während der Patrouille am Golf von Tonkin in Vietnam angegriffen worden sein. Dieses Ereignis, das später als „Tonkin-Golf-Zwischenfall" bezeichnet wird, wird dazu führen, dass der US-Kongress sofort die offensichtlich vorgefertigte Tonkin-Golf-Resolution verabschiedet, was wiederum schnell zu Amerikas tiefem Eintauchen in den blutigen Vietnam-Sumpf führen wird. Bevor es vorbei ist, werden weit über 50.000 amerikanische Leichen – zusammen mit buchstäblich Millionen südostasiatischer Leichen – die Schlachtfelder von Vietnam, Laos und Kambodscha übersäen.

Nur für das Protokoll: Der Tonkin-Golf-Vorfall scheint sich etwas von anderen angeblichen Provokationen zu unterscheiden, die dieses Land in den Krieg getrieben haben. Dies war nicht, wie wir schon so oft gesehen haben, eine Operation unter falscher Flagge (d.h. eine Operation, bei der Onkel Sam sich selbst angreift und dann mit dem anklagenden Finger auf jemand anderen zeigt).

Es war auch nicht, wie wir auch mehr als einmal gesehen haben, ein Angriff, der ganz bewusst provoziert wurde. Nein, wie sich herausstellte, war der Vorfall am Golf von Tonkin tatsächlich ein „Angriff", der überhaupt nicht stattgefunden hat.

Der gesamte Vorfall war, wie fast offiziell anerkannt, frei erfunden. (Es ist jedoch durchaus möglich, dass die Absicht war, eine defensive Reaktion zu provozieren, die dann als unprovozierter Angriff auf US-Schiffe gewertet werden konnte. Die fraglichen Schiffe befanden sich auf einer Geheimdienstmission und operierten ausgesprochen provokativ. Es ist durchaus möglich, dass Onkel Sam, als die vietnamesischen Streitkräfte nicht wie erwartet reagierten, beschloss, nur so zu tun, als ob sie es getan hätten.

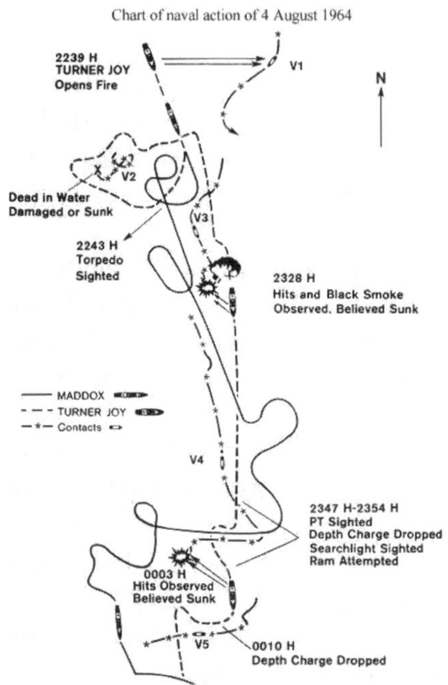

Abb. 97: US-Darstellung des angeblichen Zwischenfalls am 4. August 1964

Dennoch begannen die USA Anfang Februar 1965 – ohne Kriegserklärung und ohne triftigen Grund, einen Krieg zu führen – wahllos damit, Nordvietnam zu bombardieren. Im März desselben Jahres beginnt die berüchtigte „Operation Rolling Thunder". Im Laufe der nächsten dreieinhalb Jahre werden Millionen Tonnen an Bomben, Raketen, Brandvorrichtungen und chemischen Kampfstoffen auf die Menschen in Vietnam geworfen, was nur als eines der schlimmsten Verbrechen gegen die Menschlichkeit bezeichnet werden kann, die jemals auf diesem Planeten begangen wurden.

Ebenfalls im März 1965 wird der erste uniformierte US-Soldat offiziell vietnamesischen Boden betreten (obwohl Spezialeinheiten, die sich als „Berater" und „Ausbilder" tarnten, mindestens vier Jahre, und wahrscheinlich noch viel länger, dort waren). Bis April 1965 werden 25.000 uniformierte amerikanische Kinder, die meisten noch Teenager, die gerade die Highschool abgeschlossen haben, durch die Reisfelder Vietnams schlurfen. Bis Ende des Jahres stieg die Stärke der US-Truppen auf 200.000 an.

Inzwischen beginnt in den ersten Monaten des Jahres 1965 anderswo auf der Welt eine neue „Szene" in Los Angeles Gestalt anzunehmen. In einer geografisch und sozial isolierten Gemeinde namens Laurel Canyon – in einem waldreichen, ländlichen, ruhigen, aber irgendwie bedrohlichen Teil von Los Angeles, eingebettet in die Hügel, die das Becken von Los Angeles vom San Fernando Valley trennen – beginnen Musiker, Sänger und Songwriter sich plötzlich zu versammeln, als ob sie von einem unsichtbaren Rattenfänger dorthin gerufen worden wären. Innerhalb weniger Monate wird dort die

Bewegung der „Hippies / Blumenkinder“ geboren, zusammen mit dem neuen Musikstil, der den Soundtrack für die turbulente zweite Hälfte der 1960er Jahre liefert.

Eine unheimliche Anzahl von Rockmusik-Superstars wird ab Mitte der 1960er Jahre und bis in die 1970er Jahre aus dem Laurel Canyon hervorgehen. Die ersten, die ein Album veröffentlichten, waren The Byrds, deren größter Star sich als David Crosby erwies. Das Debüt der Band, „Mr. Tambourine Man“, wird zur Zeit der Sommersonnenwende 1965 veröffentlicht. Es folgen schnell Veröffentlichungen der von John Phillips angeführten The Mamas and the Papas („If You Can Believe Your Eyes and Ears“, Januar 1966), Love with Arthur Lee („Love“, Mai 1966), Frank Zappa and The Mothers of Invention („Freak Out“, Juni 1966), Buffalo Springfield mit Stephen Stills und Neil Young („Buffalo Springfield“, Oktober 1966) und The Doors („The Doors“, Januar 1967).

Einer der frühesten im Laurel Canyon / Sunset Strip-Szene ist Jim Morrison, der rätselhafte Sänger der Doors. Jim wird schnell zu einer der bekanntesten, umstrittensten, von der Kritik gefeierten und einflussreichsten Persönlichkeiten, die sich im Laurel Canyon niederlassen. Seltsamerweise kann der selbsternannte „Echsenkönig“ auch aus einem weiteren Grund Anspruch auf Berühmtheit erheben, obwohl jemand, den keiner seiner zahlreichen Chronisten für wichtig hält, für seine Karriere und den möglichen vorzeitigen Tod von Bedeutung ist: Wie sich herausstellt, ist er nämlich der Sohn des zuvor genannten Admiral George Stephen Morrison.

Und so positioniert sich der Sohn – selbst während der Vater aktiv Teil einer Verschwörung ist, um einen Vorfall zu erfinden, der dazu verwendet wird, einen illegalen Krieg massiv zu beschleunigen – zu einer Ikone der Hippie- / Friedensbewegung. Daran ist wohl zunächst nichts Ungewöhnliches. Die Welt ist halt klein usw. Und es ist schließlich nicht so, als ob Jim Morrisons Geschichte in irgendeiner Weise einzigartig wäre.

In den ersten Jahren seiner Blütezeit ist Laurel Canyons Vaterfigur die eher exzentrische Persönlichkeit, die als Frank Zappa bekannt ist. Obwohl er und seine verschiedenen Mothers of Invention-Besetzungen niemals den kommerziellen Erfolg der Band unter der Leitung des Admiralssohnes erreichen, wird Frank zu einer äußerst einflussreichen Figur für seine Zeitgenossen.

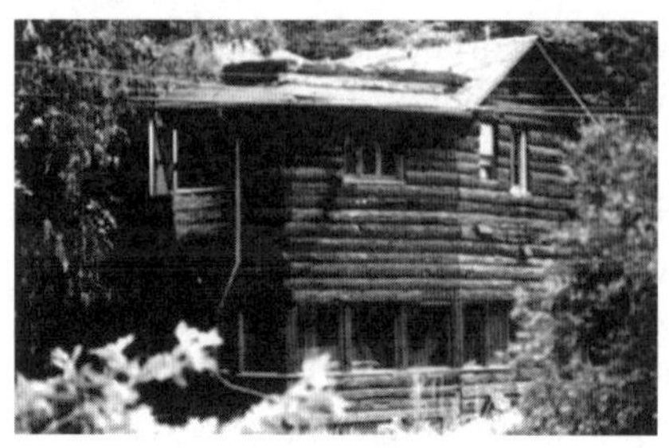

Abb. 98: Das „Blockhaus“ von Frank Zappa

Zappa hält sich in einem Wohnhaus namens „Log Cabin“ („Blockhaus“) auf, das sich mitten im Herzen des Laurel Canyon an der Kreuzung von „Laurel Canyon Boulevard“ und „Lookout Mountain Avenue“ befindet. Zappa beherbergt praktisch jeden Musiker, der Mitte bis Ende der 1960er Jahre durch den Canyon fährt. Er entdeckt auch zahlreiche Acts, die er für seine verschiedenen in Laurel Canyon ansässigen Plattenlabels unter Vertrag nimmt. Viele dieser Acts entwickeln sich zu ziemlich bizarren und etwas obskuren Charakteren (denken Sie nur an Captain Beefheart und Larry „Wild Man“ Fischer), aber einige von ihnen, wie der Sperma-Schock-Rocker Alice Cooper, werden zum Superstar.

Zappa und manche Mitglieder seiner großen Gefolgschaft wirken auch vorbildhaft für den typischen Look und die Einstellung der „Hippie“-Gegenkultur (obwohl der Zappa-Clan den Ausdruck „Freak“ vorzieht). In der „Log Cabin“ praktizierte man eine frühe Version des Kommunenlebens. Eine ganze Menge Mitläufer bewohnen Zimmer im Haupt- und im Gästehaus, hausen aber auch in den merkwürdigen Höhlen und Tunnels, die unter dem Grundstück liegen. Und wer sich unter einem „Blockhaus“ vielleicht ein idyllisches Häuschen vorstellt, liegt völlig daneben: Das riesige Gebäude hat fünf Stockwerke und ein 200 Quadratmeter großes Wohnzimmer mit drei gewaltigen Kronleuchtern und einem steinernen Kamin, der vom Boden bis zur Decke reicht. So sehr Zappa (der interessanterweise zur Wintersonnenwende 1940 zur Welt kam) die „Hippie“-Kultur auch mitprägt und sich mit ihr umgibt, so wenig macht er ein Geheimnis daraus, welch tiefe Verachtung er für sie empfindet.

Angesichts der Tatsache, dass Zappa zahlreichen Berichten zufolge ein streng autoritärer Kontrollfreak und Unterstützer von US-Militäraktionen in Südostasien war, ist es vielleicht nicht verwunderlich, dass er keine Verwandtschaft mit der Jugendbewegung empfinden würde, die er pflegte. Und man kann wahrscheinlich mit Sicherheit sagen, dass Zappas Vater auch wenig Rücksicht auf die Jugendkultur der 1960er Jahre hatte, da Francis Zappa, falls Sie es sich fragen, ein Spezialist für chemische Kriegsführung war – wo sonst? Beim „Edgewood Arsenal".

„Edgewood" ist natürlich die langjährige Heimat des amerikanischen Programms zur chemischen Kriegsführung sowie eine Einrichtung, die häufig als tief in die MKULTRA-Operationen verstrickt bezeichnet wird. Seltsamerweise wuchs Frank Zappa buchstäblich im „Edgewood Arsenal" auf, nachdem er die ersten sieben Jahre seines Lebens in Militärunterkünften auf dem Gelände der Einrichtung verbracht hatte. Die Familie zog später nach Lancaster (Kalifornien) in die Nähe der „Edwards Air Force Base", wo Francis Zappa sich weiterhin mit geheimen Arbeiten für den Militär- / Geheimdienstkomplex beschäftigte. Sein Sohn bereitete sich unterdessen darauf vor, eine Ikone der Love-and-Peace-Bewegung zu werden. Auch hieran ist vermutlich nichts Ungewöhnliches.

Zappas Manager ist übrigens eine Schattenfigur namens Herb Cohen, der mit seinem Bruder Mutt aus der Bronx nach Los Angeles gekommen war, kurz bevor sich die Musik- und Clubszene aufheizte. Cohen, ein ehemaliger US-Marine, war vor seiner Ankunft in der Laurel Canyon-Szene einige Jahre um die Welt gereist. Diese Reisen hatten ihn seltsamerweise 1961 in den Kongo geführt, als der linke Premierminister Patrice Lumumba von seiner ureigenen CIA gefoltert und getötet wurde. Keine Sorge: Laut einem Zappa-Biographen war Cohen nicht auf einer schändlichen Geheimdienstmission im Kongo. Nein, er war dort, ob Sie es glauben oder nicht, um Lumumba Waffen zu liefern. Trotz der CIA. Denn das ist nun mal die Art von Dingen, die Ex-Marines in jenen Tagen getan haben (wie wir noch früh genug sehen werden, wenn wir uns eine andere Laurel Canyon-Leuchte ansehen).

Die andere Hälfte von Laurel Canyons erster Familie bildet Franks Frau Gail Zappa, die früher als Adelaide Sloatman bekannt war. Gail stammt aus einer langen Reihe von Marineoffizieren, einschließlich ihres Vaters, der sein Leben lang an der Erforschung geheimer Atomwaffen für die US-Marine gearbeitet hat. Gail selbst hatte einmal als Sekretärin für das Büro für Marineforschung und -entwicklung gearbeitet (sie erzählte auch einmal einem Interviewer, dass sie „ihr ganzes Leben lang Stimmen gehört hat").

Viele Jahre vor ihrer fast gleichzeitigen Ankunft mit „Mr. Mojo Risin'" Jim Morrison im Laurel Canyon, war Gail im selben Navy-Kindergarten wie er (und es wird behauptet, dass Gail Jim einmal mit einem Hammer auf den Kopf geschlagen hat, als sie noch Kinder waren). Der gleiche Jim Morrison hatte später die gleiche Highschool in Alexandria (Virginia) besucht, wie zwei andere zukünftige Laurel Canyon-Stars: John Phillips und Cass Elliott.[112]

„Papa“ John Phillips spielte mehr als wahrscheinlich jeder andere berühmte Bewohner des Laurel Canyon eine wichtige Rolle bei der Verbreitung der aufstrebenden jugendlichen „Gegenkultur“ in ganz Amerika. Er leistete in zweifacher Hinsicht seinen Beitrag: Erstens organisierte er (in Zusammenarbeit mit dem Charles Manson-Partner Terry Melcher) das berühmte „Monterrey Pop Festival“, das durch seine beispiellose Medienpräsenz dem amerikanischen Durchschnittsbürger einen ersten wirklichen Einblick in die Musik und Mode der aufstrebenden Hippie-Bewegung vermittelte. Durch den in der Nachbarschaft lebenden Dennis Wilson, den Schlagzeuger der Beach Boys, wurde Melcher mit Charles Manson und dessen Anhängerschaft bekannt gemacht. Nach mehreren Probeaufnahmen mit Manson lehnte er es jedoch ab, ein Album mit ihm zu produzieren. Manson war verärgert und besuchte Melcher des Öfteren unangemeldet bei ihm zu Hause. Nachdem Melcher 1969 nach Malibu gezogen war, vermietete der Besitzer Rudolph Altobelli das Anwesen an den Regisseur Roman Polanski und dessen Ehefrau Sharon Tate. (Tate sowie mehrere anwesende Gäste wurden dort am 9. August 1969 von der sogenannten „Manson Family“ ermordet. Daraufhin zog sich Melcher fast völlig zurück). Zweitens schrieb Phillips ein seichtes Lied, das als „San Francisco (Be Sure to Wear Flowers in Your Hair)“ bekannt ist, und das schnell die Spitze der Charts erklomm.

Sowohl das Festival als auch das Lied trugen entscheidend dazu bei, dass die vom Wahlrecht ausgeschlossenen (überwiegend minderjährigen Ausreißer) nach San Francisco pilgerten, um dort das Haight-Ashbury-Phänomen und den legendären „Sommer der Liebe“ des Jahres 1967 ins Leben zu rufen.

Bevor Phillips im Laurel Canyon ankam und den bald oder bereits Berühmten und auch den Berüchtigten seine Türen öffnete (wie etwa dem schon erwähnten Charles Manson, dessen „Familie“ sich auch gelegentlich in der „Log Cabin“ und im Laurel Canyon-Haus von „Mama“ Cass Elliot aufhielt, das sich, falls Sie das noch nicht wussten, genau gegenüber dem Haus von Abigail Folger und Voytek Frykowski befand – aber wir wollen den Dingen ja nicht vorgreifen), vor dieser Zeit also war auch Phillips ein Kind des Militär- und Geheimdienstkomplexes. Als Sohn des US-Marine-Corps-Captains Claude Andrew Phillips und einer Mutter, die sich als

Hellseherin mit telekinetischen Kräften bezeichnete, besuchte John eine ganze Reihe von Elite-Gymnasien des Militärs in der Region Washington D.C. und schaffte es sogar, an der renommierten „US Naval Academy“ in Annapolis aufgenommen zu werden.

Nachdem er Annapolis verlassen hatte, heiratete John Susie Adams, einen direkten Nachkommen von „Gründungsvater“ John Adams. Susies Vater, James Adams Jr., war an dem beteiligt gewesen, was Susie „Nacht-und-Nebel-Aktionen mit der Luftwaffe in Wien“ nannte, oder was wir gerne als verdeckte Geheimdienstoperationen bezeichnen. Susie selbst fand später eine Anstellung im Pentagon, zusammen mit John Phillips' älterer Schwester Rosie, die fast 30 Jahre in dem Komplex ihren Dienst leistete.

Johns Mutter, „Dene“ Phillips, war auch den größten Teil ihres Lebens in einer nicht näher bezeichneten Funktion für die US-Bundesregierung tätig. Und Johns älterer Bruder, Tommy, war ein kampferprobter ehemaliger US-Marine, der als Polizist bei der Polizei von Alexandria Arbeit fand, obwohl er einen Disziplinareintrag hatte, weil er gegenüber farbigen Menschen einen Hang zu gewalttätigem Verhalten an den Tag legte.

John Phillips war natürlich nicht in solche Angelegenheiten verwickelt, obwohl er sein ganzes Leben lang von Militär- / Geheimdienstmitarbeitern umgeben war. Zumindest wird dies uns glauben gemacht. Bevor Johns Musikkarriere jedoch erfolgreich verlief, schien er sich rein zufällig an einigen eher ungewöhnlichen Orten aufzuhalten. Ein solcher Ort war Havanna (Kuba) wo Phillips auf dem Höhepunkt der kubanischen Revolution ankam. Fürs Protokoll hat Phillips behauptet, dass er als nichts weiter als ein besorgter Privatmann nach Havanna gegangen sei, mit der Absicht – Sie werden diesen Spruch lieben – „für Castro zu kämpfen“. Denn wie ich bereits erwähnte, reisten damals viele Leute ins Ausland, um die CIA-Operationen zu vereiteln, bevor sie sich im Laurel Canyon niederließen und sich der Hippie-Generation anschlossen, während der zwei Wochen, in denen sich die Kubakrise abspielte.

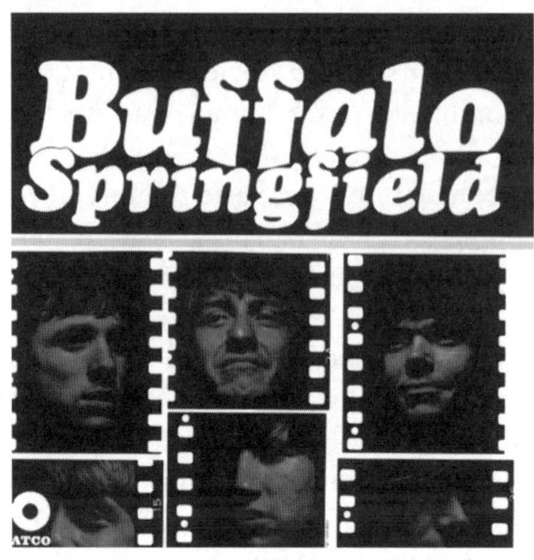

Abb. 99: Auf dem Cover zeigen die Band-Mitglieder entweder die „Ein-Augen-Symbolik“

Wie auch immer, wenden wir uns nun einem weiteren der frühesten und hellsten Stars des Laurel Canyon zu, Mr. Stephen Stills. Stills wird als Gründungsmitglied von zwei der bekanntesten und beliebtesten Bands des Laurel Canyon ausgezeichnet: Buffalo Springfield und natürlich Crosby, Stills & Nash. Darüber hinaus schrieb Stills vielleicht die erste und sicherlich eine der beständigsten Hymnen der 60er-Generation, „For What It's Worth“:

„Hier passiert etwas.
Aber was es ist, ist nicht ganz klar.“

Stills' Nachfolge-Single hieß „Bluebird“, was rein zufällig, oder auch nicht, der Codename war, der ursprünglich dem MKULTRA-Programm zugewiesen wurde. Vor seiner Ankunft im Laurel Canyon war Stephen Stills (gähn!) das Produkt einer weiteren Militärfamilie. Der junge Stephen wuchs teilweise in Texas auf und verbrachte große Teile seiner Kindheit in El Salvador, Costa Rica, der Panamakanal-Zone und verschiedenen anderen Teilen Mittelamerikas.

Sein Vater war an all diesen Orten eingesetzt, um dort – das können wir mit großer Sicherheit annehmen – auf die bekannte und freundlichste amerikanische Art dem Volk die „Demokratie“ nahezubringen. Wie die anderen Darsteller unserer Geschichte erfuhr auch Stills seine Ausbildung hauptsächlich an Schulen auf Militärbasen und an Elite-Militärakademien. Unter vielen seiner Zeitgenossen im Laurel Canyon ist er wegen seiner aggressiven und autoritären Persönlichkeit berüchtigt. Aber auch das ist ja, wie uns die restlichen unserer Helden demonstriert haben, keineswegs ungewöhnlich.

Die Geschichte von Stephen Stills hat jedoch einen noch merkwürdigeren Aspekt: Stephen erzählte später jedem, der sich hinsetzt und zuhört, dass er für Onkel Sam Zeit im Dschungel Vietnams verbracht hat. Diese Geschichten werden von Chronisten dieser Zeit allgemein als nichts anderes als drogenbedingte Wahnvorstellungen abgetan. So etwas könne unmöglich wahr sein, wird behauptet, da Stills genau zu dem Zeitpunkt in der Laurel Canyon-Szene eintraf, als die ersten uniformierten Truppen verlegt wurden, und er wurde danach die ganze Zeit öffentlich gesehen.

Und es wird natürlich seine Richtigkeit haben, dass Stephen Stills nicht zusammen mit uniformierten Bodentruppen in Vietnam gedient hat, aber was ignoriert wird, ist die unbestreitbare Tatsache, dass die USA tausende von „Beratern" hatten – das heißt, CIA- und Special Forces-Truppen – die viele Jahre im Land tätig waren, bevor die ersten offiziellen Bodentruppen eintrafen. Was auch ignoriert wird, ist, dass Stephen Stills angesichts seines Hintergrunds, seines Alters und des Zeitplans der Ereignisse nicht nur tatsächlich in Vietnam hätte zum Einsatz kommen können, sondern geradezu prädestiniert für einen solchen Auftrag zu sein schien. Und danach hätte er ja ganz schnell zur Kultfigur der Antikriegsgeneration werden können. Kommt uns das nicht irgendwie bekannt vor?

Eine weitere dieser Ikonen und einer der extravagantesten Bewohner von Laurel Canyon ist ein junger Mann namens David Crosby, Gründungsmitglied der wegweisenden Laurel Canyon-Band The Byrds, sowie natürlich Crosby, Stills & Nash. Es überrascht nicht, dass Crosby der Sohn eines Absolventen aus Annapolis und militärischen Geheimdienstoffiziers des 2. Weltkriegs ist, Major Floyd Delafield Crosby. Wie andere in dieser Geschichte, verbrachte Floyd Crosby einen Großteil seiner Zeit nach dem Dienst damit, die Welt zu bereisen. Diese Reisen führten ihn an Orte wie Haiti, wo er 1927 einen Besuch abstattete, als das Land zufällig von den US-Marines militärisch besetzt wurde. Einer der Marines, die diese Besetzung durchführte, war ein Typ, den wir zuvor unter dem Namen Captain Claude Andrew Phillips kennengelernt hatten.

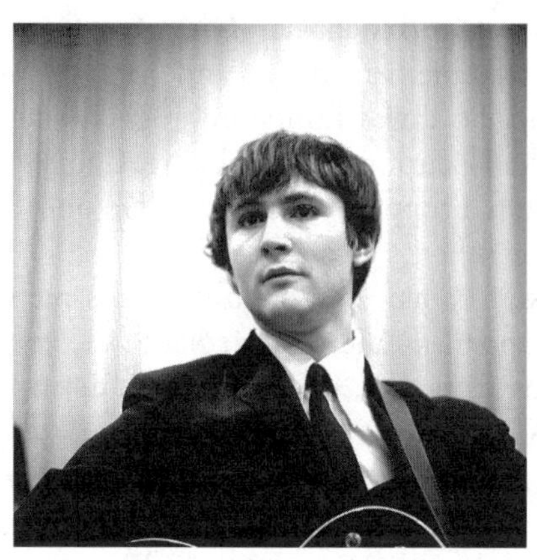

Abb. 100: Der unschuldige junge Prinz der Dynastien besingt die naiven Heranwachsenden

Aber David Crosby ist viel mehr als nur der Sohn von Major Floyd Delafield Crosby. Wie sich herausstellt, ist David Van Cortlandt Crosby ein Spross der eng miteinander verflochtenen Familien Van Cortlandt, Van Schuyler und Van Rensselaer. Und während Sie wahrscheinlich denken: „Der Van wer Familien?" Ich kann Ihnen versichern, dass Sie, wenn Sie diese Namen bei *Wikipedia* eingeben, ziemlich viel Zeit damit verbringen können, sich über die Macht zu informieren, die dieser Clan in den letzten Jahrhunderten ausgeübt hat. Es genügt zu sagen, dass der Crosby-Stammbaum eine wirklich schwindelerregende Anzahl von US-Senatoren und Kongressabgeordneten, Senatoren und Versammlungsmitgliedern, Gouverneuren, Bürgermeistern, Richtern, Richtern des Obersten Gerichtshofs, Generälen des Unabhängigkeitskrieges und des Bürgerkriegs, Unterzeichnern der Unabhängigkeitserklärung und Mitgliedern des Kontinentalkongresses enthält.

Außerdem sei auch erwähnt, dass unter Crosbys Vorfahren mehr als nur ein paar Hochgradfreimaurer sind. Stephen Van Rensselaer III. diente beispielsweise als Großmeister der Freimaurer in New York. Wenn all das noch nicht beeindruckend genug ist, David Van Cortlandt Crosby ist auch ein direkter Nachkomme der „Gründungsväter" und Urheber der „Federalist Papers", Alexander Hamilton und John Jay.

Wenn es, wie viele glauben, ein Netzwerk von Elitefamilien gibt, das die nationalen und weltweiten Ereignisse für eine sehr lange Zeit geprägt hat, dann kann man wahrscheinlich mit Sicherheit sagen, dass David Crosby der Blutlinie dieses Clans angehört. Denken Sie daran, warum sein Sperma in bestimmten Kreisen so gefragt zu sein scheint – denn wenn wir hier ehrlich sind, kann es sicherlich nicht an seinem Aussehen oder Talent liegen. Wenn Amerika ein Königshaus hätte und einen dazugehörigen Hochadel, dann wäre David Crosby mindestens ein Herzog oder ein Prinz oder etwas ähnliches. Abgesehen davon ist er nur ein ganz normaler Typ, der zufällig als einer der hellsten Sterne von Laurel Canyon strahlt. Und der, das sollte man wohl erwähnen, eine echte Vorliebe für Waffen hat, insbesondere für Handfeuerwaffen, von denen er sein ganzes Leben lang eine beträchtliche Sammlung aufbewahrt hat. Laut denen, die ihm am nächsten stehen, kommt es selten vor, dass Crosby *nicht* verdeckt eine Waffe bei sich trägt (John Phillips besaß auch Handfeuerwaffen und trug sie manchmal bei sich).

Und laut Crosby selbst hat er mindestens einmal eine Schusswaffe in Wut auf einen anderen Menschen abgefeuert. All dies machte ihn natürlich prädestiniert dafür, Blumenkinder um sich zu scharen.

Ein weiterer leuchtender Stern in der Laurel Canyon-Szene, war nur wenige Jahre später der Singer-Songwriter Jackson Browne, der – langweilen Sie sich genauso wie ich? – das Produkt einer Familie ist, die Karriere beim Militär gemacht hat. Brownes Vater wurde mit „Wiederaufbau"-Arbeit im Nachkriegs-Deutschland beauftragt, was sehr wahrscheinlich bedeutet, dass er beim OSS, dem Vorläufer der CIA, angestellt war. Wie sich die Leser des Buches „Understanding the F-Word" von David McGowan erinnern mögen, bestand die Beteiligung der USA am Wiederaufbau der Nachkriegszeit in Deutschland hauptsächlich darin, die Nazi-Infrastruktur so weit wie möglich zu erhalten und Kriegsverbrecher vor Gefangennahme und Strafverfolgung zu schützen. Vor diesem Hintergrund wurde Jackson Browne in einem Militärkrankenhaus in Heidelberg geboren. Etwa zwei Jahrzehnte später tauchte er auf als ... oh, lassen wir es gut sein.

Lassen Sie uns stattdessen über drei andere Laurel Canyon-Sänger sprechen, die schwindelerregende Höhen des Ruhms und Reichtums erklommen: Gerry Beckley, Dan Peek und Dewey Bunnell. Individuell sind diese drei Namen wahrscheinlich praktisch allen Lesern unbekannt. Aber gemeinsam werden die drei als die Band America Anfang der 70er Jahre große Hits mit Songs wie „Ventura Highway", „A Horse With No Name" und dem *Der Zauberer von Oz*-Thema „The Tin Man" erzielen.

Man muss hier wahrscheinlich nicht hinzufügen, dass alle drei dieser Jungs Produkte der Militär- / Geheimdienstgemeinde waren. Beckleys Vater war der Kommandeur der inzwischen aufgelösten West Ruislip USAF-Basis in der Nähe von London (England), einer Einrichtung, die tief in Geheimdienstoperationen verstrickt ist. Bunnells und Peeks Väter waren beide

Luftwaffenoffiziere, die unter Beckleys Vater in West Ruislip dienten, wo sich die drei Jungs zum ersten Mal trafen.

Wir könnten vermutlich auch über Mike Nesmith von den Monkees und Cory Wells von Three Dog Night (zwei weitere äußerst erfolgreiche Laurel Canyon-Bands) sprechen, die beide nicht lange nach ihrem Dienst bei der „US Air Force" in Los Angeles ankamen. Nesmith erbte auch ein Familienvermögen von schätzungsweise 25 Millionen US-Dollar. Gram Parsons, der kurz David Crosby bei den Byrds ersetzen sollte, bevor er Sänger der Flying Burrito Brothers wurde, war der Sohn von Major Cecil Ingram „Coon Dog" Connor II, einem dekorierten Militäroffizier und Bomberpiloten, der Berichten zufolge über 50 Kampfeinsätze geflogen war. Parsons war auch mütterlicherseits ein Erbe des beeindruckenden Snively-Familienvermögens. Die Familie Snively soll die reichste Familie in der exklusiven Enklave Winter Haven (Florida) sein, und war stolzer Besitzer von *Snively Groves, Inc.*

Und so geht es weiter, wenn man die Liste der Laurel Canyon-Superstars durchgeht. Was man häufig findet, sind die Söhne und Töchter des „millitärisch-industriellen-Komplexes" und die Söhne und Töchter von extrem Reichen und Privilegierten – und oft findet man beides praktischerweise auf einmal zusammengefasst. Hin und wieder stößt man auch auf einen ehemaligen Kinderschauspieler wie den oben genannten Brandon DeWilde, den Monkee Mickey Dolenz oder das exzentrische Wunderkind Van Dyke Parks.

Man kann auch auf einige ehemalige Geisteskranke stoßen, so wie James Taylor, der einige Zeit in zwei verschiedenen psychiatrischen Einrichtungen in Massachusetts verbracht hat, bevor er die Laurel Canyon-Szene betrat, oder Larry „Wild Man" Fischer, der in seinen Teenagerjahren wiederholt eingewiesen wurde. Einmal, weil er seine Mutter mit einem Messer angegriffen hatte (ein Akt, der von Zappa auf dem Cover von Fischers erstem Album auf hämische Weise verspottet wurde). Schließlich könnte man die Nachkommen einer Person des organisierten Verbrechens finden, wie Warren Zevon, der Sohn von William „Stumpy" Zevon, einem Leutnant des berüchtigten Los Angeles-Gangsterbosses Mickey Cohen.

All diese Leute versammelten sich fast gleichzeitig entlang der engen, kurvenreichen Straßen des Laurel Canyon. Sie kamen aus dem ganzen Land – obwohl die Region Washington D.C. deutlich überrepräsentiert war – sowie aus Kanada und England. Sie kamen, obwohl es zu dieser Zeit in Los Angeles nicht viel Rockmusik gab. Sie kamen, obwohl es zu dieser Zeit keine nennenswerte Live-Musikszene gab. Sie kamen, obwohl es im Nachhinein keinen erkennbaren Grund für sie gab, dies zu tun.

Es wäre heutzutage natürlich sinnvoll, wenn sich ein aufstrebender Musiker nach Los Angeles wagt. Aber damals waren die Zentren des Musikuniversums Nashville, Detroit und New York. Wie Sie sehen, war es nicht die Branche, die die Menschenansammlung zum Laurel Canyon lockte, sondern die Menschenansammlung im Laurel Canyon, die Los Angeles zum Epizentrum der Musikindustrie machte. Worauf führen wir dann diese beispiellose Ansammlung zukünftiger musikalischer Superstars in den Hügeln über Los Angeles zurück? Was hat sie alle dazu inspiriert, gen Westen aufzubrechen? Vielleicht sagte Neil Young es am besten, als er einem Interviewer sagte, er könne nicht wirklich sagen, warum er um 1966 nach L.A. aufbrach; er und andere „gingen einfach wie Lemminge".[(113)]

„Er war großartig, er war unwirklich – wirklich, wirklich gut. Er hatte diese Art von Musik, die sonst niemand machte. Ich dachte, er hätte wirklich etwas Verrücktes, etwas Großartiges. Er war wie ein lebender Dichter."

Die erste Quizfrage für heute: Die beiden obigen Aussagen wurden bei verschiedenen Gelegenheiten von einem berühmten Laurel Canyon-Musiker der 1960er-Jahre getätigt. Beide Zitate wurden zum Lob eines anderen Laurel Canyon-Musikers ausgesprochen. Vergeben Sie sich fünf Punkte für die korrekte Identifizierung der Person, die die Bemerkungen gemacht hat, und fünf für die Identifizierung, auf wen sich die Aussagen beziehen. Die Antworten finden Sie am Ende dieses Textes.

Im ersten Teil dieser Saga trafen wir einige der erfolgreichsten und einflussreichsten Rockmusik-Superstars, die während ihrer glorreichen Tage aus dem Laurel Canyon hervorgegangen waren. Aber dies waren leider mehr als nur Musiker, Sänger und Liedermacher, die sich im Canyon versammelt hatten. Sie waren dazu bestimmt, die Sprecher und De-facto-Führer einer Generation unzufriedener Jugendlicher zu werden (wie Carl Gottlieb als Co-Autor in David Crosbys Autobiografie feststellte): *„Die beispiellose Massenattraktivität des neuen Rock'n'Roll gab den Sängern eine öffentliche Stimme in vielerlei Hinsicht."* Das macht es natürlich umso merkwürdiger, dass diese Ikonen in überwältigendem Maße die Söhne und Töchter des

Militär- und Geheimdienstkomplexes und die Sprösslinge von Familien waren, die in diesem Land für eine sehr lange Zeit über ein enormes Maß an Reichtum und Macht verfügt haben.

Manche meinen, dass an der Tatsache, dass so viele dieser Helden einer früheren Generation Familien mit militärischem oder Geheimdiensthintergrund entstammten, nicht unbedingt etwas Verwerfliches sein müsse. Vielleicht hatten sie ihre künstlerische Laufbahn ja nur eingeschlagen, weil sie damit gegen ihre Eltern und deren Wertesystem rebellieren wollten. Das könnte in einigen Fällen zutreffen. Aber was können wir daraus schließen, dass eine so erstaunliche Anzahl dieser Leute (zusammen mit ihren Freundinnen, Frauen, Managern usw.) einen ähnlichen Hintergrund haben? Sollen wir glauben, dass die einzigen Kinder aus dieser Zeit, die musikalisches Talent hatten, die Söhne und Töchter der Marine-Admiräle waren? Von Ingenieuren für chemische Kriegsführung und Geheimdienstoffizieren der Luftwaffe? Oder sind sie nur die einzigen, die lukrative Verträge unterzeichnet und von ihren Labels und den Medien unermüdlich beworben wurden?

Wenn diese Künstler gegen die Werte ihrer Eltern rebellierten, anstatt sie subtil zu fördern, warum sprachen sie sich dann nie gegen die Leute aus, gegen die sie angeblich rebellierten? Warum hat Jim Morrison die Schlüsselrolle seines Vaters bei der Eskalation eines der blutigsten illegalen Kriege Amerikas nie angeprangert oder gar erwähnt?

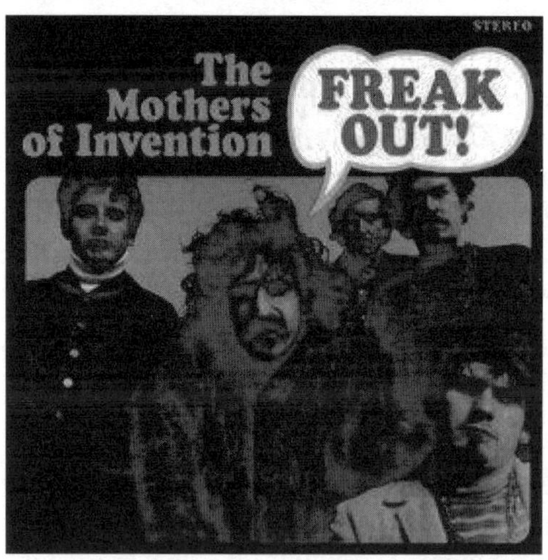

Abb. 101: Die Künstler von „The Mothers of Invention“ mit dem Album: „Freak Out!“ veröffentlicht: 1966

Und warum hat Frank Zappa nie ein Lied geschrieben, das sich mit den Schrecken der chemischen Kriegsführung beschäftigt (obwohl er ein charmantes kleines Liedchen mit dem Titel „Der rituelle Tanz des Kindermörders“ / „The Ritual Dance of the Child-Killer“ geschrieben hat)? Und welches Lied von The Mamas and the Papas hat die Werte und Handlungen von John Phillips' Eltern und Schwiegereltern kritisiert? Und in welchem Interview genau haben sich David Crosby und Stephen Stills von den Familienwerten distanziert, mit denen sie aufgewachsen sind?

Fast alle Berichte über dieser Zeit erklären die Geburt der Szene als eine spontane, völlig natürliche Reaktion auf den Krieg in Südostasien und die damals herrschenden gesellschaftlichen Zustände. Verschwörungstheoretiker haben natürlich häufig die Meinung vertreten, dass das, was als legitime Bewegung begann, irgendwann von Geheimdienstoperationen wie „CoInTelPro" vereinnahmt und untergraben wurde. Es wurden beispielsweise ganze Bücher geschrieben, in denen untersucht wurde, wie vermutlich tugendhafte Musiker von der CIA schikaniert und, oder plattgemacht wurden.

Wie Sie zweifellos bereits festgestellt haben, verfolgen wir hier einen entschieden anderen Ansatz. Die Frage, mit der wir uns befassen werden, ist zutiefst beunruhigend: Was wäre, wenn die Musiker selbst (und verschiedene andere Führer und Gründer der „Bewegung") genauso Teil der Geheimdienstgemeinde waren, wie die Leute, die sie angeblich schikanierten? Was wäre, wenn mit anderen Worten, die gesamte Jugendkultur der 1960er Jahre nicht als grundlegende Herausforderung des Status quo geschaffen wurde, sondern als zynische Übung, um die aufstrebende Friedensbewegung zu diskreditieren, zu marginalisieren und eine falsche Opposition zu schaffen, die leicht kontrolliert und irregeleitet werden konnte?

Und was wäre, wenn die Schikane, der diese Leute ausgesetzt waren, größtenteils eine inszenierte Veranstaltung wäre, die den Führern der Gegenkultur das dringend benötigte Glaubwürdigkeit verleihen sollte? Was wäre, wenn sie in Wirklichkeit so ziemlich alle unter einer Decke steckten?

Es sollte hier wahrscheinlich erwähnt werden, dass die „Hippie"- und „Blumenkinder"-Bewegung entgegen der landläufigen Meinung nicht gleichbedeutend mit der Friedensbewegung war. Im Laufe der Zeit gab es freilich eine gewisse Überschneidung zwischen den beiden „Bewegungen". Und die Massenmedien haben, wie es ihre Angewohnheit ist, ihr Bestes getan, um die Flower-Power-Generation als Fackelträger der Friedensbewegung darzustellen – denn schließlich war eine zerlumpte Bande ungewaschener, unter Drogen stehender Langhaariger mit Blumen und Friedenssymbolen weitaus leichter zu marginalisieren als beispielsweise eine Gruppe angesehener Hochschulprofessoren und ihrer jeweiligen Studenten.

Die Realität ist jedoch, dass die Friedensbewegung bereits weit fortgeschritten war, bevor der erste angehende Hippie im Laurel Canyon eintraf. Das erste „Teach-In“ im Vietnamkrieg fand im März 1965 auf dem Campus der Universität von Michigan statt. Der erste organisierte Marsch nach Washington fand wenige Wochen später statt. Unnötig zu erwähnen, dass bei beiden Veranstaltungen keine Hippies anwesend waren. Dieses „Problem“ sollte bald behoben sein. Und die Antikriegsmenge – diejenigen, die es in jedem Fall ernst meinten, das Blutvergießen in Vietnam zu beenden – waren davon alles andere als begeistert.

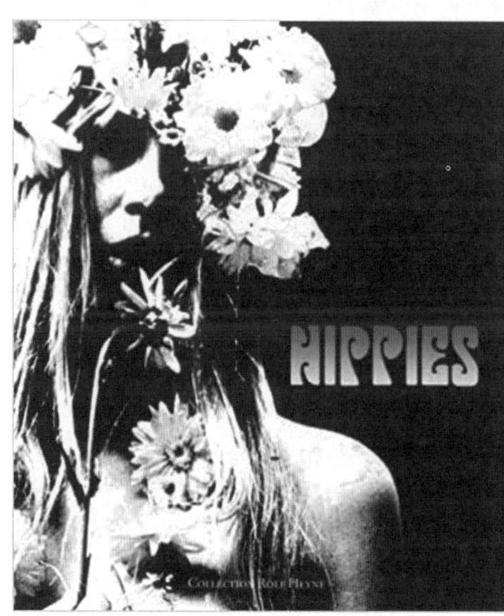

Abb. 102: Cover des Buches „Hippies“ von Barry Miles

Wie Barry Miles in seinem Buch „Hippies“ geschrieben hat, gab es einige Hippies, die an Antikriegsprotesten beteiligt waren, *„besonders nach dem Polizeiaufstand in Chicago im Jahr 1968, als so viele Menschen verletzt wurden, aber im Großen und Ganzen verachteten die Aktivisten der Bewegung die Hippies.“* Peter Coyote, der Sprecher des Dokumentarfilms *Hippies* auf dem „History Channel“, fügte hinzu: *„Einige Linke theoretisierten sogar, dass die Hippies das Endergebnis einer Verschwörung der CIA waren, die Friedensbewegung mit LSD zu neutralisieren und potenzielle Demonstranten zu selbstsüchtigen Nabelschauern zu machen.“* Ein verärgerter Abbie Hoffman beschrieb die Szene einmal so, wie er sich daran erinnerte: *„Es gab all diese Aktivisten, wissen Sie, Berkeley-Radikale, White Panthers … alle versuchten, den Krieg zu stoppen und die Dinge zum Besseren zu verändern. Dann wurden wir mit all* *diesen ‚Blumenkindern' überflutet, die sich für Drogen und Sex interessierten. Wo zum Teufel kamen die Hippies her?!"*

Wie sich herausstellte, stammten sie zunächst zumindest aus einem eher abgeschiedenen, isolierten, weitgehend eigenständigen Viertel in Los Angeles, das als Laurel Canyon bekannt ist (im Gegensatz zu den anderen Canyons, die durch die Hollywood Hills führen, hat Laurel Canyon einen eigenen Markt, den halbberühmten *Laurel Canyon Country Store*, seine eigenen Delikatessengeschäfte und Reinigungen, seine eigene Grundschule, die „Wonderland School", seine eigenen Boutiquen und Salons und in letzter Zeit sogar eine eigene Umprogrammierungs-, Verzeihung, Entzugsklinik für Prominente, die – man höre und staune – „Wonderland Center" heißt. Während seiner Blütezeit hatte der Canyon sogar eine eigene Verwaltungsgesellschaft, „Lookout Management", um die Künstler zu betreuen. Zu einer Zeit hatte sie sogar eine eigene Zeitung.

Wie es der Zufall so will, war der ehemalige Gouverneur von Kalifornien, Jerry Brown, seltsamerweise ein langjähriger Bewohner eines kleinen Ortes namens Laurel Canyon. Wie sich die Leser von „Programmed to Kill" vielleicht erinnern, lebte Brown in der „Wonderland Avenue", nicht allzu viele Türen von der „Wonderland Avenue" Nr. 8763 entfernt, dem Ort der berüchtigten „Four on the Floor"-Morde, die selbst von erfahrenen Ermittlern der Mordkommission von Los Angeles als der blutigste und brutalste Mehrfachmord der ohnehin schon sehr blutigen Geschichte der Stadt betrachtet werden. Sehen Sie sich bei Gelegenheit den Film *Wonderland* mit Val Kilmer an, wenn er wieder im Fernsehen kommt; er gibt die Geschichte dieses Verbrechens für Hollywood-Verhältnisse ziemlich exakt wieder und ist auch sonst recht empfehlenswert.

Wie sich herausstellt, fand der blutigste Massenmord in der Geschichte von Los Angeles in einem der ruhigsten, idyllischsten und exklusivsten Viertel der Stadt statt. Und seltsamerweise hatte der Fall, der normalerweise an zweiter Stelle für den Titel des blutigsten Tatorts angeführt wird – die Morde an Stephen Parent, Sharon Tate, Jay Sebring, Voytek Frykowski und Abigail Folger am „Cielo Drive" Nr. 10050 im Benedict Canyon, nur ein paar Meilen entfernt westlich des Laurel Canyon – ebenfalls tiefe Verbindungen zur Laurel Canyon-Szene.

Wie bereits erwähnt, lebten die Opfer Folger und Frykowski im Laurel Canyon in der „Woodstock Road" Nr. 2774 in einem gemieteten Haus direkt gegenüber einem bevorzugten Treffpunkt für die Könige des Laurel Canyon. Viele der regelmäßigen Besucher in Cass Elliots Haus, darunter eine Reihe zwielichtiger Drogendealer, waren ebenfalls regelmäßige Besucher im Folger / Frykowski-Haus (Frykowskis Sohn wurde übrigens am 6. Juni 1999 erstochen; 30 Jahre, nachdem sein Vater auf dieselbe Art umgekommen war). Der gefeierte Friseursalon von Opfer Jay Sebring befand sich direkt an der Öffnung des Laurel Canyon, direkt unterhalb des „Sunset Strip", und es war leider Sebring, dem die Skulptur von Jim Morrisons berühmter Mähne zugeschrieben wurde. Einer der Investoren in seinem Geschäft mit „Sebring International" war eine Laurel Canyon-Leuchte, die vielleicht bereits erwähnt wurde, Mr. John Phillips.

Sharon Tate war ebenfalls im Laurel Canyon bekannt, wo sie häufig die Häuser von Freunden wie John Phillips, Cass Elliott und Abby Folger besuchte. Und als sie nicht im Laurel Canyon war, fühlten sich viele der berühmten und berüchtigten Canyon-Stammgäste an ihrem Platz am „Cielo Drive" zu Hause. Van Dyke Parks zum Beispiel kam am Tag der Morde zu Besuch. Und Denny Doherty, der andere „Papa" in The Mamas and the Papas, hat behauptet, er und John Phillips seien in der Nacht der Morde zum „Cielo Drive" zum Haus eingeladen worden, aber wie es der Zufall so wollte, haben sie es nie geschafft. In ähnlicher Weise hatte Chuck Negron von Three Dog Night, ein regelmäßiger Besucher des „Wonderland"-Todeshauses, in der Nacht dieses Massenmordes ein Drogengeschäft eingefädelt, aber er schlief ein und schaffte es nie wieder.

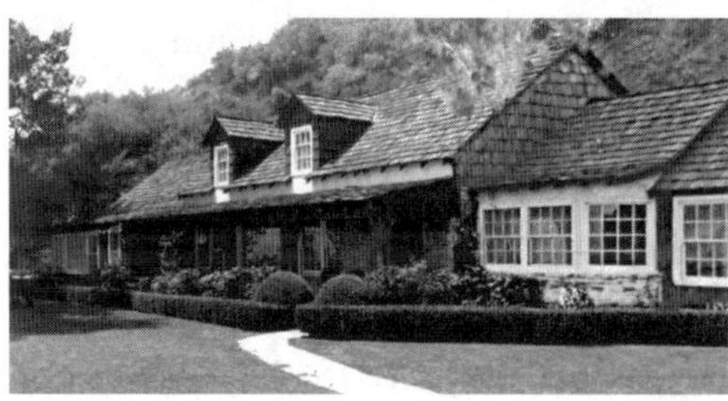

Abb. 103: Das Haus am „Cielo Drive" im Bild

Die mutmaßlichen Mörder lebten zusammen mit den Opfern in der Laurel Canyon-Szene oder waren ein Teil davon. Bobby „Cupid" Beausoleil lebte zum Beispiel in den ersten Monaten des Jahres 1969 in einer Wohnung im Laurel Canyon. Charles „Tex" Watson, der angeblich die für das Gemetzel am „Cielo Drive" verantwortlichen Todesschwadronen anführte, lebte eine Zeit lang in einem Haus an der – erraten Sie wo? – „Wonderland Avenue". Während dieser Zeit war Watson seltsamerweise Mitbesitzer und arbeitete in einem Perückengeschäft in Beverly Hills, *Crown Wig Creations, Ltd.*, das sich in der Nähe der Öffnung des Benedict Canyon befand. Jay Sebring wiederum war vor allem deswegen so bekannt geworden, weil er Männertoupets für die vornehme Kundschaft aus Hollywood herstellte – und zwar in seinem Geschäft am Eingang zum Laurel Canyon. An einem ganz normalen Tag Ende der 1960er Jahre konnte man Watson also in der Nähe des Benedict Canyon antreffen, wo er Haarteile für Hollywood-Promis fertigte, bevor er in den Laurel Canyon heimfuhr. Und Sebring fertigte in der Nähe des Laurel Canyon Haarteile für Hollywood-Promis, bevor er in den Benedict Canyon heimfuhr. Und dann, eines verrückten Tages, wurde einer der beiden bekanntlich zum Mörder – und der andere zu seinem Opfer. Aber das ist schließlich auch nicht weiter ungewöhnlich, also machen wir weiter.

Oh, Moment mal ... wir können noch nicht ganz weitermachen, da ich vergessen habe zu erwähnen, dass Sebrings Benedict Canyon-Haus am „Easton Drive“ Nr. 9820 ein ziemlich berüchtigtes Hollywood-Todeshaus war, das einst Jean Harlow und Paul Bern gehört hatte. Das ungleiche Paar wurde am 2. Juli 1932 verheiratet, als Harlow, bereits ein großer Leinwandstar, erst 21 Jahre alt war. Nur zwei Monate später, am 5. September, traf Bern im Schlafzimmer seiner Frau eine Kugel in den Kopf. Er wurde nackt in einer Blutlache gefunden und seine Leiche mit dem Parfüm seiner Frau übergossen. Als Berns Butler die Leiche entdeckte, wandte er sich umgehend an MGMs Sicherheitschef Whitey Hendry, der sich wiederum an Louis B. Mayer und Irving Thalberg wandte. Alle drei Männer stiegen im Haus im Benedict Canyon ab, um ein bisschen aufzuräumen. Ein paar Stunden später beschlossen sie, sich an das „Los Angeles Police Department“ zu wenden.

Berns Tod wurde natürlich als Selbstmord abgetan. Seltsamerweise wurde seine frisch verheiratete Frau bei der Untersuchung nie als Zeugin gerufen. Berns andere Frau – das heißt, seine Lebensgefährtin, Dorothy Millette – soll am 6. September 1932, einen Tag nach Pauls Tod, ein Boot auf dem Sacramento River bestiegen haben. Als nächstes wurde sie tot im Sacramento River aufgefunden. Ihr Tod wurde erwartungsgemäß ebenfalls als Selbstmord eingestuft. Weniger als fünf Jahre später fiel Harlow selbst im reifen Alter von 26 Jahren tot um. Zu diesem Zeitpunkt entschieden sich die Behörden, die Todesursache nicht preiszugeben, obwohl später behauptet wurde, dass sie von schlechten Nieren geplagt war. Während ihres kurzen

Aufenthalts auf diesem Planeten hatte Harlow drei turbulente Ehen durchgemacht und dennoch Zeit gefunden, Bugsy Siegels Tochter Millicent als Patin zur Verfügung zu stehen.

Obwohl Berns Leiche die berühmteste war, die aus dem Haus am „Easton Drive" geschleppt wurde, war sie sicherlich nicht die einzige. Berichten zufolge hatte dort auch ein anderer Mann auf unbestimmte Weise Selbstmord begangen. Eine weitere unglückliche Seele ertrank im Pool des Hauses. Und einmal wurde ein Dienstmädchen gefunden, das am Ende eines Seiles baumelte. Unnötig zu erwähnen, dass ihr Tod ebenfalls als Selbstmord eingestuft wurde. Das ist eine Menge Blut für ein einzelnes Haus, aber die abgedrehte Geschichte des Hauses, obwohl sie für viele potenzielle Bewohner abschreckend war, war angeblich genau das, was Jay Sebring zu dem Anwesen hingezogen hat. Sein Mord sollte die schwarze Wolke, die über dem Haus hängt, weiter verdunkeln.

Wie der Chronist des Laurel Canyon, Michael Walker, bemerkt hat, waren die beiden berüchtigtsten Massenmorde in Los Angeles, einer im August 1969 und der andere im Juli 1981 (beide mit fünf Opfern, obwohl eines der Wonderland-Opfer auf wundersame Weise überlebte) so etwas wie makabre Anfangs- und Endpunkte der besten Zeit des Laurel Canyon. Walker betrachtet diese brutalen Verbrechen jedoch wie andere, die diese Zeit und dieser Ort zu verzeichnen haben, so als wären sie unglückliche Verirrungen. Die Realität ist jedoch, dass die neun Leichen, die am „Cielo Drive" und an der „Wonderland Avenue" geborgen wurden, nur die Spitze eines sehr großen und sehr blutigen Eisbergs bilden. Um diesen Punkt teilweise zu veranschaulichen, ist hier die zweite Quizfrage für heute: Was haben Diane Linkletter (die Tochter des berühmten Entertainers Art Linkletter), der legendäre Komiker Lenny Bruce, das Filmidol Sal Mineo und das Starlet Inger Stevens alle miteinander gemein?

Wenn Sie geantwortet haben, dass alle in den zehn Jahren zwischen 1966 und 1976 in ihren Häusern, entweder in oder an der Öffnung des Laurel Canyon, tot aufgefunden wurden, vergeben Sie sich fünf Punkte. Wenn Sie hinzugefügt haben, dass alle fünf höchstwahrscheinlich in ihren Häusern im Laurel Canyon ermordet wurden, fügen Sie fünf Bonuspunkte hinzu.

Natürlich sind nur zwei von ihnen offiziell als Mordopfer aufgeführt (Mineo, der am 12. Februar 1976 vor seinem Haus am „Holloway Drive" Nr. 8563 erstochen wurde, und Novarro, der in der Nähe des „Country

Store“ am Vorabend von Halloween 1968 auf ausgesprochen rituelle Weise getötet wurde). Inger Stevens Tod in ihrem Haus am „Woodrow Wilson Drive“ Nr. 8000 am 30. April 1970 (Walpurgisnacht im okkulten Kalender) war offiziell ein Selbstmord, obwohl es ein Rätsel bleibt, warum sie sich entschied, als Teil dieses Selbstmordes durch eine dekorative Glasscheibe zu gehen. Vielleicht wollte sie nur einen grausamen Tatort zurücklassen, und einfache Überdosierungen können so blutleer und langweilig sein.

Wie wir alle wissen, segelte Diane Linkletter aus dem Fenster ihrer Wohnung in den Shoreham Towers, weil sie in ihrem LSD-Zustand dachte, sie könne fliegen oder so etwas. Wir wissen das, weil ihr Vater Art das gesagt hat, dass es so ist, und weil die Geschichte in den 1970er Jahren als warnende Geschichte über die Gefahren von Drogen nacherzählt wurde. Was uns jedoch nicht gesagt wurde, ist, dass Diane (seltsamerweise am Halloween-Tag 1948 geboren) nicht allein war, als sie am Morgen des 4. Oktober 1969 sechs Stockwerke in den Tod stürzte. Sie war mit einem Gentleman namens Edward Durston zusammen, der in einer völlig unerwarteten Wendung die Schauspielerin Carol Wayne etwa 15 Jahre später nach Mexiko begleitete. Dort schaffte es Carol, in nicht einmal 30 Zentimeter tiefem Wasser zu ertrinken (vielleicht zog das Gewicht ihrer Riesenbrüste sie nach unten), woraufhin Mr. Durston prompt verschwand. Wie zu erwarten war, hielten die Behörden es nie für nötig, ihn zum merkwürdigen Tod Waynes zu befragen. Schließlich ist es völlig normal, dass ein und derselbe Typ als einziger Zeuge bei zwei tödlichen Unfällen in Erscheinung tritt, oder?

Art versäumte es übrigens auch zu erwähnen, dass nur wenige Wochen vor Dianes merkwürdigem Tod ein weiteres Mitglied des Linkletter-Clans, Arts Schwiegersohn John Zwyer, im Hinterhof seines Hauses in den Hollywood Hills eine Kugel in den Kopf traf. Aber das war natürlich ein zusammenhangloser Selbstmord, also denken Sie sich nichts dabei.

Wir werden hier nicht einmal die Umstände von Bruce’ Tod an einer akuten Morphiumvergiftung am 3. August 1966 diskutieren, denn um ganz ehrlich zu sein, es ist kaum jemand bekannt, der nicht bereits davon ausgeht, dass Lenny plattgemacht wurde. Wir wollen hier nur festhalten, dass seine Beerdigung von den Rockikonen des Laurel Canyon gut besucht wurde und dass die Kontrolle über sein unveröffentlichtes Material in die Hände eines gewissen Frank Zappa fiel. Und eines weiteren eher unappetitlichen Typen namens Phil Spector, dessen erstklassiges Team an Studiomusikern „The Wrecking Crew“ genannt wurde, die eigentlichen Musiker waren, die auf vielen Studioaufnahmen von Bands wie den Monkees, Byrds, Beach Boys und The Mamas and the Papas spielten.

Was die Quizfrage betrifft, so war die Person, die gelobt wurde, natürlich unser alter Freund Charlie Manson. Und der Typ, der seine Lobeshymne sang, war ein gewisser Mr. Neil Young.[(114)]

„Ich meine, verdammt, er hat bei Neil [Young] vorgesungen, verdammt noch mal.“ Graham Nash erklärt dem Autor Michael Walker, wie nah Charlie Manson an der Laurel Canyon-Szene war.

Während des Zehnjahreszeitraums, in dem Bruce, Novarro, Mineo, Linkletter, Stevens, Tate, Sebring, Frykowski und Folger tot aufgefunden wurden, taten dies auch viele andere Menschen, die mit dem Laurel Canyon in Verbindung standen, oft unter sehr fragwürdigen Umständen. Die Liste enthält, ohne Anspruch auf Vollständigkeit, alle folgenden Namen:

Marina Elizabeth Habe: Ihr zerstückelter Leichnam wurde am 30. Dezember 1968 im Gebüsch am „Mulholland Drive“, ein kleines Stück westlich vom „Bowmont Drive“, entdeckt. Die zum Zeitpunkt ihres Todes erst 17-Jährige war die Tochter von Hans Habe, der um 1940 aus dem faschistischen Österreich in die USA emigriert war. Kurz danach heiratete er eine Erbin des Konzerns *General Foods* und begann am „Military Intelligence Training Centre“ [Ausbildungszentrum des Militärischen Geheimdiensts] in „Camp Ritchie“ psychologische Kriegsführung zu studieren. Seine neugewonnenen Kenntnisse setzte er nach dem Krieg im besetzten Deutschland ein, wo er 18 Zeitungen gründete – zweifellos unter der Leitung des OSS.

Christine Hinton: Sie wurde am 30. September 1969 bei einem Frontalzusammenstoß getötet. Zu dieser Zeit war Hinton eine Freundin von David Crosby und die Gründerin und Leiterin des Fanclubs der Byrds. Sie war auch die Tochter eines hochrangigen Offiziers der Armee, der auf der berüchtigten Militärbasis „Presidio“ in San Francisco stationiert war. Eine weitere Freundin von Crosby aus derselben Zeit war Shelley Roecker, die auf der „Hamilton Air Force Base“ im Marin County aufgewachsen war.

Jane Doe (Platzhalter für eine nicht identifizierte Person) **Nr. 59**: Sie wurde im November 1969 im Dickicht des Laurel Canyon gefunden, in Sichtweite davon, wo Habe weniger als ein Jahr zuvor abgeladen worden war. Dem jungen Mädchen, das nie identifiziert wurde, war 157 Mal in Brust und Rachen gestochen worden.

Alan „Blind Owl" Wilson: Der Sänger, Texter und Gitarrist der Blues-Rock-Band Canned Heat aus dem Laurel Canyon, wurde am 3. September 1970 in seinem Haus im Topanga Canyon tot aufgefunden. Sein Tod wurde als Selbstmord abgeschrieben. Wilson war in den Topanga Canyon gezogen, nachdem das Haus der Band im Laurel Canyon – an der „Lookout Mountain Avenue" neben Joni Mitchell und Graham Nash – niedergebrannt war. Blind Owl war zum Zeitpunkt seines Todes erst 27 Jahre alt. Etwas mehr als ein Jahrzehnt später starb Wilsons ehemaliger Bandkollege Bob „The Bear" Hite, der einmal in einem Interview bestätigt hatte, dass er mit verschiedenen Mitgliedern der Manson-Familie in den Canyons gefeiert hatte, an einem Herzinfarkt im reifen Alter von 36 Jahren.

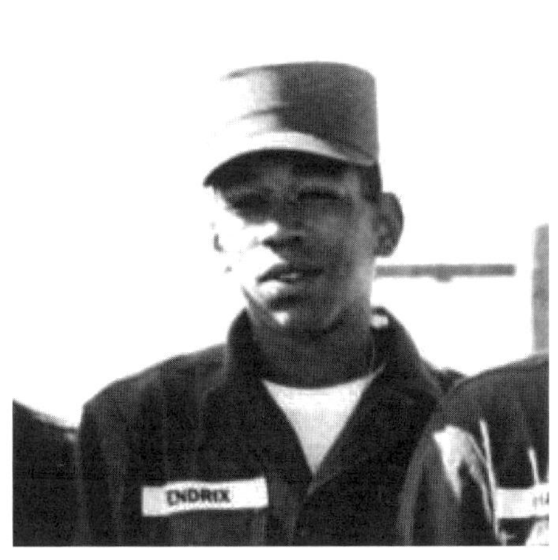

Abb. 104: Soldat James Marshall Hendrix in der Armee

Jimi Hendrix: Hendrix, der angeblich kurzzeitig das weitläufige Herrenhaus nördlich der Blockhütte bewohnte, nachdem er 1968 nach Los Angeles gezogen war, starb am 18. September 1970 unter ernsthaft fragwürdigen Umständen in London. Obwohl er selten darüber sprach, verbrachte Hendrix einige Zeit in den USA bei der Armee, der 101. Luftlandedivision in „Fort Campbell". Aus seinen offiziellen Unterlagen geht hervor, dass er von den Gerichten zum Dienst gezwungen und nach nur einem Jahr wieder entlassen wurde, weil er sich angeblich als mieser Soldat erwies. Man fragt sich jedoch, warum er einer solchen Elite-Division zugeordnet wurde, wenn er tatsächlich so ein Versager war. Man wundert sich auch, warum er keinen Disziplinarmaßnahmen unterzogen wurde, und stattdessen einfach so von seinem angeblich gerichtlich angeordneten Dienst freigesprochen wurde. In jedem Fall erzählte Hendrix Reportern selbst einmal, dass er nach einem Knöchelbruch während eines Fallschirmsprungs eine medizinische Entlassung erhalten habe. Und ein Biograf hat behauptet, Hendrix habe vorgetäuscht, schwul zu sein, um dadurch vorzeitig entlassen zu werden. Die Wahrheit bleibt leider ziemlich schwer fassbar.

Zum Zeitpunkt von Hendrix' Tod war Eric Burden von den Animals die erste Person, die von seiner Freundin angerufen wurde – Monika Danneman, die Hendrix als letzte lebend gesehen hat. Zwei Jahre zuvor war Burden nach Los Angeles gezogen und hatte die Aufgaben des „Zirkusdirektors" von Frank Zappa übernommen, nachdem Zappa das Blockhaus verlassen und in ein weniger bekanntes Haus im Laurel Canyon gezogen war. Innerhalb eines Jahres nach Hendrix' Tod stürzte eine minderjährige Prostituierte namens Devon Wilson, die am Tag vor seinem Tod bei Hendrix gewesen war, aus einem Fenster im achten Stock des New Yorker *Chelsea Hotels*. Am 5. März 1973 wurde eine zwielichtige Gestalt namens Michael Jeffery, die sowohl Hendrix als auch Burden gemanagt hatte, bei einer Flugzeugkollision getötet. Es war bekannt, dass Jeffery offen damit prahlte, Verbindungen zur organisierten Kriminalität zu haben und für die CIA zu arbeiten. Nach Hendrix' Tod wurde festgestellt, dass Jeffery den größten Teil der Bruttoeinnahmen von Hendrix auf Offshore-Konten auf den Bahamas im Zusammenhang mit dem internationalen Drogenhandel verbucht hatte. Jahre später, am 5. April 1996, wurde Danneman, die Tochter eines reichen deutschen Industriellen, in der Nähe ihres Hauses in einem mit Abgasen gefüllten Mercedes tot aufgefunden.

Jim Morrison: Er lebte eine Zeit lang in einem Haus am „Rothdell Trail" hinter dem *Laurel Canyon Country Store*, und ist möglicherweise am 3. Juli 1971 in Paris gestorben, oder auch nicht. Was an diesem Tag wirklich passierte, ist bis heute Stoff für zahlreiche Gerüchte und Spekulationen; im Laufe der Jahre wurden immer neue Versionen seiner Todesumstände veröffentlicht. Bekannt ist, dass Admiral George Stephen Morrison noch am selben Tag die Hauptrede bei einer Stilllegungszeremonie des

Flugzeugträgers „USS Bon Homme Richard" hielt, von dem aus er sieben Jahre zuvor bei der Choreografie des Tonkin-Golf-Vorfalls mitgewirkt hatte. Einige Jahre nach Morrisons Tod fiel auch seine Lebensgefährtin, Pamela Courson, tot um, offiziell wegen einer Überdosis Heroin. Wie Hendrix, war auch Morrison ein begeisterter Schüler des Okkultismus gewesen, mit einer besonderen Vorliebe für die Werke von Aleister Crowley. Laut Super-Groupie Pamela Des Barres, hatte er auch „alles gelesen, was er über Inzest und Sadismus wissen konnte". Ebenso wie Hendrix war Morrison zum Zeitpunkt seines (möglichen) Todes erst 27.

Brandon De Wilde: Ein guter Freund von David Crosby und Gram Parsons, der am 6. Juli 1972 bei einem Unfall in Colorado ums Leben kam, als sein Lieferwagen unter einen Pritschenwagen geriet. In den 1950er Jahren war De Wilde seit seinem achten Lebensjahr ein gefragter Kinderschauspieler. Er war mit einigen der größten Namen Hollywoods auf der Leinwand zu sehen, darunter Alan Ladd, Lee Marvin, Paul Newman, John Wayne, Kirk Douglas und Henry Fonda. Um 1965 schloss sich De Wilde Hollywoods „jungen Wilden" an, durch die er Crosby, Parsons und verschiedene andere Mitglieder des Laurel Canyon Club kennenlernte und sich mit ihnen anfreundete. De Wilde war zum Zeitpunkt seines Todes erst 30 Jahre alt.

Christine Frka: Ein ehemaliges Kindermädchen von Moon Unit Zappa und ehemalige Haushälterin der Familie Zappa in der Blockhütte, das am 5. November 1972 an einer angeblichen Überdosis Drogen starb, obwohl Freunde eine Fremdeinwirkung vermuteten. Als „Miss Christine" war Frka Mitglied der von Zappa geschaffenen „GTOs", einer Art Musikgruppe, die sich ausschließlich aus sehr jungen Groupies zusammensetzte. Sie war auch die Inspiration für das Lied „Christine's Tune: Devil in Disguise" von Gram Parsons' Flying Burrito Brothers. Frka war wahrscheinlich Anfang 20, als sie starb, möglicherweise sogar noch jünger.

Danny Whitten: Ein Gitarrist, Sänger und Texter bei Neil Youngs gelegentlicher Begleitband „Crazy Horse", der am 18. November 1972 an einer Überdosis starb. Laut der Rock'n'Roll-Legende war Whitten an diesem Tag während der Proben in San Francisco von Young gefeuert worden. Young und Jack Nietzsche, Phil Spectors ehemaliger Top-Assistent, hatten

Whitten 50 Dollar gegeben und ihn in ein Flugzeug zurück nach Los Angeles gesetzt. Innerhalb weniger Stunden war er tot. Whitten war erst 29.

Bruce Berry: Ein Roadie für Crosby, Stills, Nash & Young, der im Juni 1973 an einer Überdosis Heroin starb. Berry war gerade nach Maui geflogen, um Stephen Stills eine Sendung Kokain zu liefern, und wurde sofort von Crosby und Nash nach Los Angeles zurückgeschickt. Berry war ein Bruder von Jan Berry von der Surfband Jan and Dean. Dean Torrence, der „Dean" von Jan und Dean, hatte kurz nach dem JFK-Attentat an der vorgetäuschten Entführung von Frank Sinatra Jr. mitgewirkt. Diese inszenierte Entführung war ein besonders schwacher Versuch, die Öffentlichkeit nach dem ersten Schock von den vielen offenen Fragen über den Präsidentenmord am Dealey Plaza abzulenken.

Clarence White: Ein Gitarrist, der mit den Byrds gespielt hatte, wurde von einem betrunkenen Fahrer überfahren und am 14. Juli 1973 getötet. White war in der Nähe von Lancaster aufgewachsen, nicht weit von dem Ort, an dem Frank Zappa seine Teenagerjahre verbrachte. Mindestens ein enges Mitglied von Whites Familie war auf der „Edwards Air Force Base" beschäftigt. Der Fahrer, der den jungen Clarence getötet hatte, und der zum Zeitpunkt seines Todes erst 29 Jahre alt war, wurde zu einer einjährigen Bewährungsstrafe verurteilt und verbüßte keine Zeit im Gefängnis.

Gram Parsons: Ein ehemaliges Mitglied der International Submarine Band, der Byrds und den Flying Burrito Brothers, hatte am 19. September 1973 im *Joshua Tree Inn* angeblich eine Überdosis Speedball genommen. Nur zwei Monate vor seinem Tod war Parsons' Haus im Topanga Canyon niedergebrannt. Nach seinem Tod stahl Phil Kaufman, der Roadmanager der Burritos, Parsons Leichnam vom Los Angeles International Airport, brachte ihn in die Wüste zum berühmten Joshua Tree und verbrannte ihn dort rituell, pünktlich zur herbstlichen Tag- und Nachtgleiche. Kaufman war zuvor ein Gefängniskumpel von Charlie Manson in „Terminal Island" gewesen; als er 1968 von dort entlassen wurde, nahm er gleich wieder Kontakt mit seinem ein Jahr vorher entlassenen alten Freund auf. Als Gram starb, hatte es in seiner Familie bereits einige sehr fragwürdige Todesfälle gegeben: Kurz vor Weihnachten 1958 hatte Parsons' Vater Gram, seine Mutter und seine

Schwester zu Familienangehörigen nach Florida geschickt. Am folgenden Tag, gleich nach der Wintersonnenwende, fing sich „Coon Dog" eine Kugel in den Kopf ein. Sein Tod wurde behördlich als Selbstmord eingestuft; die Familie hatte er angeblich weggeschickt, um ihr soviel Kummer und Schmerz wie möglich zu ersparen.

Natürlich wäre es auch möglich, dass „Coon Dog" genau gewusst hat, dass seine Tage gezählt waren, und seine Familie nur aus der Schusslinie bringen wollte. Im darauffolgenden Jahr – 1959 – heiratete Grams Mutter wieder. Ihr neuer Mann war ein gewisser Robert Ellis Parsons, der Gram und seine Schwester Avis adoptierte. Sechs Jahre danach, im Juni 1965, starb Grams Mutter noch am selben Tag, an dem sie wegen einer plötzlichen Erkrankung ins Krankenhaus gebracht wurde. Zeugenaussagen zufolge starb sie „fast sofort" nach einem Besuch ihres Ehemanns Robert Parsons. Viele der ihr nahestehenden Personen waren davon überzeugt, dass Parsons etwas mit ihrem Tod zu tun gehabt hatte; kurz danach heiratete Robert dann auch die jugendliche Babysitterin seiner Stieftochter. Nach dem Tod der Mutter ging Parsons kurz an die Universität Harvard und startete dann seine Musikkarriere, indem er die International Submarine Band gründete, die sehr bald im Laurel Canyon – wo sonst? – landete. Als Parsons 1973 im Alter von nur 26 Jahren starb, hinterließ er seine kleine Schwester Avis als einzige überlebende Familienangehörige. Avis wiederum schied mit 43 Jahren aus dem Leben: Sie starb 1993, angeblich bei einem Bootsunfall.

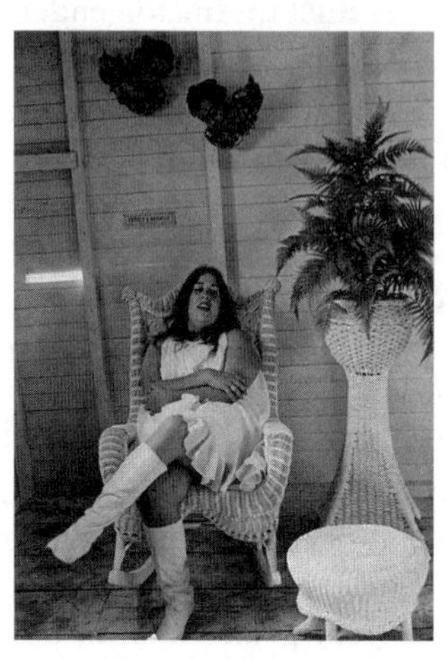

Abb. 105: „Mama“ Cass Elliot

„Mama“ Cass Elliot: die „Erdmutter“ von Laurel Canyon, zu deren Freundeskreis Musiker, Manson-Anhänger, junge Hollywoodstars, der wohlhabende Sohn eines Beamten des Außenministeriums, Singer, Songwriter, verschiedene Drogendealer und einige besonders unappetitliche Typen gehörten, die das „Los Angeles Police Department“ einst als „eine Art Schlägertrupp“ bezeichnete, starb am 29. Juli 1974 im Londoner Haus von Harry Nilsson (Nilsson war ein häufiger Saufkumpan von John Lennon im Laurel Canyon und auf dem „Sunset Strip“). Mit 32 Jahren hatte Cass nach Laurel Canyon-Maßstäben ein langes und produktives Leben geführt. Vier Jahre später starb Keith Moon von The Who im selben Raum derselben Londoner Wohnung, die immer noch Harry Nilsson gehörte, ebenfalls mit 32 Jahren (am 7. September 1978). Obwohl erste Presseberichte besagten, dass Cass an einem Schinkensandwich erstickt war, wurde die offizielle Todesursache als Herzinsuffizienz angegeben. Ihre tatsächliche Todesursache könnte wahrscheinlich unter „wusste zuviel“ abgelegt werden. Moon starb Berichten zufolge an einer massiven Überdosis eines Arzneimittels zur Behandlung des Alkoholentzugs. Wie Cass war Moon einst im Laurel Canyon ansässig gewesen.

Amy Gossage: Graham Nashs damalige Freundin wurde am 13. Februar 1975 in ihrem Haus in San Francisco ermordet. Sie war damals erst 20 Jahre alt, es wurde fast 50 Mal auf sie eingestochen und es wurde auf sie bis zur Unkenntlichkeit eingeschlagen. Amys Vater, ein berühmter Werbe- und PR-Manager, war 1969 an Leukämie gestorben. Nicht lange danach war ihre Halbschwester bei einem Autounfall ums Leben gekommen. Im Mai 1974 starb auch ihre Mutter, die Tochter einer wohlhabenden Bankiersfamilie, Berichten zufolge an Leberzirrhose. Damit blieben nur Amy (19) und ihr Bruder Eben (20) übrig, die beide Berichten zufolge eine ernsthafte Drogenabhängigkeit hatten. Amys brutaler Mord war klugerweise Eben angehängt worden. Die Polizei hatte praktischerweise blutbefleckte Kleidung gefunden, zusammen mit einem Hammer und einer Schere, die auf der Veranda von Ebens Wohnung lagen und so aussahen, als ob sie dorthin geschmuggelt wurden. Später sagte ein Freund Ebens ahnungsvoll: „*Wenn Eben sie wirklich ermordet hat, weiß er garantiert nichts davon.*"

Tim Buckley: Ein Singer und Songwriter, der bei Frank Zappas Plattenlabel unter Vertrag stand, von Herb Cohen gemanagt wurde, und der Berichten zufolge am 29. Juni 1975 an einer Überdosis starb. Buckley war in einer Folge der TV-Serie *The Monkees* aufgetreten und kam wie Monkees-Mitglied Peter Tork (und so viele andere aus dieser Geschichte) aus Washington D.C. Er war zum Zeitpunkt seines Todes erst 28 Jahre alt. Sein Sohn Jeff Buckley, ebenfalls ein versierter Musiker, konnte zwei Jahre länger auf diesem Planeten bleiben als sein Vater. Er war 30 Jahre alt, als er am 29. Mai 1997 auf bizarre Weise ertrank.

Phyllis Major Browne: Die Frau des Singer / Songwriters Jackson Browne, soll am 25. März 1976 Barbiturate überdosiert haben. Ihr Tod war – das sollten Sie mittlerweile auswendig können – ein Selbstmord. Sie war erst 30 Jahre alt.

Es gibt noch einige andere merkwürdige Todesfälle, die wir hier hinzufügen könnten, obwohl sie nur indirekt mit der Laurel Canyon-Szene zusammenhängen. Dennoch verdienen sie eine lobende Erwähnung, insbesondere die Einträge von Bobby Fuller und Phil Ochs; ersterer, weil es ein ziemlich außergewöhnliches Beispiel für die beispielhafte Arbeit des „Los Angeles Police Department" ist, und letzterer, weil er möglicherweise nur einen Schlüssel zum Verständnis des Laurel Canyon-Phänomens enthält:

Bobby Fuller: Der Singer / Songwriter und Gitarrist der Bobby Fuller Four, wurde am 18. Juli 1966 in seinem Auto in der Nähe von Graumans chinesischem Theater tot aufgefunden, nachdem er von einem mysteriösen Telefonanruf unbekannten Ursprungs gegen 2:00-3:00 Uhr von seinem Haus weggelockt worden war. Fuller ist am besten dafür bekannt, den Hit „I Fought the Law" geschrieben zu haben, der gerade in die Charts gekommen war, als er angeblich im Alter von 23 Jahren Selbstmord begangen hatte. Es gab mehrere Schnitte und Blutergüsse auf seinem Gesicht, seiner Brust und seinen Schultern, getrocknetes Blut um seinen Mund und einen Haarbruch an seiner rechten Hand. Er war gründlich mit Benzin übergossen worden, auch in Mund und Rachen. Das Innere des Wagens war ebenfalls übergossen, und ein offenes Streichholzheft lag auf dem Sitz. Es war völlig offensichtlich, dass Fullers Mörder geplant hatte(n), das Auto in Brand zu setzen, um alle Beweise zu zerstören, aber wahrscheinlich vertrieben wurden.

Das „Los Angeles Police Department" ging trotzdem von Selbstmord aus, obwohl der Befund des Gerichtsmediziners besagte, dass das Benzin nach Fullers Tod verschüttet worden war. Später verkündete die Polizei allerdings, dass es sich um einen Unfall gehandelt haben müsse – und versuchte gar nicht erst, eine Erklärung dafür zu finden, wie Fuller sich nach seinem unbeabsichtigten Selbstmord unabsichtlich mit Benzin übergossen hatte. Eine von Fullers engsten Vertrauten zum Zeitpunkt seines Todes war eine Prostituierte namens Melody, die im *PJ's*-Nachtclub arbeitete, wo Fuller öfters aufgetreten war. Und einer der Besitzer dieses Clubs war Eddie Nash, der viele Jahre später das „Wonderland"-Massaker inszenieren sollte. Ein paar Jahre nach Fullers Tod begann sein Bruder, der Bassist Randy Fuller, mit dem Schlagzeuger Dewey Martin zusammenzuarbeiten, der früher bei Buffalo Springfield gespielt hatte.

Gary Hinman: Musiker, Musiklehrer und Teilzeit-Chemiker, wurde am 27. Juli 1969 in seinem Haus im Topanga Canyon brutal ermordet. Wegen seines Mordes wurde der Manson-Anhänger Bobby Beausoleil verurteilt, der in einer lokalen Band namens The Grass Roots Gitarre gespielt hatte. Um Verwechslungen mit der bekannteren Band zu vermeiden, die diesen Namen bereits verwendet, hat die Laurel Canyon-Band ihren Namen in Love geändert. Beausoleil behauptete, dass der neue Name der Band von seinem eigenen Spitznamen „Cupid" („Amor") inspiriert worden sei.

Janis Joplin: Eine Sängerin der Extraklasse, die am 4. Oktober 1970 im *Landmark Hotel*, etwa eine Meile östlich der Öffnung des Laurel Canyon, den sie gelegentlich besuchte, tot aufgefunden wurde. Anzeichen dafür waren, dass sie sich den „goldenen Schuss" gegeben oder bekommen hatte, der um ein Vielfaches stärker war als normales Straßenheroin. Joplins Vater war übrigens Erdölingenieur bei *Texaco*. Und obwohl es normalerweise eine seltsame Verbindung zu sein scheint, scheint es im Kontext dieser Geschichte völlig natürlich, dass Joplin einmal mit diesem großen Drogenboss William Bennett, der einen Krieg gegen alle unmoralischen Dinge führte, zusammen war. Wie Morrison und Hendrix starb auch Joplin im Alter von 27 Jahren.

Duane Allman und Berry Oakley: Der Lead-Gitarrist und der Bassist der Allman Brothers wurden am 29. Oktober 1971 und am 11. November 1972 bei sonderbar ähnlichen Motorradunfällen getötet. Allman war der Sohn von Willis Allman, einem Sergeant der US-Armee, als er am 26. Dezember 1949 bei Norfolk (Virginia) (der Heimat des weltgrößten Marinestützpunkts) von einem anderen Soldaten ermordet wurde. 1967 wagten sich Duane und sein jüngerer Bruder Gregg, die damals unter dem Namen The Allman Joys bekannt waren, nach Los Angeles vor. Dort spielte Gregg bei der Laurel Canyon-Band Poco (mit den Ex-Buffalo-Springfield-Musikern Richie Furay und Jim Messina sowie Randy Meisner, der später bei den Eagles spielte) vor und wäre fast genommen worden. Duane kam ums Leben, als ein Lastwagen auf einer Kreuzung wendete und dann aus unerklärlichen Gründen anhielt. Etwas mehr als ein Jahr danach hatte Oakley nur drei Häuserblocks von Duanes Unfallort entfernt eine ganz ähnliche Begegnung mit einem Autobus. Gleich nach dem Zusammenstoß wischte Berry den Straßenstaub von sich ab und verweigerte jede ärztliche Behandlung, da er sich gut fühlte. Drei Stunden später wurde er schnellstens ins Krankenhaus gebracht, wo er bald starb. Sowohl Oakley als auch Allman waren erst 24 Jahre alt.

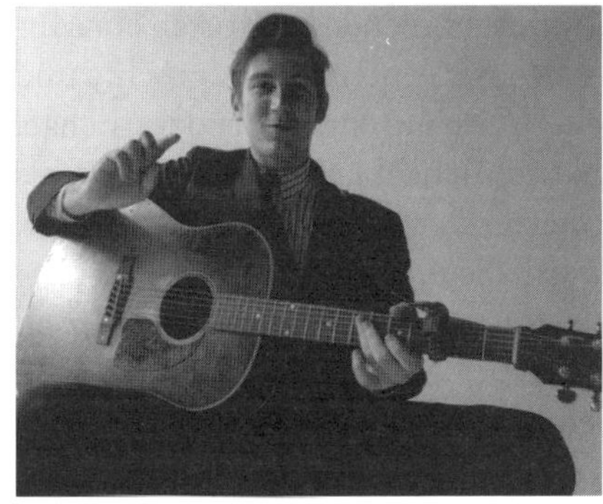
Abb. 106: Phil Ochs

Phil Ochs: Der Folksänger, Songwriter und politische Aktivist wurde am 9. April 1976 im Haus seiner Schwester in Far Rockaway (New York) erhängt aufgefunden. Sein ganzes Leben lang war Ochs einer der offen politischsten Rock- und Folk-Musik-Stars der 1960er Jahre. Ochs, der regelmäßig an Antikriegs-, Bürgerrechts- und Arbeiterkundgebungen teilnahm, schien zu jeder Zeit ein unerschütterlicher politischer Linker zu sein (er nannte seine erste Band The Singing Socialists).

Das änderte sich jedoch in den Monaten vor seinem Tod auf dramatische Weise. Ochs wurde am 19. Dezember 1940 im texanischen El Paso geboren; während seiner ersten Lebensjahre zog seine Familie recht häufig um. Sein Vater, Dr. Jacob Ochs, war von der US-Armee eingezogen und diversen Militärkrankenhäusern in New York, New Mexico und Texas zugewiesen worden. 1943 wurde er nach Übersee beordert und zwei Jahre später aus medizinischen Gründen aus dem Militärdienst entlassen. Nach seiner Heimkehr wurde er sofort in eine Anstalt eingewiesen, wo er zwei weitere Jahre fern von seiner Familie verbringen musste. In dieser Zeit wurde ihm jede nur vorstellbare „Behandlung" zuteil, inklusive Elektroschocktherapie. Als er 1947 endlich wieder nach Hause kam, war er nur noch ein Schatten seiner selbst; Ochs' Schwester sagte, er sei „fast wie ein Gespenst" gewesen.

Ab Herbst 1956 besuchte Phil Ochs die „Staunton Military Academy", dieselbe Institution, an der auch der zukünftige „Serienmörder" und Kultführer Gary Heidnik nur ein Jahr nach Ochs' Abschluss teilnahm. Während der zwei Jahre, die Ochs dort verbrachte, wurde ein Freund und Bandmitglied am Ende eines Seils baumelnd aufgefunden (es erübrigt sich wahrscheinlich zu erwähnen, dass der Tod als Selbstmord eingestuft wurde).

Nach seinem Abschluss immatrikulierte sich Ochs an der „Ohio State University", aber erst, nachdem er sich seltsamerweise einer Schönheitsoperation unterzogen hatte, die sein Aussehen veränderte (noch unnötiger zu erwähnen, dass derartige Operationen 1958 nicht nur bei Männern äußerst unüblich waren). 1962, nur wenige Monate vor dem planmäßigen Ende seiner Uni-Ausbildung, wurde Ochs zum Studienabbrecher, um fortan ein Musikerleben zu führen. 1966 hatte er bereits drei Alben veröffentlicht, und 1967 zog er nach Los Angeles, wo er weiterhin von seinem Bruder Michael Ochs gemanagt wurde. Ein Jahr zuvor hatte Michael Ochs angefangen, als Assistent für Barry James zu arbeiten, der an der Adresse „Ridpath" Nr. 8504 im Laurel Canyon eine Veranstaltungshalle unterhielt.

In den frühen 1970er Jahren, als seine Karriere verblasste, begann Phil Ochs international zu reisen, normalerweise begleitet von riesigen Mengen an Alkohol und Pillen. Diese Reisen beinhalteten einen Besuch in Chile, nicht lange vor dem von den USA gesponserten Staatsstreich, der Salvador Allende stürzte. Im Frühsommer 1975 änderte sich die öffentliche Rolle von

Phil Ochs abrupt. Unter dem Namen John Butler Train erklärte sich Ochs zum CIA-Agenten und präsentierte sich als kriegerischer rechter Schläger. Er sagte einem Interviewer, dass *„am ersten Tag des Sommers 1975 Phil Ochs im ‚Chelsea Hotel' von John Train ermordet wurde ... Zum Wohl der öffentlichen und geheimen Gesellschaften musste er beseitigt werden."*

Dieses symbolische Attentat zur Sommersonnenwende fand in demselben Hotel statt, aus dem Devon Wilson einige Jahre zuvor geflogen war. Einer von Ochs' Biographen schrieb später, dass Phil bzw. John *„tatsächlich glaubten, er sei ein Mitglied der CIA"*. Ebenfalls in den letzten Monaten seines Lebens begann Ochs, kuriose Listen mit Einträgen zusammenzustellen, die eindeutig auf die US-amerikanische Forschung zur biologischen Kriegsführung hinwiesen: *„Saxitoxin, Fort Detrick, Kobragift, Chantilly-Pferderennbahn, hohle Silberdollars, New York Cornell Hospital..."* Viele Jahre vor Ochs' Metamorphose erklärte der Psychologe George Estabrooks in einem interessanten Hinweis, wie US-Geheimdienste den perfekten Spion erschaffen könnten:

„Wir beginnen mit einer herausragenden Zielperson ... Wir brauchen einen Mann oder eine Frau, hochintelligent und körperlich zäh. Dann beginnen wir, durch Hypnose einen Fall multipler Persönlichkeit zu entwickeln. In seinem normalen Wachzustand, den wir Persönlichkeit A oder PA nennen, wird diese Person ein fanatischer Kommunist. Er wird der Partei beitreten, der Parteilinie folgen und sich gegenüber den Behörden so verwerflich wie möglich benehmen. Beachten Sie, dass er in gutem Glauben handeln wird. Er ist Kommunist, oder besser gesagt, seine PA ist Kommunist und wird sich als solcher verhalten. Dann entwickeln wir Persönlichkeit B (PB), die sekundäre Persönlichkeit, die unbewusste Persönlichkeit, wenn Sie so wollen, obwohl dies ein gewisser Widerspruch ist. Diese Persönlichkeit ist auf fanatische Weise amerikanisch und antikommunistisch. Sie verfügt über alle Informationen, die PA besitzt, die normale Persönlichkeit, während PA diesen Vorteil nicht hat ... Mein Superspion spielt seine Rolle als Kommunist in seinem Wachzustand, aggressiv, konsequent, furchtlos. Aber seine PB ist ein treuer Amerikaner, und PB hat alle Erinnerungen an PA. Als loyaler Amerikaner wird er nicht zögern, diese Erinnerungen preiszugeben."

Estabrooks hat nie erklärt, was passieren würde, wenn die Programmierung durcheinander kommt und Persönlichkeit B plötzlich die bewusste wird. Man kann nur annehmen, dass eine solche Person als ernsthafte

Bedrohung angesehen und dementsprechend behandelt werden würde. Und vielleicht würde sie eines Tages sogar am Strick baumeln. Phil Ochs war zum Zeitpunkt seines Todes 35 Jahre alt.

Und damit können wir jetzt die Todesliste des Laurel Canyon hinter uns lassen. Die Liste ist wohlgemerkt noch nicht vollständig, da wir nur die Jahre 1966-1976 behandelt haben. Einer der Namen aus dieser Zeit, der so gut wie in Vergessenheit geriet, ist Judee Lynn Sill, die einst mit anderen Laurel Canyon-Singer / Songwritern wie Joni Mitchell, Judy Collins und Carole King in einem Atemzug genannt wurde. Zum Zeitpunkt ihres Todes am 23. November 1979 war sie jedoch praktisch in Vergessenheit geraten, und es wurde kein einziger Nachruf veröffentlicht, um auf ihren Tod aufmerksam zu machen.

Judee wurde am 7. Oktober 1944 in Studio City (Kalifornien) unweit des nördlichen Eingangs zum Laurel Canyon geboren. Ihr Vater, Milford „Bud" Sill, war Berichten zufolge Kameramann der *Paramount Studios* mit zahlreichen Hollywood-Verbindungen. Als Judee jedoch noch recht jung war, zogen Bud und die Familie nach Oakland und er eröffnete eine Bar, die als *Bud's Bar* bekannt ist. Er betrieb auch ein Nebengeschäft als Importeur seltener Tiere, weshalb er viel Zeit in Mittel- und Südamerika verbringen musste. Es sollte angemerkt werden, dass ein solches Geschäft eine ideale Tarnung für verdeckte Geheimdienstarbeit bieten würde. Auf jeden Fall war Bud Sill 1952 tot, als Judee gerade sieben oder acht Jahre alt war. Je nachdem, wer die Geschichte erzählt, starb Bud entweder an einer Lungenentzündung oder an einem Herzinfarkt.

Nach Buds Tod zog die Familie zurück nach Südkalifornien, und Judees älterer Bruder Dennis, noch im Teenageralter, übernahm das Importgeschäft der Familie. Das dauerte jedoch nicht lange, da Dennis bald in Mittelamerika tot auftauchte, entweder aufgrund einer Leberinfektion oder eines Autounfalls. Das Tierimportgeschäft ist wohl ziemlich gefährlich.

Judees Mutter Oneta lernte Ken Muse kennen und heiratete ihn, einen mit dem Oscar ausgezeichneten Trickfilmzeichner für *Hanna-Barbera Productions*, der von Judee als ein zum Missbrauch neigender, gewalttätiger Alkoholiker beschrieben wurde. Mit 15 Jahren floh Judee aus ihrem gewalttätigen Leben zu Hause und lebte mit einem älteren Mann zusammen, mit dem sie eine Reihe bewaffneter Raubüberfälle im San Fernando Valley verübte.

Diese Aktivitäten brachten sie in eine Besserungsanstalt, was wenig dazu beitrug, ihren Hang zu Drogen, Kriminalität und Alkohol einzudämmen. Sie verbrachte die nächsten Jahre mit einer schweren Heroinsucht, die sie dadurch finanzierte, dass sie in einigen der angesagtesten Viertel von Los Angeles mit Drogen handelte und auf den Strich ging.

1963 hatte Judee den Drogen abgeschworen, um sich für das „Junior College" einzuschreiben. Im frühen Winter 1965 starb Judees Mutter, ihr letztes noch lebendes Familienmitglied, entweder an Krebs oder an Komplikationen aufgrund ihres chronischen Alkoholismus (Sie können es sich aussuchen; die Details dieser Geschichte werden wahrscheinlich für immer schwer fassbar bleiben). Kaum erwachsen, war Judee auf sich allein gestellt und für sie begann damit eine weitere Abwärtsspirale in Richtung Drogen und Kriminalität, die dazu führte, dass sie verhaftet wurde und möglicherweise wegen Fälschung und Drogendelikten Zeit im Knast verbüßte.

In den späten 1960er Jahren wurde Sill Teil der Laurel Canyon-Szene, wo sie versuchte, sich als Singer / Songwriterin einen Namen zu machen. Ihren ersten Durchbruch schaffte sie, als sie den Song „Lady O" an die Turtles verkaufte (eine weitere Laurel Canyon-Band, die Mitte der 1960er Jahre groß rauskam; die Turtles, die für die Hit-Single „Happy Together" am bekanntesten sind, wurden vom Leadsänger Howard Kaylan angeführt, der zufälligerweise – wie klein die Welt doch ist – ein Cousin von Frank Zappas Manager und Geschäftspartner Herb Cohen war. Die Band veröffentlichte 1969 den Song mit Judees Gitarrenarbeit. Im nächsten Jahr war Sill die erste Künstlerin, die bei David Geffens jungem *Asylum*-Plattenlabel unter Vertrag stand. Im Jahr danach wurde ihr selbstbetiteltes Debütalbum *Asylums* erste offizielle Veröffentlichung. Die erste Single aus dem Album „Jesus Was A Crossmaker" wurde von Graham Nash produziert, mit dem sie nach der LP-Veröffentlichung auch – als Support – auf Tournee ging.

Obwohl es von der Kritik gut aufgenommen wurde, waren die Verkäufe des Albums enttäuschend, auch weil das Album von den Debütalben von Jackson Browne und der Eagles überschattet wurde, die beide kurz nach der Veröffentlichung von Judees Album von *Asylum* veröffentlicht wurden. Sills zweites Album, „Heart Food" von 1973, war in kommerzieller Hinsicht noch enttäuschender. Trotzdem begann sie 1974 mit der Arbeit an einem dritten Album im Tonstudio von „Monkee" Mike Nesmith. Vor seiner Fertigstellung gab sie das Projekt jedoch auf und verschwand spurlos. Was zwischen dieser Zeit und ihrem Tod etwa fünf Jahre später aus ihr wurde, bleibt weitgehend ein Rätsel. Es wird angenommen, dass sie erneut in ein Leben voller Drogen und Prostitution abgerutscht war, aber niemand scheint es genau zu wissen.

Angeblich soll sie bei einem Auffahrunfall, an dem der Schauspieler Danny Kaye beteiligt war, schwer verletzt worden sein und danach an chronischen Rückenschmerzen gelitten haben, die zu ihrer Drogensucht beitrugen. Einer Freundin zufolge hing in ihrer Wohnung ein riesiges Bela-Lugosi-Foto über dem Kamin, über ihrem Bett war ein schwarzes Ebenholzkreuz angebracht und überall standen Unmengen an Kerzen. Außerdem soll sie sich intensiv mit Rosenkreuzer-Manuskripten und den Schriften Aleister Crowleys befasst, das Gesamtwerk von Helena Blavatsky besessen und eine Begabung für das Legen von Tarot-Karten gehabt haben.

Sicher ist, dass Judee Sill, das letzte überlebende Mitglied ihrer Familie, am Tag nach Thanksgiving 1979 tot in einer Wohnung in North Hollywood aufgefunden wurde. Die Todesursache wurde als „akute Kokain- und Codeinvergiftung" aufgeführt. Es wurde behauptet, dass ein Abschiedsbrief gefunden wurde, aber Freunde beharrten darauf, dass die angebliche Notiz entweder ein Teil eines Tagebucheintrags oder ein unvollendetes Lied war. Eine ihrer Freundinnen bemerkte später, dass Judee irgendwann in ihrem Leben merkte, dass „ein Teil von ihr nicht unter ihrer bewussten Kontrolle stand". Vermutlich konnten Phil Ochs und einige andere Protagonisten dieser Geschichte das sehr gut nachvollziehen.[(115)]

Bis um 1913 blieb der Laurel Canyon ein unbebauter (und nicht eingemeindeter) Teil von Los Angeles – ein unberührtes Wildnisgebiet, das reich an einheimischer Flora und Fauna ist. Das alles begann sich zu ändern, als Charles Spencer Mann und seine Partner anfingen, Land entlang des späteren „Laurel Canyon Boulevard" sowie den Lookout Mountain aufzukaufen. Eine schmale Straße, die zum Kamm des Lookout Mountain führte, wurde herausgearbeitet, und auf diesem Kamm wurde ein verschwenderisches Gasthaus mit 70 Zimmern errichtet, von dem aus man einen weiten Blick auf die Stadt und den Pazifik dahinter hatte. Das *Lookout Inn* verfügt unter anderem über einen großen Ballsaal, Reitställe, Tennisplätze und einen Golfplatz. Aber das Gasthaus stand leider nur für ein Jahrzehnt; 1923 brannte es nieder, wie es im Laurel Canyon häufig vorkommt.

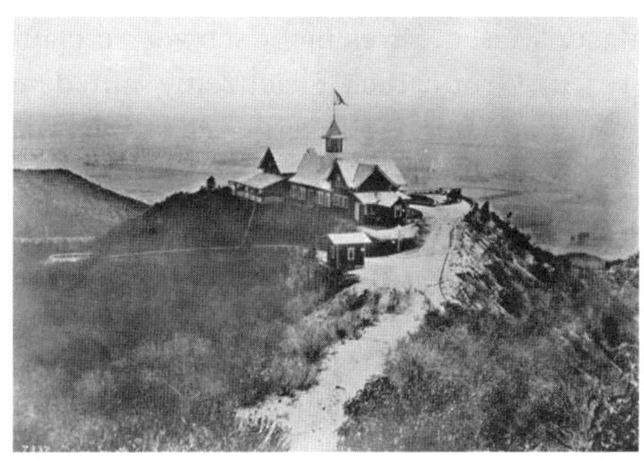

Abb. 107: Das „Lookout Inn“

Im Jahr 1913 begann Mann mit dem Betrieb des ersten Oberleitungsbusses des Landes, um Touristen und potenzielle Käufer vom Sunset Boulevard bis zur Ecke der heutigen Straßen „Laurel Canyon Boulevard“ und „Lookout Mountain Avenue“ zu befördern. Etwa zur gleichen Zeit baute er an derselben Ecke eine massive Taverne bzw. Raststätte. Das Gebäude, das *Laurel Tavern* genannt wurde, verfügte über einen über 2.000 Quadratmeter großen formellen Speisesaal, Gästezimmer und eine Kegelbahn im Untergeschoss. Die *Laurel Tavern* wurde natürlich später von Tom Mix erworben, danach wurde sie liebevoll als *Log Cabin* bezeichnet.

Kurz nach dem Bau der Blockhütte baute ein Kaufhausmogul (oder ein wohlhabender Möbelhersteller; es gibt mehr als eine Version der Geschichte oder vielleicht besaß der Mann mehr als ein Geschäft) ein imposantes, schlossähnliches Herrenhaus auf der anderen Straßenseite, an der Ecke des „Laurel Canyon Boulevard“ und der „Willow Glen Road“. Das Haus hatte ziemlich unheimliche Türme und Zinnen, und das Fundament soll von geheimen Gängen, Tunneln und versteckten Kammern durchzogen sein. In ähnlicher Weise war (und ist) das Gelände des Anwesens mit Wegen übersät, die zu Grotten, kunstvollen Steinformationen und versteckten Höhlen und Tunneln führten.

Auf der anderen Seite des „Laurel Canyon Boulevard“ war das Gelände der *Laurel Tavern* bzw. *Log Cabin* ebenfalls mit seltsamen Höhlen und Tunneln übersät. Michael Walker stellte in seinem Buch „Laurel Canyon“ fest: „*Hinter dem Haus verlief eine Ansammlung künstlicher Höhlen aus Stuck mit elektrischen Kabeln und Glühbirnen den Hang hinauf.*“ Verschiedene Berichte besagen, dass ein geheimer Tunnel, der unter dem heutigen Laurel Canyon Boulevard verläuft, die Blockhütte (oder ihr Gästehaus) mit dem Anwesen Houdinis verband. Diese Behauptung wird häufig als urbane

Legende angeprangert. Da jedoch bekannt ist, dass beide Grundstücke ungewöhnliche geologische Merkmale aufweisen, ist es nicht schwer zu glauben, dass das Tunnelsystem auf einem Grundstück gleichzeitig mit dem Tunnelsystem auf dem anderen verbunden war. Die Taverne selbst war, wie Gail Zappa sie später beschrieb, *„riesig, gewölbt und höhlenartig"*.

Mit diesen beiden eher ungewöhnlichen Gebäuden, die eine ansonsten unbebaute Schlucht einrahmen, und dem *Lookout Inn* auf dem unbewohnten Lookout Mountain machte sich Mann daran, die Schlucht als Urlaubs- und Urlaubsziel zu vermarkten. Das Land, das er in Unterteilungen mit Namen wie „Bungalow Land" und „Wonderland Park" unterteilte, wurde als idealer Ort für den Bau von Ferienhäusern präsentiert. Aber das neue Gasthaus, die neue Raststätte und die neuen zum Verkauf stehenden Grundstücke waren definitiv nicht jedermanns Sache. Das *Roadhouse* war im Wesentlichen ein Country Club oder das, was Jack Boulware vom *Mojo Magazine* als *„männlicher Rückzugsort für wohlhabende Männer"* bezeichnete. Und „Bungalow Land" wurde offen als *„ein hochklassiger, eingeschränkter Park nur für wünschenswerte Menschen"* beworben.

„Wünschenswerte Menschen" waren natürlich eher wohlhabende Menschen ohne allzu dunkle Hautfarbe.

Auf der Website der aktuellen „Laurel Canyon Association" heißt es: *„Die neuen Parzellen wurden nur mit Nutzungsbeschränkungen vergeben. Dabei handelt es sich um kaum verschleierte Versuche, das Eigentumsrecht an den Grundstücken nur männlichen Weißen einer bestimmten sozialen Schicht zugänglich zu machen. Es wird zwar oft von der Bigotterie der Bauunternehmer in unserer Gegend gesprochen – doch wie es scheint, neigten auch einige der Einwohner zu Vorurteilen und Gesetzwidrigkeiten. Dieser Artikel erschien 1925 in einer Lokalzeitung:*

Der vor einigen Monaten von selbsternannten ‚Weißen Rittern' am Lookout Mountain in Hollywood ausgepeitschte Frank Sanceri wurde von den Geschworenen unter Oberrichter Shea von der Anklage freigesprochen, die 11-jährige Astrea Jolley rechtswidrig attackiert zu haben.

Auch vermögende Menschen zog es in den Laurel Canyon. Nach der Schaffung der Hollywood-Filmindustrie im Jahre 1910 wurde der Canyon zum Anziehungspunkt für eine Reihe von ‚Kinematographie-Darstellern' wie Wally Reid, Tom Mix, Clara Bow, Richard Dix, Norman Kerry, Ramon Navarro, Harry Houdini und Bessie Love."

Der Autor dieses kleinen Teils der Geschichte des Laurel Canyon möchte eindeutig, dass wir glauben, dass die „reicheren Bewohner“ eine Gruppe sind, die nichts mit den gewalttätigen Rabauken zu tun haben, die durch den Canyon streifen. Die Geschichte solcher Gruppen in Los Angeles deutet jedoch eindeutig auf etwas anderes hin. Paul Young hat zum Beispiel in „LA Exposed“ geschrieben, in Los Angeles hätten sich „frühe Bürgerwehren ... selbstständig um die Gesetzlosen gekümmert, wobei ihnen der Bürgermeister oft freie Hand ließ. Richter Lynch zum Beispiel gründete 1854 die „Los Angeles Rangers“ mit einigen der besten Richter, Anwälte und Geschäftsleute der Stadt, darunter der Tycoon Phineas Banning von der „Banning Railroad“. Und da waren die „Los Angeles Home Guard“, eine andere blutrünstige paramilitärische Organisation, die sich aus namhaften Bürgern zusammensetzte, und die gefürchteten „El Monte Rangers“, eine Gruppe texanischer Streithähne, die sich darauf spezialisiert hatten, Mexikaner zu töten. Wie zu erwarten war, wurden die Rechte des Opfers in solchen Scheingerichten nicht berücksichtigt. Die Opfer wurden oft aus ihren Häusern, Gefängniszellen oder sogar Kirchen verschleppt und geschlagen, ausgepeitscht, gefoltert, verstümmelt oder kastriert, bevor sie am nächsten Baum aufgeknüpft wurden.“

Und so, liebe Leser, läuft das hier draußen nunmal an der „linken“ Küste.

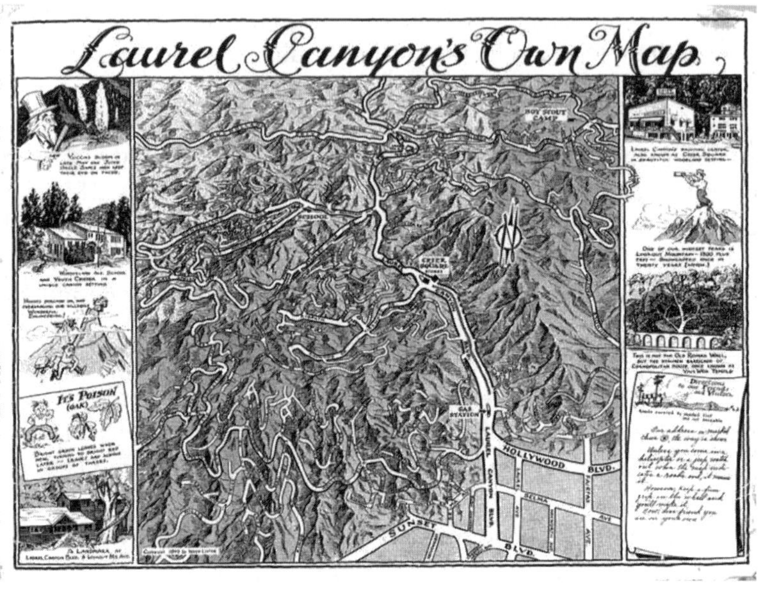

Abb. 108: Eine Karte des Laurel Canyon

Bevor wir fortfahren, muss an dieser Stelle erwähnt werden, dass von den acht von der Vereinigung aufgeführten prominenten Bewohnern des Laurel Canyon die Hälfte unter fragwürdigen Umständen gestorben ist, und drei der vier an Tagen mit okkulter Bedeutung. Während Bessie Love, Norman Kerry, Richard Dix und Clara Bow alle ein langes und gesundes Leben führten, wurde Ramon Navarro, wie wir bereits gesehen haben, am Vorabend von Halloween 1968 in seinem Haus am „Laurel Canyon Boulevard“ rituell ermordet. Fast ein halbes Jahrhundert zuvor, am 18. Januar 1923, wurde das Leinwand-Idol Wallace Reid tot in einer Gummizelle in der Nervenheilanstalt gefunden, in der er eingesperrt war. Der Tod des erst 31-jährigen Reid wurde auf Morphiumsucht zurückgeführt, obwohl nie erklärt wurde, wie es ihm gelang, in einer Zelle in einer psychiatrischen Klinik seiner Angewohnheit zu fröhnen.

Tom Mix starb auf einem einsamen Autobahnabschnitt in Arizona bei dem sprichwörtlichen Autounfall am 12. Oktober 1940 (dem Geburtstag des berüchtigten Okkultisten Aleister Crowley), als er ganz unerwartet auf eine vorübergehende Straßensperre stieß, die wegen Bauarbeiten an einer vermeintlich weggespülten Brücke errichtet worden war. Obwohl er (nach den meisten Berichten) nicht zu schnell fuhr, war Mix angeblich nicht in der Lage, rechtzeitig anzuhalten, und bog von der Straße ab, während ein Trupp vermeintlicher „Arbeiter" angeblich zuschaute. Es war jedoch nicht der Aufprall, der Mix tötete, sondern ein schwerer Schlag auf den Hinterkopf und den Nacken, der angeblich während des Unfalls von einem Aluminiumkoffer verursacht wurde, den er auf dem Rücksitz seines Autos abgelegt hatte. An der Stelle, an der Mix gestorben ist, befindet sich heute eine Straßenmarkierung. Falls Sie bei Gelegenheit dort vorbeikommen, um einen Blick darauf zu werfen, können Sie auch einen kurzen Abstecher zur „Florence Military Reservation" machen, die nur einen Steinwurf entfernt ist.

Harry Houdini starb am Halloween-Tag 1926 angeblich an einer Blinddarmentzündung, die durch einen Schlag auf den Unterleib ausgelöst wurde. Das Problem mit dieser Geschichte ist jedoch, dass die Medizin sie heutzutage als Unmöglichkeit einstuft. Laut einem erschienenen Buch über den berühmten Illusionisten („The Secret Life of Houdini" von William Kalush und Larry Sloman), wurde Houdini wahrscheinlich vergiftet. Das Buch stellt Fragen nach dem merkwürdigen Fehlen einer Autopsie, einem „experimentellen Serum", das Houdini offenbar im Krankenhaus verabreicht wurde, und geht Hinweisen nach, dass seine Frau Bess möglicherweise ebenfalls vergiftet wurde (obwohl sie überlebt hat). Am 23. März 2007 wurde von seinen überlebenden Familienmitgliedern offiziell eine Exhumierung von Houdinis sterblichen Überresten beantragt. Es ist derzeit unklar, wann oder ob dies geschehen wird.

Houdinis Tod am 31. Oktober 1926 ereignete sich genau acht Jahre nach dem ersten Todesfall in dem sogenannten Houdini-Haus. Im Jahr 1918, nicht lange nach dem Bau des Hauses, kam es während einer Halloween- und Geburtstagsfeier auf einem der Balkone des Hauses zu einem Streit eines Liebespaares. Der schwule Liebhaber des Sohnes des ursprünglichen Besitzers soll vom Balkon auf den Boden gestürzt sein. Der Legende nach gelang es dem Geschäftsmann, seinen Sohn freizukaufen, aber erst nachdem er alle geschmiert hatte, die er finden konnte, einschließlich des Prozessrichters. Die Folgen der Party erwiesen sich für die Familie als finanziell verheerend, und das Haus wurde offenbar zum Verkauf angeboten.

Nicht lange danach suchte Harry Houdini, wie es das Schicksal wollte, nach einer Unterkunft in der Gegend um Hollywood, da er beschlossen hatte, in das Filmgeschäft einzusteigen. Er fand das perfekte Zuhause im Laurel Canyon – das Zuhause, das für immer seinen Namen tragen sollte. Laut den meisten Berichten lebte er dort von etwa 1919 bis in die frühen 1920er Jahre während einer kurzen Filmkarriere, in der er in einer Handvoll Hollywood-Filmen mitwirkte. Eine Schlüsselszene in einem dieser Filme, *The Grim Game*, wurde Berichten zufolge auf dem Gipfel des Lookout Mountain in der Nähe des damaligen *Lookout Inn* gedreht.

Am 31. Oktober 1959, genau 33 Jahre nach Houdinis Tod und 41 Jahre nach dem Tod des namenlosen Partygastes, brannte das markante Herrenhaus an der Ecke „Laurel Canyon Boulevard" und „Willow Glen Road" in einem Großfeuer unbekannter Ursache nieder. (Die Ruinen des Anwesens sind heute, nach mehr als 50 Jahren, noch zu sehen). Am 31. Oktober 1981, genau 22 Jahre nach dem Brand auf der anderen Straßenseite, brannte auch die legendäre Blockhütte auf der anderen Seite des „Laurel Canyon Boulevard" in einem weiteren Brand mysteriösen Ursprungs nieder (einige Berichte spekulierten, dass dies auf die Explosion eines Drogenlabors zurückging). Und 25 Jahre später, am 31. Oktober 2006, wurde „The Secret Life of Houdini" veröffentlicht, das die konventionelle Weisheit über Houdinis Tod in Frage stellte.

Weitaus überzeugender als die Enthüllungen über Houdinis Tod war jedoch etwas anderes an dem Illusionisten, welches das Buch zum ersten Mal enthüllte: Harry Houdini war ein Spion, der sowohl für den US-Geheimdienst als auch für Scotland Yard arbeitete. Die Entfesselungsnummern, mit denen er auf Reisen ging, stellten anscheinend nur eine Tarnung für seine geheimdienstlichen Aktivitäten dar. Insofern ähnelte seine Vorgehensweise der des Lincoln-Attentäters und Bühnenkünstlers John Wilkes Booth, aber auch vieler der heutzutage beliebtesten Musiker beziehungsweise Darsteller aus Film und Fernsehen. Tut mir leid, wenn ich jetzt ein paar Illusionen zerstört habe.

Das Buch erhebt natürlich keine derart gewagten Anschuldigungen gegen andere Künstler außer Houdini. Was das Buch jedoch leistet, ist eine überzeugende Dokumentation, dass Houdini tatsächlich ein Geheimagent war, der seine Zaubertricks als Deckmantel benutzte. Neben unterstützendem Beweismaterial von Scotland Yard findet sich in dem Werk auch eine Bekräftigung dieser These durch keinen Geringeren als John E. McLaughlin, den ehemaligen stellvertretenden Direktor der CIA. (Wer hätte gedacht, dass es so einfach ist?)

Es scheint, dass von den acht prominenten Bewohnern des Laurel Canyon, die auf der Website der „Laurel Canyon Association" aufgeführt sind, mindestens zwei (Novarro und Houdini), und möglicherweise sogar vier ermordet wurden. Das scheint eine ziemlich hohe Mordrate zu sein, angesichts einer im Internet durchgeführten Studie, laut der eine weiße Person in den USA im Durchschnitt eine Wahrscheinlichkeit von 1:345 hat, ermordet zu werden. Nicht-weiße Personen haben natürlich eine weitaus größere Wahrscheinlichkeit, ermordet zu werden, aber bei Weitem nicht die 1:4 bis 1:2-Wahrscheinlichkeit, mit der eine im Laurel Canyon lebende weiße Berühmtheit konfrontiert ist.

Statistisch gesehen wäre es Ihnen besser ergangen, wenn Sie in den 1920er Jahren als ein berühmter Schauspieler eine Runde russisches Roulette gespielt hätten, als im Laurel Canyon zu leben.

Wie auch immer ... zwei ehrgeizige Projekte in den 1940er Jahren haben den Laurel Canyon erheblich verändert. Zunächst wurde der „Laurel Canyon Boulevard" in das San Fernando Valley erweitert, um sowohl von Norden als auch von Süden aus Zugang zum Canyon zu erhalten. Der verbreiterte Boulevard war jetzt eine kurvenreiche Straße, die vom Tal aus direkten Zugang zur Westseite bot. Unnötig zu erwähnen, dass der Verkehr erheblich zunahm, was für die Planer des anderen Projekts wahrscheinlich gut funktionierte, da der durch dieses andere Projekt verursachte erhöhte Verkehr wahrscheinlich überhaupt nicht bemerkt wurde. Und das ist gut, verstehen Sie, denn das andere Projekt war ein geheimes. Wenn Sie also davon erfahren, müssen Sie versprechen, es niemandem zu erzählen.

Was als „Lookout Mountain Laboratory" bekannt wurde, war ursprünglich als Luftverteidigungszentrum gedacht. Die Einrichtung wurde 1941 erbaut und befindet sich auf einem zweieinhalb Hektar großen, abgelegenen Grundstück an der heutigen „Wonderland Park Avenue". Sie war uneinsehbar und von einem Elektrozaun umgeben. Bis 1947 verfügte die Einrichtung über ein voll funktionsfähiges Filmstudio. Tatsächlich wird behauptet, dass es vielleicht das einzige vollständig in sich geschlossene Filmstudio der Welt war. Mit einer Grundfläche von 100.000 Quadratmetern umfasste das verdeckte Studio Tonbühnen, Vorführräume, Filmentwicklungslabors, Schneideräume, eine Trickfilmabteilung und 17 klimatisierte Filmlager. Es gab auch eine Tiefgarage, einen Hubschrauberlandeplatz und einen Luftschutzbunker.

Im Laufe seiner Existenz produzierte das Studio rund 19.000 nach Rubriken geordnete Kinofilme – mehr als alle Hollywood-Studios zusammen (was Laurel Canyon wohl zur wahren „Filmhauptstadt der Welt" macht). Offiziell wurde die Anlage von der „US Air Force" betrieben und hat nichts Schändlicheres getan, als Aufnahmen der amerikanischen Atomenergiekommission (Atomic Energy Commission / AEC) zu entwickeln. Das Studio war jedoch eindeutig dafür ausgestattet, weit mehr als nur Filme zu entwickeln. Es gibt Hinweise darauf, dass das „Lookout Mountain Laboratory" über eine fortschrittliche Forschungs- und Entwicklungsabteilung verfügte, die auf dem neuesten Stand der Filmtechnologien war.

Solche technologischen Fortschritte wie 3D-Effekte wurden offenbar zuerst am Standort Laurel Canyon entwickelt. Und Hollywood-Stars wie John Ford, Jimmy Stewart, Howard Hawks, Ronald Reagan, Bing Crosby, Walt Disney und Marilyn Monroe erhielten die Erlaubnis, in der Einrichtung an nicht genannten Projekten zu arbeiten. Es gibt keinen Hinweis darauf, dass einer von ihnen jemals von seiner Arbeit im Geheimstudio gesprochen hat.

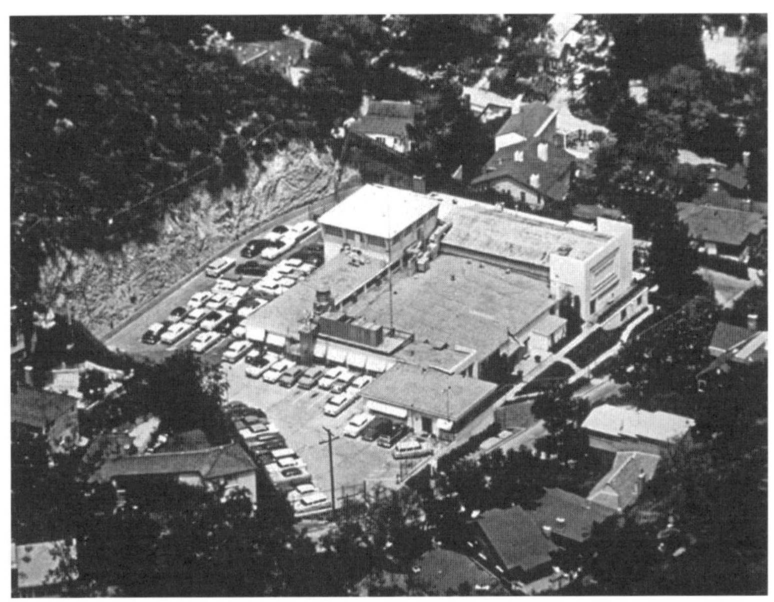

Abb. 109: Das „Lookout Mountain Laboratory"

Die Einrichtung beherbergte bis zu 250 Produzenten, Regisseure, Techniker, Redakteure, Animatoren usw., sowohl zivile als auch militärische, alle mit höchsten Sicherheitsfreigaben – und alle berichteten, in einer abgelegenen Ecke des Laurel Canyon zu arbeiten. Die Aussagen variieren hinsichtlich der Einstellung des Betriebs der Einrichtung. Einige behaupten, sie sei 1969 gewesen, während andere sagen, die Anlage sei länger in Betrieb geblieben. Jedenfalls war der geheime Bunker immerhin mehr als zwanzig Jahre vor der Zeit rebellischer Teenager im Laurel Canyons in Betrieb gewesen, und er blieb es während der turbulentesten dieser Jahre.

Die Existenz der Einrichtung war der Öffentlichkeit bis Anfang der 1990er Jahre unbekannt, obwohl lange gemunkelt wurde, dass die CIA irgendwo in oder in der Nähe von Hollywood ein geheimes Filmstudio betrieb. Der Filmemacher Peter Kuran war der erste, der durch Verschlusssachen, die er 1995 bei der Recherche seines Dokumentarfilms *Trinity and Beyond* erhalten hatte, von seiner Existenz erfuhr. Und doch würde man auch heute, etwa 25 Jahre nach seiner Veröffentlichung, Schwierigkeiten haben, irgendwo in der Verschwörungsliteratur eine einzige Erwähnung dieser geheimen Militär- und Geheimdiensteinrichtung zu finden. Wir können uns vermutlich alle darüber einig sein, dass daran nichts im Geringsten verdächtig ist…

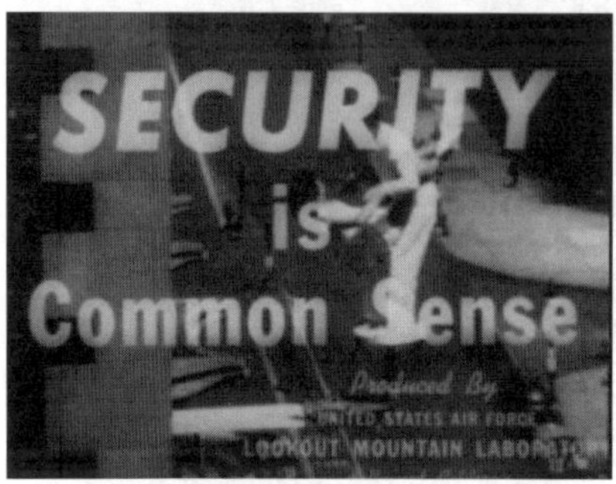

Abb. 110: Promo-Film für das *Lookout Mountain Laboratory*

Wie Barney Hoskyns im Song „Hotel California" geschrieben hat, war Laurel Canyon in den 1950er Jahren die Heimat aller „angesagtesten jungen Schauspieler", darunter laut Hoskyns Marlon Brando, James Dean, James Coburn und Dennis Hopper. Neben Hopper und Dean fand auch ein weiterer junger Star von *… denn sie wissen nicht, was sie tun* im Canyon ein Zuhause: Natalie Wood. Tatsächlich lebte Wood in dem Haus, aus dem Cass Elliot später eine Laurel Canyon-Partyhütte machte. Ein vierter junger Star des Films, Sal Mineo, lebte an der Öffnung des Canyons, und das fünfte Mitglied der Clique aus *… denn sie wissen nicht, was sie tun*, Nick Adams, lebte nur etwa eine Meile (Luftlinie) entfernt im benachbarten Coldwater Canyon.

Mit Ausnahme von Hopper wurde ihr ganzes Leben auf tragische Weise verkürzt, was erneut beweist, dass es sehr gefährlich sein kann, im Laurel Canyon zu leben.

Zuerst gab es diese große amerikanische Ikone, James Dean, der angeblich am 30. September 1955 im zarten Alter von 24 Jahren bei einem Frontalzusammenstoß ums Leben kam. Als nächstes folgte Nick Adams, der Dean bereits kannte, bevor er ein Star wurde, als beide als männliche Strichjungen auf den Straßen Hollywoods arbeiteten. Adams starb am 6. Februar 1968 im

Alter von 36 Jahren in seinem Haus in der El Roble Lane Nr. 2126 im Coldwater Canyon. Seine offizielle Todesursache wurde natürlich als Selbstmord aufgeführt, aber wie Schauspieler Forrest Tucker bemerkt hat: „*Ganz Hollywood weiß, dass Nick Adams umgelegt wurde.*"

Berichten zufolge erhielten Nicks Verwandte am Tag seines Todes zahlreiche Anrufe, bei denen wieder aufgelegt wurde, und sein Tonbandgerät, seine Tagebücher und verschiedene andere Papiere und persönliche Gegenstände fehlten auffälligerweise in seinem Haus. Sein lebloser, aufrecht auf einem Stuhl sitzender Körper wurde von seinem Anwalt Ervin „Tip" Roeder entdeckt. Am 10. Juni 1981 wurden Roeder und seine Frau, die Schauspielerin Jenny Maxwell (bekannt dafür, dass sie von Elvis in *Blue Hawaii* verprügelt wurde) vor ihrer Wohnung in Beverly Hills niedergeschossen.

Als nächstes war Sal Mineo an der Reihe, über dessen Mord am 12. Februar 1976 wir bereits berichtet haben. Und die letzte in der Reihe war Natalie Wood, die am 29. November 1981 unter nie geklärten Umständen ertrank. Bevor ihr Leichnam im Meer vor Catalina Island treibend aufgefunden wurde, war sie in Begleitung der Schauspieler Robert Wagner und Christopher Walken auf einer Privatjacht zu Gast. Sie war zum Zeitpunkt ihres Todes 43 Jahre alt.

Die Liste der berühmten ehemaligen Bewohner des Canyons enthält auch die Namen von W. C. Fields, Mary Astor, Roscoe „Fatty" Arbuckle, Errol Flynn, Orson Welles und Robert Mitchum, der 1948 in Ridpath Drive Nr. 8334 wegen einer Marihuana-Anklage verhaftet wurde. Dieselbe Straße, in der später die Rocker Roger McGuinn, Don Henley und Glenn Frey sowie Paul Rothchild, der Produzent von The Doors und Love, lebten. Mitchums Verhaftung scheint übrigens eine sorgsam inszenierte Angelegenheit gewesen zu sein, die sein Image als „Hollywood Bad Boy" festigte und seiner Karriere einen ziemlichen Schub verlieh, aber das ist hier wohl nicht wirklich relevant.

Ein weiterer berühmter Bewohner des Laurel Canyon, anscheinend in den 1940er Jahren, war der Science-Fiction-Schriftsteller Robert Heinlein, der Berichten zufolge in der „Lookout Mountain Avenue" Nr. 8775 wohnte. Wie so viele andere Charaktere in dieser Geschichte war Heinlein Absolvent der „US Naval Academy" in Annapolis und hatte als Marineoffizier gedient. Danach begann er eine erfolgreiche Karriere als Schriftsteller. Und trotz der

Tatsache, dass er objektiv ein fanatischer Rechter war, wurde seine Arbeit von der „Flower Power"-Generation sehr begrüßt.

Heinleins bekanntestes Werk ist der Roman „Fremder in einer fremden Welt", den viele in der Laurel Canyon-Szene als äußerst einflussreich empfanden. Ed Sanders hat in „The Family" geschrieben, dass das Buch *„dazu beigetragen hat, eine theoretische Grundlage für die Manson-Familie zu schaffen"*. Charlie verwendete häufig die Terminologie aus „Fremder in einer fremden Welt", wenn er sich an seine Gefolgschaft wandte, und nannte seinen ersten in der Familie geborenen Sohn Valentine Michael Manson zu Ehren der Hauptfigur des Buches.

David Crosby war ebenfalls ein großer Heinlein-Fan. In seiner Autobiografie bezieht er sich mehr als einmal auf Heinlein und verkündet: *„In einer Gesellschaft, in der Menschen eine Waffe tragen können, macht dies alle ein bisschen höflicher, wie Robert A. Heinlein in seinen Büchern sagt."* Frank Zappa gehört ebenfalls zum Fanclub von Robert Heinlein. Barry Miles schreibt in seiner Biographie des Rock-Idols, dass in Zappas Bücherschrank *„Saint-Exupérys ‚Der kleine Prinz' und andere Sixties-Kultbücher standen, darunter auch Robert Heinleins Science-Fiction-Klassiker ‚Fremder in einer fremden Welt', aus dem Zappa sich den Ausdruck ‚discorporate' (eine außerkörperliche Erfahrung machen) für seinen Song ‚Absolutely Free' lieh."*

Und das, furchtlose Leser, bringt uns mehr oder weniger zurück in die Laurel Canyon-Ära, mit der wir uns hauptsächlich befassen, die wildromantischen 1960er Jahre.

Was haben wir heute, wenn überhaupt, gelernt? Wir haben erfahren, dass Morde und zufällige Gewaltakte seit den frühesten Tagen ihrer Entwicklung Teil der Kultur des Canyons sind. Wir haben auch erfahren, dass Geheimagenten, die sich als Entertainer ausgeben, seit den frühesten Tagen ebenfalls Teil der Canyon-Szene sind. Und schließlich haben wir erfahren, dass Geheimagenten, die sich nicht einmal als Entertainer ausgaben, in den Canyon strömten, um mindestens 20 Jahre lang dem „Lookout Mountain Laboratory" unterstellt zu sein, bevor der erste Rockstar dort seinen Fuß hinsetzte.

Eine letzte Anmerkung ist hier angebracht: Wir sollen glauben, dass all diese musikalischen Ikonen im Laurel Canyon spontan zusammengekommen sind (die gesamte Literatur ist mit dem Wort „zufällig" reichlich übersät). Aber wieviele seltsame Übereinstimmungen müssten wir übersehen, um zu glauben, dass alles nur ein zufälliges Zusammentreffen war?

Nehmen wir hypothetisch an, Sie sind der junge Mann auf dem Foto oben in diesem Kapitel, und Sie sind kürzlich im Laurel Canyon angekommen und stehen nun vor einer Band, die kurz davor ist, das Land im Sturm zu erobern. Nur eine Meile oder so den „Laurel Canyon Boulevard" hinunter lebt ein anderer Typ, der ebenfalls kürzlich im Laurel Canyon angekommen ist und zufällig auch eine Band anführt, die bald berühmt ist. Er ist zufällig mit einem Mädchen verheiratet, mit dem Sie den Kindergarten besucht haben, und ihr Vater war wie Ihr Vater an der Erforschung und Tests von Atomwaffen beteiligt (Admiral George Morrison war eine Zeit lang an Geheimprojekten bei „White Sands" beteiligt). Der Vater ihres Mannes ist inzwischen an einer anderen Art von Forschung an Massenvernichtungswaffen beteiligt: der chemischen Kriegsführung.

Der Geschäftspartner bzw. Manager dieses anderen Mannes ist ein schauriger Ex-Marine, der zufällig einen Cousin hat, der seltsamerweise auch eine Rockband an der Schwelle zum Superstar-Status anführt. Und dieser dritte aufstrebende Rockstar lebt zufällig auch im Laurel Canyon, nur ein oder zwei Meilen von Ihrem Haus entfernt. Nur ein paar andere Straßen entlang, ebenfalls nur wenige Gehminuten von Ihrem Zuhause entfernt, leben zwei andere Kinder, die – wer hätte das gedacht? – zufällig auch eine neue Rockband gründen. Diese beiden Kinder besuchten zufällig dieselbe Highschool in Alexandria (Virginia), die Sie besucht haben, und eines von ihnen besuchte auch Annapolis, genau wie Ihr Vater und genau wie der Vater Ihres Kindergartenfreundes.

Obwohl die ganze Gruppe aus der Gegend von Washington D.C. stammt oder große Teile ihrer Kindheit dort verbrachte, finden wir uns nun alle am entgegengesetzten Ende des Landes wieder, in einem abgeschiedenen Canyon hoch über der Stadt Los Angeles und ganz in der Nähe einer geheimen Militäreinrichtung. Unser Vater, der ja früher in der Atomwaffenforschung tätig war, weiß wahrscheinlich über dieses „Lookout Mountain Laboratory" und dessen Aktivitäten Bescheid, genauso wie der Vater unserer Kindergartenfreundin und wahrscheinlich auch die Väter einiger anderer Promis im Laurel Canyon.

Und jetzt fragen wir uns: Wie hoch ist die Wahrscheinlichkeit, dass es sich dabei um reinen Zufall handelt?[(116)]

5.2 Die Beatles und der Laurel Canyon

OK OK, ich weiß, was Sie jetzt denken. Die 1960er Jahre waren die beste Zeit dafür, dass Mütter und Väter einen militärischen Hintergrund haben. Nach dem 2. Weltkrieg hatte fast jeder im legalen Alter militärische Erfahrung. Aber diese Fälle sind etwas Besonderes, es sind keine gewöhnlichen militärischen Dienstgrade, sondern geheime OSS / CIA Operationen, Offiziere von als geheim eingestuften Projekten und hochdekorierte Admiräle und Generäle. Darüber hinaus stammten die meisten aus sehr wohlhabenden Militär- und / oder Blutlinienfamilien – und waren irgendwie alle musikalisch begabt und alle bis 1966 auf den winzigen, kurvigen, hügeligen Straßen des Laurel Canyon gelandet.

Sollen wir also glauben, dass die Nachkommen von Militärpersonal besonders talentierte Nachkommen haben? Liegt es in ihren Genen? Oder sind dies die Personen, mit denen die Plattenfirmen Verträge abgeschlossen haben? Schließlich musste jemand all diese Schallplatten pressen, oder nicht? Jemand musste ihnen unzählige Stunden Sendezeit geben. Jemand musste sie in die riesigen Stars verwandeln, zu denen sie wurden.

Ein Aspekt von Dave McGowans Arbeit, der nicht genug zum Tragen gekommen ist, war das Zusammenspiel und die Beziehungen zwischen den aufstrebenden Stars des amerikanischen Laurel Canyon und ihren Kollegen der „britischen Invasion". Die Beatles waren offensichtlich ein großer Einfluss auf die jungen Köpfe der 1960er Jahre, und die Tatsache, dass McGowan diesen Teil der Gegenkulturgeschichte in seinem Buch über Laurel Canyon irgendwie übergangen hat, ist die Frage, ob die Musiker vom Laurel Canyon ein „Gegenangriff" der USA gegen Englands „britische Invasion" waren? Gab es einen ausländischen Einfluss, der die USA dazu drängte, gegenüber Großbritannien positiver eingestellt zu sein, insbesondere in Bezug auf die jüngere Generation durch die „britische Invasion" von 1964? Wurden die Laurel Canyon-Musiker verwendet, um die Richtung der Gegenkultur zu beeinflussen, zu manipulieren und zu steuern? Um ehrlich zu sein, ist es ein bisschen verworren. Aber es ist sicherlich ein Rätsel, das es wert ist, darüber zu diskutieren.

Schauen wir uns zuerst ein wenig die zugrunde liegende Symbolik von Laurel Canyon und Hollywood an. „Laurel" bedeutet Lorbeer; was hat es damit auf sich?

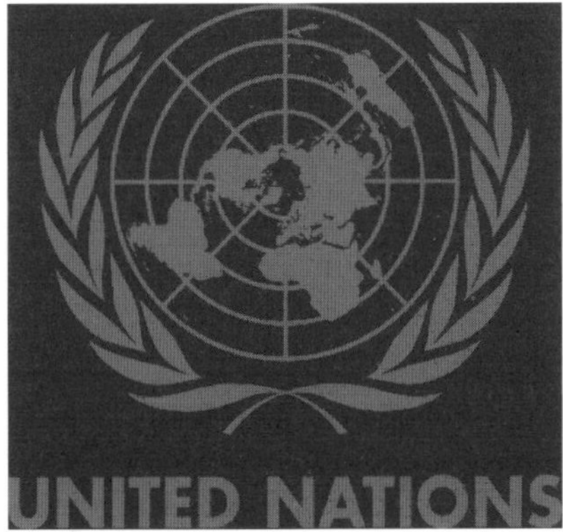

Abb. 111: Lorbeerkranz im Logo der Vereinten Nationen

„Bevor die Pythia im antiken Griechenland ihre Prophezeiungen überbrachte, kaute oder verbrannte sie Lorbeerblätter, die Apollo heilig waren und die Macht des Hellsehens verliehen. Diejenigen, die eine positive Antwort von der Pythia erhalten hatten, kehrten mit einem Lorbeerkranz nach Hause zurück. Lorbeer symbolisierte apollonische Eigenschaften, ein Teilen dieser Eigenschaften durch Berühren der dem Gott geweihten Pflanze und folglich eine besondere Beziehung zu ihm, die seinen Schutz sicherstellte und einen Teil seiner Kräfte übertrug. Lorbeer hat ebenso wie Milch symbolische Assoziationen – Unsterblichkeit und verborgenes Wissen. In Nordafrika tragen die maskierten Teilnehmer bei saisonalen Ritualen des Beni Snus Zauberstäbe aus Rosenlorbeer:

Der Strauch wird bewusst gewählt, da er an feuchten Orten wächst und die Bauern ihm viele reinigende Eigenschaften zuschreiben. Sobald sie durch Eintauchen in das Blut des Opfers geheiligt wurden, sind diese Zweige greifbare Zeichen des Bundes zwischen Menschen und unsichtbaren Wesen; und durch diese Tatsache werden sie zu einem Schutzzauber, der alle bösen Einflüsse vertreibt."

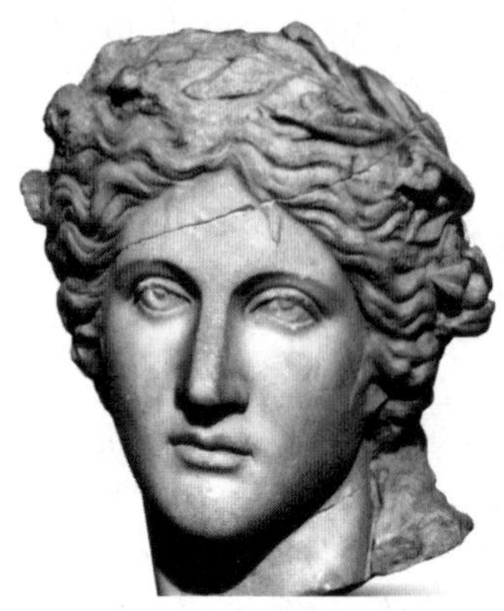

Abb. 112: Büste von Apollo dem, „Sonnenkönig“, und sein Lorbeerkranz (achten Sie auf den Riss durch die Stirn). Auf dem „Abbey Road“-Album der Beatles befindet sich ein Lied mit dem Titel „Sun King“ (Sonnenkönig).

Lorbeer ist ein Symbol für Geheimbünde wie die Freimaurer. Sie betrachten das Lorbeersymbol als Zeichen der hoffnungsvollen Erwartung des Erfolgs bei der Suche nach dem Wahren Wort. Es wird gesagt, dass Lorbeer sowohl das Bewusstsein als auch das hellseherische Bewusstsein und die Kräfte der Wahrsagerei weckt.

Es war eine heilige Pflanze für Apollo und umgab seinen Tempel im antiken Griechenland, um die Seele beim Betreten zu reinigen. Lorbeerblätter werden heute noch in heidnischen Kreisen verwendet, um Apollo, den Sonnenkönig, zu ehren, sowie eine Vielzahl anderer Rituale und Verwendungszwecke. Apollo ist ein sehr wichtiger Aspekt dieser seltsamen Überlegungen zum folgenden Mysterium. Er taucht immer wieder auf.

Östlich des „Laurel Canyon Boulevard“ befindet sich das Viertel, das den Einheimischen aufgrund der interessanten Benennung der Straßen um den Berg nach griechischen Göttern als „Mt. Olymp“ bekannt ist. Es gibt Straßen, die nach Zeus, Hermes, Jupiter, Herkules und natürlich Apollo benannt sind.

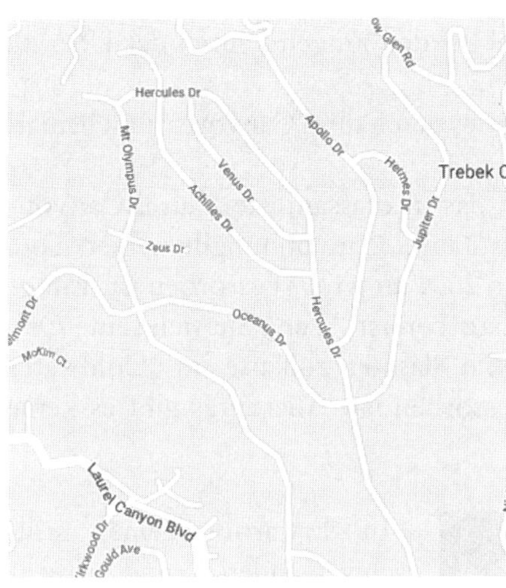

Abb. 113: Kartenausschnitt um den Laurel Canyon mit nach griechischen Göttern benannten Straßen

Dies spielt offensichtlich auf die Tatsache an, dass die Stadtplaner dieses Gebiets mit der Symbolik des Lorbeerkranzes vertraut waren. Sie erschufen ihren eigenen Berg Olymp!

Und dann, genau westlich des Olymp, haben wir die „Wonderland Avenue", deren Name auf Lewis Carrolls „Alice im Wunderland" anspielt und am bekanntesten für die noch ungelösten „Wunderland-Morde" von 1981 ist. Tatsächlich ist auch der Autor Lewis Carroll auf dem Cover des Beatles-Album „Sgt. Pepper's Lonely Hearts Club Band" zu sehen, und es gibt auf dem Album einige Verweise auf die Geschichte (mehr dazu in „Der Hollywood-Code").

Wenn McGowans Arbeit ein Indiz dafür ist, dann wurde die aufstrebende amerikanische Hippie-Gegenkultur Mitte der 1960er Jahre zumindest manipuliert, wenn nicht gar vollständig von den Medien / der Schallplattenindustrie / dem militärischen Geheimdienst kontrolliert. Die Beatles sowie viele andere Bands der „britischen Invasion" waren sicherlich ein Teil dieser Gegenkultur, wenn nicht sogar ein Katalysator. Wie wir bereits in Kapitel 4 festgestellt haben, wurden die Beatles offensichtlich manipuliert oder kontrolliert, um Lieder über bestimmte Themen zu schreiben (z.B. „Revolution I, II und IX", revolutionäre und psychedelische Themen usw.) und sie wurden dazu gebracht, sich vor der Kamera auf eine bestimmte Weise zu

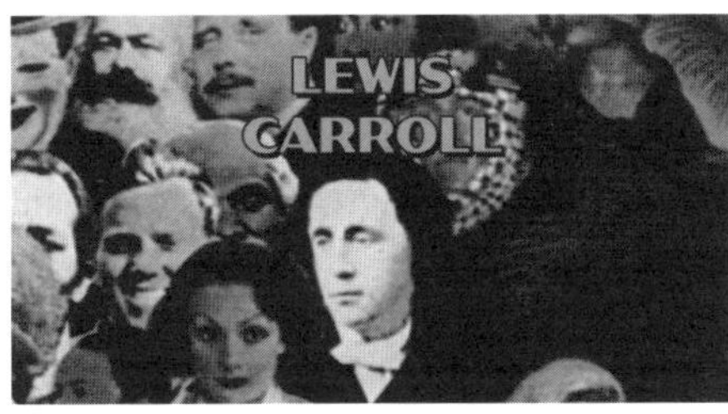

Abb. 114: Der Autor von „Alice im Wunderland", Lewis Carroll, auf dem Cover des Beatles-Albums „Sgt. Pepper's Lonely Hearts Club Band"

verhalten, um diesen Richtungswechsel bei den jungen Leuten der USA zu fördern.

Eine weitere Tatsache ist, dass die Beatles den Laurel Canyon oft mehrmals für längere Aufenthalte besuchten.

George Harrison hat wahrscheinlich das interessanteste Laurel Canyon-Erlebnis aller Jungs. Ein Rätsel um den Laurel Canyon umgibt seinen Tod. Die meisten Fans wissen, dass Harrison 2001 an Krebs gestorben ist. Einige Fans wissen, dass er in Los Angeles gestorben ist. Wenn Sie sich seine Original-Sterbeurkunde ansehen, wissen Sie, dass er zuhause im „Coldwater Canyon" Nr. 1971 in Beverly Hills gestorben ist. Allerdings gibt es keine solche Adresse.

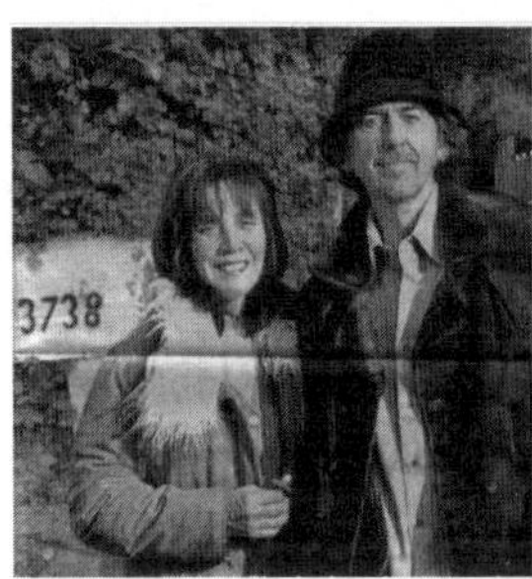

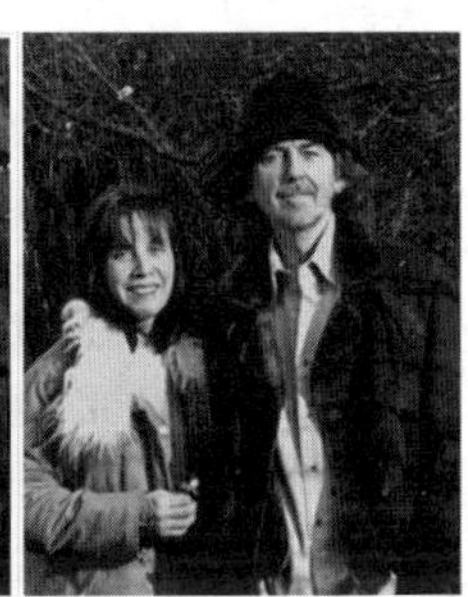
Abb. 115: Pressefoto (links) mit George Harrison und der Nummer des Hauses, in dem er angeblich gestorben ist; rechts das Originalfoto mit anderem Hintergrund

In Erwartung einer stillschweigenden und recht schnellen rechtlichen Untersuchung wurde die Adresse in „Laurel Canyon Boulevard" Nr. 3738 geändert (Harrisons ehemaliger Wohnsitz, den er einige Jahre zuvor verkauft hatte). Das war eine wirkliche Adresse, nur nicht die, an der Harrison gestorben ist. Es gab sogar ein Foto von Harrison und seiner Frau Olivia, die vor dem besagten Haus standen, und das öffentlich gemacht wurde.

Dies ist immer noch die Adresse, die der Öffentlichkeit bekannt ist und von der angenommen wird, dass sie das Haus ist, in dem Harrison gestorben ist. Warum haben sie das getan? Warum hatten sie das Bedürfnis, die Sterbeurkunde nicht nur einmal, sondern gleich zweimal zu fälschen?

Vielleicht, weil das Haus, in dem Harrison tatsächlich gestorben ist, Paul McCartneys Haus in Beverly Hills in der Heather Road Nr. 9536 (westlich von Laurel Canyon) ist. McCartney kaufte dieses Haus kurz vor Harrisons Tod im Jahr 2001. Er war zu dieser Zeit mit Heather Mills verheiratet und kaufte das Haus von Courtney Love (der Witwe von Nirvanas Kurt Cobain). Wieder schließt sich der Kreis wie bei einem Ouroboros. Dies wurde nie offiziell oder rechtlich bekannt gegeben, aber es ist vielen bekannt, dass es der echte und wahre Ort ist, an dem Harrison seine letzten Momente auf dieser Welt zugebracht hat. Wenn man versucht, dieses Rätsel zu lösen und den Kaninchenbau zu ergründen, stellt man fest, wie verworren in Wirklichkeit alles ist.

Aber ist das nicht illegal? Man kann das Schweigen und das Bedürfnis nach Privatsphäre verstehen, als er starb, um die Presse von der Spur seines tatsächlichen Aufenthaltsorts abzubringen. Aber ... die Sterbeurkunde fälschen? Und dann erwischt zu werden und sie wieder zu fälschen? Warum?

John Lennon besaß offenbar nie eine Immobilie im Laurel Canyon, aber er mietete mehrere Wohnungen. Ein interessanter Ort, den er in den 1970er Jahren mit Yoko Ono gemietet hatte, war ein einzigartiges Bungalow-Baumhaus. Bei diesem Baumhaus werden Bewohner und Gäste mithilfe einer Gondel hineingebracht. Sie gehörte John Lennons damaligem PR-Manager Elliot Mintz, der bis heute Ono in PR-Angelegenheiten vertritt. Es heißt, Lennon habe diese Immobilie während seiner „Lost Weekend"-Periode Mitte der 1970er Jahre auch von Mintz gemietet.

John mietete angeblich auch ein Haus in den „Bird Streets" des Laurel Canyon während seiner „Lost Weekend"-Periode mit May Pang. Das Haus in der „Thrasher Avenue" Nr. 8818 in Los Angeles, CA 90069, war ein magischer Rückzugsort für das Paar. Dieses Anwesen befindet sich neben dem „Blue Jay Way", wo Harrison sein gleichnamiges kleines psychedelisches Lied schrieb. Es war nicht so urig wie das Haus von Mintz und auch nicht so hoch oben in den Bäumen.

Sowohl McCartney als auch Starr hatten / haben Häuser in der Umgebung des Laurel Canyon. McCartneys bereits erwähntes Haus in der „Heather Street" war nur einen Katzensprung und einen Canyon-Sprung von Laurel Canyons „Bird Streets" entfernt. Ebenso wie Ringo Starrs langjähriges Zuhause, das er in den 1990er Jahren und genau südwestlich des Laurel Canyon gekauft hat. 1979 mietete er jedoch das ehemalige Laurel Canyon-Haus von Mama Cass, bis er es in Brand setzte ... ups! Das Haus befand sich im Laurel Canyon direkt gegenüber dem ehemaligen Haus von Abagail Folger (Mordopfer der Manson-Familie).

Abgesehen von einer flüchtigen Jam-Session, einer Pressekonferenz oder einem Mietvertrag scheint es nicht viel Interaktion zwischen den Beatles und

Laurel Canyon-Stars zu geben. Mit Ausnahme der Verbindung zu Charles Manson (dazu später mehr), scheint sie sich auf Derek Taylor (Beatles-Presseagent und PR-Manager) und Terry Melcher zu beschränken.

Diese beiden scheinen häufig den Superstars von Laurel Canyon / Los Angeles und ihren Kollegen der „britischen Invasion" über den Weg gelaufen zu sein. Vor allem die Byrds, die Beach Boys und Paul Revere and the Raiders. Diese beiden haben tatsächlich dazu beigetragen, Los Angeles zu einem Ziel für Aufnahmen zu machen, bevor sie vor ihrer Ankunft hauptsächlich aus Detroit, Nashville oder New York kamen. Die aufstrebenden Stars des Laurel Canyon und ihre Leute hinter den Kulissen haben ihn fast über Nacht zu einer Popstar-Stadt gemacht.

David Crosby ist hier (wie bereits erwähnt) bildlich gesprochen vielleicht genauso wörtlich zu verstehen wie der Mann, der sich bei einer Beatles-Pressekonferenz 1966 hinter dem Vorhang versteckte, als er nach seiner Identität gefragt wurde.[117]

Es ist nicht bekannt, wie viel Zeit er mit den Beatles verbracht hat, aber er wurde definitiv von ihnen beeinflusst. Er begann seine musikalische Karriere mit Beatles-Songs und Auftritten in den verschiedenen Clubs in Los Angeles und auf dem Sunset Strip. Aber 1966 war eine Zeit enormer Veränderungen im Erscheinungsbild und im Musikstil der Beatles. Man könnte den ganzen Tag darüber streiten, wer mehr Einfluss auf wen hatte.

Derek Taylor arbeitete für die Byrds und war viele Jahre lang Pressesprecher der Beatles. Taylor wird in Foren und Diskussionen zu „Paul is Dead" ziemlich häufig erwähnt, weil er derjenige war, der oft im Namen der Beatles mit der Presse sprach, besonders als sich 1969 das Gerücht viral verbreitete, dass McCartney tot sei („Paul is Dead"), und was Gerüchten zufolge eine Zeit war, in der Derek Taylor und McCartney nicht miteinander zurecht kamen. Er verlautbarte einmal: „Ich glaube nicht, dass ich jemals jemanden so sehr gehasst habe wie Paul im Sommer 1968."

Wie bereits erwähnt, waren Taylor und Melcher sehr stark in die Förderung und Produktion von Laurel Canyon-Musik involviert. Melcher wurde der Sub-Publisher der Beatles für die USA, Kanada und Japan und produzierte mehrere Künstler des *Apple*-Labels wie Grapefruit. Melcher war natürlich der Sohn von Doris Day und stand (zumindest teilweise) im Zentrum der Manson-Morde. Das Haus am „Cielo Drive", in dem die

Schauspielerin Sharon Tate und die in Laurel Canyon lebende Abigail Folger und Freunde ermordet wurden, gehörte einst Melcher, von dem Manson glaubte, dass er dort wohnte (oder so ähnlich). Niemand weiß genau, was sich hinter den Kulissen abspielte.

In dieser kontroversen Zeitspanne nach dem 2. Weltkrieg / Kalten Krieg haben die USA und Großbritannien hinter den Kulissen möglicherweise weitaus mehr verdeckte Operationen durchgeführt, als wir (die allgemeine Bevölkerung) jemals erfahren werden. Es ist kein Geheimnis, dass die USA vor der „Beatlemania" eine ungünstige Sicht auf fast alles Britische hatten. Nicht nur wegen des Ergebnisses des Unabhängigkeitskrieges, sondern auch wegen des Ergebnisses (und ihres „Bedürfnisses" nach US-amerikanischer Hilfe) im 2. Weltkrieg.

Es gab auch die Enthüllung des Spionagerings „Cambridge 5", der angeblich viele US-Geheimdienstoperationen und Geheimnisse der Nukleartechnologie über zwielichtige Briten, die als Doppelagenten arbeiteten, an den „Feind" preisgab. Angeblich haben die USA unter anderem aufgrund dieses Vorfalls den Austausch sensibler Informationen mit dem britischen Geheimdienst eingestellt, was eine Informationslücke zwischen den beiden Supermächten hinterlassen hat.

Und plötzlich brach 1964 die „britische Invasion" über den US-Markt herein und überschwemmte ihn mit den Tönen und Bildern der Beatles und ihrer Freunde – und plötzlich genossen junge Amerikaner den Nachmittagstee und sprachen mit aufgesetztem britischem Akzent, weil es „groovy" war. Plötzlich waren die Briten in der Gunst der Amerikaner gestiegen, was seitdem im Großen und Ganzen bis heute so geblieben ist.

Es spricht also einiges dafür, dass die Beatles und ihre britischen Musikerkollegen bis zu einem gewissen Grad als Agenten hinter den Kulissen für andere verdeckte Operationen im Auftrag der Krone eingesetzt wurden. Da wir uns jetzt der Verwendung von Prominenten als Spione durch OSS / CIA aus der Zeit um die Jahrhundertwende bewusst sind, warum nicht die Beatles? Und umgekehrt, wenn das oben Gesagte zutrifft, dann wäre auch Dave McGowans Laurel Canyon-Verschwörungstheorie wahr. Denken Sie einen Moment darüber nach, um sich zu fragen, was zum Teufel in den 1960er Jahren wirklich passiert ist? Was die Öffentlichkeit als wahr erkannte, ist möglicherweise nicht der gesamte Umfang dieses sehr seltsamen und verworrenen Strebens nach Geld, Ruhm und vielleicht am wichtigsten – nach der Kontrolle der Massen.[118]

5.3 Kannten die Beatles Charles Manson persönlich? Was hat es mit „Helter Skelter“ auf sich?

Das Kapitel, das die 1960er Jahre beendete, sind die mittlerweile berüchtigten LaBianca-Tate-Morde durch den Kult der Manson-Familie. Die meisten Leser werden die Geschichte von Charles Manson vermutlich gut kennen, aber für diejenigen, die eine Auffrischung benötigen – wollen wir kurz die Grundlagen der „offiziellen“ Geschichte erörtern. Der Hauptzweck ist es jedoch, ein paar Kuriositäten zu vermitteln, die sich auf die Beatles-Mysterien beziehen.

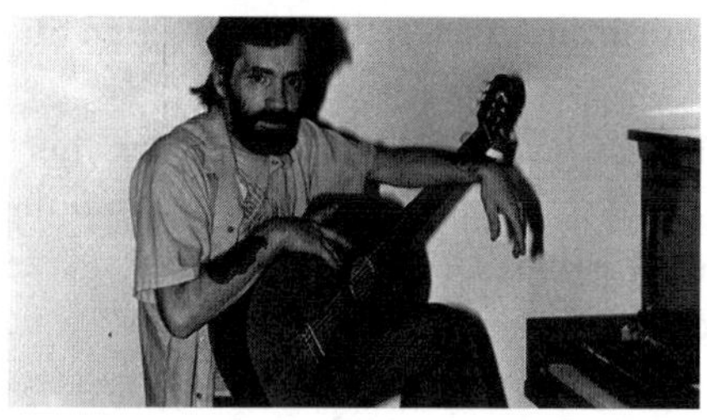

Abb. 116: Charles Manson als Musiker

Charles Manson, ein 1,57 m kleiner Mann, verbrachte den größten Teil seines Lebens wegen verschiedener Straftaten hinter Gittern, insbesondere wegen der Ermordung von neun Personen im Laurel Canyon im August 1969 (besser bekannt als die LaBianca-Tate-Morde). Er war der Anführer der „Manson Family“ – einer Gruppe unzufriedener „Hippies“, die auf der „Spahn Ranch“ (und an verschiedenen anderen Orten) lebten, einem heruntergekommenen alten Filmset, wo in den 1940er und 50er Jahren einige Western-Filme gedreht wurden.

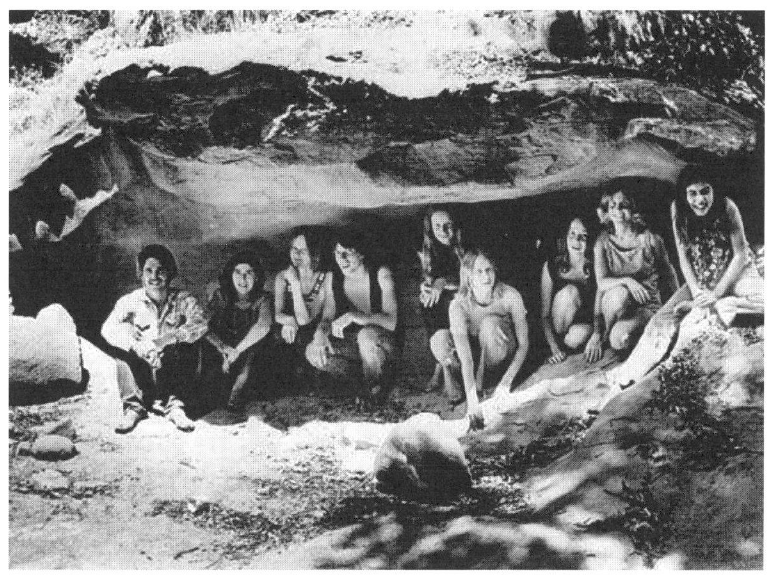

Abb. 117: Mitglieder der Manson-Familie in einer Höhle bei der „Spahn Ranch“

Die Geschichte geht so, dass aufgrund Mansons Charisma und seinem schier endlosen Nachschub an Drogen, Manson in der Lage war, den Geist vieler „Familienmitglieder“ (hauptsächlich Frauen) zu kontrollieren. Sie betrachteten ihn nach eigenen Angaben als eine Christusfigur, einen neuen Messias für das neue Zeitalter. Am Abend des 8. und 9. August 1969 wies Manson einige seiner engagiertesten und würdigsten Anhänger an, die Bewohner des „Cielo Drive“ Nr. 10050 bzw. der LaBianca-Residenzen brutal anzugreifen.

Obwohl dies als „Verbrechen des Jahrhunderts“ bezeichnet wurde, scheint es darüber, was sich an den beiden Abenden im Jahr 1969 der offiziellen Darstellung zufolge zugetragen hat, viele Lücken und unbeantwortete Fragen zu geben. War die vorgestellte „Helter Skelter“-Theorie wirklich das Motiv für den mörderischen Amoklauf? Wurden die Opfer wirklich zufällig ausgewählt, wie es vor Gericht dargestellt wurde? Viele alternative Theorien sind im Laufe der Jahre aufgetaucht; angefangen damit, dass Manson an Geheimdienstoperationen beteiligt war, bis hin zur Verbindung mit der „Process Church of the Final Judgement“ (für beides gibt es sehr starke Beweise, die sie stützen). Eine solche Theorie (obwohl sie für das Gesamtergebnis vielleicht irrelevant ist) ist, dass die Beatles Manson kannten.

Manson traf viele der Pop- und Rockstars der 1960er Jahre, er hielt sich in denselben Kreisen auf. Manson hatte sogar seine eigene kurzlebige Band namens The Milky Way. Er schrieb und spielte seine eigene Musik und viele lobten seine Arbeit – wie zum Beispiel auch Dennis Wilson von den Beach Boys. Die Familie lebte einige Zeit in Dennis Wilsons Haus, bevor sie einige Zeit später gewaltsam vertrieben wurde. Manson nahm ein Album seiner Originalmusik in Brian Wilsons Heimstudio auf. Die Beach Boys nahmen sogar einige von Mansons Originalmusik auf. „Never Learn Not To Love" aus dem Jahr 1968 wurde von den Beach Boys aufgenommen, aber Manson wurde nie dafür anerkannt, und Manson behauptete, er würde Wilson dafür umbringen. Wilson stellte Manson auch Terry Melcher vor, der sich bereit erklärte, auch einiges von Mansons Musik aufzunehmen. Melcher besuchte mehrmals die „Spahn Ranch" und nahm Mansons Live-Sound mit einigen seiner Mädchen als Backup-Sängerinnen auf. Die Bänder wurden beiseite gelegt, bis Manson im Gefängnis war.

Angeblich (so wird es erzählt) spielte Manson als Teil seiner Manipulationstechniken die Beatles-Alben (insbesondere das „White Album") für die Familie vorwärts und rückwärts ab und predigte über das, was er die „Helter Skelter"-Philosophie nannte – ein bevorstehender Rassenkrieg zwischen Schwarzen und Weißen, den die Beatles in ihrer Musik vollständig prophezeit hätten, und der die Offenbarung herbeiführte. Die abscheulichen Verbrechen, die Anfang August begangen wurden, waren das Ergebnis des Versuchs, „Helter Skelter" zu starten. Den meisten Berichten zufolge bestritten die Beatles jegliche Beziehung zu Manson oder seinen berüchtigten und promiskuitiven Familienmitgliedern. Die Manson-Mädchen schienen jedoch sehr überrascht zu sein, dass die Beatles ihnen und Charlie vor Gericht nicht zu Hilfe kamen. Sie schienen zu implizieren, dass sie eine Beziehung zu einem oder mehreren Mitgliedern der Beatles hatten. Wenn irgendeine Verbindung zwischen Manson, seinem Gefolge und den Beatles bestand, können Sie mit Sicherheit davon ausgehen, dass sie vertuscht wurde.

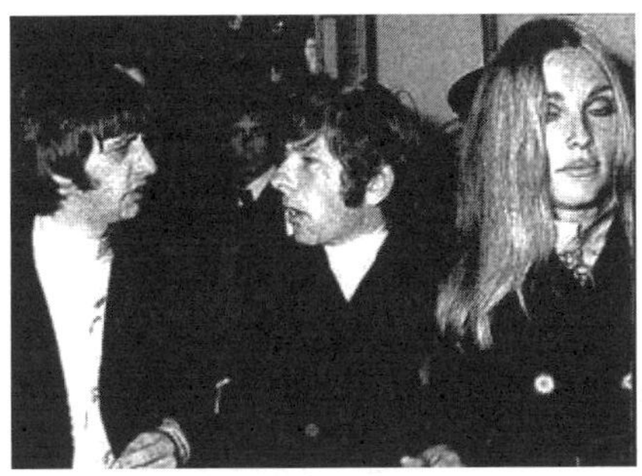

Abb. 118: (V.l.n.r.:) Der Beatle Ringo Starr, der Regisseur Roman Polanski und seine ermordete Frau Sharon Tate

„Es war erschütternd … Ich meine, ich kannte Roman Polanski und Sharon Tate und, Gott, es war eine harte Zeit. Es hielt alle auf, weil plötzlich all diese Gewalt inmitten all dieser Liebe, dieses Friedens und dieser Psychedelika aufkam. Eigentlich war es ziemlich elend und jeder wurde wirklich unsicher – nicht nur wir, nicht nur die Rocker, sondern jeder in LA meinte: ‚Oh Gott, es kann jedem passieren.' Gott sei Dank haben sie den Mistkerl gefasst." (Ringo Starr)

Irgendwann um 1968 beschloss Manson (der zugegeben hatte, ein Scientologe zu sein), einen neuen Orden für die Frauen seiner Familie zu gründen. Er nannte ihn „The Order of the Rainbow" („Der Orden des Regenbogens"), bei dem jedes Mädchen eine Farbe darstellte:

Rot = Squeaky Fromme
Blau = Sandra Good
Gold = Nancy Pittman
Gelb = Pat Krenwinkle
Grün = Leslie Van Houten
Violett = Susan Atkins

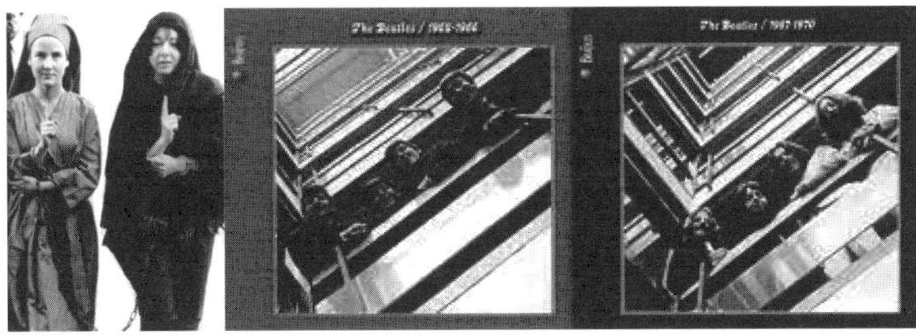

Abb. 119: Links: Squeaky und Good – Rot und Blau (beide Farben haben eine wichtige Bedeutung in der Freimaurerei; die beiden Zeigefinger repräsentieren die beiden Säulen des Tempels Salomos Jachin und Boas). Rechts: Das rote und das blaue Album der Beatles.

Seltsamerweise gibt es einen Freimaurerorden für Mädchen mit einem sehr ähnlichen Titel: „The International Order of the Rainbow", der Töchtern von Freimaurern im Alter von 11 bis 20 Jahren offen steht. Hier ist sein Logo:

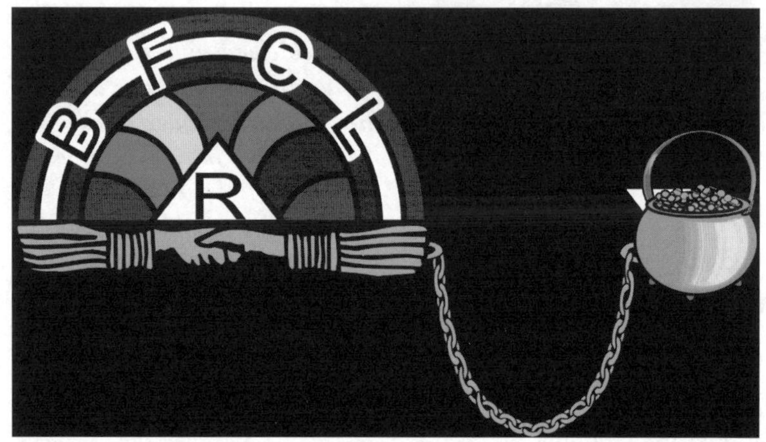

Abb. 120: Logo des „International Order of the Rainbow"

Dieses wiederum sieht dieser Szene vom Beginn des animierten Beatles-Films *Yellow Submarine* über „brüderliche Liebe" sehr ähnlich. (Beachten Sie auch den Schmetterling als Symbol für Veränderung oder Metamorphose).

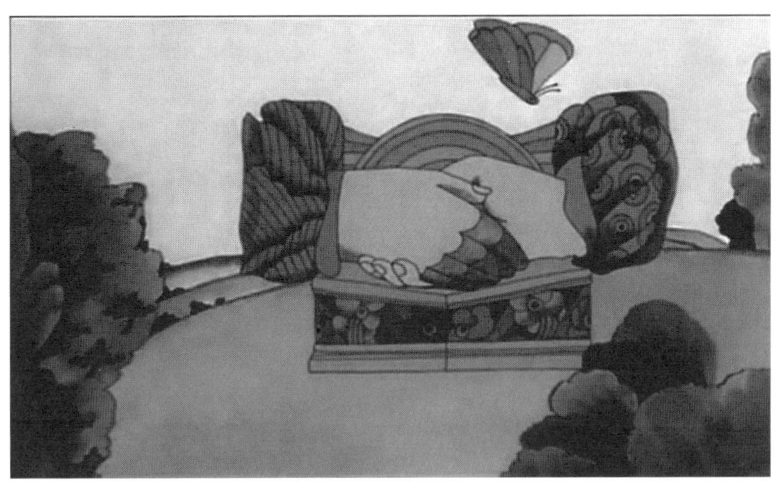

Abb. 121: Szene aus dem Beatles-Zeichentrickfilm *Yellow Submarine*

Manson brauchte Anfang 1969 einen Ort, wo er sich niederlassen konnte, und mietete für die Familie ein Haus im Canoga Park unweit der „Spahn Ranch“. Das Haus wurde wegen seiner kanariengelben Farbe als „Yellow Submarine“ bezeichnet. Die Familie bewohnte das Haupthaus und das kleine Gästehaus. (*„Unsere Freunde sind alle an Bord ... viele weitere leben nebenan.“*)

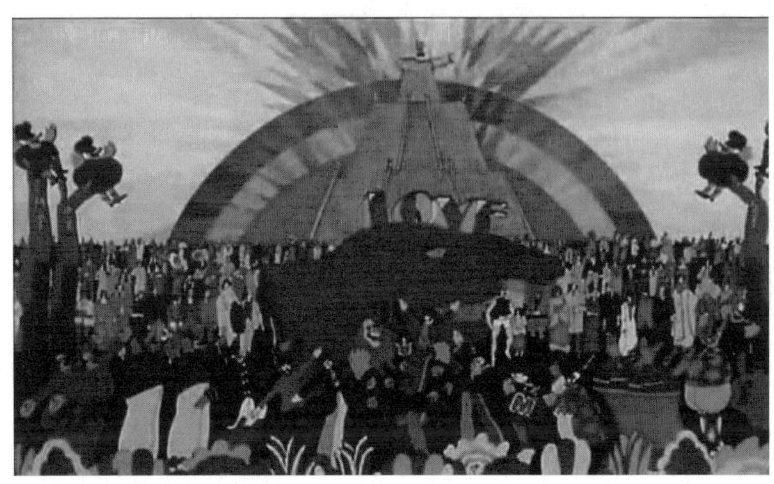

Abb. 122: Ein gelbes U-Boot auf der unvollendeten Pyramide bzw. Turm zu Babel

Manson verknüpfte auch die Verse der Offenbarung („Revelation“) und („Revolution“) 9, die Beatles und sich selbst miteinander. Einige Beispiele: *„Und es wurden losgelassen die vier Engel, die bereit waren für die Stunde und den Tag und den Monat und das Jahr, zu töten den dritten Teil der Menschen.“* Für Manson waren die vier Engel die Beatles, die ihm helfen würden, die weiße Rasse zu zerstören. *„... und ihr Antlitz glich der Menschen Antlitz; und sie hatten Haar wie Frauenhaar.“* Manson glaubte, dies beziehe sich auf die langen Haare der Beatles. *„Und der fünfte Engel blies seine Posaune; und ich sah einen Stern, gefallen vom Himmel auf die Erde; und ihm wurde der Schlüssel zum Brunnen des Abgrunds gegeben.“* Manson sah sich in der Rolle des fünften Engels. Der „Brunnen des Abgrunds“ war das Wüstenversteck, in dem die Familie auf „Helter Skelter“ wartete.[(119)]

Mansons Aussage nach soll neben „Helter Skelter“ auch das Beatles-Lied „Blackbird“ seine abartigen und mörderischen Philosophien diktiert haben. Im Hause Sharon Tates fand man bei den Leichen das Wort „Pigs“ („Schweine“, wie bei dem Beatles-Lied „Piggies“) mit Blut an die Wand geschrieben, bei einem anderen Opfer wurde ebenfalls mit Blut „Helter Skelter“ an die Zimmerwand geschmiert.[(120)]

Offenbar war Manson von den Beatles und den „codierten Botschaften" in ihrer Musik besessen. Zumindest wird es uns so präsentiert. Gibt es Hinweise darauf, dass Manson und die Familie jemals Beatles-Mitglieder getroffen oder sich bei ihnen aufgehalten haben? Wie Ringo Starr oben zugegeben hatte, wissen wir, dass er mit Polanski befreundet war, und wir wissen auch, dass sowohl Lennon als auch McCartney Verbindungen zu Polanski hatten. Polanski besuchte Onos Kunstausstellung, in der Lennon Ono 1966 kennengelernt haben soll. In Polanskis Film *Rosemaries Baby* von 1968 war Mia Farrow zu sehen, die Lennon zwei Jahre später in das Maharishi-Camp in Indien brachte. Die Polanski / Beatles-Verbindung ist gesichert. Aber was ist mit Manson?

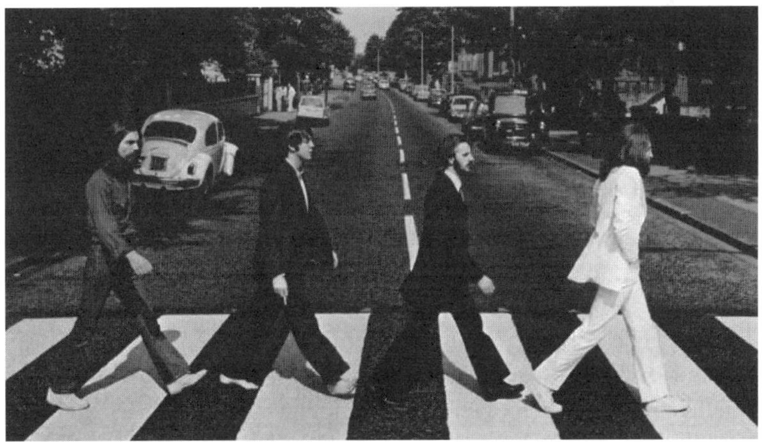

Abb. 123: Die Beatles auf dem „Abbey Road"-Cover

Denken Sie einen Moment über Folgendes nach: Am 8. August 1969 bereiten sich die Beatles in London auf ein Fotoshooting auf dem Zebrastreifen der „Abbey Road" vor, welches das Album-Cover ihres letzten Studioalbums „Abbey Road" werden sollte. Das Album wurde erst Ende September 1969 veröffentlicht.

Weniger als 24 Stunden später fanden in Kalifornien die Tate-Morde durch Mansons treue Familienmitglieder statt. Als die Familie im Zusammenhang mit den Morden festgenommen wurde, wurde dieses Foto von der Tür in der „Spahn Ranch" aufgenommen:

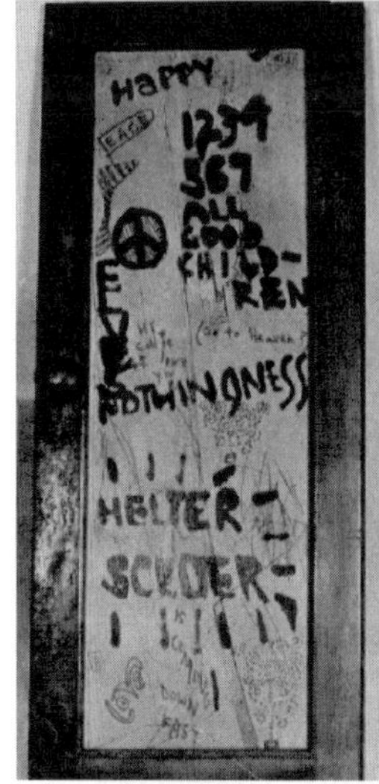

Abb. 124: Foto einer Tür in Mansons „Spahn Ranch"

Beachten Sie einige der Beatles-Texte an der Tür. *„1-2-3-4-5-6-7, all good children go to heaven"* (*„1-2-3-4-5-6-7, alle guten Kinder kommen in den Himmel"*) ist ein Text aus dem Lied „You Never Give Me Your Money" – von einem Beatles-Album, das zum Zeitpunkt der Morde noch nicht veröffentlicht worden war! Ist es weit hergeholt, anzunehmen, dass die Manson-Familie vor ihrer Freilassung bereits Teile von „Abbey Road" gehört hatte? Oder dass die Beatles (genau wie Dennis Wilson) einige von Mansons Texten abgekupfert haben? Vielleicht – das ist ein ziemlich häufiger Satz – denken Sie jedoch daran, dass die Familie oft Türen, Wände usw. mit Beatles-Texten übersäte. Es war im Grunde Teil ihres Modus Operandi und es war schließlich etwas, das die Morde an LaBianca und Tate miteinander verband.

In einem Interview des *Rolling Stone*-Magazine mit John Lennon im Jahr 1970 teilte Lennon folgende interessante Information mit. Ob unabsichtlich oder nicht – wir können uns nicht wirklich sicher sein:

„Das zweite Mal, als wir es (LSD) nahmen, war in LA. Wir waren auf Tour in einem dieser Häuser, in Doris Days Haus, oder wo auch immer wir uns aufgehalten haben, und wir drei haben es genommen, Ringo, George und ich. Vielleicht Neil und ein paar der Byrds – wie heißt er, der in dem Stills and Nash-Ding, Crosby und der andere, der früher die Lead(-Gitarre) spielte.

McGuinn. Ich glaube, sie sind auf ein paar Trips gekommen, da bin ich mir nicht sicher.“

Das ist aus mehreren Gründen merkwürdig: Doris Day ist die Mutter von Terry Melcher, der mit Manson zusammengearbeitet und das Haus am „Cielo Drive“ (zur Erinnerung: „cielo“ ist Spanisch für „Himmel“) an Tate und Polanski vermietet hat. Außerdem wurden die Byrds von Terry Melcher produziert, sodass dies alles ziemlich gut zu passen scheint. Wir können davon ausgehen, dass dies im August 1965 war – obwohl die Beatles nach „offiziellen“ Berichten in einer Residenz von Zsa Zsa Gabor im „Benedict Canyon“ Nr. 2850 in Los Angeles untergebracht waren. Hat Lennon das nur eingeschoben, um uns auf die falsche Fährte zu locken? Oder versuchte er etwas zu enthüllen? Das ist eine Frage, die sich häufig stellt.

1965 ist zu früh für eine Manson-Verbindung, da Manson bis März 1967 inhaftiert war. Nach seiner Freilassung ging er nach San Francisco. Er blieb einige Zeit im Bezirk Haight-Ashbury, behauptete, Christus zu sein und scharte im Zuge des „Sommers der Liebe“ Anhänger um sich. Anfang 1968 zogen Manson und seine Anhänger mit dem Bus durch die westlichen Bundesstaaten, bis sie sich schließlich im und um das Gebiet LA / Hollywood / Laurel Canyon niederließen.

Dazu steht beim englischsprachigen *Wikipedia*:

„Manson etablierte sich als Guru in San Franciscos Haight-Ashbury, das 1967 im ‚Sommer der Liebe‘ zum typischen Hippie-Treffpunkt wurde. Bugliosi sagte in seinem Buch ‚Helter Skelter‘, dass Manson seine Philosophie offenbar von der ‚Process Church‘ entlehnt hatte, deren Mitglieder glaubten, Satan würde sich mit Christus versöhnen, und sie würden am Ende der Welt zusammenkommen, um die Menschheit zu richten. Er erläuterte eine Philosophie, die einige Übereinstimmungen mit der von Scientology beinhaltete, die er im Gefängnis studiert hatte, und hatte bald die erste seiner Anhängergruppen, die Manson-Familie genannt wurde, die meisten von ihnen weiblichen Geschlechts.“

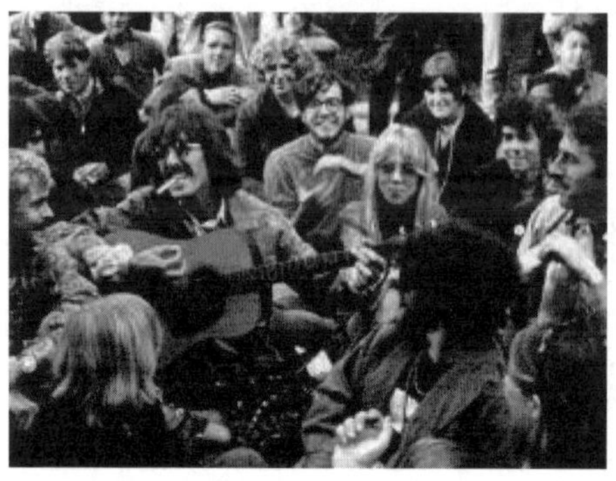

Abb. 125: Derek Taylor, George Harrison, Pattie Boyd und „Magic" Alex Madras im August 1967 im Bezirk Haight-Ashbury

Das wäre die gleiche Zeit, in der George Harrison und seine Frau Pattie Boyd auf Wunsch von Jenny Boyd (Patties Schwester), die zu dieser Zeit dort lebte, in der Gegend von Haight-Ashbury waren. George und Pattie verließen dann die Gegend und zogen vorübergehend in die Hollywood Hills, wo sie ein Herrenhaus am „Blue Jay Way" mieteten, wo Harrisons Lied für das „Magical Mystery Tour"-Album geschrieben wurde, während sie auf die Ankunft (des Beatles-Pressesprechers) Derek Taylor warteten.

„Das Lied wurde am 1. August 1967 in den Hollywood Hills komponiert. Harrison besuchte Kalifornien mit seiner Frau Pattie sowie Neil Aspinall und Alexis Mardas. Sie wohnten in einem gemieteten Haus im ‚Blue Jay Way', hoch in den Hollywood Hills, das dem Manager von Peggy Lee gehörte.

Der ehemalige Pressesprecher der Beatles, Derek Taylor, hatte sich auf dem Weg zu ihnen verspätet. Der unter einem Jetlag stehende Harrison fand eine Hammond-Orgel im Haus und begann mit dem Schreiben des Liedes, um sich die Langeweile zu vertreiben.

Harrisons Aufenthalt in dem Haus wurde von Brian Epstein arrangiert, der den Anwalt der Beatles, Robert Fitzpatrick, anrief, um zu fragen, ob ein Haus gemietet werden könnte. Fitzpatrick überredete den Eigentümer des Hauses, einen anderen Anwalt aus der Unterhaltungsbranche namens Ludwig Gerber, Harrison seinen Wohnsitz in LA zu leihen.

Ludwig Gerber war ein ehemaliger Oberst der US-Armee, der viele Jahre lang Manager für Peggy Lee war. Er war auch Filmproduzent und Anwalt. In seinem Haus gab es eine Hammond S-6-Orgel, mit der Harrison das Lied schrieb, während er auf Taylor wartete."

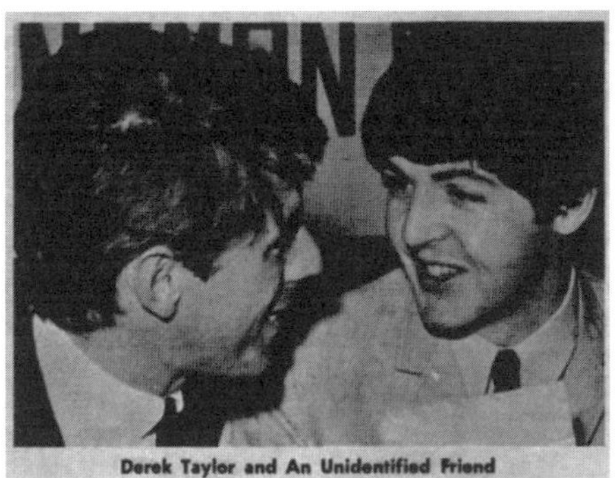

Abb. 126: „Derek Taylor und ein unidentifizierter Freund“

Inwiefern das „Abbey Road“-Album Manson betrifft, ist ein interessanter Gedanke. Könnte es sein, dass die Beatles vor der Aufnahme des Albums im Jahr 1969 mit Manson gejammt haben? Hat Manson sie auf Ideen gebracht oder umgekehrt? „Maxwell's Silver Hammer“ klingt wie ein Lied über einen Serienmörder, und obwohl das Album erst veröffentlicht wurde, nachdem Mansons abscheuliche Verbrechen begangen wurden, ist folgende Zeile von besonderem Interesse:

„Rose und Valerie, die von der Galerie schreien und sagen, ‚Er muss frei kommen‘ – der Richter stimmt nicht zu und er sagt ihnen so ... oh oh oh.“

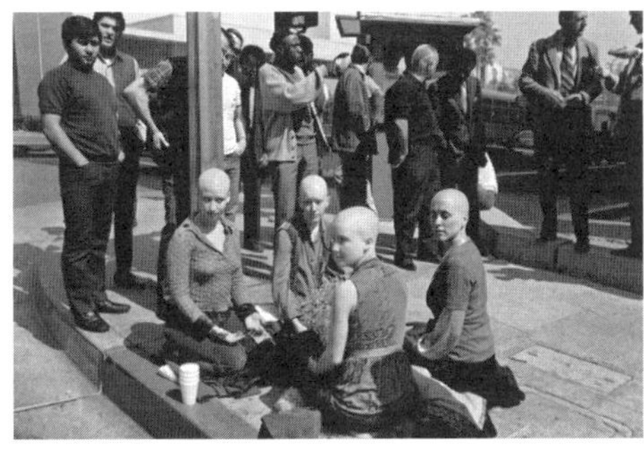

Abb. 127: Einige Familienmitglieder halten während der Manson-Prozesse eine Mahnwache ab

Während der Prozesse über die Manson-Familie protestierten viele der anderen Familienmitglieder, die nicht vor Gericht standen, vor dem Gerichtsgebäude. Sie protestierten, dass Charlie „freikommen muss“, aber natürlich stimmte der Richter nicht zu und verhängt gegen Charles Manson die Todesstrafe. Teile der Familie sind noch heute in Form von ATWA (Air, Trees, Water, Animals/Luft, Bäume, Wasser, Tiere) aktiv, die sich für Mansons Philosophien einsetzen und „die Umwelt mit allen erforderlichen Mitteln schützen“, und benutzen immer noch denselben Farbcode wie der „Orden des Regenbogens“. Selbst im Gefängnis schien Manson weiterhin großen Einfluss und Dominanz auf die Köpfe vieler auszuüben. Aber was war die wahre Motivation hinter dem mörderischen

Amoklauf von 1969? Vielleicht hat es weniger mit einem „bevorstehenden Rassenkrieg" zu tun, wie den Geschworenen vor Gericht dargelegt wurde, sondern viel mehr mit Mansons Rache, Wut und Leidenschaft gegenüber Musikern und Plattenproduzenten im Laurel Canyon und seinen Verbindungen zur „Process Church".[(121)]

5.4 Die Verbindungen der Manson-Familie zum MKULTRA-Programm der CIA und zum Kinderhandel

Die Verbrechen der Manson-Familie führten zu einem der berühmtesten Mordprozesse in der Geschichte, aber es sind neue Forschungsergebnisse bekannt geworden, die die Geschichte des Falles in ein völlig neues Licht rücken könnten.

Vieles von dem, was für die Manson-Morde und den Kult, der sie begangen hat, als Tatsache angesehen wurde, stammt von einem Narrativ, das von Staatsanwalt Vince Bugliosi sowohl während des Prozesses als auch in seinem Buch „Helter Skelter" – dem meistverkauften auf einer wahren Begebenheit beruhenden Kriminalroman aller Zeiten – erzählt wurde.

Nichts an den Morden ergab irgendeinen Sinn. Es gab einen seltsamen Hippie-Kult, der Prominente anscheinend ohne Grund tötete, und die jungen Leute, die die Verbrechen verübten, schienen im Bann eines charismatischen, verrückten und gescheiterten Musikers namens Charles Manson zu stehen.

Bugliosis Darstellung zufolge hatten Manson und seine Anhänger kein persönliches Motiv für die Morde, sondern versuchten, einen Rassenkrieg anzuzetteln, indem sie die „Black Panthers" für die Verbrechen verantwortlich machten.

In den letzten Jahren hatten viele Forscher jedoch Probleme, Bugliosis Geschichte nachzuvollziehen. Manson war sicherlich in vielerlei Hinsicht rassistisch und problematisch, aber es gibt zahlreiche Beweise dafür, dass die Geschichte, die wir über den Kult und seine Verbrechen akzeptieren, eine totale Erfindung ist.

Vor über 20 Jahren stolperte der Journalist Tom O'Neill bei einem Auftrag für das mittlerweile eingestellte Unterhaltungsmagazin *Premiere* über den Fall Manson.

Zunächst war O'Neill nicht sehr an dem Fall interessiert, da er dachte, dass die Öffentlichkeit die ganze Geschichte bereits kannte. Aber als er versuchte, einen Artikel darüber zusammenzustellen, wie sich die Morde auf Hollywood auswirkten, fand er schnell Hinweise, die eine lebenslange Obsession davon auslösen sollten.

O'Neills neues Buch „Chaos: Charles Manson, the CIA, and the Secret History of the Sixties" (2019), das er gemeinsam mit Dan Piepenbring verfasst hat, beschreibt die jahrzehntelange Forschung, die mit dieser Aufgabe begann.

Als O'Neill begann, über die Geschichte zu berichten und Interviews mit Polizisten und Staatsanwälten zu führen, die an der Bearbeitung des Falls beteiligt waren, fand er signifikante Beweise dafür, dass eine Art Vertuschung stattgefunden hat. Bei weiteren Untersuchungen erfuhr er, dass Manson weitaus mehr mit Hollywood und der Unterhaltungsindustrie verbunden war als ursprünglich angenommen wurde.

Tatsächlich gibt es überzeugende Beweise dafür, dass Manson eine Figur war, die eine gewisse Ähnlichkeit mit Jeffrey Epstein hat, der durch eine Kindersexhandelsoperation mit hochkarätigen Persönlichkeiten in Verbindung gebracht wurde. Es wird zwar oft in Dramatisierungen über die Manson-Familie zu wenig beachtet, aber viele der jungen Hippies im Kult waren tatsächlich minderjährige Mädchen.

O'Neills Forschungen legen nahe, dass Manson in Hollywood beliebt war, weil er diese Jugendlichen an verschiedene Führungskräfte in der Musikindustrie, berühmte Entertainer und reiche Gönner verkaufte. Der Fall wird noch verdächtiger, wenn man bedenkt, dass Manson und sein Kult offenbar von der Regierung und den örtlichen Strafverfolgungsbehörden geschützt wurden. Manson hatte auf Bewährung mehrere Verbrechen begangen, wurde jedoch mehrmals wieder freigelassen.

O'Neill dokumentiert, wie die Polizei von Los Angeles lange Zeit wusste, was Manson vorhatte, aber nichts unternahm, und bei früheren Mordfällen, an denen die Familie beteiligt war, möglicherweise sogar darüber hinweggesehen hat. O'Neill gibt zu, dass er nicht feststellen konnte, warum die Familie geschützt wurde, aber als er mehr recherchierte, fand er ein kompliziertes Netz möglicher Erklärungen, die alle durch gut dokumentierte Beweise gestützt wurden, einschließlich von Geständnissen der beteiligten Personen in dem Fall.

Einer der interessantesten Aspekte dieser neuen Untersuchung ist, dass die Manson-Familie regelmäßig mit einem berüchtigten Arzt in Kontakt stand, der an den MKULTRA-Experimenten der CIA zur Bewusstseinskontrolle beteiligt war. Louis West, ein Psychiater der „University of California" in Los Angeles, der Jack Rubys (Jack Ruby war ein amerikanischer Nachtclubbesitzer und Mafioso; bekannt wurde er als Mörder von Lee Harvey Oswald, dem mutmaßlichen Attentäter auf US-Präsident John F. Kennedy) umstrittene psychiatrische Untersuchung durchführte, war ebenfalls ein wichtiger Akteur bei den CIA-Experimenten zur Gedankenkontrolle .

Allerdings beschränkten sich nicht alle diese Experimente auf Laborversuche; einige von ihnen fanden in der Öffentlichkeit statt, in Form von Umfragen und der Beobachtung von Menschen in ihrem alltäglichen Leben. West war fasziniert von der Hippie-Subkultur und führte Feldversuche im Haight-Viertel in San Francisco durch, das zu dieser Zeit ein Epizentrum der Bewegung war. In einem Fall richtete er in der Gemeinde ein vorgetäuschtes „Hippie-Crash-Pad" ein, damit er heimlich die Hippies in ihrem natürlichen Lebensumfeld beobachten konnte.

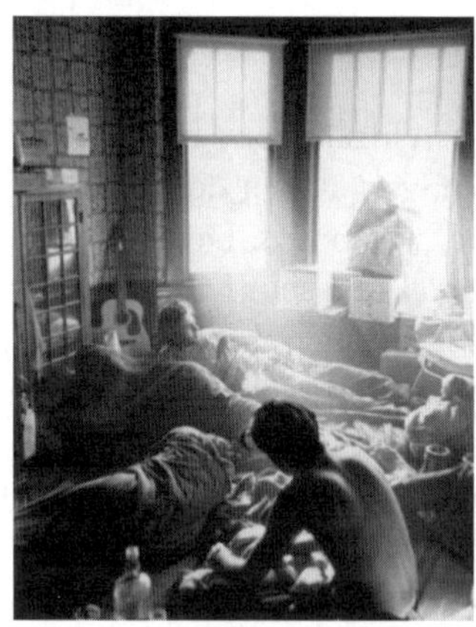

Abb. 128: Ein „Hippie-Crash-Pad"

Die CIA richtete auch eine kostenlose medizinische Klinik in dem Viertel ein, unter dem Vorwand, sie unentgeltlich medizinisch zu versorgen, jedoch mit dem verdeckten Ziel, sie zu untersuchen und als Testpersonen zu benutzen. Die Manson-Familie kam regelmäßig bei dieser Klinik vorbei, und ein anderer Psychiater, der mit West an Experimenten zur Bewusstseinskontrolle arbeitete, verschaffte sich sogar mehrere Monate lang Zugang zum Kult.

West war tief mit dem Fall Manson verbunden, fehlte aber seltsamerweise bei den Prozessen. Dies ist umso merkwürdiger, als er oft jede Gelegenheit nutzte, um als Zeuge auszusagen, wenn ein Experte für Gehirnwäsche benötigt wurde. Viele der Akten, in denen detailliert beschrieben wird, was während des MKULTRA-Projekts passiert ist, wurden kurz nachdem die Öffentlichkeit von der Existenz des Programms erfahren hatte, zerstört, sodass der Umfang von Wests Forschung möglicherweise nie bekannt wird.

O'Neills Forschung liefert jedoch zahlreiche Indizien dafür, dass West an Experimenten zur Gedankenkontrolle arbeitete, bei denen mit einer Kombination aus Hypnose, LSD und Schlafentzug unbarmherzige Attentäter geschult wurden. Ist es nur ein Zufall, dass Manson genau diese Techniken einsetzte, um einst unschuldige Menschen zu trainieren, auf Befehl zu töten?

Das Buch untersucht auch andere Themen der Geschichte, die ebenso interessant und gut belegt sind, einschließlich der Möglichkeit, dass Manson eine Art Provokateur war, der vom COINTEL-Programm der Regierung entsandt wurde, um das friedliche Image der Hippie-Generation in Mitleidenschaft zu ziehen und reiche weiße Prominente davor abzuschrecken, die „Black Panthers" zu unterstützen.

Es ist möglich, dass all diese Theorien wahr sind, aber nach 25 Jahren Forschung ist sich O'Neill nicht sicher. Er ist sich jedoch sicher, dass das von Staatsanwalt Vince Bugliosi geschaffene Narrativ eine Lüge ist.

Bugliosi hatte einige Jahre lang Kenntnis von O'Neills Forschung und unternahm große Anstrengungen, um ihn in Bezug auf seine Berichterstattung über den Fall einzuschüchtern. Es macht Sinn, dass seine Forschung erst einige Jahre nach Bugliosis Tod veröffentlicht wurde. Nach den Manson-Prozessen verdiente Bugliosi durch den Verkauf seines Buches Millionen, doch seine Karriere wurde durch zahlreiche Skandale, einschließlich der Einschüchterung von Zeugen, getrübt.

In einem Fall schlug er seine schwangere Geliebte, als er für die Wahl zum Bezirksstaatsanwalt kandidierte, bis sie eine Fehlgeburt hatte, weil sie sich weigerte, eine Abtreibung vornehmen zu lassen. In einem anderen Fall schlich er seinem ehemaligen Milchmann hinterher und bedrohte seine Familie, nachdem er davon überzeugt war, dass seine Frau ein Kind mit dem Lieferboten gezeugt hatte – trotz eines Vaterschaftstests, der das Gegenteil bewies.

„Chaos: Charles Manson, the CIA, and the Secret History of the Sixties" schließt mit Kommentaren von Manson selbst und erörtert, inwiefern hinter seinem Kult und ihren Verbrechen mächtige Kräfte am Werk waren.[122]

5.5 John Lennon wurde von einem durch MKULTRA kontrollierten CIA-Killer ermordet

Der frühere Beatle John Lennon ist sicherlich einer der bekanntesten Namen auf der Todesliste des Laurel Canyon. Lennon hat auch die Auszeichnung, einer der wenigen Alumni des Laurel Canyon zu sein, deren Todesursache als Mord anerkannt wird. Abgesehen davon, dass Lennon in den 1970er Jahren eine Zeit lang im „Tree House" im Laurel Canyon lebte[123], war er eine feste Größe auf dem Sunset Strip und in verschiedenen Treffpunkten im Laurel Canyon, häufig in Begleitung von Harry Nilsson. Und wie sich viele Leser sicherlich erinnern, wurde er am 8. Dezember 1980 erschossen – angeblich von Mark David Chapman, aber wahrscheinlicher von einem zweiten Schützen.

Wie jeder weiß, wurde Lennon vor dem New Yorker *Dakota Building* ermordet, das der Filmemacher Roman Polanski 1968 (in seinem Film *Rosemaries Baby*) als Hort von Aktivitäten eines satanischen Kultes dargestellt hatte (mehr dazu siehe „Der Hollywood-Code").[124]

Tatsächlich hat der Film viele Überschneidungen mit Begebenheiten in der Realität. So wurde etwa nur weniger als ein Jahr nach der Veröffentlichung von *Rosemaries Baby* Roman Polanskis schwangere Frau Sharon Tate von Anhängern Charles Mansons in ihrem Haus im Laurel Canyon rituell ermordet. Außerdem spielt die Geschichte in einem echten Wohnhaus, das den Ruf hat, exzentrische Persönlichkeiten der New Yorker High Society anzuziehen. Auch Adrian Marcato, ein reicher Mann, der Hexerei praktizierte, wurde fast in der Lobby des Gebäudes getötet.[125]

Wie bereits erwähnt, wurden zahlreichen Beobachtern zufolge die Manson-Morde mithilfe von Beatles-Liedern programmiert (Manson selbst behauptete, dass das Lied „Helter Skelter" versteckte Botschaften enthielt, die seiner „Familie" galten):

„Charles Manson wurde mit Beatles-Musik programmiert. (…) Sie schalten regelmäßig Sklaven ein und machen die Texte auf hypnotische Weise zu Hinweisen für die Sklaven, bevor die Musik herauskommt. Zum Beispiel wird der Text von ‚Ain't that a Shame' in bestimmten Fällen Verärgerung hervorrufen. Für einen anderen Sklaven erinnert der Text ‚Everything is relative, in its own way' die Person an die Kultfamilie und Gehorsam.

Die Manson-Morde wurden nach einem alten Ritual durchgeführt, indem den Opfern Augenbinden und ‚Initiationsstricke' angelegt wurden. Auf das Sterbehaus (Sharon Tates und Roman Polanskis Haus), das sich am Cielo (spanisch für ‚Himmel') Drive befand, wurde eine Zeile eines Beatles-Liedes von John Lennon mit dem Titel ‚Helter Skelter' aufgemalt.

Was wir im Gefolge der öffentlichen Inszenierung dieser alchemistischen Psychodramen erleben, deren spirituelle Folgen für die Menschheit weitaus bedeutsamer sind als die meisten bisher angenommen haben, ist ein Prozess der globalen okkulten Initiation."

Der Tod von John Lennon ist ein weiteres seltsames Puzzle-Teil. Mark David Chapman, der „verrückte Einzeltäter", der Lennon getötet hat, steht stark unter dem Verdacht, ein Sklave der Monarch-Bewusstseinskontrolle zu sein. Chapman hatte auch Verbindungen zu hochkarätigen Anwendern von Bewusstseinskontrolle und einem seltsamen Kreis okkulter Berühmtheiten. *„Mark David Chapman, der Mörder von Lennon, traf Ende der 1970er Jahre in Honolulu mit LaVeys Kumpel Kenneth Anger, einem amerikanischen Schüler von Aleister Crowley, zusammen. 1967 hatte Anger einen Film namens ‚Lucifer Rising' mit dem Manson-Anhänger Bobby Beausoleil gedreht. Eine weitere Anhängerin und Tate-Mörderin, Susan Atkins, war mit LaVey bei Auftritten in einem Strip-Club in Los Angeles aufgetreten."*

Der Mörder von John Lennon wurde von der CIA darauf trainiert, den ehemaligen Beatles-Frontmann zu ermorden, um den einflussreichen Star zu stoppen, der junge Amerikaner mit seinem linken Glauben radikalisierte.

Ein explosives Buch mit dem Titel „Drugs as Weapons Against Us" besagt, dass der Ex-Beatle von US-Geheimdiensten getötet wurde, um zu verhindern, dass er die Menschen dazu veranlasst, Lennons Unterstützung „radikaler linker" Ideologien anzunehmen.

Der Autor John Potash behauptet auch, dass die CIA verschiedene hochkarätige Popstars, darunter den Rapper Tupac Shakur und den Nirvana-

Frontmann Kurt Cobain, vor ihrem frühen Tod verfolgte, da sie ähnliche Einflüsse befürchtete.

Der in Liverpool geborene Lennon wurde im Dezember 1980 offiziell von Mark David Chapman vor seinem Haus in New York im Alter von 40 Jahren erschossen. Chapman, damals 25, wurde als verrückter Fan beschrieben und zu 20 Jahren Haft verurteilt, nachdem er sich des Mordes zweiten Grades schuldig bekannt hatte. Das Buch berichtet von einer Untersuchung des ehemaligen *Sunday Express*-Rechtskorrespondenten Fenton Bresler, die Dokumente vom FBI und der CIA erhalten hatte.

Den Unterlagen zufolge sollte die Verhaftung des Stars wegen Drogenkonsums im Jahr 1972 seine Aktivitäten „neutralisieren und stören". Laut Potash haben sich die US-Geheimdienste mehr um Lennon gekümmert, nachdem er vom Drogenkonsum zum Aktivismus übergegangen war – und er war zum Zeitpunkt seines Todes nur noch einen Monat davon entfernt, amerikanischer Staatsbürger zu werden.

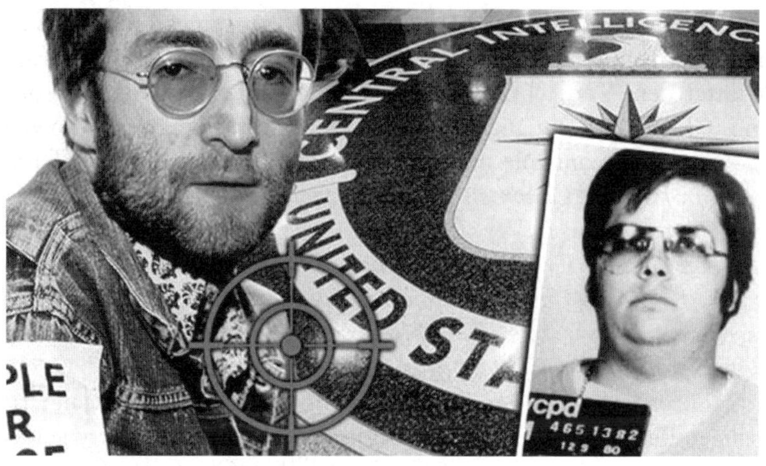

Abb. 129: John Lennon und sein Mörder Mark David Chapman; wenn Augen sprechen können

Potash schrieb: „*Dies verdeutlicht das internationale Interesse sowie Lennons Einfluss, und unterstreicht, warum sein linker Aktivismus eine Bedrohung für die CIA und die Oligarchie darstellt.*"

Die erstaunlichste Vermutung des Buches ist, dass Chapman in Beirut, wo die CIA in den 1970er Jahren stark vertreten war, zum Töten ausgebildet worden sein könnte. Ein früheres Buch von Phil Strongman, „John Lennon: Life, Times and Assassination", untersuchte die Idee, dass Chapman „programmiert" war, um die Tötung durchzuführen.

Postash schrieb, Chapman „*wartete darauf, dass Lennon in der tödlichen Nacht nach Hause kam, kniete sich in einer Kampfhaltung nieder und schoss dem Musiker aus einer Entfernung von sechs Metern viermal in den Rücken.*" Er schrieb weiter: „*Er hätte fliehen können, nahm aber stattdessen seinen Mantel ab, faltete ihn zusammen und holte ‚Catcher in the Rye' (‚Der Fänger im Roggen') aus der Tasche.*"

In einem früheren Interview mit Bresler sagte Arthur O'Connor, Leutnant der New Yorker Polizei: „*Chapman sah aus, als wäre er programmiert, und ich weiß, dass Sie dieses Wort verstehen werden. So sah er aus und so sprach er.*"

Unzählige Theorien und Besonderheiten rund um Lennons Tötung wurden ausgesprochenen, einschließlich der, wie Phil Strongman in „John Lennon: Life, Times and Assassination" erwähnt, Chapman könnte „programmiert" worden sein, um den Mord durchzuführen – er schrieb:

„*‚Catcher In The Rye' war Teil von Chapmans hypnotischer Programmierung, ein Auslöser, der durch ein paar einfache Schlüsselwörter [über] eine Kassettennachricht, ein Telex oder Telegramm oder sogar einen bloßen Telefonanruf auf ihn ‚abgefeuert' werden konnte.*"

Ein Sprecher des US-Geheimdienstes CIA erklärte nicht überraschend, die Behauptungen in Potashs Buch seien „unbegründet" und rechtfertigten keine Berücksichtigung. Für die unermesslich hohe Zahl an Anhängern von Lennons Fangemeinde sowie all jene, die sich für das Widerspruchsrecht und das Gebot von Freiheiten in der Verfassung einsetzen, liefern Berichte wie die von Potash eine durchschlagende Bestätigung, dass die US-Regierung sich nicht daran hält und dies auch niemals tun wird.

Gemäß der *New York Times* war Präsident Johnson überzeugt, dass die US-amerikanische Friedensbewegung von kommunistischen Regierungen kontrolliert und finanziert wurde, und befahl der CIA, Beweise zu erbringen.

Die Unterlagen erkennen außerdem an, dass die CIA mehrere Journalisten, wie zum Beispiel Jack Anderson, bespitzelte, Künstler wie Jane Fonda und John Lennon, und die Studentenbewegungen der „Columbia University“. Ebenfalls wurden Hausdurchsuchungen durchgeführt und an US-Bürgern Tests zur Reaktion gegenüber bestimmten Drogen durchgeführt.[126]

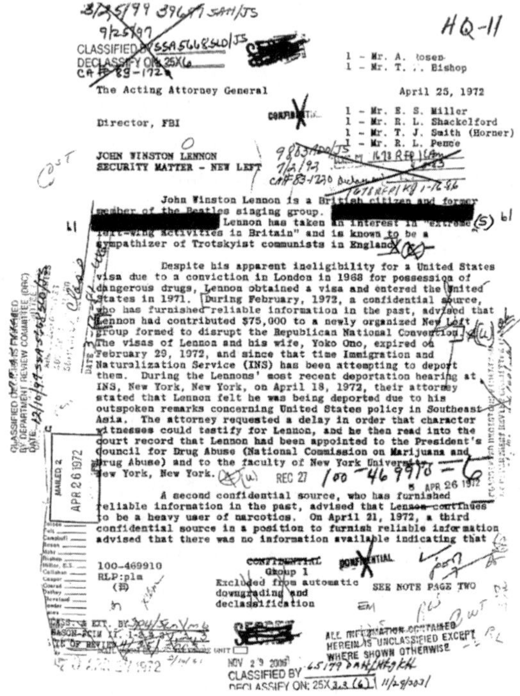

HQ-11

CLASSIFIED BY
DECLASSIFY ON: 25X6

1 - Mr. A. Rosen
1 - Mr. T. J. Bishop

The Acting Attorney General

April 25, 1972

Director, FBI

1 - Mr. E. S. Miller
1 - Mr. R. L. Shackelford
1 - Mr. T. J. Smith (Horner)
1 - Mr. R. L. Pence

JOHN WINSTON LENNON
SECURITY MATTER - NEW LEFT

John Winston Lennon is a British citizen and former member of the Beatles singing group. [redacted] Lennon has taken an interest in "extreme left-wing activities in Britain" and is known to be a sympathizer of Trotskyist communists in England. (S)

Despite his apparent ineligibility for a United States visa due to a conviction in London in 1968 for possession of dangerous drugs, Lennon obtained a visa and entered the United States in 1971. During February, 1972, a confidential source, who has furnished reliable information in the past, advised that Lennon had contributed $75,000 to a newly organized New Left group formed to disrupt the Republican National Convention. (U) The visas of Lennon and his wife, Yoko Ono, expired on February 29, 1972, and since that time Immigration and Naturalization Service (INS) has been attempting to deport them. During the Lennons' most recent deportation hearing at INS, New York, New York, on April 18, 1972, their attorney stated that Lennon felt he was being deported due to his outspoken remarks concerning United States policy in Southeast Asia. The attorney requested a delay in order that character witnesses could testify for Lennon, and he then read into the court record that Lennon had been appointed to the President's Council for Drug Abuse (National Commission on Marijuana and Drug Abuse) and to the faculty of New York University, New York, New York. (U)

REC 27 100-469910-6

APR 26 1972

MAILED 2 APR 26 1972

A second confidential source, who has furnished reliable information in the past, advised that Lennon continues to be a heavy user of narcotics. On April 21, 1972, a third confidential source in a position to furnish reliable information advised that there was no information available indicating that

100-469910
RLP:plm

CONFIDENTIAL
Group 1
Excluded from automatic downgrading and declassification

SEE NOTE PAGE TWO

ALL INFORMATION CONTAINED HEREIN IS UNCLASSIFIED EXCEPT WHERE SHOWN OTHERWISE

NOV 29 2006
CLASSIFIED BY
DECLASSIFY ON: 25X

Abb. 130: Ursprünglich als geheim eingestuftes FBI-Dokument über John Lennon

Auch der Rechtsanwalt und Autor Fenton Bresler stellte in seinem Buch „Who killed John Lennon?“ 1989 die These auf, Chapman sei kein verrückter Einzeltäter gewesen, sondern durch die CIA durch einen gezielten Einsatz von Drogen und Gehirnwäsche im Rahmen des MKULTRA-Programms „programmiert“ worden, um den Mord an Lennon auszuführen. Nach Breslers Auffassung diente die Hilfsorganisation „World Vision“, für die Chapman arbeitete, als CIA-Tarnorganisation mit Verbindungen zur Sekte „Peoples Temple“. Das Motiv für den Mord sei Lennons prominente Kritik an der Außen- und Innenpolitik der USA gewesen.[127]

Die Beatles haben den zweifellos größten Einfluss auf die Rockmusik ausgeübt. Tony Sheridan, der 1962 im *Starclub* in Hamburg mit den Beatles zusammenspielte, lüftete das Geheimnis, auf dem der unheimliche Erfolg dieser Gruppe basieren könnte. Sheridan berichtete, dass John Lennon sich 1962 sehr stark für okkulte Dinge interessierte, und dass er selbst mit John Lennon in Hamburg an einer spiritistischen Sitzung teilgenommen habe. Dort habe ihm Lennon gesagt:

„Ich weiß, dass die Beatles Erfolg haben werden wie noch keine andere Gruppe. Ich weiß es genau — denn für diesen Erfolg habe ich dem Teufel meine Seele verkauft."

Ab 1963 landeten die Beatles weltweit tatsächlich einen Hit nach dem anderen und leiteten so die „Beatlemania" ein, die fortan für Schlagzeilen, Superlative und Umsatzrekorde sorgte. Am 4. April 1964 schließlich waren die Beatles mit fünf ihrer Songs in den USA gleichzeitig Nummer eins, zwei, drei, vier und fünf in den Single-Charts, und mit ihren beiden LPs „Meet the Beatles" und „Introducing the Beatles" waren sie auch in den LP-Charts Nummer eins und zwei. Allein bis 1973 wurden 90 Millionen LPs und 125 Millionen Singles ihrer Musik abgesetzt.

Zurück zu John Lennon. Auf der LP „Mind Games" (1973) schrieb er ein Lied mit dem Titel „Bring on the Lucie", in dem er den Antichristen buchstäblich anbetet:

„Es gibt hier etwas, was du sofort tun musst
Befreie die Leute jetzt
Tue es, tue es, tue es jetzt
Wir sind gefangen mit Händen in der Luft
Verzweifle nicht, Paranoia ist überall
Wir können es mit Liebe durchschütteln, wenn wir Angst haben
Also lasst es uns laut schreien wie ein Gebet
Wir verstehen Ihre Paranoia
Aber wir wollen dein Spiel nicht spielen
Du denkst du bist cool und weißt was du tust
666 ist dein Name."

Chapman führte sein Tatmotiv auf „Stimmen und den Teufel“ zurück. War das der Preis den der Teufel nun von dem ehemaligen Beatle gefordert hat?[128]

6 Die Ursprünge der Gedankenkontrolle und ihre Anwendung in der heutigen Popkultur

Illuminaten fangen mit der Scheiße an, die cool wird, Illuminaten starten die Trends, die dann zu Regeln werden. Illuminaten!

(*Zitat aus: „The Cleveland Show“*)

Die Monarch-Programmierung ist eine Methode zur Gedankenkontrolle, die von zahlreichen Organisationen für verdeckte Zwecke verwendet wird. Sie ist eine Fortsetzung des Projekts MKULTRA, eines von der CIA entwickelten und an Militär und Zivilisten getesteten Mind-Control-Programms. Die Methoden sind erstaunlich sadistisch (ihr gesamter Zweck ist es, das Opfer zu traumatisieren) und die erwarteten Ergebnisse sind schrecklich: Die Schaffung eines gedankengesteuerten Sklaven, der jederzeit ausgelöst werden kann, um die vom Programmierer geforderten Aktionen auszuführen. Während die Massenmedien dieses Problem ignorieren, haben über 2 Millionen Amerikaner die Schrecken dieses Programms durchgemacht.

Die Monarch-Programmierung ist eine Technik zur Gedankenkontrolle, die Elemente des satanischen rituellen Missbrauchs (SRA) und der multiplen Persönlichkeitsstörung (MPD) umfasst. Sie verwendet eine Kombination aus Psychologie, Neurowissenschaften und okkulten Ritualen, um bei den Sklaven eine andere Person zu schaffen, die von den Behandlern ausgelöst und programmiert werden kann. Monarch-Sklaven werden von mehreren Organisationen eingesetzt, die mit der Weltelite in Bereichen wie dem Militär, der Sexsklaverei und der Unterhaltungsindustrie verbunden sind.

Im Laufe der Geschichte wurden mehrere Berichte aufgezeichnet, in denen Rituale und Praktiken beschrieben wurden, die der Gedankenkontrolle ähneln. Eine der frühesten Schriften, die sich auf die Verwendung des

Okkultismus zur Manipulation des Geistes beziehen, ist im ägyptischen Totenbuch zu finden. Es ist eine Zusammenstellung von Ritualen, die von den heutigen Geheimgesellschaften intensiv untersucht wurden und Methoden der Folter und Einschüchterung (um ein Trauma zu erzeugen), den Gebrauch von Tränken (Drogen) und das Wirken von Zaubersprüchen (Hypnose) beschreiben, die letztendlich zur vollständigen Versklavung der Eingeweihten führen. Andere Ereignisse, die schwarzer Magie, Zauberei und Besessenheit von Dämonen zugeschrieben werden (bei denen das Opfer von einer äußeren Kraft belebt wird), sind ebenfalls Vorläufer der Monarch-Programmierung.

Im 20. Jh. wurde die Gedankenkontrolle jedoch zu einer Wissenschaft im modernen Sinne, in der Tausende von Themen systematisch beobachtet, dokumentiert und experimentell angewandt wurden.

Eine der ersten methodischen Studien zur Trauma-basierten Gedankenkontrolle wurde von Josef Mengele durchgeführt, einem Arzt, der in Konzentrationslagern arbeitete. Bekannt wurde er zunächst als einer der SS-Ärzte, die die Auswahl der ankommenden Gefangenen überwachten und entschieden, wer getötet und wer Zwangsarbeiter werden sollte. Er ist jedoch vor allem dafür bekannt, grausame menschliche Experimente an Lagerinsassen, einschließlich Kindern, durchgeführt zu haben, deretwegen Mengele „Engel des Todes“ genannt wurde.

Mengele ist berüchtigt für seine schmutzigen menschlichen Experimente an KZ-Häftlingen, insbesondere an Zwillingen. Ein Teil seiner Arbeit, der jedoch selten erwähnt wird, ist seine Forschung zur Gedankenkontrolle. Ein Großteil seiner Forschung auf diesem Gebiet wurde von den Alliierten beschlagnahmt und unterliegt bis heute der Geheimhaltung.[(129)]

„DR. GRÜN (Dr. Joseph Mengele): Der bedeutendste Programmierer, vielleicht könnte man ihm den Titel Vater der Monarch-Programmierung geben, war Josef Mengele, ein ehemaliger Arzt des Konzentrationslagers. Für Tausende von Monarch-Gedankenkontrolle gesteuerte Sklaven in den USA war ‚Dr. Grün‘ ihr Hauptprogrammierer.“[(130)]

„Dr. Josef Mengele aus Auschwitz war der Hauptentwickler des Trauma-basierten Monarch-Projekts und der MKULTRA-Gedankenkontroll-Programme der CIA.

Mengele und ungefähr 5.000 andere hochrangige Nazis wurden nach dem Zweiten Weltkrieg in einer Operation mit der Bezeichnung ‚Paperclip' heimlich in die Vereinigten Staaten und nach Südamerika gebracht. Die Nazis setzten ihre Arbeit zur Entwicklung von Gedankenkontroll- und Raketentechnologien in geheimen unterirdischen Militärbasen fort. Das einzige, worüber uns erzählt wurde, war die Raketenarbeit mit ehemaligen hochrangigen Nazis wie Wernher von Braun. Die Mörder, Folterer und Verstümmler unschuldiger Menschen wurden diskret außer Sichtweite gehalten, waren aber in den USA in unterirdischen militärischen Einrichtungen beschäftigt, in denen nach und nach Tausende und Abertausende entführter amerikanischer Kinder lebten, die von den Straßen weggerissen (etwa eine Million pro Jahr) und im Rahmen des „Trainings" in vom Boden bis zur Decke vollgestopfte Eisenstangenkäfige gebracht wurden. Diese Kinder wurden verwendet, um Mengeles Technologien zur Gedankenkontrolle weiter zu verfeinern und zu perfektionieren. Bestimmte ausgewählte Kinder (zumindest diejenigen, die das „Training" überlebt haben) wurden zu künftigen geistesgesteuerten Sklaven, die für tausende verschiedener Aufgaben eingesetzt werden konnten, von sexueller Sklaverei bis hin zu Attentaten. Ein erheblicher Teil dieser Kinder, die als entbehrlich angesehen wurden, wurde absichtlich vor (und von) den anderen Kindern umgebracht, um den ausgewählten Auszubildenden zu traumatisieren und vollständig zu unterwerfen."[(131)]

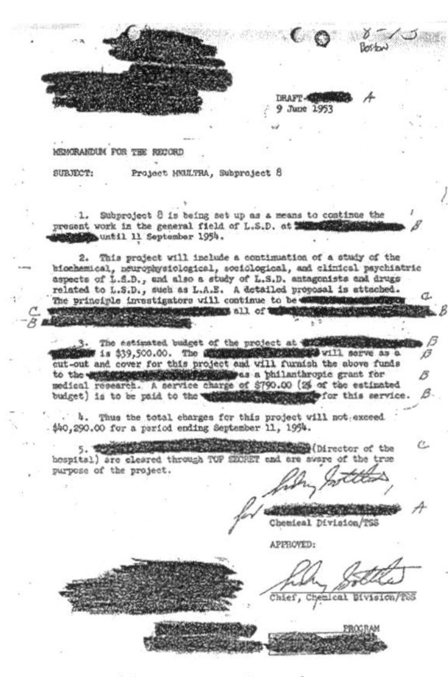

DRAFT-
9 June 1953

MEMORANDUM FOR THE RECORD

SUBJECT: Project MKULTRA, Subproject 8

1. Subproject 8 is being set up as a means to continue the present work in the general field of L.S.D. at until 11 September 1954.

2. This project will include a continuation of a study of the biochemical, neurophysiological, sociological, and clinical psychiatric aspects of L.S.D., and also a study of L.S.D. antagonists and drugs related to L.S.D., such as L.A.E. A detailed proposal is attached. The principle investigators will continue to be all of

3. The estimated budget of the project at is $39,500.00. The will serve as a cut-out and cover for this project and will furnish the above funds to the as a philanthropic grant for medical research. A service charge of $790.00 (2% of the estimated budget) is to be paid to the for this service.

4. Thus the total charges for this project will not exceed $40,290.00 for a period ending September 11, 1954.

5. (Director of the hospital) are cleared through TOP SECRET and are aware of the true purpose of the project.

Chemical Division/TSS

APPROVED:

Chief, Chemical Division/TSS

PROGRAM

Abb. 131: Freigegebenes MKULTRA-Dokument

Mengeles Forschung diente als Grundlage für das verdeckte, illegale CIA-Humanforschungsprogramm MKULTRA.

Das Projekt MKULTRA lief von den frühen 1950ern bis mindestens Ende der 1960er Jahre und verwendete amerikanische und kanadische Staatsbürger als Testpersonen. Die veröffentlichten Beweise zeigen, dass das Projekt MKULTRA die Verwendung vieler Methoden zur Manipulation einzelner psychischer Zustände und zur Veränderung der Gehirnfunktionen beinhaltete, einschließlich der heimlichen Verabreichung von Medikamenten und anderen Chemikalien, sensorischer Deprivation, Isolation sowie verbaler und körperlicher Misshandlung.

Die am meisten publizierten Experimente, die von MKULTRA durchgeführt wurden, umfassten die Verabreichung von LSD an unwissenden menschlichen Probanden, einschließlich CIA-Mitarbeitern, Militärpersonal, Ärzten, anderen Regierungsagenten, Prostituierten, psychisch kranken Patienten und Mitgliedern der allgemeinen Öffentlichkeit, um deren Reaktionen zu untersuchen.

Der Anwendungsbereich von MKULTRA hört damit jedoch nicht auf. Experimente mit gewalttätigen Elektroschocks, körperlicher und geistiger Folter und Misshandlung wurden systematisch an vielen Zielpersonen, einschließlich Kindern, durchgeführt.

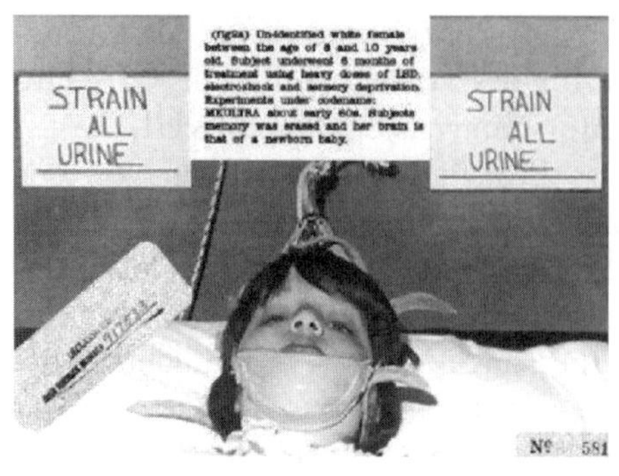

Abb. 132: Freigegebenes Bild einer jungen MKULTRA-Zielperson, 1961

Obwohl die bekannten Ziele der Projekte darin bestanden, Folter- und Verhörmethoden für die Feinde des Landes zu entwickeln, behaupteten einige Historiker, dass das Projekt darauf abzielte, „mandschurische Kandidaten“ zu schaffen, die darauf programmiert waren, verschiedene Handlungen wie Attentate und andere verdeckte Missionen durchzuführen.

MKULTRA wurde in den 1970er Jahren von verschiedenen Kommissionen ans Licht gebracht, darunter die Rockefeller-Kommission von 1975. Obwohl behauptet wird, dass die CIA solche Experimente nach diesen Kommissionen eingestellt hat, haben einige Whistleblower festgestellt, dass das Projekt einfach „verdeckt“ weitergeführt wurde. Und die Monarch-Programmierung ist zum klassifizierten Nachfolger von MKULTRA geworden.[(132)]

Die bislang belastendste Aussage eines Regierungsbeamten über die mögliche Existenz des Projekts Monarch stammt von Anton Chaitkin, einem Autor der Veröffentlichung „The New Federalist“, als der frühere CIA-Direktor William Colby direkt gefragt wurde: *„Was ist mit Monarch?“* Er antwortete wütend und mehrdeutig: *„Wir haben das zwischen den späten 1960ern und den frühen 1970ern gestoppt.“*[(133)]

Obwohl die Existenz von Monarch-Programmen noch nie offiziell anerkannt wurde, haben prominente Forscher die systematische Verwendung von Traumata bei Probanden zu Zwecken der Gedankenkontrolle dokumentiert. Einige Überlebende konnten sich mit Hilfe engagierter Therapeuten selbst „deprogrammieren“, um dann die schrecklichen Details ihrer Prüfungen aufzuzeichnen.

Monarch-Sklaven werden hauptsächlich von Organisationen verwendet, um Operationen mit Sündenböcken durchzuführen, die für bestimmte Aufgaben geschult sind, die keine Befehle in Frage stellen, sich nicht an ihre Handlungen erinnern und, falls sie entdeckt werden, automatisch

Selbstmord begehen. Sie sind die perfekten Sündenböcke für hochkarätige Attentate (siehe Sirhan Sirhan), die idealen Kandidaten für Prostitution, Sklaverei und private Filmproduktionen. Sie sind auch die perfekten Marionettenkünstler für die Unterhaltungsindustrie.[134]

„Was ich sagen kann, ist, dass ich jetzt glaube, dass die Programmierung von rituellem Missbrauch weit verbreitet ist, systematisch ist, sehr gut aus hoch esoterischen Informationen organisiert ist, die nirgendwo veröffentlicht werden, in keinem Buch oder in keiner Talkshow waren und dass wir alles gefunden haben in diesem Land und mindestens in einem fremden Land.

Die Leute sagen: ‚Was ist der Zweck davon?' Ich gehe davon aus, dass der Zweck darin besteht, dass sie eine Armee mandschurischer Kandidaten wollen, Zehntausende von mentalen Robotern, die Prostitution betreiben, Filme machen, Betäubungsmittel schmuggeln, internationalen Waffenschmuggel betreiben, alle möglichen sehr lukrativen Dinge tun, und sie tun, was man ihnen gebietet und schließlich glauben die Größenwahnsinnigen an der Spitze, dass sie eine satanische Ordnung schaffen werden, die die Welt regieren wird."[135]

Monarch-Programmierer verursachen durch Elektroschocks, Folter, Missbrauch und Gedankenmanipulationen ein intensives Trauma bei Zielpersonen, um sie zu zwingen, sich von der Realität abzuspalten – eine natürliche Reaktion bei manchen Menschen, wenn sie mit unerträglichen Schmerzen konfrontiert sind. Die Fähigkeit der Zielperson, sich abzuspalten, ist eine wichtige Voraussetzung, und sie ist anscheinend am leichtesten bei Kindern zu finden, die aus Familien mit generationenübergreifendem Missbrauch stammen. Die mentale Dissoziation ermöglicht es den Programmierern, in der Psyche der Zielperson abgeschottete Personas zu erschaffen, die dann nach Belieben programmiert und ausgelöst werden können.[136]

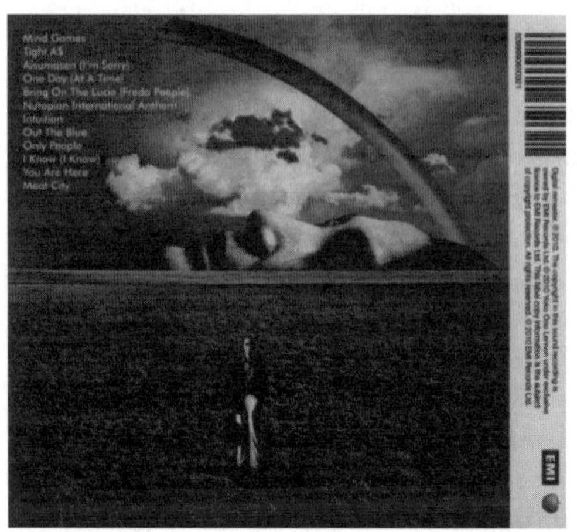

Abb. 133: Die Rückseite des Albums „Mind Games“ (Gedankenmanipulationen) von John Lennon. Auffällig ist der Regenbogen, der eine Verbindung zum Geist Yoko Onos andeutet

„Trauma-basierte Gedankenkontrolle-Programmierung kann als systematische Folter definiert werden, die die Fähigkeit des Opfers zur bewussten Verarbeitung blockiert (durch Schmerz, Terror, Drogen, Illusion, sensorische Deprivation, sensorische Überstimulation, Sauerstoffmangel, Kälte, Hitze, Verdrehung der Tatsachen, Hirnstimulation und oft Nahtoderfahrungen) und verwendet dann Suggestion und / oder klassische und operative Konditionierung (im Einklang mit gut etablierten Prinzipien der Verhaltensänderung), um Gedanken, Anweisungen und Wahrnehmungen im Unterbewusstsein zu verankern, oft in neu gebildeten Trauma-induzierten dissoziierten Identitäten, die das Opfer dazu zwingen, Dinge für die Zwecke des Programmierers zu tun, zu fühlen, zu denken oder wahrzunehmen. Ziel ist es, dass das Opfer Anweisungen ohne klares Bewusstsein befolgt, einschließlich der Ausführung von Handlungen, die eindeutig gegen die moralischen Grundsätze des Opfers verstoßen.

Der Einsatz der Gedankenkontrolle-Programmierung hängt von der Fähigkeit des Opfers ab, sich abzuspalten, was die Schaffung neuer, abgeschotteter Persönlichkeiten ermöglicht, um die Programmierung zu ‚beizubehalten‘ und zu ‚verbergen‘. Bereits dissoziative Kinder sind Hauptkandidaten für die Programmierung.“[(137)]

Die Monarch-Gedankenkontrolle wird von verschiedenen Gruppen und Organisationen verdeckt für verschiedene Zwecke eingesetzt. Laut Fritz Springmeier sind diese Gruppen als „Das Netzwerk“ bekannt und bilden das Rückgrat der Neuen Weltordnung.

Die Monarch-Gedankenkontrolle ist nach dem Monarchfalter benannt – einem Insekt, das sein Leben als Raupe beginnt (was ein unentwickeltes Potenzial darstellt) und nach einer Zeit des Verpuppens (Programmierens) als wunderschöner Schmetterling (Monarch-Sklave) wiedergeboren wird. Einige Eigenschaften, die für den Monarchfalter spezifisch sind, gelten auch für die Gedankenkontrolle.[138]

„Einer der Hauptgründe, warum die Monarch-Gedankenkontrolle-Programmierung als Monarch-Programmierung bezeichnet wurde, war der Monarchfalter. Der Monarchfalter lernt, wo er geboren wurde (seine Wurzeln) und gibt dieses Wissen über die Genetik an seine Nachkommen weiter (von Generation zu Generation). Dies war eines der Schlüsseltiere, die Wissenschaftler darauf hinwiesen, dass Wissen genetisch weitergegeben werden kann. Das Monarch-Programm basiert auf den Zielen der Illuminati und Nazis, einer teilweise durch Genetik geschaffenen Herrenrasse. Wenn Wissen genetisch weitergegeben werden kann (was der Fall ist), ist es wichtig, dass Eltern gefunden werden, die das richtige Wissen an die Opfer weitergeben können, die für die Monarch-Gedankenkontrolle ausgewählt wurden."[139]

„Wenn eine Person durch einen Elektroschock ein Trauma erleidet, tritt ein Gefühl der Benommenheit auf, als ob man wie ein Schmetterling gleitet oder flattert. Es gibt auch eine symbolische Darstellung in Bezug auf die Transformation oder Metamorphose dieses schönen Insekts: von einer Raupe zu einem Kokon (Ruhe, Inaktivität) bis zu einem Schmetterling (neue Schöpfung), der zu seinem Ursprung zurückkehren wird. Dies ist das Migrationsmuster, das diese Art einzigartig macht."[140]

„Das Opfer / der Überlebende wird vom Programmierer / Hintermann als ‚Sklave' bezeichnet, der wiederum als ‚Meister' oder ‚Gott' wahrgenommen wird. Etwa 75% sind weiblich, da sie eine höhere Schmerztoleranz besitzen und dazu neigen, sich leichter zu dissoziieren als Männer. Monarch-Programmierer versuchen, die Psyche ihrer Zielperson in mehrere und getrennte Alter Egos zu spalten, indem sie ein Trauma verwenden, um eine Dissoziation zu verursachen.

Folgendes ist eine unvollständige Liste dieser Formen der Folter:

1. Missbrauch und Folter

2. Gefangenschaft in Kisten, Käfigen, Särgen usw. oder Bestattung (häufig mit einer Öffnung oder einem Luftschlauch für Sauerstoff)

3. Festhalten mit Seilen, Ketten, Manschetten usw.

4. Beinahe ertränken

5. Extreme Hitze und Kälte, einschließlich Eintauchen in Eiswasser und brennende Chemikalien

6. Häuten (bei überlebenden Opfern werden nur die obersten Hautschichten entfernt)

7. Verdrehung von Tatsachen

8. Blendendes Licht

9. Stromschläge

10. Erzwungene Einnahme von abstoßenden Körperflüssigkeiten und Stoffen wie Blut, Urin, Kot, Fleisch usw.

11. Aufhängen in schmerzhaften Positionen oder kopfüber

12. Hunger und Durst

13. Schlafentzug

14 Kompression mit Gewichten und Geräten

15. Sinnesentzug

16. Medikamente, die Illusionen, Verwirrung und Amnesie hervorrufen, oft durch Injektion oder intravenös verabreicht

17. Verschlucken oder intravenöse toxische Chemikalien, um Schmerzen oder Krankheiten zu verursachen, einschließlich Chemotherapeutika

18. Ziehen oder Ausrenken von Gliedmaßen

19. Verwendung von Schlangen, Spinnen, Maden, Ratten und anderen Tieren, um Angst und Ekel hervorzurufen

20. Nahtoderfahrungen, häufig durch Ersticken oder Ertrinken, mit sofortiger Wiederbelebung

22. Zwang, Missbrauch, Folter und Opferungen von Menschen und Tieren, normalerweise mit Messern, durchzuführen oder mitzuerleben

23. Zwangsbeteiligung an Sklaverei

24. Missbrauch, um Schwangerschaft zu verursachen; der Fötus wird dann für rituelle Zwecke abgetrieben oder das Baby wird einer Opferung oder Versklavung zugeführt

25. Spiritueller Missbrauch, um das Opfer dazu zu bringen, sich von Geistern oder Dämonen besessen, belästigt und intern kontrolliert zu fühlen

26. Entweihung jüdisch-christlicher Überzeugungen und Formen der Anbetung; Hingabe an Satan oder andere Gottheiten

27. Missbrauch und Illusion, um die Opfer davon zu überzeugen, dass Gott böse ist, wie zum Beispiel ein Kind davon zu überzeugen, dass Gott es missbraucht hat

28. Chirurgische Eingriffe, um zu foltern, zu experimentieren oder die Wahrnehmung physischer oder spiritueller Bomben oder Implantate zu verursachen

29. Schädigung oder Androhung von Schädigung von Familie, Freunden, Angehörigen, Haustieren und anderer Opfer, um die Konformität zu erzwingen

30. Nutzung von Illusion und virtueller Realität, um zu verwirren und unglaubwürdige Offenlegung zu schaffen.«(141)

„Die Grundlage für den Erfolg der Gedankenkontrolle-Programmierung ist, dass verschiedene Persönlichkeiten oder Persönlichkeitsteile, sogenannte Alter Egos, geschaffen werden können, die sich nicht kennen, aber zu unterschiedlichen Zeiten vom Körper Besitz ergreifen können. Die Amnesie-Mauern, die durch Traumata errichtet wurden, bilden einen Schutzschild der Geheimhaltung, der die Täter davor schützt, entdeckt zu werden, und verhindert, dass die vordergründigen Persönlichkeiten, die den Körper die meiste Zeit besitzen, wissen, wie ihr Alter Ego-System verwendet wird. Der Schutzschild der Geheimhaltung ermöglicht es Kultmitgliedern, mit anderen Menschen zusammen zu leben und zu arbeiten und völlig unentdeckt zu bleiben. Die vordergründigen Alter Egos können wundervolle Christen sein, und die tieferen Alter Egos können die schlimmste Art von satanischem Monster sein, die man sich vorstellen kann – ein Dr. Jekyll / Mr. Hyde-Effekt. Bei der Aufrechterhaltung der Geheimhaltung des Geheimdienstes oder der okkulten Gruppe, die den Sklaven kontrolliert, steht viel auf dem Spiel. Die Erfolgsrate dieser Art der Programmierung ist hoch, aber wenn sie fehlschlägt, kosten die Fehler das Leben. Jedes Trauma und jede Folter dient einem Zweck. Es wurde viel experimentiert und geforscht, um herauszufinden, was getan werden kann, und was nicht. Es wurden Diagramme erstellt, die zeigen, wie viel Folter ein bestimmtes Körpergewicht in einem bestimmten Alter aushalten kann, ohne dass der Tod eintritt.«(142)

„Aufgrund des schweren Traumas, das durch ECT, Missbrauch und andere Methoden verursacht wird, spaltet sich der Geist vom Kern aus in abwechselnde Persönlichkeiten auf. Früher als multiple Persönlichkeitsstörung bezeichnet, wird sie derzeit als dissoziative Identitätsstörung aufgefasst und ist die Grundlage für die Monarch-Programmierung. Die weitere Konditionierung des Geistes des Opfers wird durch Hypnose, Doppelbindungszwang, Umkehrung von Lust und Schmerz, Nahrung, Wasser, Schlaf und sensorische Deprivation sowie

durch verschiedene Medikamente, die bestimmte Gehirnfunktionen verändern, verbessert.“[143]

Die Dissoziation wird somit erreicht, indem das Subjekt traumatisiert, systematisch missbraucht und erschreckende okkulte Rituale angewendet werden. Sobald eine Spaltung der Kernpersönlichkeit eintritt, kann eine „innere Welt“ geschaffen werden und Personas können mit Hilfsmitteln wie Musik, Filmen (insbesondere *Disney*-Produktionen) und Märchen programmiert werden. Diese visuellen und akustischen Hilfsmittel verbessern den Programmierprozess mithilfe von Bildern, Symbolen, Bedeutungen und Konzepten. Auf erstellte Alter Egos kann dann mithilfe von Triggerwörtern oder Symbolen zugegriffen werden, die vom Behandler in die Psyche der Zielperson programmiert wurden. Einige der häufigsten internen Bilder, die von Sklaven der Gedankenkontrolle gesehen werden, sind Bäume, der kabbalistische Baum des Lebens, Unendlichkeitsschleifen, alte Symbole und Buchstaben, Spinnennetze, Spiegel, Glasscherben, Masken, Burgen, Labyrinthe, Dämonen, Schmetterlinge, Sanduhren, Uhren und Roboter. Diese Symbole werden häufig aus zwei Gründen in Filme und -videos der Popkultur eingefügt: um die Mehrheit der Bevölkerung mit subliminalen Botschaften und neurolinguistischer Programmierung zu desensibilisieren, und um gezielt spezifische Auslöser und Schlüssel für die Basisprogrammierung von hochgradig beeinflussbaren Monarch-Kindern zu konstruieren. Einige der in der Monarch-Programmierung verwendeten Filme umfassen *Der Zauberer von Oz*, *Alice im Wunderland* (mehr zu den beiden Filmen im Buch „Der Hollywood-Code“), *Pinocchio* und *Dornröschen*.

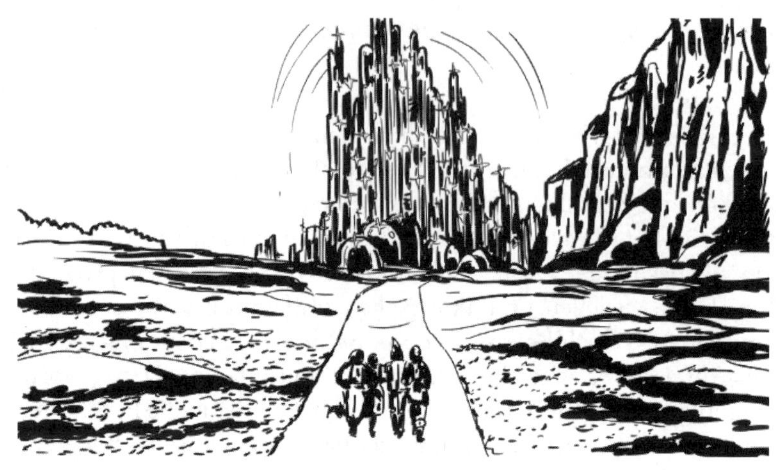

Abb. 134: Der Film *Der Zauberer von Oz* wird von Monarch-Behandlern verwendet, um ihre Sklaven zu programmieren. Symbole und Bedeutungen im Film werden im Kopf des Sklaven zu Auslösern, die dem Hintermann einen einfachen Zugriff auf den Geist des Sklaven ermöglichen. In der Popkultur verwenden verschleierte Verweise auf die Monarch-Programmierung häufig Analogien zu *Der Zauberer von Oz* und *Alice im Wunderland.*

In jedem Fall erhält der Sklave eine bestimmte Interpretation der Handlung des Films, um die Programmierung zu verbessern. Zum Beispiel wird einem Sklaven, der *Der Zauberer von Oz* ansieht, beigebracht, dass „irgendwo über dem Regenbogen" der „glückliche Ort" ist, an den dissoziative Trauma-Sklaven gelangen müssen, um dem unerträglichen Schmerz zu entkommen, der ihnen zugefügt wird. Mithilfe des Films ermutigen Programmierer Sklaven, „über den Regenbogen" zu gehen und sich abzuspalten, wodurch ihr Geist effektiv von ihrem Körper getrennt wird.

„Wie bereits erwähnt, kann der Hypnotiseur Kinder leichter hypnotisieren, wenn er weiß, wie man es mit kleinen Kindern macht. Eine effektive Methode besteht darin, den kleinen Kindern zu sagen: ‚Stellen Sie sich vor, Sie sehen eine Lieblingsfernsehsendung.' Deshalb sind die Disney-Filme und die anderen Sendungen für die Programmierer so wichtig. Sie sind das perfekte hypnotische Werkzeug, um den Geist des Kindes dazu zu bringen, sich in die richtige Richtung abzuspalten. Die Programmierer verwenden fast vom ersten Tag an Filme, um Kindern das Erlernen der hypnotischen Skripte zu erleichtern. Für Kinder

müssen sie Teil des hypnotischen Prozesses sein. Wenn der Hypnotiseur dem Kind erlaubt, seine eigenen Bilder zu erstellen, sind die hypnotischen Vorschläge stärker. Anstatt dem Kind die Farbe eines Hundes zu sagen, kann der Programmierer das Kind fragen. Hier helfen die Bücher und Filme, die dem Kind gezeigt werden, dabei, seinen Geist in die richtige Richtung zu lenken. Wenn der Hypnotiseur mit einem Kind spricht, muss er besonders vorsichtig sein, um den Ton seiner Stimme nicht zu ändern und sanfte Übergänge herzustellen. Die meisten Disney-Filme werden zu Programmierzwecken verwendet. Einige von ihnen sind speziell für die Gedankenkontrolle konzipiert.[(144)]

Die Ebenen der Monarch-Programmierung identifizieren die „Funktionen" des Sklaven und sind nach den damit verbundenen Elektroenzephalographie-Gehirnwellen (EEG) benannt.

ALPHA wird als „allgemeine" oder reguläre Programmierung angesehen und gehört zur Basis-Kontrollpersönlichkeit. Es zeichnet sich durch eine extrem ausgeprägte Gedächtniserhaltung sowie eine wesentlich erhöhte körperliche Stärke und Sehschärfe aus. Die Alpha-Programmierung erfolgt durch gezielte Spaltung der Persönlichkeit des Opfers, was im Wesentlichen zu einer Trennung von linker und rechter Gehirnhälfte führt und eine programmierte Vereinigung von links und rechts durch Stimulation der Nervenbahn ermöglicht.

BETA wird als „sexuelle" Programmierung (Sklave) bezeichnet. Diese Programmierung beseitigt alle erlernten moralischen Überzeugungen und stimuliert den primitiven Instinkt ohne Hemmungen. Auf dieser Ebene können „Kätzchen"-Alter Egos auftreten. Bekannt als Kitten-Programmierung, ist es die sichtbarste Art der Programmierung, da einige weibliche Prominente, Models, Schauspielerinnen und Sängerinnen dieser Art der Programmierung unterzogen wurden. In der Popkultur steht Kleidung mit katzenartigen Mustern oft für die Kitten-Programmierung.

DELTA ist als „Killer"-Programmierung bekannt und wurde ursprünglich für die Ausbildung von Spezialagenten oder Elitesoldaten (z.B. „Delta Force", „First Earth Battalion", „Mossad" usw.) in verdeckten Operationen entwickelt. Optimaler Adrenalinausstoß und kontrollierte Aggression sind offensichtlich. Die Probanden sind angstfrei und führen ihre Aufgaben sehr systematisch aus. Diese wird von selbstzerstörerischen oder selbstmörderischen Anweisungen überlagert.

THETA – Wird als „hellseherische“ Programmierung betrachtet. Die Blutlinien (aus satanischen Familien mit mehreren Generationen) waren entschlossen, eine größere Neigung zu telepathischen Fähigkeiten aufzuweisen als Nicht-Blutlinien. Aufgrund ihrer offensichtlichen Einschränkungen wurden jedoch verschiedene Formen elektronischer Systeme zur Gedankenkontrolle entwickelt und eingeführt, nämlich biomedizinische menschliche Telemetriegeräte (Gehirnimplantate), Laser mit gerichteter Energie unter Verwendung von Mikrowellen und / oder Elektromagneten. Es wird berichtet, dass diese in Verbindung mit hochentwickelten Computern und hoch entwickelten Satelliten-Tracking-Systemen verwendet werden.

Es ist schwierig, objektiv zu bleiben, wenn man die Schrecken beschreibt, die Monarch-Sklaven erdulden müssen. Die extreme Gewalt, der Missbrauch, die mentale Folter und die sadistischen Spiele, die den Opfern von „angesehenen Wissenschaftlern“ und hochrangigen Beamten zugefügt wurden, beweisen die Existenz einer wahren „dunklen Seite“ der Machthaber. Trotz der Enthüllungen, der Dokumente und der Whistleblower wird das Problem von einer großen Mehrheit der Bevölkerung vollkommen ignoriert, abgelehnt oder gemieden. Seit 1947 wurden über zwei Millionen Amerikaner durch Trauma-Gedankenkontrolle programmiert, und die CIA gab 1970 ihre Mind-Control-Projekte öffentlich zu.

Filme wie *The Manchurian Candidate* haben sich direkt auf das Thema bezogen und sogar tatsächliche Techniken wie Elektroschocks, die Verwendung von Triggerwörtern und die Implementierung von Mikrochips dargestellt. Einige Persönlichkeiten des öffentlichen Lebens, die wir auf unseren Fernsehbildschirmen und Filmleinwänden sehen, sind Sklaven der Gedankenkontrolle. Berühmte Personen wie Candy Jones, Celia Imrie und Sirhan Sirhan haben ihre Erfahrungen mit der Gedankenkontrolle enthüllt … und dennoch behauptet die breite Öffentlichkeit, dass sie „nicht existieren kann“.

Die in das Projekt Monarch investierten Forschungsarbeiten und Mittel gelten jedoch nicht nur für Gedankenkontrolle-Sklaven. Viele der in diesen Experimenten perfektionierten Programmiertechniken werden im großen Maßstab durch die Massenmedien angewendet. Mainstream-Nachrichten, Filme, Musikvideos, Werbung und Fernsehsendungen werden unter Verwendung der fortschrittlichsten Daten zum menschlichen Verhalten konzipiert, die jemals zusammengestellt wurden. Ein Großteil davon stammt aus der Monarch-Programmierung.[(145)]

6.1 „Monarch"-Bewusstseinskontrolle: Die dunkle Seite der Musikindustrie und Popkultur

Alter Ego ist ein Begriff, den wir alle kennen und gerne verwenden, wenn wir die Gründe dafür beschreiben, warum wir etwas tun, das nicht kontinuierlich Teil von uns ist.

Per Definition wird ein Alter Ego als zweites Ich angesehen, das Eigenschaften, Verhaltensweisen oder Glaubenssysteme aufweist, die sich merklich von unserem hauptsächlichen Selbst unterscheiden.

Unter Prominenten ist die Schaffung eines Alter Ego überaus beliebt, indem mehrere prominente Persönlichkeiten an der Spitze der Unterhaltungsindustrie derzeit ein sogenanntes zweites Ich annehmen – etwa Beyoncés Sasha Fierce, Eminems Slim Shady, Nicki Minajs Roman Zolanski und Lady Gagas Jo Calderon – um nur einige zu nennen.

„Manchmal, wenn es sehr früh am Morgen ist, wird Roman launisch und will nicht aus dem Bett aufstehen. Roman ... möchte die ganze Nacht draußen bleiben und nicht aufwachen, also schicke ich Nicki in die Welt", so Nicki Minaj.

Die Anerkennung eines Alter Egos ist so populär und Teil des Mainstreams geworden, dass sogar eine ganze Kindersendung namens *Hannah Montana* der Geschichte einer Jugendlichen gewidmet war, die eine alternative Persönlichkeit erschaffen musste, um ihr berühmtes Selbst vom normalen Selbst zu trennen.

Indem in der Unterhaltungswelt so lässig mit Alter Egos umgegangen wird, ist es etwa nur Zufall, dass die Schaffung einer alternativen

Persönlichkeit das Hauptziel der Monarch-Bewusstseinskontrolle ist – einer Erweiterung des bekannten und von der CIA entwickelten MKULTRA?

Insgesamt wird Monarch-Gedankenkontrolle als eine Gedankenkontrolltechnik bezeichnet, die okkulte Rituale, Psychologie und Neurowissenschaften kombiniert, um bei einer gewünschten Zielperson ein Alter Ego hervorzubringen.

Bei der Monarch-Gedankenkontrolle wird die Zielperson oft als „der Sklave" bezeichnet, während diejenigen, die sowohl die Technik anwenden als auch aktivieren, als die „Behandler" bekannt sind. Viele glauben, dass Monarch-Sklaven bei Bedarf von einer elitären Gruppe eingesetzt werden, um Rituale, Performances, Botschaften usw. auszuführen, die mit einem gewünschten Ergebnis in Einklang stehen.(146)

In einer kontroversen und mutigen Rede des Jahres 1992(147) vertiefte der angesehene Autor und Psychologe Dr. Cory Hammond den Prozess der Monarch-Gedankenkontrolle, um zu beleuchten, wie der Prozess genau funktioniert. Seine Forschung basiert auf Gesprächen mit Therapeuten und speziell empfohlenen Klienten im ganzen Land, und identifizierte eine Reihe von Methoden der Gehirnwäsche. Hier sind einige wichtige Auszüge aus seinem Vortrag:

„Wenn man die gleichen hoch esoterischen Informationen in verschiedenen Staaten von Florida bis Kalifornien und aus verschiedenen Ländern findet, beginnt man, eine Ahnung davon zu bekommen, dass etwas sehr Großes vor sich geht und sehr gut koordiniert ist. Ich habe mich also von jemandem, der nicht weiß, was er darüber denken soll, zu jemandem entwickelt, der eindeutig glaubt, dass ritueller Missbrauch real ist.

Was sie im Grunde bei diesen Programmen tun, ist, dass sie ein Kind bekommen und mit grundlegenden Formen der Programmierung beginnen, wie es scheint, etwa im Alter von zweieinhalb Jahren, nachdem das Kind bereits dissoziativ gemacht wurde. Sie werden es nicht nur durch Missbrauch, wie sexuellen Missbrauch, dissoziativ machen, sondern auch durch solche Dinge, wie etwa eine Mausefalle an seine Finger anzulegen und den Eltern beizubringen: ‚Sie gehen erst hinein, wenn das Kind aufhört zu weinen. Erst dann gehen Sie hinein und entfernen sie.'

Sie beginnen etwa im Alter von zweieinhalb Jahren mit rudimentären Formen und legen, wie es scheint, um sechs oder sechseinhalb einen Gang zu. Sie machen während der Pubertät mit regelmäßigen Verstärkungen bis ins

Erwachsenenalter weiter. ‚Was ist der Zweck?' Ich kann nur vermuten, dass sie eine Armee mandschurischer Kandidaten, Zehntausende von mentalen Robotern wollen, die Prostitution, Kinderpornografie, Drogenschmuggel, internationalen Waffenschmuggel, Snuff-Filme und alle andere Arten von anderen sehr lukrativen Dingen tun.

Diese mandschurischen Kandidaten werden die Gebote ihrer Meister befolgen, sodass schließlich die Größenwahnsinnigen an der Spitze glauben, dass sie eine satanische Ordnung schaffen können, die die Welt beherrschen wird.“

Eines der eindrucksvollsten Beispiele, die Dr. Hammond in seinem Vortrag anführte, waren die Ergebnisse von Bernard Diamond, der mit Sirhan Sirhan zusammengearbeitet hatte, der seit 1969 wegen Mordes an Robert F. Kennedy inhaftiert war. Bis heute hat Sirhan eine totale Amnesie in Bezug auf den Mord an Kennedy, aber wenn er unter Hypnose ist, kann er sich daran erinnern. Deutet dies möglicherweise darauf hin, dass Sirhans Aktion ein Nebenprodukt der Monarch-Gedankenkontrolle war?

Dass vielleicht sein dissoziiertes Alter Ego programmiert und aktiviert worden war, um diese Tat im Stil eines „mandschurischen Kandidaten“ auszuführen? Wir können es nicht mit Gewissheit sagen, aber es ist sicherlich eine Überlegung wert.[(148)]

„Lee Harvey Oswald, Sirhan-Sirhan, Charles Manson, John Hinckley Jr., Mark David Chapman, David Koresh, Timothy McVeigh und John Salvi sind einige bemerkenswerte Namen der Infamie, die stark im Verdacht stehen, Bauernopfer zu sein, die von MKULTRA hervorgebracht wurden.“[(149)]

Es ist auch erwähnenswert, dass Dr. Hammond kurz nachdem er diese Rede gehalten hatte, jegliche Forschungen und Vorträge zu diesem Thema vollständig eingestellt hat. Das Hauptargument: die alarmierende Anzahl von Drohungen (einschließlich Morddrohungen), die er als Reaktion auf seine Enthüllungen erhalten hatte.

Könnten diese Bedrohungen von denjenigen kommen, die hoffen, die Monarch-Gedankenkontrolle vor der Öffentlichkeit zu verbergen? Möglicherweise; auf jeden Fall ist es wieder einmal eine Überlegung wert.

Wir haben sie mittlerweile alle schon gesehen. Viele von uns wahrscheinlich öfter als ihnen lieb ist, nämlich die „Performance“, die Miley Cyrus bei den „MTV Video Music Awards“ 2013 der ganzen Menschheit präsentierte.

Von den unaufhörlichen Kreisbewegungen, über das sexuell anzügliche Krümmen bis hin zu ihrer unglaublichen Unfähigkeit, ihre Zunge im Mund zu behalten, ist es Cyrus sicherlich auf großartige Weise gelungen, als eine Person zu erscheinen, die dem Monarch-Programm unterworfen wurde.

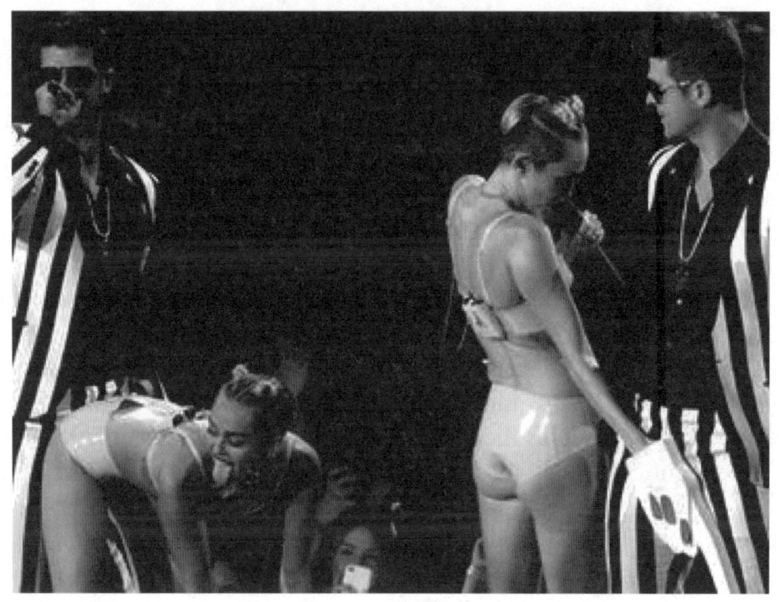

Abb. 135: Die „verdorbene" Miley Cyrus als billiges Sexobjekt. Sieht so das Bild der Elite für die Frauen aus?

Die Tatsache, dass der Auftritt zeitlich direkt mit einigen der kritischsten Momente der globalen Krise in Bezug auf Syrien zusammenfiel, war sicher nur ein Zufall. Das letzte, was die regierenden Machthaber wollen, ist, dass die große Mehrheit Nordamerikas mehr mit dem „Twerking" einer 20-Jährigen beschäftigt ist als mit einem bevorstehenden 3. Weltkrieg, oder etwa nicht? Wieder einmal lohnt es sich, darüber nachzudenken.

Ob es beabsichtigt war oder nicht, es hat sicherlich funktioniert. Eine statistische Analyse von Michael Lofti, einem persisch-amerikanischen Politik-Kommentator, kam zu dem Ergebnis, dass die Bewertung der Suchinteressen auf *Google* (auf einer Skala von 1 bis 100) für „Miley Cyrus" sprunghaft auf 100 angestiegen war und geblieben ist, während „Syrien" zum damaligen Zeitfenster auf eine enttäuschende 2 gefallen war.

Viele glauben, dass der Auftritt selbst voller Symbolik ist, was darauf hindeutet, dass Cyrus wirklich die absichtliche Version von Amerikas „good girl gone bad" („gutes Mädchen, das verdorben wurde") des Jahres 2013 ist.

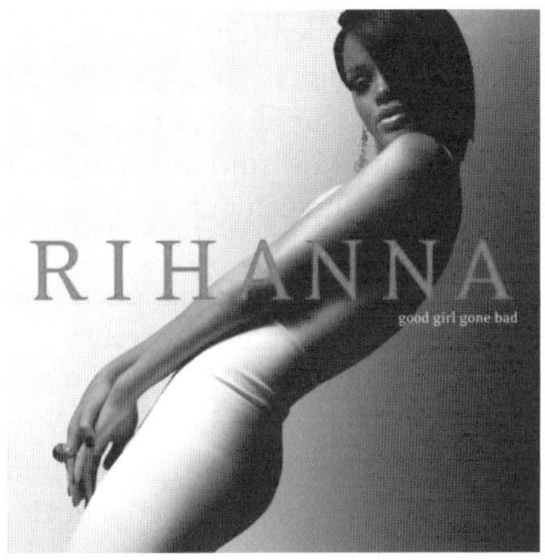

Abb. 136: Noch ein „gutes Mädchen, das verdorben wurde": Rihanna (wie bei Popstars üblich mit Ein-Auge-Smybolik)

Miley ist sicherlich nicht die erste Berühmtheit, die im Verdacht steht, einer möglichen Manipulation durch Monarch-Gedankenkontrolle unterzogen worden zu sein. Britney Spears ist vielleicht der berüchtigtste Liebling Amerikas, der sich letztendlich als lebendiges Beispiel für eine manipulierte Person erweist.

Spears' *Marquee*-Auftritt fand ebenfalls zufällig bei den „MTV Video Music Awards" statt, und zwar zehn Jahre vor Cyrus' Debakel, und beinhaltete das berüchtigte Knutsch-Spektakel mit der Musiklegende Madonna, die sich die Zeit nahm, als Teil einer Live-Performance mit Britney Spears und Christina Aguilera ersterer öffentlich einen Zungenkuss zu geben.

Es war der Kuss, der offiziell Spears' Status als Amerikas neues „verdorbenes Mädchen" besiegelte, indem der Inhalt ihrer Musik dies unterstützte – vorbei waren die Tage der Unschuld und von „Oops I Did It Again" („Ups, ich tat es schon wieder") und gekommen waren die Tage unkontrollierter Sexualität und von „I'm A Slave 4 U" („Ich bin eine Sklavin für dich").

Abgesehen von der Tatsache, dass beide auf der gleichen Plattform vom guten zum verdorbenen Mädchen der Unterhaltungsbranche geworden sind, was haben Spears und Cyrus noch miteinander gemeinsam? Beide haben ihr Image als gutes Mädchen durch ihre Karrieren als Kinderstars bei *Disney* aufgebaut.

Zufälligerweise wurde *Disney* bei zahlreichen Gelegenheiten damit in Verbindung gebracht, seine Filme möglicherweise als Teil von Monarch-Gedankenkontrolle einzusetzen, und wird auch von vielen als einer der führenden Köpfe dahinter angesehen.

Wenn Spears wirklich ein Opfer von Monarch-Gedankenkontrolle geworden ist, ist der Tribut, den sie im Laufe der Zeit zu zollen scheint, sicherlich bemerkenswert: Drogenkonsum, psychische Instabilität, fragwürdige Elternschaftsentscheidungen und die willkürliche Rasur ihres Kopfes (vgl. dazu die Manson-Anhängerinnen in Kapitel 5, Seite 315) sind nur einige der Verhaltensweisen, die bei Spears im Laufe der Zeit Fragen aufkommen ließen.

Vielleicht ist das stärkste Beweisstück für mögliche Manipulationen und die Existenz einer zweiten Persönlichkeit bei Britney in einem Interview mit Diane Sawyer zu sehen.

Ob Cyrus sich in eine ähnliche Richtung entwickeln wird oder nicht, ist zu diesem Zeitpunkt schwer zu sagen, aber die frühzeitigen Anzeichen und Ähnlichkeiten sind sicherlich erwähnenswert, besonders in Anbetracht des sexuellen Wendepunktes, den Cyrus' Musik – ähnlich wie bei Spears vor ihr – in letzter Zeit genommen hat.

Das allsehende Auge, Dämonen, alte Symbole und Baphomet sind nur einige der wiederkehrenden Elemente und Themen, die scheinbar in völlig unzusammenhängender Weise zum Inhalt auftauchen – in Musikvideos, Filmen und Fernsehsendungen.

Ihre Existenz ist eine Sache, die durchaus als Fakt bezeichnet werden kann – und wohl kaum als reines Zufallsprodukt oder als direkt verknüpft mit dem Inhalt des Liedes, wie anhand der folgenden Beispiele zu sehen ist:

Lil Wayne – „Love Me (Explicit) ft. Drake, Future"
Ke$ha – „Die Young"
Lady Gaga – „Alejandro"
Katy Perry – „Wide Awake"
Britney Spears – „Hold It Against Me"

Es ist auch erwähnenswert, dass diese fünf Videos nicht die einzigen dieser Art sind, sondern sie sind vielmehr nur eine kleine Stichprobe von hunderten, wenn nicht gar tausenden, die diese Symbole offenbar in unterschiedlichem Ausmaß zeigen.

Unter der Annahme, dass es sich dabei um wiederkehrende Symbole / Themen handelt, stellt sich die Frage, warum? Könnte es etwa eine Ebene der Programmierung sein, die sie uns – den Zuschauern – zufügen wollen?

Könnte es sein, dass wir dadurch gegenüber ihrer Existenz und Platzierung in der Gesellschaft desensibilisiert werden? Oder könnte es vielleicht einfach nur zufälligerweise auf künstlerischer Freiheit beruhen?

Nehmen Sie einfach dieses Buch als Ausgangspunkt für Ihre eigenen Nachforschungen und Ergebnisse zu allen Aspekten der Monarch-Bewusstseinskontrolle und MKULTRA, denn es gibt wirklich eine Menge Informationen und gut fundierte Meinungen, die es wert sind, darüber nachzudenken.

Sobald Sie Ihre eigenen Nachforschungen angestellt haben, hören Sie auf Ihre innere Stimme, was Ihnen am ehesten als wahr erscheint, und haben Sie keine Angst, sich daran zu halten, auch wenn es nicht mit der öffentlichen Meinung übereinstimmt.[150]

6.2 Warum klingt moderne Musik so eintönig und aggressiv?

Auf *Youtube* gibt es ein beliebtes Video mit dem Titel „Why is Modern Music so Awful?" („Warum ist moderne Musik so schrecklich?"), in dem die Qualität der heutigen Musik im Vergleich zu den vergangenen Jahrzehnten diskutiert wird.

Das Video zitiert eine Studie des Nationalen Forschungsrats Spaniens aus dem Jahr 2012, in der festgestellt wurde, dass die moderne Musik von Jahr zu Jahr schlechter zu werden scheint. Insbesondere nahmen sich die Forscher 500.000 Aufnahmen aller Musikgenres zwischen 1955 und 2010 vor. Jedes einzelne Lied durchlief dabei eine komplexe Reihe von Algorithmen.

Diese Algorithmen maßen drei verschiedene Metriken: (1) Diversität des Timbres, (2) harmonische Komplexität und (3) Lautstärke. Folgendes haben sie dabei herausgefunden:

1. In den letzten Jahrzehnten ist die Vielfalt des musikalischen Timbres drastisch gesunken. Unter „Timbre“ versteht man die Textur, Farbe und Qualität der Klänge bei der Musik, die gerade gehört wird. Die Vielfalt des Timbres erreichte in den 1960er Jahren ihren Höhepunkt und ist seitdem stetig zurückgegangen. Die Lieder weisen zunehmend weniger Abwechslung in ihren Instrumentierungs- und Aufnahmetechniken auf. Anstatt mit verschiedenen Instrumentierungs- und Aufnahmetechniken zu experimentieren, verwendet die überwiegende Mehrheit der Popmusik heutzutage dieselbe Instrumentierung: ein Keyboard, einen Drumcomputer, einen Sampler und eine Computersoftware. Folglich klingt alle moderne Popmusik gleich.

2. Seit den 1960er Jahren klingen die Melodien, Rhythmen und der Gesang von Liedern zunehmend ähnlich, wobei viele moderne Popsongs genau dieselbe Notenfolge in einer bestimmten Tonart verwenden: von der 5. bis zur 3. und zurück zur 5. Note. Das heißt, Musik ist weniger harmonisch komplex geworden. Warum? Weil dies eine vertraute Musiksequenz ist, mit der sich Musikhörer wohlfühlen.

3. In den letzten 20 Jahren haben Musikproduzenten Lieder absichtlich lauter gemacht, indem sie Komprimierungseffekte im Studio verwendet haben. Bei der Komprimierung werden die leisesten Teile eines Liedes so angehoben, dass sie mit den lautesten Teilen übereinstimmen, wodurch der Dynamikbereich oder der „Abstand“ zwischen den lautesten und leisesten Teilen verringert wird. Diese Anwendung bewirkt, dass das gesamte Lied lauter klingt, unabhängig davon, wie laut der Hörer die Lautstärke einstellt. Dies geschieht, um ein Lied unter einer Reihe ähnlich klingender Lieder

„hervorzuheben“ – d.h. zu Wettbewerbszwecken. (Man spricht in diesem Zusammenhang auch vom „Loudness War“, d.h. „Lautheitskrieg“.) Der Nachteil ist, dass die Komprimierung die Klangqualität des Songs verringert.

Darüber hinaus werden im Video einige zusätzliche Beobachtungen angeführt:

1. Die lyrische Qualität von Songs hat sich in den letzten zehn Jahren verschlechtert – die Texte sind banaler und einfacher geworden.

2. Da Musikfans dank der Technologie Zugriff auf so viele Lieder haben, sind die heutigen Popsongs mit Hooklines beladen, die so schnell wie möglich in einem Lied auftauchen, damit der Hörer weiter zuhört. Andernfalls springt er zum nächsten Lied.

3. Die timbrale, harmonische und dynamische Homogenisierung der heutigen Popmusik ist (wie oben beschrieben) ein Ergebnis der Risikoaversion der Musikindustrie. Weil es so viel Geld kostet, in die Entwicklung neuer musikalischer Talente zu investieren (von denen viele in Talentshows wie „America's Got Talent“ oder „X-Factor“ entdeckt werden), möchten Plattenlabels auf Nummer sicher gehen, indem sie keine künstlerischen Risiken eingehen.

4. Das Publikum, das Musik hört, wurde einer Gehirnwäsche unterzogen, um diese Musik zu mögen, weil sie überall gespielt wird – im Radio, in Einkaufszentren, im Internet, in Filmen und in Fernsehsendungen. Der Erzähler des Videos beschreibt dies als „Mere-Exposure-Effect“, der „ein psychologisches Phänomen ist, durch das Menschen eine Präferenz für Dinge entwickeln, die sie oft sehen und hören“. Insbesondere setzt unser Gehirn Dopamin frei, wenn wir ein Lied hören, das wir einige Male zuvor gehört haben, und der Effekt wird mit jedem Hören stärker.

Die Frage, die in diesem Video nicht beantwortet wird, lautet jedoch: Warum passiert all das? Warum ist Musik in den letzten Jahrzehnten immer schrecklicher geworden?[(151)]

Viele von uns sind sich dessen nicht bewusst, aber ein großer Teil der populären Musik ist nicht gut für unser Bewusstsein. Und sie wurde aus einem bestimmten Grund so angelegt.

Stellen Sie sich vor, Sie sind bei einem Konzert, bei dem Sie einem Gitarristen zuhören, der sein Handwerk meisterhaft beherrscht und sich mit Herz und Seele dem Rhythmus, dem Gefühl und der Stimmung der Musik hingibt, die er spielt. Sie verbinden sich damit, Ihr Herz beginnt es zu fühlen. Stellen Sie sich jetzt ein Popkonzert vor.

Die Künstlerin hat einen digitalen Track oder eine CD mit ihren Aufnahmen und Beats, die im Hintergrund abgespielt werden, und sie bewegt dazu wahrscheinlich nur synchron die Lippen, während sie Ihnen „zusingt". Alle beobachten den Star in einem hypnotisierten Zustand der Ehrfurcht. Worin besteht hier der Unterschied?

Das zweite Szenario lockt von Stadt zu Stadt Millionen von Menschenmassen an, und doch wird sehr wenig musikalisches Talent oder Leidenschaft gezeigt, während das andere vielleicht auch solche Massen anzieht oder auch nicht, aber die Erfahrung ist eine der dauerhaften Erfüllung. Warum gibt es heutzutage kaum noch Popmusik mit von Menschen gespielten Instrumenten?

Sicher, Samples oder synthetische Instrumente machen die Beats, aber die Seele eines Menschen, der ein ganzes Lied spielt, ist kaum noch vorhanden, oder? Sicher, das ist nicht in allen Genres der Fall, aber denken Sie darüber nach, was heute vor allem angesagt ist, bei Megastars wie Rihanna, Beyoncé, Lady Gaga, Drake, Kanye West, Selena Gomez, Justin Bieber usw.

Es fühlt sich einfach nach seelenlosen Beats an … Das betrifft jedoch nicht nur Instrumentalstücke, denn auch der lyrische Inhalt und die gesamte Leidenschaft vieler Künstler scheinen durch verwässerte Acts ersetzt zu werden, die „es irgendwie hinkriegen", aber ohne ein Streben nach einer Qualität, die echte Verbindungen und Emotionen hervorruft.

Warum? Nun, es ist ganz einfach. In vielen Fällen werden diese einst leidenschaftlichen Individuen zu Produkten gemacht, um eine bestimmte (Sub-)Kultur, das Ego und die Unbewusstheit voranzutreiben. Und genau das ist die Agenda. Und das wird schon vom Produktionsstudio an mit unterschwelligen Botschaften erreicht.

Das Ziel scheint darin zu bestehen, Menschen in einen egoistischen Zustand zu versetzen und sie darin gefangenzuhalten. Für diejenigen, die die Agenda vorantreiben, ist es umso besser, je weniger wir uns daran erinnern, wie wir von Herzen leben können. Und das ist der Grund, warum ein Großteil der Musik in die Richtung geht, wie es heute der Fall ist, warum wir gefühllos geworden sind und wir stattdessen mit sich ständig in unseren Köpfen wiederholenden Schlüsselreizen ruhiggestellt werden.

Vor einigen Jahrzehnten begannen in den USA alle, die gleiche Musik zu hören, sich genau gleich zu kleiden, genau das Gleiche zu reden, genau die gleichen Dinge anzustreben und die Leute auf die gleiche Weise zu behandeln. Schlabbrige Kleidung kam in Mode und Marihuana wurde zum Zeitvertreib.

Das Radio wurde abstumpfender und brachte die Leute dazu, bestimmte Dinge zu tun.

Innerhalb eines sehr, sehr kurzen Zeitrahmens, als der Aufstieg der populären Rap- und Hip-Hop-Szene Früchte trug (nicht zu verwechseln mit normalem Oldschool-Rap und -Hip Hop und den Underground-Sachen) begann sich alles für mehrere Generationen auf eine enorme Art und Weise zu ändern. Es war wie ein tollwütiger Virus in den Köpfen der 12-30-Jährigen, der sie vollkommen vereinnahmte.

Scheinbar über Nacht begeisterten sich alle über die massenkulturelle Übernahme der aufstrebenden Pop-, Rap- und Hip-Hop-Industrie.

Die Sprache wurde vulgär und die Wörter nahmen alle neue Bedeutungen an. Niemand respektierte mehr Autoritäten oder Lehrer. Jeder versuchte, der größtmögliche Bösewicht zu sein. Jungs trugen fünf bis sieben Lagen T-Shirts unter ausgebeulten Schulhemden.

Alle hatten *Timberlands* an den Füßen. Die Leute steckten sich Goldplastikgitter in den Mund. Dies wurde nicht nur von der einen oder anderen Rasse oder einem bestimmten Geschlecht aufgegriffen, sondern es betraf alle innerhalb eines ziemlich großen Altersabstandes. Wie konnte etwas so stark, schnell und viral passieren? Und zuletzt seit über einem Jahrzehnt? Es gibt offenbar eine ziemlich große Agenda dahinter.

Der Großteil dieser Musik enthielt unterschwellige Botschaften, die Menschen im Wesentlichen dazu bringen, Dinge zu tun, die unser Verhalten verändern und uns hinter einem egoistischen Bewusstsein zu verschließen. Leute aus der Musikindustrie bestätigten dies, und es ist unglaublich, welche Geschichten nach außen gedrungen sind, wie etwa von Dulce Ruby, die darüber in einem Podcast auf *Collective Evolution* gesprochen hat.[(152)]

Musik drückt nicht nur Emotionen aus, sondern sie ruft sie auch hervor – und das gilt selbstverständlich auch für negative und schädliche Emotionen. Da die meisten heutigen Musikstile aggressive Klangeigenschaften aufweisen, ist es nicht verwunderlich, dass sie auch negative Emotionen hervorrufen. Sogenannte Unterhaltungsmusik oder populäre Musik dominiert unsere Musikkultur, die oft aggressiver Art ist, und sie herrscht nicht nur in den Radioprogrammen und CD- oder MP3-Sammlungen vor, sondern auch als (Begleit-)Musik im Fernsehen, als Zwangsbeschallung im Supermarkt und in Gaststätten oder auch zum Aufpeitschen der Stimmung bei Sportveranstaltungen.

Während es jedoch in den ersten Jahrzehnten nach dem 2. Weltkrieg noch einen gewissen Konsens gab, dass die Aggressivität populärer Musik ebenso wenig für Kinder geeignet ist wie der Konsum von Alkohol und Zigaretten, gerieten im Laufe der Zeit immer jüngere Zielgruppen ins Visier der Unterhaltungsindustrie, oder wie es ein von John Rockwell zitierter, namentlich nicht genannter Musiker ausdrückte: *„Schnapp sie dir, solange sie noch jung sind, und mach dir ihre Gedanken gefügig.“*

Kein Wunder also, dass sich die registrierte Kriminalität in Deutschland seit den 1950er Jahren verdreifacht hat, während Umfragen zufolge heute doppelt so viele Menschen wie früher strafbares Verhalten wie Steuerhinterziehung, Sozial- und Versicherungsbetrug tolerieren. In vielen Schulen herrscht ein Klima der Gewalt, und neun von zehn Jugendliche werden früher oder später zu Straftätern.

Zwar gab es schon immer Stimmen, welche den Massenmedien die Hauptschuld an dieser Entwicklung gegeben haben, allerdings vorwiegend der Gewalt in Film, Fernsehen und Videospielen, während die Frage, welche

Auswirkungen das Hören aggressiver Musik auf junge (und ältere) Menschen hat, kaum eine Rolle gespielt hat.

Wenn doch einmal Kritik an Musik geäußert wird, beschränkt sich dies in der Regel nur auf die Texte, wie etwa die Diskussionen um Rechtsrock und um sogenannte Pornorapper zeigen, doch dabei wird außer Acht gelassen, dass es gerade die Verbindung mit dem aggressiven Charakter der Musik ist, welche die Texte so gefährlich macht.

Obwohl auch unabhängig von den Texten die meisten populären Musikrichtungen der Gewalt in Filmen und Videospielen an Wirkung kaum nachstehen dürften, stellt sich die Frage, warum dies nicht längst allgemein bekannt ist? Schließlich prägt Kinder nichts so sehr wie Musik – auch und gerade in Bezug auf negative Emotionen.

Heutzutage werden die Kinder nicht nur durch ihre Eltern oder Lehrer erzogen, sondern auch durch die Medien, die sogar zum mächtigsten Erzieher überhaupt geworden sind: Durchschnittliche Jugendliche verbringen mehr Zeit mit Musikhören als in der Schule, und sicherlich auch mehr als im direkten Kontakt mit den Eltern, der sich meist auf die gemeinsamen Mahlzeiten (wenn überhaupt) beschränkt. Es lässt sich daher feststellen, dass bereits rein quantitativ nichts so sehr die Mehrheit der Kinder und Jugendlichen prägt, wie Musik.

Negative und schädliche Emotionen finden in den verschiedenen Stilen populärer Musik ihren Ausdruck in heftigen Schlagzeugrhythmen bzw. „Beats“ von Rhythmuscomputern, verzerrten Klängen, einer aggressiven, vulgären oder auch lüsternen Gesangsstimme, häufig begleitet von großer Lautstärke.[(153)]

6.3 Das geheime Treffen, das die Pop-, Rap- und Hip-Hop-Musik für immer veränderte

Von allen verschiedenen Musikgenres scheint die Entstehung der Illuminati-Symbolik in Rap und Hip-Hop am weitesten verbreitet zu sein.

G. Craig Lewis von EX Ministries aus Prairie (Texas) sagte, dies liege daran, dass „die Brüder nicht für Heavy Metal geeignet sind", und verwies auf die USA mit satanischen Bildern und Botschaften, die zumindest seit einiger langer Zeit synonym geworden waren für Heavy Metal-Musik, und seit Jahrzehnten in der Popmusik.

Ein weiterer wahrscheinlicher Grund für die Einmischung der Illuminati in Rap und Hip-Hop ist, dass das Genre selbst hauptsächlich der Förderung einer materialistischen, hedonistischen, gewalttätigen Botschaft gewidmet ist – zumindest im Mainstream-Hip-Hop und -Rap.

Natürlich wurde das Genre von den monopolistischen Musikunternehmen übernommen und pervertiert, die ihr Thema in etwas verwandelt haben, das der Botschaft ihrer Gründer völlig widerspricht.

Da die Illuminati den ultimativen Höhepunkt von Macht und Bosheit darstellen, ist es für Rapper fast eine natürliche Entwicklung, über die Darstellung gewöhnlicher Gangster hinauszugehen und sich in die Illuminati-Flagge zu hüllen, während sie sich als reiche, mächtige und knallharte Typen ausgeben.

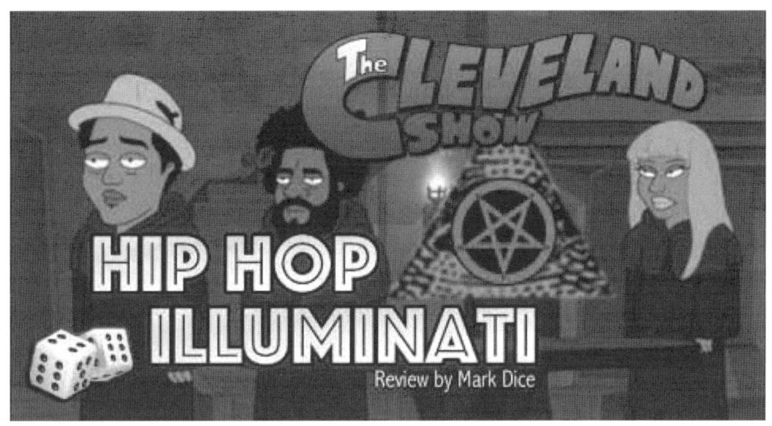

Abb. 137: Der Buchautor Mark Dice präsentiert in einem *Youtube*-Video die verborgene Bedeutung dieser Folge von „The Cleveland Show", leider auf *Youtube* mittlerweile gelöscht

Das Heraufbeschwören von Illuminati-Bildern ist in der Rap-Musik so populär geworden, dass eine Folge von „The Cleveland Show" (ein afroamerikanischer Cartoon für Erwachsene) die Idee eines Geheimbundes aus berühmten Rappern (Kanye West, Nicki Minaj u.a.) darstellte, Teil der „Hip-Hop-Illuminati". Die in der Sendung porträtierten Künstler haben die Stimmen tatsächlich selbst gesprochen. Kanye West und die anderen rappten sogar ein kurzes kleines Lied, das für die Sendung geschrieben wurde, mit Texten wie:

> *„Illuminati fangen mit der Scheiße an, die cool wird, Illuminati starten die Trends, die dann zu Regeln werden. Illuminati!"*

Während es eine Handvoll erfolgreicher Rapper gibt, die den Ursprüngen des Genres treu bleiben, ist es ziemlich offensichtlich, dass eine große Mehrheit der Mainstream-Rapper eine oberflächliche, ignorante, idiotische, materialistische, geistig versklavende Botschaft mit Schlüsselwörtern über Geldverdienen oder jemanden flachlegen fördern, rund um die Uhr zu feiern und anderen sinnlosen Schwachsinn plappern.

Bevor wir uns die offensichtlichen und verstörenden Bilder und Botschaften in dieser Musik ansehen, werde ich einen Brief zitieren, der angeblich von einem ehemaligen Musikmanager geschrieben wurde, der sagte, er habe 1991 ein geheimes Treffen miterlebt, bei dem die Gefängnisbranche im Grunde genommen die Führungskräfte von Plattenfirmen bezahlen wollte, damit sie Rap-Künstler fördern, die Verbrechen verherrlichen, mit dem Ziel, die Zuhörer zu ermutigen, ins Gefängnis eingesperrt zu werden, damit die private Gefängnisindustrie mehr Geld verdienen kann. Der Brief mit dem Titel „Das geheime Treffen, das die Rap-Musik veränderte und eine Generation zerstörte" tauchte 2012 erstmals im Internet auf, nachdem eine Hip-Hop-Nachrichten-Website namens *hiphopisread.com* behauptete, ihn in einer E-Mail erhalten zu haben:[(154)]

„Hallo, nach mehr als 20 Jahren habe ich mich endlich entschlossen, der Welt zu erzählen, was ich 1991 gesehen habe, was meiner Meinung nach einer der größten Wendepunkte in der Popmusik und letztendlich in der amerikanischen Gesellschaft war.

Ich hatte lange Zeit und Mühe, die Vor- und Nachteile der Veröffentlichung dieser Geschichte abzuwägen, da ich nicht bereit war, die Personen, die an diesem Tag anwesend waren, einzubeziehen.

Also habe ich einfach beschlossen, Namen und alle Details wegzulassen, die mein persönliches Wohlbefinden und das derer gefährden könnten, die wie ich in etwas hineingezogen wurden, für das sie nicht bereit waren.

Zwischen den späten 80ern und frühen 90ern war ich ein „Entscheider" bei einem der etablierteren Unternehmen der Musikindustrie. Ich kam in den frühen 80ern aus Europa und etablierte mich schnell im Geschäft. Die Branche war damals anders.

Da Technologie und Medien für Menschen wie heute nicht zugänglich waren, hatte die Branche mehr Kontrolle über die Öffentlichkeit und die Mittel, sie zu beeinflussen, wie sie wollte.

Dies mag erklären, warum ich Anfang 1991 zu einem Treffen mit einer kleinen Gruppe von Insidern des Musikgeschäfts eingeladen wurde, um über die neue Richtung der Rap-Musik zu diskutieren. Ich wusste nicht, dass wir gebeten werden würden, an einer der unethischsten und destruktivsten Geschäftspraktiken teilzunehmen, die ich je gesehen habe.

Das Treffen fand in einer privaten Residenz am Stadtrand von Los Angeles statt. Ich erinnere mich, dass ungefähr 25 bis 30 Leute zugegen waren, die meisten von ihnen bekannte Gesichter.

Als wir mit denen sprachen, die ich kannte, scherzten wir über das Thema des Treffens, da sich viele von uns nicht für Rap-Musik interessierten und nicht den Zweck sahen, zu einem privaten Treffen eingeladen zu werden, um über seine Zukunft zu diskutieren.

Unter den Teilnehmern befand sich eine kleine Gruppe unbekannter Gesichter, die für sich blieben und keinen Versuch unternahmen, über ihren Kreis hinaus Kontakte zu knüpfen. Aufgrund ihres Verhaltens und ihres formalen Erscheinungsbildes schienen sie nicht in unserer Branche zu sein.

Unser lockeres Gespräch wurde unterbrochen, als wir gebeten wurden, eine Vertraulichkeitsvereinbarung zu unterzeichnen, die uns daran hinderte, die während des Treffens präsentierten Informationen öffentlich zu diskutieren. Unnötig zu erwähnen, dass dies viele von uns faszinierte und in einigen Fällen störte.

Die Vereinbarung war nur eine Seite lang, aber sehr klar in Bezug auf die Angelegenheit und die Konsequenzen, die besagten, dass ein Verstoß gegen die Bedingungen zur Beendigung des Arbeitsverhältnisses führen würde. Wir haben mehrere Personen gefragt, worum es bei diesem Treffen geht und warum es so geheim ist, konnten aber niemanden finden, der Antworten für uns hatte.

Ein paar Leute weigerten sich zu unterschreiben und gingen hinaus. Niemand hat sie aufgehalten. Ich war versucht zu folgen, aber die Neugier überwog. Ein Mann, der Teil der unbekannten Gruppe war, holte die Vereinbarungen bei uns ab.

Kurz nach Beginn des Treffens dankte uns einer meiner Branchenkollegen (der wie alle anderen namenlos bleiben soll) für die Teilnahme. Dann erteilte er einem Mann das Wort, der sich nur mit Vornamen vorstellte und keine weiteren Details über seinen persönlichen Hintergrund mitteilte.

Ich denke, er war der Besitzer der Residenz, aber es wurde nie bestätigt. Er lobte uns alle kurz für den Erfolg, den wir in unserer Branche erzielt hatten, und gratulierte uns, dass wir als Teil dieser kleinen Gruppe von Entscheidungsträgern ausgewählt wurden.

An diesem Punkt fühlte ich mich etwas unwohl bei der Seltsamkeit dieser Versammlung. Das Thema änderte sich schnell, als der Redner uns mitteilte, dass die jeweiligen Unternehmen, die wir vertraten, in eine sehr profitable Branche investiert hatten, die durch unser aktives Engagement noch lohnender werden könnte.

Er erklärte, dass die Unternehmen, für die wir arbeiten, Millionen in den Bau von Gefängnissen in Privatbesitz investiert hätten und dass unsere einflussreichen Positionen in der Musikindustrie tatsächlich die Rentabilität dieser Investitionen beeinflussen würden.

Ich erinnere mich, dass viele von uns in der Gruppe sich sofort verwirrt ansahen. Zu der Zeit wusste ich nicht, was ein privates Gefängnis ist, aber ich war nicht der einzige. Freilich fragte jemand, worum es sich bei diesen Gefängnissen handele und was dies alles mit uns zu tun habe.

Uns wurde gesagt, dass diese Gefängnisse von privaten Unternehmen gebaut wurden, die aufgrund der Anzahl der Insassen von der Regierung Finanzmittel erhielten. Je mehr Insassen, desto mehr Geld würde die Regierung diesen Gefängnissen zahlen. Es wurde uns auch klar gemacht, dass wir Aktien kaufen können, da diese Gefängnisse in Privatbesitz sind, da sie öffentlich gehandelt werden.

Die meisten von uns wurden stutzig. Wieder fragten ein paar Leute, was das mit uns zu tun habe. Zu diesem Zeitpunkt ergriff mein Branchenkollege, der das Meeting zum ersten Mal eröffnet hatte, erneut das Wort und beantwortete unsere Fragen. Er sagte uns, dass es nun in ihrem Interesse sei, sicherzustellen, dass diese Gefängnisse gefüllt bleiben, da unsere Arbeitgeber stille Investoren in diesem Gefängnisgeschäft geworden seien.

Unsere Aufgabe wäre es, dazu beizutragen, indem wir Musik vermarkten, die kriminelles Verhalten fördert, wobei Rap die Musik der Wahl ist. Er versicherte uns, dass dies eine großartige Situation für uns sein würde, da Rap-Musik für unsere Unternehmen zu einem zunehmend profitablen Markt wurde und wir als Geschäftsleute auch in diesen Gefängnissen persönliche Aktien kaufen könnten.

Sofort herrschte Stille im Raum. Man hätte eine Stecknadel fallen hören können. Ich erinnere mich, dass ich mich umgesehen habe, um sicherzugehen, dass ich nicht geträumt habe, und die Hälfte der Menschen mit heruntergefallenen Kinnladen gesehen habe.

Meine Benommenheit wurde unterbrochen, als jemand rief: ‚Ist das ein Scherz?' Ab diesem Moment ging es drunter und drüber.

Zwei der Männer, die Teil der unbekannten Gruppe waren, packten den Mann, der aufschrie und sie versuchten ihn aus dem Haus zu entfernen. Einige von uns, auch ich, versuchten einzugreifen. Einer von ihnen zog eine Waffe heraus und wir zogen uns alle zurück. Sie trennten uns von der Menge und wir wurden alle vier nach draußen geführt.

Mein Branchenkollege, der das Meeting zuvor eröffnet hatte, eilte zu uns und erinnerte uns daran, dass wir eine Vereinbarung unterzeichnet hatten und die Konsequenzen tragen würden, wenn wir öffentlich oder auch nur mit denen, die an dem Meeting teilnahmen, darüber sprechen würden.

Ich fragte ihn, warum er in etwas so Korruptes verwickelt sei, und er antwortete, dass es größer sei als das Musikgeschäft und nichts, was wir herausfordern sollten, ohne Konsequenzen zu riskieren.

Wir alle protestierten und ich erinnere mich Wort für Wort an das Letzte, was er sagte, als er zurück ins Haus ging: ‚Es liegt jetzt nicht mehr in meiner Hand. Denken Sie daran, dass Sie eine Vereinbarung unterzeichnet haben.' Dann schloss er die Tür hinter sich. Die Männer brachten uns zu unseren Autos und sahen tatsächlich zu, bis wir losfuhren.

Eine Million Dinge gingen mir durch den Kopf, als ich wegfuhr, und ich beschloss schließlich, in einer Seitenstraße anzuhalten und zu parken, um meine Gedanken zu sammeln. Ich habe alles in meinem Kopf wiederholt und alles schien mir sehr surreal. Ich war wütend auf mich selbst, weil ich nicht aktiver infrage gestellt hatte, was uns präsentiert worden war.

Ich wollte gerne glauben, dass der Schock über alles meine bessere Seite außer Kraft gesetzt hat. Nach einer scheinbaren Ewigkeit konnte ich mich genug beruhigen, um nach Hause zu kommen. Ich habe in dieser Nacht niemanden angesprochen oder angerufen. Am nächsten Tag im Büro war ich sichtlich außer Gefecht, machte aber dafür verantwortlich, dass ich wetterfühlig sei.

Niemand in meiner Abteilung war zu dem Treffen eingeladen worden, und ich fühlte mich schuldig, weil ich mich nicht mitteilen konnte, was ich gesehen hatte. Ich dachte darüber nach, die drei anderen zu kontaktieren, die aus dem Haus geworfen wurden, aber ich erinnerte mich nicht an ihre Namen und dachte, dass das Aufspüren wahrscheinlich unerwünschte Aufmerksamkeit erregen würde.

Ich überlegte, dass ich meinen Job verlieren würde, wenn ich öffentlich darüber sprechen würde, aber mir wurde klar, dass ich wahrscheinlich mehr gefährden würde als meinen Job, und ich war nicht bereit, zu riskieren, dass meiner Familie etwas passiert.

Ich dachte an diese bewaffneten Männer und fragte mich, wer sie waren. Mir wurde gesagt, dass dies größer sei als das Musikgeschäft, und ich konnte nur meiner Fantasie freien Lauf lassen. Es gab keine Antworten und niemanden, mit dem man sprechen konnte.

Ich habe versucht, ein wenig über private Gefängnisse zu recherchieren, aber nichts über das Engagement des Musikgeschäfts herausgefunden. Die Informationen, die ich fand, bestätigten jedoch, wie gefährlich dieses Gefängnisgeschäft wirklich war. Aus Tagen wurden Wochen und aus Wochen Monate.

Schließlich war es, als hätte das Treffen nie stattgefunden. Es schien alles surreal. Ich wurde zurückgezogener und ging nicht mehr zu Branchenveranstaltungen, es sei denn, ich war beruflich dazu verpflichtet. Bei zwei Gelegenheiten hatte ich die gleiche Funktion wie mein ehemaliger Kollege. Beide Male trafen sich unsere Augen, aber es wurde nichts mehr ausgetauscht.

Im Laufe der Monate hatte die Rap-Musik definitiv die Richtung geändert. Ich war nie ein Fan davon, aber selbst ich konnte den Unterschied erkennen. Rap-Acts, die über Politik oder harmlosen Spaß sprachen, verschwanden schnell, als Gangster-Rap den Äther beherrschte.

Seit dem Treffen waren nur wenige Monate vergangen, aber ich vermute, dass die an diesem Tag vorgestellten Ideen erfolgreich umgesetzt wurden. Es war, als ob der Auftrag an alle großen Label-Manager vergeben worden wäre. Die Musik kletterte in den Charts nach oben und die meisten Unternehmen waren mehr als glücklich, davon zu profitieren.

Jeder von ihnen produzierte seine eigenen Gangster-Rap-Acts am Fließband. Alle haben sich dafür entschieden, auch die Verbraucher. Gewalt und Drogenkonsum wurden zu einem zentralen Thema in den meisten Rap-Musikstücken.

Ich habe mit einigen meiner Kollegen in der Branche gesprochen, um ihre Meinung zu dem neuen Trend zu erfahren, aber mir wurde wiederholt gesagt, dass es nur um Angebot und Nachfrage geht. Leider äußerten viele von ihnen sogar, dass die Musik ihre Vorurteile gegenüber Minderheiten verstärkte.

Ich habe das Musikgeschäft 1993 offiziell verlassen, aber innerlich hatte ich mich schon Monate zuvor verabschiedet. Ich brach die Verbindung zu den meisten meiner Kollegen ab und entfernte mich von dem, was ich einmal geliebt hatte. Ich nahm mir eine Auszeit, kehrte für einige Jahre nach Europa zurück, ließ mich außerhalb des Landes nieder und lebte ein ruhiges Leben abseits der Welt der Unterhaltung.

Im Laufe der Jahre gelang es mir, mein Geheimnis zu bewahren, aus Angst, es mit der falschen Person zu teilen, aber auch ein wenig beschämt, nicht den Mut gehabt zu haben, die Wahrheit zu enthüllen. Aber als der Rap schlimmer wurde, nahmen meine Schuldgefühle zu.

Glücklicherweise machte es mir in den späten 90er Jahren das Internet als Ressource, die mir in den frühen Tagen nicht zur Verfügung stand, leichter, zu untersuchen, was heute als Gefängnisindustriekomplex bezeichnet wird.

Jetzt, da ich besser verstehe, wie private Gefängnisse funktionieren, ergeben die Dinge viel mehr Sinn als je zuvor. Ich sehe, wie die Kriminalisierung der Rap-Musik eine große Rolle bei der Förderung von Rassenstereotypen spielte und so viele beeindruckende junge Köpfe dazu verleitete, diese verherrlichten kriminellen Verhaltensweisen zu übernehmen, die oft zu Inhaftierungen führen.

20 Jahre Schuld sind eine schwere Last, aber das Mindeste, was ich jetzt tun kann, ist, meine Geschichte zu teilen, in der Hoffnung, dass Fans von Rap-Musik erkennen, wie sie in den letzten zwei Jahrzehnten benutzt wurden. Obwohl ich aus offensichtlichen Gründen vorhabe, anonym zu bleiben, ist es mein Ziel, diese Informationen möglichst vielen Menschen zugänglich zu machen.

Bitte helfen Sie mir, es weiterzusagen. Hoffentlich werden andere, die 1991 an dem Treffen teilnahmen, davon inspiriert sein und ihre eigenen Geschichten erzählen. Am wichtigsten ist, dass wenn auch nur ein Leben von meiner Geschichte berührt wurde, so hoffe ich inständig, dies die Last meiner Schuld ein wenig erträglicher macht. Dankeschön.“[(155)]

Der Brief ist eine sehr interessante Lektüre, aber wenn andere sich nicht zu Wort melden und die Geschichte dieser Person bestätigen, gibt es keine Möglichkeit zu überprüfen, ob dieses Treffen tatsächlich stattgefunden hat oder nicht. Natürlich ist es möglich, dass diese Geschichte ein Schwindel ist, und in der Hoffnung geschrieben wurde, Menschen auf die Webseite des Autors zu locken, obwohl ich glaube, dass ein solcher Plan real in die Tat umgesetzt wurde, aber ob die Person, die diesen Brief geschrieben hat, ein Teil von dem Plan war oder nicht, ist nicht ganz klar.[(156)]

7 Popstars als Elite-Marionetten im Dienste der Neuen Corona-Weltordnung

Trage eine Maske. Es ist ein Zeichen des Respekts!

(*Lady Gaga bei den „Video Music Awards“ 2020*)

Vor einigen Monaten galten Gesichtsmasken als nutzlos und sogar gefährlich gegen COVID-19. Jetzt werden die Menschen gezwungen, sie zu tragen, und teilweise ist sie obligatorisch. Wurde diese komplette 180-Grad-Kehrtwende aus gesundheitlichen Gründen ausgeführt? Oder um ein bestimmtes soziales Klima zu schaffen?

Nach Monaten COVID-19-Panik und Terror wird die Welt nun in eine „neue Normalität“ geführt. Es gibt jedoch nichts „Neues“ oder „Normales“ an einem unterdrückerischen Polizeistaat, der willkürlich Rechte und Freiheiten entzieht, während sich die Bürger gegenseitig misstrauen.

Nein, solche Regime gab es in der Vergangenheit. Und in Gesellschaften, die es wagen, sich „frei“ und „demokratisch“ zu nennen, ist die „neue Normalität“ eine Aberration – ein schlüpfriger Abhang zu einem globalen totalitären Regime.

Trotz der Tatsache, dass alle Viren unweigerlich ihren Höhepunkt erreichen und aus dem menschlichen Kreislauf austreten, werden tiefgreifende und dauerhafte Veränderungen in der Gesellschaft vorgenommen. Für die Elite ist COVID-19 die perfekte Gelegenheit, eine Gesellschaft zu schaffen, die auf Angst, Entmenschlichung und weit verbreitetem Misstrauen gegenüber den „Anderen“ beruht.

Da Symbole die Welt regieren, verkörpert ein Symbol perfekt diese „neue Normalität“: die Gesichtsmaske.

Obwohl Gesichtsmasken erst vor Monaten als nutzlos und sogar gefährlich galten, werden sie jetzt auf der ganzen Welt durchgesetzt. Was ist passiert?

Hat die Wissenschaft in letzter Minute eine bahnbrechende Entdeckung über Masken gemacht? Nein. Diejenigen, die von dieser Krise profitieren, sahen jedoch eine Chance: Sie kann instrumentalisiert werden, um ein spezifisches soziales Klima zu schaffen. Es geht darum, Angst, Unruhe und

Paranoia am Laufen zu halten. Es geht darum, ständig daran erinnert zu werden, dass die Dinge NICHT wieder normal werden. Kurz gesagt, es geht um Social Engineering.

So hat die Verwendung der Gesichtsmaske in Städten weltweit zu einer anorganischen, unnatürlichen Kehrtwende geführt.[(157)]

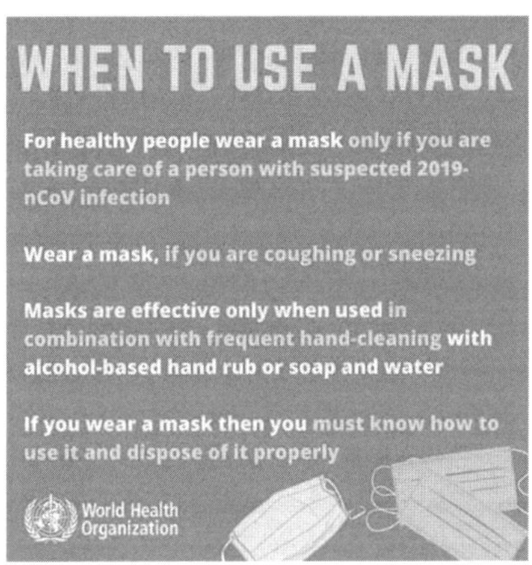

Abb. 138: Nicht nötig: Zu Beginn der Pandemie rieten fast alle Organisationen und Spezialisten vom Tragen einer Maske ab. Hier ist eine Infografik der Weltgesundheitsorganisation (WHO) Ende 2019

„Für gesunde Menschen gilt das Tragen einer Maske nur, wenn Sie sich um eine Person mit Verdacht auf eine 2019-nCoV-Infektion kümmern.“

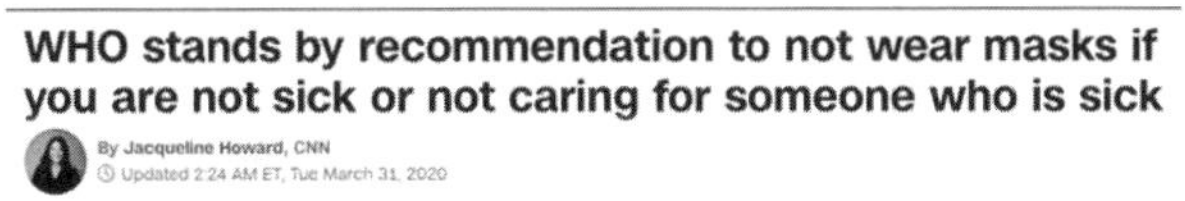

WHO stands by recommendation to not wear masks if you are not sick or not caring for someone who is sick

By Jacqueline Howard, CNN
Updated 2:24 AM ET, Tue March 31, 2020

Abb. 139: Im März 2020 riet die WHO noch vom Tragen von Masken ab

Dr. Mike Ryan, Exekutivdirektor des WHO-Programms für Gesundheitsnotfälle, sagte bei einer Pressekonferenz: *„Es gibt keine konkreten Hinweise darauf, dass das Tragen von Masken durch die breite Masse der Bevölkerung einen potenziellen Nutzen hat. Tatsächlich gibt es Hinweise darauf, das*

Gegenteil anzunehmen, indem eine Maske nicht richtig getragen wird oder nicht richtig sitzt."

Mittlerweile forderte der US-Sanitätsinspekteur die Menschen auf, keine Masken zu tragen. Im April 2020 veröffentlichte Dr. Brosseau, eine nationale Expertin für Atemschutz und Infektionskrankheiten an der Universität von Illinois in Chicago, einen Artikel mit dem Titel „Masken für alle gegen COVID-19 basiert nicht auf soliden Daten".

Sie schrieb: „*Umfassende Empfehlungen für Masken – wie viele vorgeschlagen haben – werden die SARS-CoV-2-Übertragung nicht verringern, wie die weit verbreitete Praxis des Tragens solcher Masken in der chinesischen Provinz Hubei vor und während der COVID-19-Massenübertragung Anfang dieses Jahres zeigt. Unsere Überprüfung relevanter Studien zeigt, dass Stoffmasken die Übertragung von SARS-CoV-2 nicht verhindern können...*

Chirurgische Masken haben wahrscheinlich eine gewisse Nützlichkeit als Quellenkontrolle (was bedeutet, dass der Träger die Verbreitung von Viren auf eine andere Person begrenzt) von einem symptomatischen Patienten im Gesundheitswesen, um die Ausbreitung großer Hustenpartikel zu stoppen und die laterale Verbreitung von Hustenpartikeln zu begrenzen...

(...)

Wenn Masken in Asien die Lösung gewesen wären, hätten sie die Pandemie dann nicht stoppen sollen, bevor sie sich anderswo ausbreitete?"[158]

Auf der offiziellen Webseite der kanadischen Regierung werden auf einer Seite viele Gründe aufgeführt, warum selbstgemachte Masken praktisch unbrauchbar sind und gleichzeitig die Sauerstoffaufnahme behindern.

Selbstgemachte Masken sind keine medizinischen Geräte und werden nicht wie medizinische Masken und Atemschutzmasken reguliert. Ihre Verwendung weist eine Reihe von Einschränkungen auf:

- Sie wurden nicht nach anerkannten Standards getestet.
- Die Stoffe sind nicht die gleichen wie bei OP-Masken oder Atemschutzmasken.
- Die Kanten sind nicht so konstruiert, dass sie eine Abdichtung um Nase und Mund bilden.

- Sie bieten möglicherweise keinen vollständigen Schutz gegen Partikel in Virusgröße.
- Es kann schwer sein, durchzuatmen, und sie können verhindern, dass Sie die erforderliche Menge an Sauerstoff erhalten, die Ihr Körper benötigt.

Diese Arten von Masken blockieren möglicherweise nicht wirksam Viruspartikel, die durch Husten, Niesen oder bestimmte medizinische Verfahren übertragen werden können. Sie bieten aufgrund eines möglichen lockeren Sitzes und der verwendeten Materialien keinen vollständigen Schutz vor Viruspartikeln.(159)

Springen wir nun einige Wochen in die Zukunft. Hier ist eine Überschrift der kanadischen CBC (die von der kanadischen Regierung finanziert wird).

Wellness

How to make yourself a face mask

Abb. 140: „Wie man sich selbst eine Maske macht“ Was ist passiert? Die Antwort kann in einem Wort zusammengefasst werden: Agenda.

Nachdem die CDC wochenlang von der Maske abgeraten hatte, machte sie Anfang April eine vollständige Kehrtwende um 180 Grad.

Diese Entscheidung war nicht das Ergebnis neuer wissenschaftlicher Erkenntnisse. Die Weltelite erkannte, dass die weit verbreitete Verwendung der Maske das perfekte soziale Klima der Angst schafft, um ihre Agenda voranzutreiben. Es kann verwendet werden, um längere Sperren, aufdringliche Kontaktverfolgung und alle Arten von Unterdrückungsmaßnahmen zu rechtfertigen.

Natürlich kam es schnell zu einer hemmungslosen Maskerade in den Medien.

Leading by Example, Some Politicians Urge Residents to Wear Face Masks

Across the country, state and local politicians have begun donning protective gear, in contrast to President Trump, who said he wouldn't follow the C.D.C. guidance.

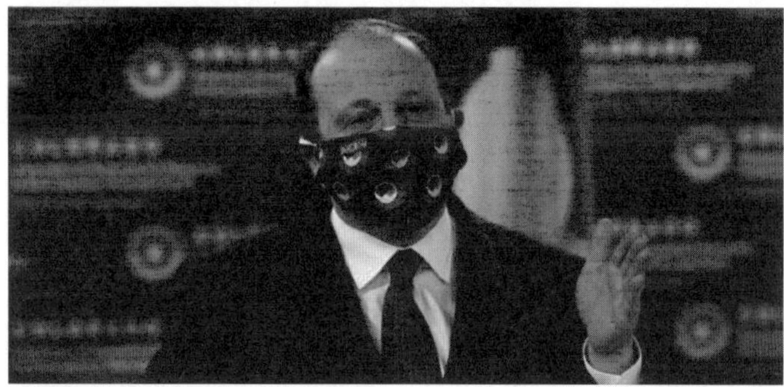

Abb. 141: Der Gouverneur von Colorado trägt während einer Pressekonferenz eine Maske

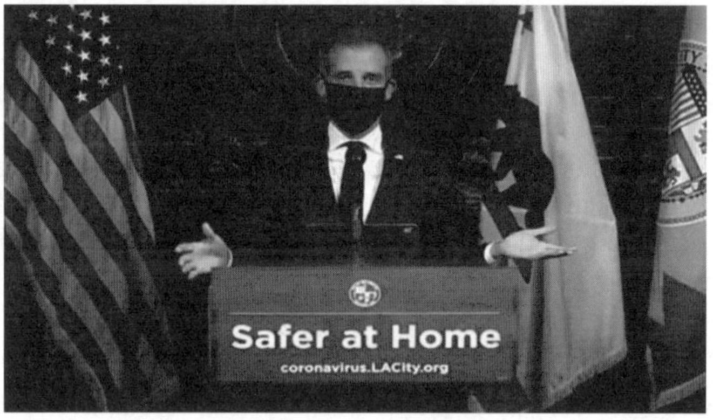

Abb. 142: Der Bürgermeister von Los Angeles trägt während einer Pressekonferenz eine Maske und sagt: „Das ist der neue Stil."

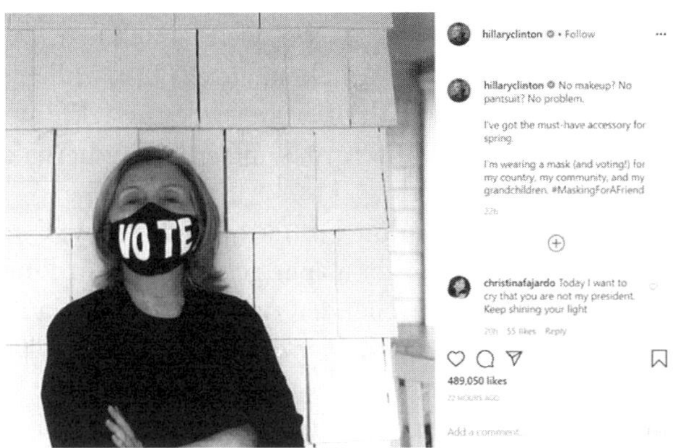

Abb. 143: In diesem etwas erschreckenden *Instagram*-Beitrag bezeichnet Hillary Clinton die Maske als „unverzichtbares Accessoire für den Frühling“

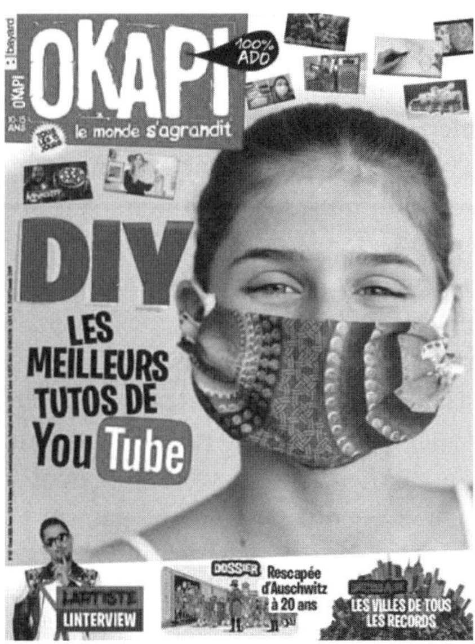

Abb. 144: Natürlich werden Kinder auf der ganzen Welt indoktriniert, die Maske zu tragen

Lassen Sie sich nicht täuschen. Die Elite erzwingt die Maske nicht, weil sie sich um Ihre Gesundheit sorgt. Es dreht sich alles um die Agenda. Während

COVID-Infektionen und Todesfälle weltweit abnehmen, versuchen die Massen, zu einer Art Normalität zurückzukehren. Das wollen sie NICHT. Die weit verbreitete Verwendung der Maske ist das perfekte Werkzeug, um COVID-bezogene Angst und Unterdrückung aufrechtzuerhalten.

Es braucht keinen Robert Langdon-Film wie *The Da Vinci Code – Sakrileg*, um zu erkennen, dass die Maske ein mächtiges Symbol ist. Eine Person, die eine Maske trägt, ist ein überraschender Anblick, der uns auf instinktiver Ebene trifft. Es löst sofort unsere tief verwurzelte Angst vor Krankheit und Tod aus.

Es erhöht unbewusst den Stress und die Angst unseres Gehirns und macht uns gleichzeitig auf drohende Gefahren aufmerksam. Jedes maskierte Gesicht erinnert daran, dass die Dinge nicht normal sind, dass wir Angst haben sollten und dass wir immer noch nach äußeren Kräften suchen, um uns zu retten.

Auf humaner Ebene entmenschlicht die Maske die Menschen um uns herum. Wie können wir mit anderen Menschen in Beziehung treten, wenn wir nicht sagen können, ob sie lächeln oder nicht? Wie können wir uns mit anderen Menschen verbinden, wenn wir nur mit abgedämpften Worten durch ein Stück Stoff kommunizieren können? Wir können es nicht. Ganz im Gegenteil, die Maske sagt: Bleib weg von mir, ich vertraue dir nicht.

Was ist mit den Kindern, die in diesem Klima aufwachsen? Sie werden in dem Glauben „herangezogen“, dass diese neue Normalität … normal ist.

Dieses spezifische soziale Klima ist Gold wert für Anwender des Social Engineering, um die Gesellschaft grundlegend zu verändern. Eine Gesellschaft, die Angst und Panik ausgesetzt ist, wird irrational und akzeptiert bereitwillig jede Maßnahme, die Sicherheit verspricht. Und genau das passiert jetzt.

Um es klar zu sagen, es ist mir persönlich egal, ob Sie eine Maske tragen oder nicht. Wenn Sie sich dadurch sicherer fühlen, tragen Sie auf jeden Fall eine. Sie können sogar Ihre Augen und Ohren bedecken, was mich betrifft.

Wenn Sie jedoch wegen der Masken-Parade in den Medien damit angefangen haben, eine Maske zu tragen, stellen Sie sich folgende Frage: Warum jetzt? Können Sie Entscheidungen nicht auf der Grundlage von Fakten und Ihren eigenen Nachforschung treffen, anstatt blindlings den Massenmedien zu gehorchen?

Denn im Moment geht es bei der Maske nicht um Gesundheit, sondern darum, Sie zu einem wandelnden, sprechenden Agenten der Angst zu machen.[160]

7.1 Die „Video Music Awards" 2020: eine dystopische Abscheulichkeit

Es folgt ein Blick auf die vielen Arten und Weisen, mit denen die „VMAs" 2020 eine traurige und erschütternde Tortur waren, die direkt aus einem dystopischen Film hervorgegangen zu sein scheint.

Die „VMAs" fassen die verschiedenen toxischen Agenden, die von der okkulten Elite vorangetrieben werden, immer perfekt zusammen. In diesem Jahr erreichten ihre Einschaltquoten ein Allzeittief, die um 5% im Vergleich zu 2019 fielen, was ebenfalls bereits ein Allzeittief war. Tatsächlich haben die „VMAs" in den letzten drei Jahren jedes Jahr Tiefststände erreicht.

Die 2020er „VMAs" erreichten nur 6,4 Millionen Zuschauer (gegenüber 11,4 Millionen vor zehn Jahren), obwohl sie zum ersten Mal auf *MTV*, *VH1*, *BET*, *BET Her*, *CMT*, *Comedy Central*, *Nick At Night*, *TV Land*, *MTV2*, *Logo*, *Pop* und *Paramount Network* übertragen wurden. Sie wollten wirklich, dass die Leute diese Show sehen. Andererseits hat MTV in den letzten Jahren alles in seiner Macht Stehende getan, um die „VMAs" so aggressiv und nervig wie möglich zu machen. Sie haben alles, was etwas lustig, cool und interessant war, aus der Show entfernt, um nach und nach hartnäckige und gründlich spaltende Propaganda einzuführen, die direkt von der okkulten Elite kommt.

In diesem Jahr fügte die COVID-Hysterie der Mischung eine weitere Portion bedrückenden Wahnsinns hinzu. Das Ergebnis: Die 2020er „VMAs" scheinen direkt aus einem dystopischen Streifen zu stammen. Stellen Sie sich eine Szene vor, in der gehirngewaschene Massen staatlich geförderte Propaganda sehen, die als „Unterhaltung" getarnt ist. Genau das ist mit den „VMAs" passiert.[161]

Aufgrund von COVID-Einschränkungen bestand die Show aus aufgezeichneten Segmenten, die mit „Greenscreen-Technik“ (ein in Verfahren in der Film- und Fernsehtechnik, das es ermöglicht, Gegenstände oder Personen nachträglich vor einen Hintergrund zu setzen, der entweder eine reale Filmaufnahme oder eine Computergrafik enthalten kann)[162] gedreht wurden, wodurch das Ganze wie eine schlechte Kinderfernsehsendung aussah. Um die Sache noch schlimmer zu machen, verliehen die unechten Publikumsgeräusche der Show eine zusätzlich surreale und beunruhigende Atmosphäre.

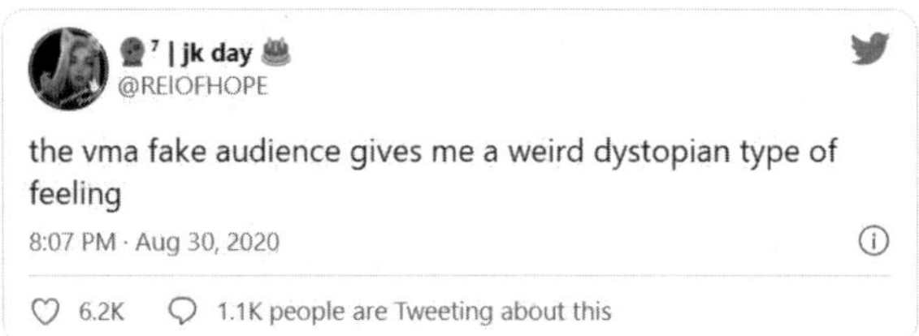

Abb. 145: Twitter-Screenshot: „Das Fake-VMA-Publikum gibt mir ein komisches dystopisches Gefühl“

Die Show hätte gerettet werden können, wenn sie sich auf Spaß und Musik konzentriert hätte. Aber dem war nicht so. Die „VMAs“ 2020 waren von unaufhörlichen und unerbittlichen politischen Botschaften geplagt, die einen Punkt klar machten: Es war keine Unterhaltung, sondern Propaganda.

Künstlich erzeugte Propaganda: Alles an den „VMAs“ 2020 war so falsch, dass vor allem die Botschaften, die den Zuschauern zugeworfen wurden, deutlich hervorstachen: „Wir täuschen Sie“.

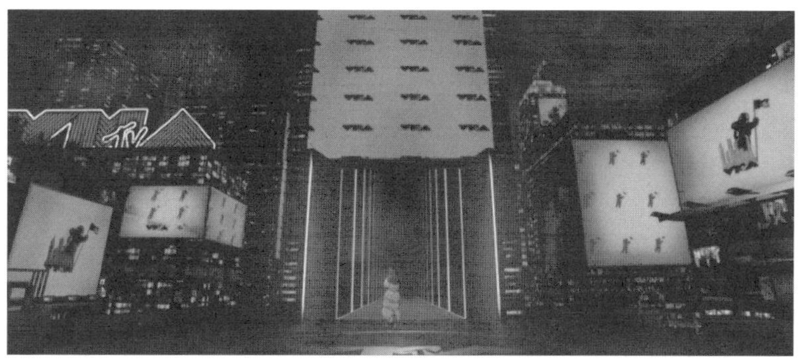

Abb. 146: Zu Beginn der Show betrat die Moderatorin Keke Palmer eine „Bühne“, die vollständig computergeneriert ist

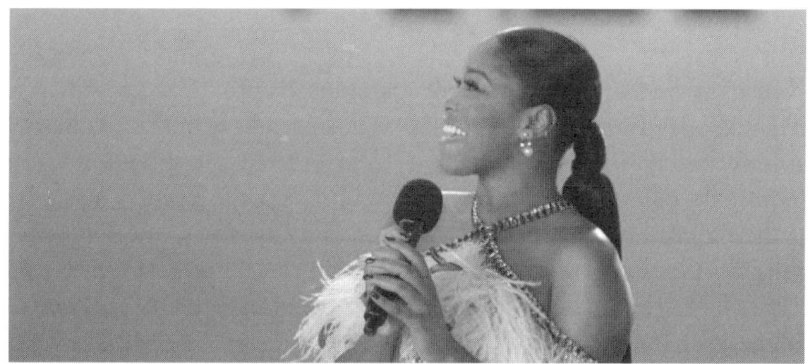

Abb. 147: Dann dreht sie sich zum Fake-Publikum zu ihrer Rechten um

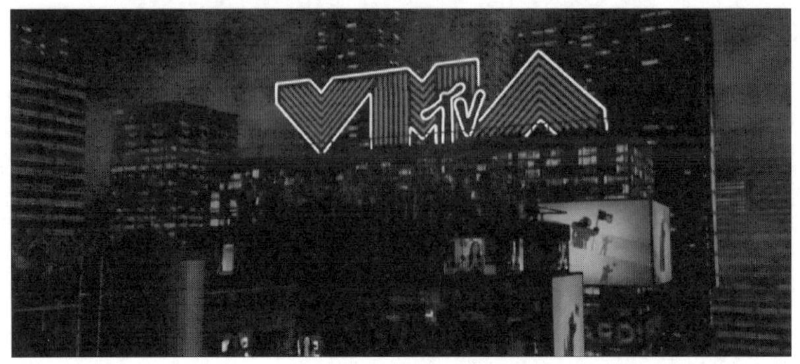

Abb. 148: Wir sehen dann ein computergeneriertes Publikum verschwommener, gesichtsloser Menschen, gemischt mit unechten Publikumsgeräuschen. Es gab auch unechte Webcams von Menschen, die zu Hause klatschten. Man muss sich daran gewöhnen, diese Lockdown-Kultur als normal zu betrachten.

In diesem surrealen und doch bedrückenden Kontext gab es keinen Raum für Freiheit oder Improvisation. Alles war einstudiert und kalkuliert. Normalerweise liefern die Gastgeber der „VMAs" ein provokantes Comedy-Programm ab, das sich über Prominente und aktuelle Trends lustig macht. Nicht dieses Jahr. Nach einem schwachen Witz darüber, wie schlecht 2020 ist, ging die Gastgeberin direkt zu einer von der Elite gesponserten Rede über. Ich werde Ihnen die gesamte Propagandasitzung ersparen, aber sie endet folgendermaßen:

„Wir müssen weiterkämpfen, um den systemischen Rassismus zu beenden. Die Führer dieser Bewegung sind Sie, wir, die Leute, die heute Abend zuschauen."

Vorgetäuschter Applaus des Publikums folgt.

Nicht anders als alles, was den Gastgeber umgab, war diese Zeile eine Lüge. Die Führer dieser „Bewegung" sind nicht Sie, sondern die globale Elite. Und sie nutzt ihre Erfüllungsgehilfen, um ihre Agenda für Teilungs- und Rassenkriege aggressiv voranzutreiben.

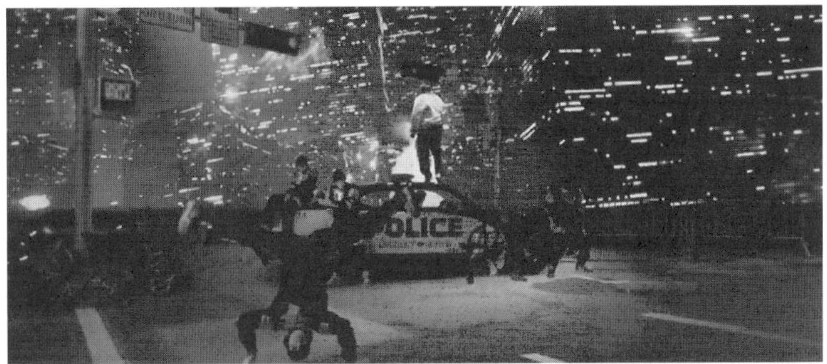

Abb. 149: DaBabys Auftritt zeigt, wie er auf ein Polizeiauto springt, während die Stadt um ihn herum in Flammen steht. Sie dulden von Antifa geführte Unruhen.

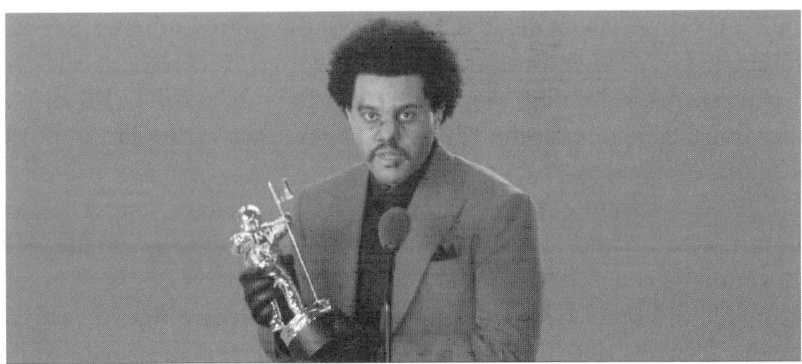

Abb. 150: Dann kam TheWeeknd heraus, um eine Auszeichnung entgegenzunehmen, und brachte sein verhunztes Gesicht mit

Um seine Auszeichnung entgegenzunehmen, kam TheWeeknd genau wie in seinem „Blinding Lights"-Video zurechtgemacht heraus, komplett mit falschen Make-up-Blutergüssen (er wird im Video zusammengeschlagen). Bei TheWeeknd spielen die meisten seiner Videos auf die dunkle Seite der Musikindustrie an. Seine neuesten Videos bleiben diesem Schema treu. Während TheWeeknd seine Mondmann-Trophäe in der Hand hält, sagt er: *„Es ist wirklich schwer für mich, jetzt zu feiern und diesen Moment zu genießen, also werde ich nur Gerechtigkeit für Jacob Blake und Gerechtigkeit für Brianna Taylor sagen."* Wieder falscher Applaus.

Also kam TheWeeknd in einem Kostüm und Make-up heraus, stellte sich vor einen „Greenscreen" und sagte diese einstudierten Zeilen für die Kamera auf. Es war eine Inszenierung. Es war falsch und gestellt. Es war eine Möglichkeit, jungen Zuschauern zu sagen, dass es 2020 keinen Platz mehr für Spaß und Glück gibt.

Natürlich sollte die Polizei es unterlassen, Bürger zu töten. Und diejenigen, die dies tun, müssen im vollen Umfang des Gesetzes strafrechtlich verfolgt werden. Diese Ereignisse werden derzeit jedoch von den Massenmedien benutzt und instrumentalisiert, um eine Agenda voranzutreiben, die weit über die Brutalität der Polizei hinausgeht.

MTV wollte anscheinend wirklich, dass TheWeeknd wieder herauskommt und diese ganze Scharade wiederholt. Also gaben sie ihm den Preis für den besten R&B-Song – trotz der Tatsache, dass „Blinding Lights" eindeutig ein Popsong ist. Lady Gaga musste jedoch unbedingt in der Kategorie „bester Pop" gewinnen (mehr über sie später), also gaben sie ihm R&B, weil er schwarz ist (diejenigen, die am lautesten „Rassismus" schreien, sind normalerweise die rassistischsten).

Um die Auszeichnung als bester R&B-Act zu erhalten, kam TheWeeknd erneut mit Kostüm und Make-up heraus und wiederholte genau die gleichen Worte vor dem grünen Bildschirm. Es wäre keine Überraschung, wenn beide Dankesreden direkt nacheinander aufgezeichnet wurden. Wie oben erwähnt, ließen die „VMAs" 2020 absolut keinen Raum für Improvisation oder Selbstentfaltung. Sag einfach die Zeilen für die Kamera auf und verlass die Bühne.

Neben der von George Soros finanzierten „Black Lives Matter"-Propaganda gab es auch von der WHO finanzierte COVID-Propaganda. Um die „Lockdown-Kultur" zu feiern, die die Elite der Welt aufzwingt, hat MTV eine erfundene Kategorie erstellt: „Bestes Video von zu Hause" … präsentiert von „Coors Light", einem Bier (das ist kein Witz!).

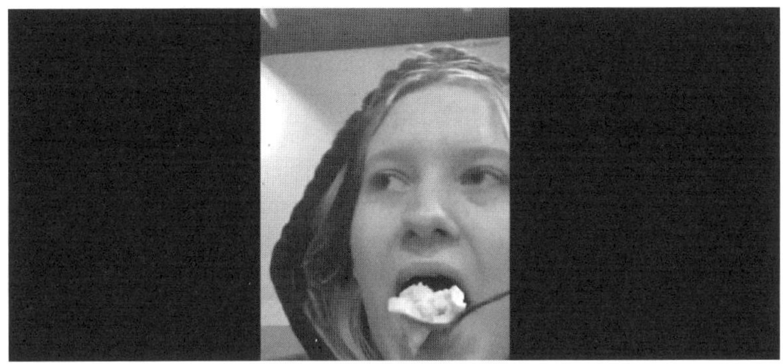

Abb. 151: Ein Screenshot aus dem Blink-182-Video „Happy Days. #stayhome" („Glückliche Tage. #BleibZuhause") So ein bewegendes Kunstwerk.

Später kam die Schauspielerin Sofia Carson heraus, um eine weitere Scheinkategorie „Video for Good" zu präsentieren. Der Auszeichnung ging eine dystopische Rede voraus:

„Die Künstler dieser Kategorie nutzten ihre Plattform zum Wohle der Allgemeinheit. Und haben uns dabei alle inspiriert."

Natürlich bedeutet „zum Wohle der Allgemeinheit" das, was der Agenda der okkulten Elite entspricht.

Einer der Nominierten war Billie Eilishs Video, in dem alle guten Mädchen zur Hölle fahren („all the good girls go to hell"). Während dieses Video von der „globalen Erwärmung" handeln soll, handelt es sich hauptsächlich um eine Feier Luzifers auf Erden.

Der Gewinner der Kategorie „Video for Good" war „I Can't Breathe" von HER. Die Sängerin wurde dann von Sofia Carson für die „Verstärkung der Black Lives Matter-Bewegung" gelobt.

Wie bereits erwähnt, wird „Black Lives Matter" von der „Open Society Foundation" von George Soros finanziert, um einen Keil in die amerikanische Gesellschaft zu treiben, die Rassenbeziehungen zu verschlechtern und die Aktionen seiner extremsten Fraktionen wie der Antifa zu rechtfertigen. Das der Elite angehörende MTV hat geradezu eine Auszeichnung für unverblümte Propaganda vergeben. Dann war da noch Lady Gaga.

Lady Gagas Krönung: Lady Gaga trabte alle 10 Minuten auf die Bühne und wieder runter. Es war lächerlich. Dieses Gaga-Fest gipfelte in dem „Tricon"-Preis (was auch immer das bedeutet), der Lady Gaga zur Hohepriesterin der Musikindustrie krönte.

Vor ein paar Monaten war Lady Gaga, das Gesicht von „One World: Together at Home", einer von der WHO finanzierten Show, die hartnäckige globalistische Propaganda enthielt (mehr dazu später). Ein paar Monate später ist Lady Gaga, weil wir in einer unheimlichen dystopischen Welt leben, in der nur ein Künstler glänzen darf, auch das Gesicht der „VMAs". Wir haben ihr Gesicht jedoch nicht wirklich gesehen, weil sie es immer wieder hinter allen Arten von Masken und Maulkörben versteckt hat. Andere Künstler und Moderatoren trugen keine Masken vor der Kamera, weil dies unnötig war. Sie trug jedoch zu 100% der Zeit eine Maske, um für die COVID-Hysterie-Agenda der WHO zu werben.

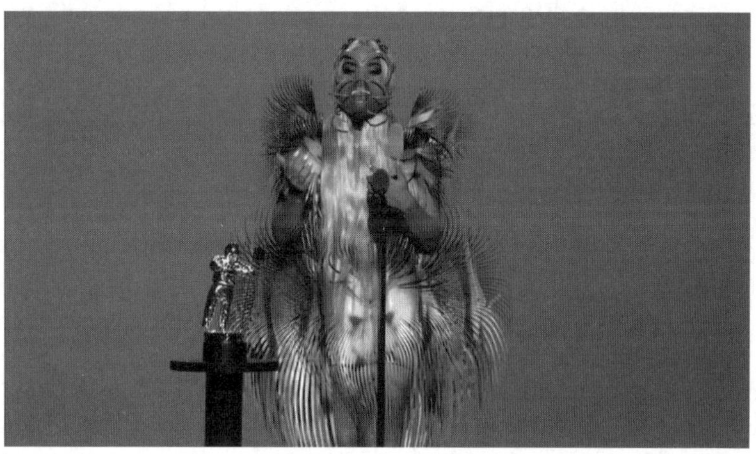

Abb. 152: Lady Gaga nimmt eine Auszeichnung entgegen, während sie eine übertriebene und unnötige Maske trägt. In einer massiven Show der Täuschung wirkt Gaga jedes Mal überrascht, wenn sie eine Auszeichnung annimmt, als ob sie es nicht im Voraus wüsste. Sie ist ein geschmückter Paradiesvogel, mit einem merkwürdigen Gesicht unter dem Unterleib.

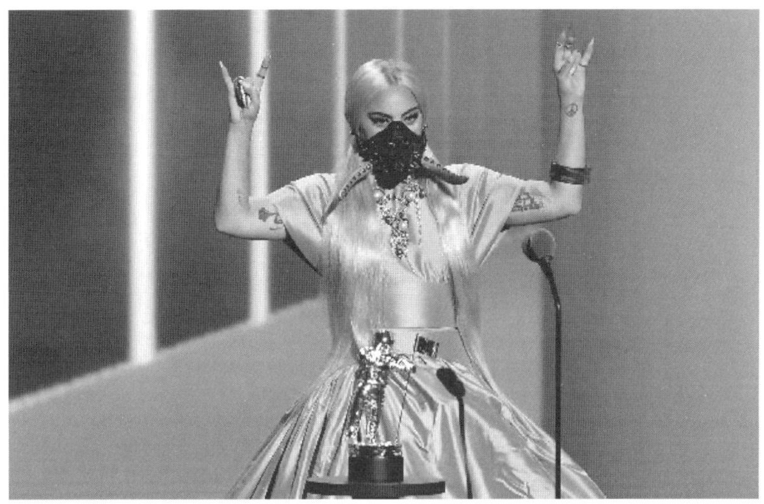

Abb. 153: Dieses Bild bringt die „VMAs" 2020 auf den Punkt. Lady Gaga zeigt Teufelshörner, während sie eine Stoßzahnmaske trägt, die sehr gut eine Hörnermaske sein könnte.

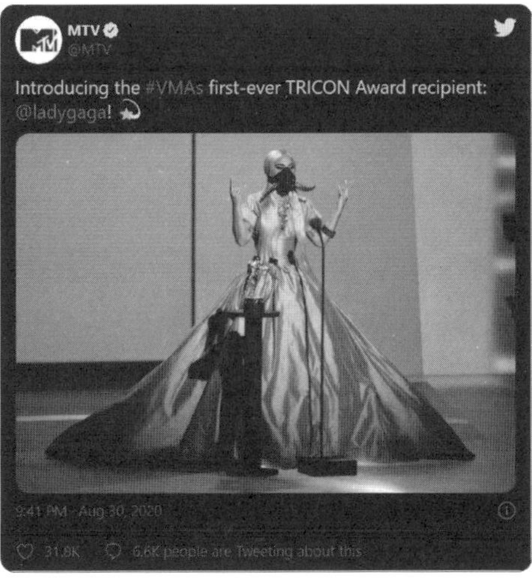

Abb. 154: MTV hat dieses Bild ausgewählt, um für seine Show zu werben. Sie wissen, dass es besonders symbolisch ist.

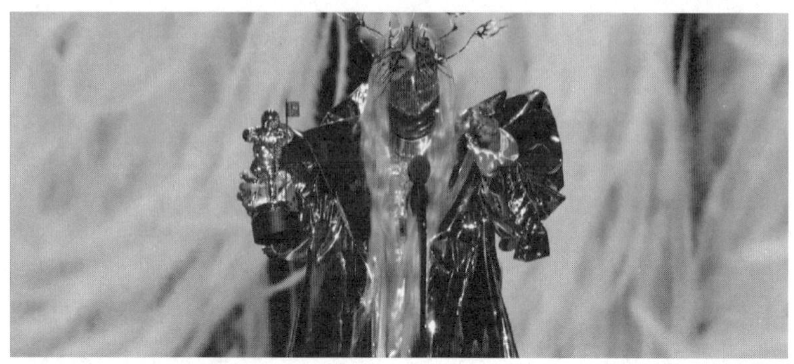

Abb. 155: Gaga nimmt den „Tricon Award“ entgegen, während sie eine „Krone“ trägt. Während ihrer endlosen Dankesrede zeigt Gaga auf die Kamera und schreit Befehle durch ihre Maske, als wäre sie Darth Vader.

Am Ende ihrer Rede sagt Gaga: *„Bleib in Sicherheit, sprich deine Meinung aus und, ich mag wie eine kaputte Schallplatte klingen, aber trage eine Maske. Es ist ein Zeichen des Respekts.“* Fake-Applaus.

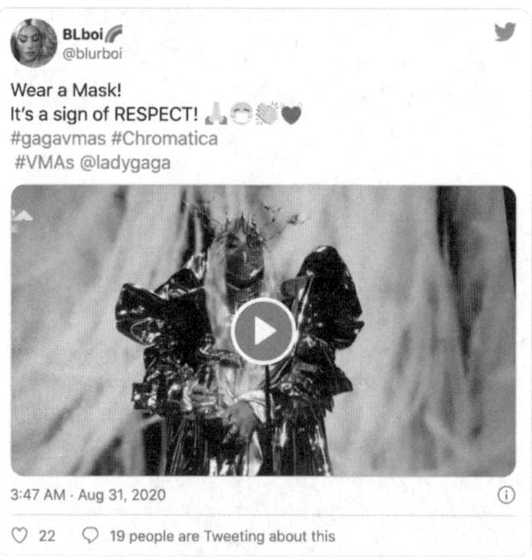

Abb. 156: Twitter-Screenshot: „Trag eine Maske! Es ist ein Zeichen des Respekts!“, sagt Lady Gaga den Zuschauern

Interessante Tatsache: Der Gouverneur Andrew Cuomo des Bundesstaates New York erlaubte den Künstlern, die bei den „VMAs" auftraten, die strenge 14-tägige Coronavirus-Quarantäne seines Staates für Einreisende von außerhalb des Staates zu umgehen. Mit anderen Worten: Während hart arbeitende Amerikaner sich wegen COVID drakonischen Maßnahmen unterwerfen müssen, können die Marionetten der Elite auf Privatjets springen und all dies umgehen. Dann hat Gaga den Mut, uns zu belehren.

Abgesehen von ihren unzähligen Reden, hatte Gaga auch einen Auftritt, der scheinbar ewig dauerte. Und natürlich war er symbolisch.

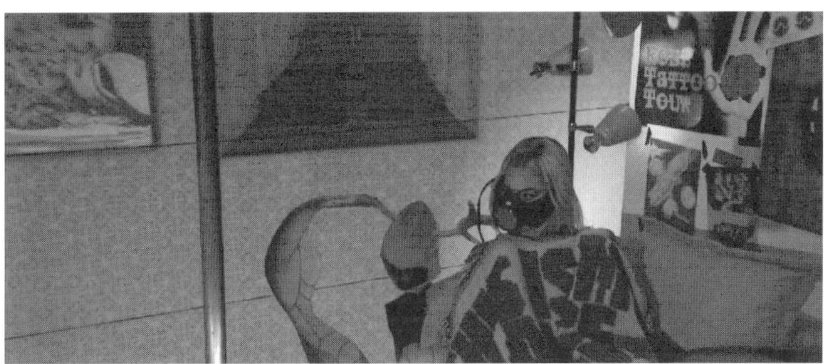

Abb. 157: Gaga ist in ihrem Wohnzimmer ... während sie einen Maulkorb trägt. Anscheinend entfernt sie ihn nie.

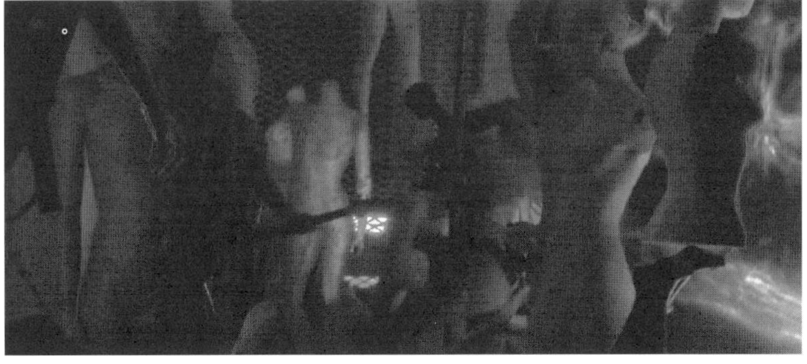

Abb. 158: Gaga rutscht dann in einen Raum voller zerstückelter Schaufensterpuppen. Schaufensterpuppen sind ein klassisches Symbol für MKULTRA-Sklaven. Sie ist ein Teil von ihnen.

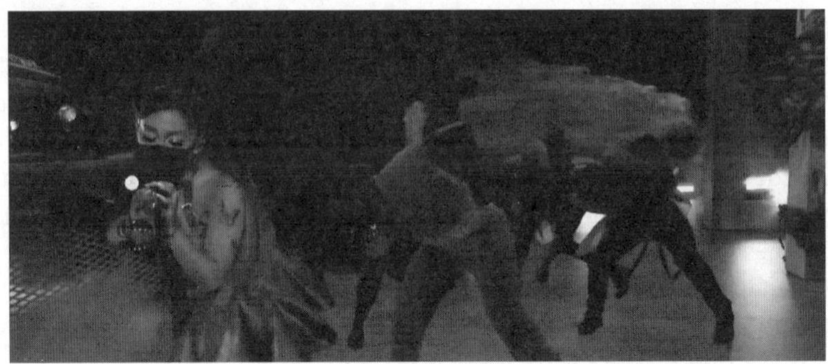

Abb. 159: Ariana Grandes Schmetterlings-Tattoo + unnötige Maske = Marionette der Unterhaltungsindustrie

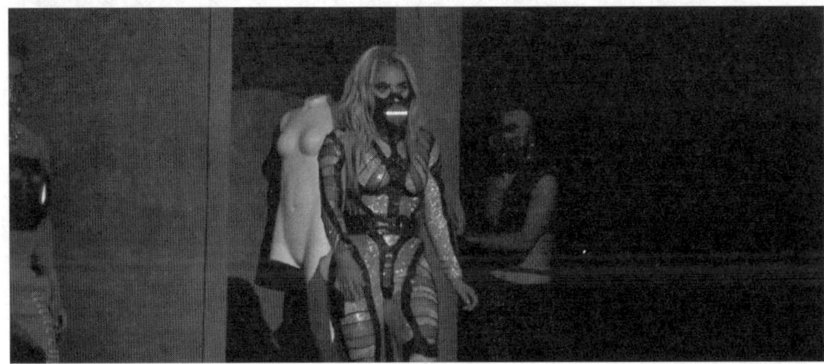

Abb. 160: Nach dem Lied geht Ariana Grande in die MKULTRA-Röhre voller Schaufensterpuppen und verschwindet. Lady Gaga taucht mit einem anderen Outfit wieder auf, weil sie noch ein Lied singen muss.

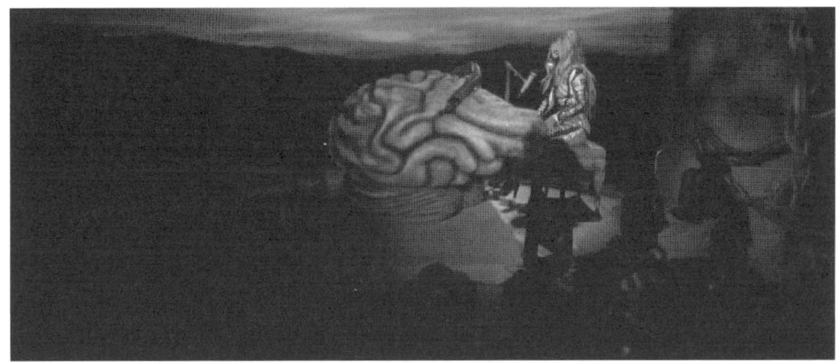

Abb. 161: Gaga spielt auf einem Klavier, das wie ein menschliches Gehirn aussieht. Sie spielen buchstäblich mit unseren Gedanken.

Den Leuten hinter den „VMAs" gelang es, die schlechteste Art zu finden, mit der man dieses Gräuel beenden kann: einem Auftritt der Black Eyed Peas.

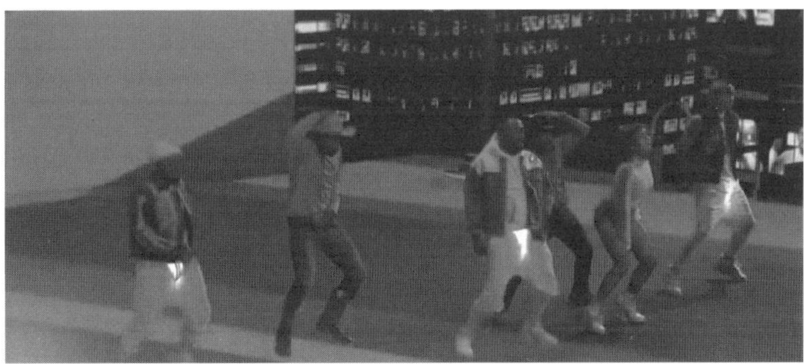

Abb. 162: Was machst du, wenn dein Lied schwach ist? Schieb dir einen Leuchtstab in deine Hose. Das sollte sie unterhalten.

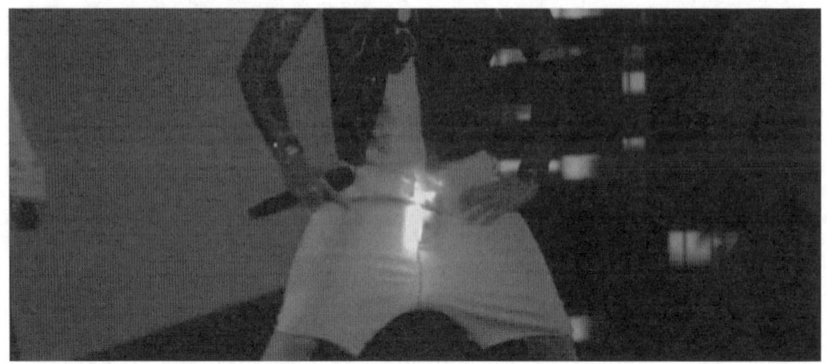

Abb. 163: Die Kamera zoomt sogar peinlicherweise hinein und bleibt dort für einige peinliche Sekunden

Die Show endete mit viel zu viel computergenerierter Grafik, kombiniert mit viel falschem Applaus.

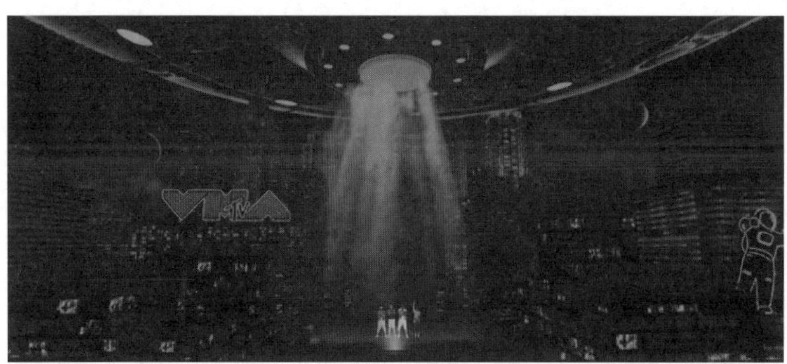

Abb. 164: Oh, gute Aliens. Bitte entführt die Black Eyed Peas und alle anderen, die an dieser Show beteiligt waren

Wenn Sie jemand sind, der Realität und Authentizität schätzt, waren die „VMAs“ 2020 ein Gräuel. Alles an dieser Show war eine Lüge und zeigte gleichzeitig, wie falsch diese Leute sein können.

Es ist zwar klar, dass die Macher der Show sich mit beispiellosen Hygienemaßnahmen befassen mussten, aber sie gingen eindeutig in die schlechteste Richtung. Anstatt sich auf Spaß, Musik und Unterhaltung zu konzentrieren, konzentrierten sie sich auf Angst, Spaltung und unerbittliche Propaganda.

Anstatt Kunst, Freiheit und ein gesundes Maß an jugendlicher Rebellion zu feiern, waren die „VMAs“ 2020 ein bedrückendes und dystopisches Übel, welches extreme Konformität und Unterwerfung unter bestimmte Agenden forderte. Wenn man es nicht besser wüsste, sahen die „VMAs“ wie ein Experiment zur sozialen Demoralisierung aus, das von einer Gruppe von Psychopathen durchgeführt wurde.

Und wer könnte diesen Mist besser fördern als ein Haufen mundtot gemachter, gedankengesteuerter Sklaven der Unterhaltungsindustrie?

Der Hoffnungsschimmer: Niemand kümmert sich mehr um die „VMAs“. Fake-Applaus.[163]

7.2 „One World: Together at Home“ war eine Werbung für die globale Elite und ihre Agenda

„One World: Together at Home“ wurde als virtuelles Konzert angepriesen, das von Lady Gaga organisiert wurde. Aber es war viel mehr als das. Es ging um unzählige Prominente, die bestimmte Botschaften wiederholten und gleichzeitig bestimmte Eliteorganisationen förderten. Hier ist ein Blick auf die wahre Botschaft von „Together at Home“:

„Together at Home“ war mehr als ein „virtuelles Konzert“. Es war eine Machtdemonstration. Es wurde überall ausgestrahlt, auf allen Fernsehsendern und auf allen Streaming-Plattformen. Allein diese Tatsache war ein starkes Indiz für die schiere Macht, die hinter diesem Ereignis steckt. Darüber hinaus war die Liste der Prominenten und mächtigen Leute, die während dieser Veranstaltung auftraten, einfach umwerfend, mit Headlinern wie Lady Gaga, Billie Eilish, Taylor Swift und Celine Dion. Bei dieser Veranstaltung ging es jedoch nicht nur um Musik. Die Musik war da, um Menschen anzulocken. Zwischen den Aufführungen kamen bestimmte Botschaften von einflussreichen Orten.

Denn machen wir uns hier nichts vor: Lady Gaga war das Gesicht des Ereignisses, aber sie war nicht der Motor dahinter. „Together at Home“ war eine massive PR-Kampagne der Weltgesundheitsorganisation (WHO) und des gesamten dahinterstehenden Elitesystems. Lady Gaga wurde an die Spitze dieser Veranstaltung gesetzt, weil ihr Gesicht und ihr Name mehr verkaufen als das Gesicht und der Name von Tedros Adhanom Ghebreyesus, dem Generaldirektor der WHO.

Aus den gleichen Gründen wurden unzählige Prominente angeworben, um bestimmte Botschaften zu übermitteln, da Prominente die besten Mittel sind, um Botschaften von der Elite an die Massen zu übermitteln.

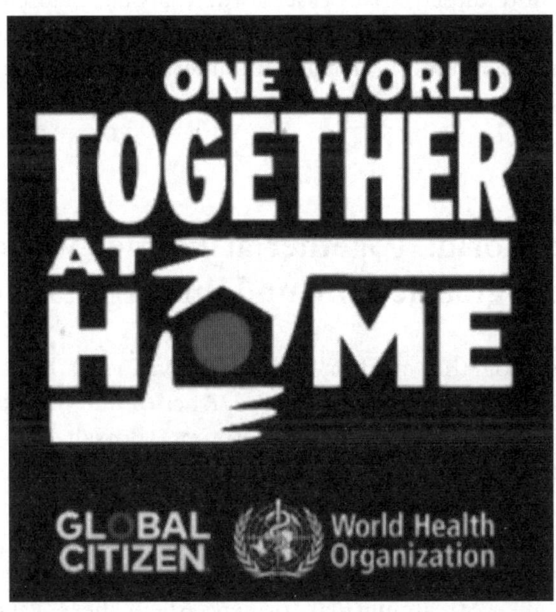

Abb. 165: Das Logo selbst fasst die Botschaft des Ereignisses zusammen: Die Hände der Machthaber halten die Menschen in ihren Häusern fest. Oben: Die Worte „Eine Welt": Ein Aufruf für eine globale Regierung.

Während die Veranstaltung „tröstlich" sein sollte, war es etwas unheimlich zu sehen, wie unzählige Prominente (mit einem etwas distanzierten Gesichtsausdruck) dieselben Slogans wiederholten, dieselben Mantras rezitierten und das Lob derselben mächtigen Organisationen sangen. Hier sind einige der Botschaften, die während der Veranstaltung übermittelt wurden.

Der offensichtlichste (und nervigste) Aspekt von „Together at Home" war die Feier einer „COVID-Kultur". In den letzten Wochen haben die Medien ihr Bestes getan, um eine Welt als normal darzustellen, in der Beschränkung, Isolation und Videokonferenzen die neue Norm sind. Während soziale Distanzierung eine extreme (und sehr vorübergehende) Notfallmaßnahme sein soll, um die Ausbreitung einer tödlichen Krankheit zu verhindern, scheint „Together at Home" sie als langfristige Lebensweise zu fördern.

Und um zu beweisen, dass „es nicht so schlimm ist", wird die Verwendung von Videokonferenzen für alles ständig gefördert. In der traurigen Welt, die in „Together at Home" präsentiert wird, können alle Aspekte des Lebens – einschließlich Kunst, Familie, Geschäft und Bildung – durch Videokonferenzen erfüllt werden. In ihrer neuen Welt hängen menschliche Verbindungen von einer Internetverbindung ab. Vielleicht möchten sie, dass jede menschliche Kommunikation aufgezeichnet und überwacht wird.

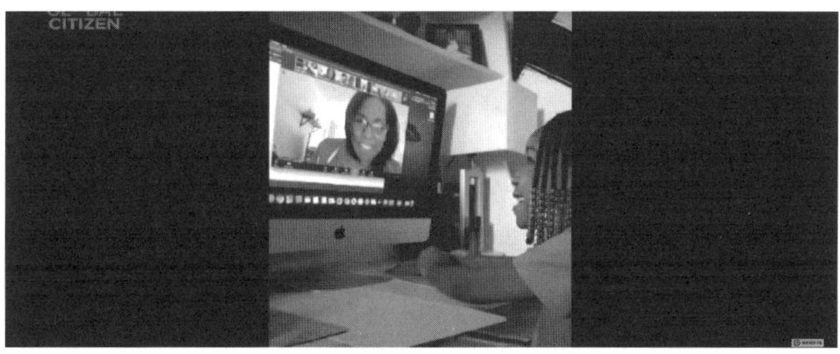

Abb. 166: Das Unterrichten von Kindern über Bildschirme wurde nicht als letzte Notfallmaßnahme dargestellt. In „Together at Home" wurde es als „neue Art der Bildung" definiert.

Das gesamte Konzept, Kindern den menschlichen Kontakt zu nehmen und sie in einer Umgebung aufwachsen zu lassen, in der jeder ein potenzieller Gesundheitsgefährder sein kann, ist ziemlich erschreckend. Während die meisten von uns hoffen, dass die heutigen Kinder diese verrückte Ära, in der wir leben, am Ende vergessen, scheint es, dass „sie" wollen, dass sie sich darin aalen und von ihr geformt werden.

Einige der Nachrichten, die bei „Together at Home" an Kinder gerichtet waren, waren ziemlich verstörend.

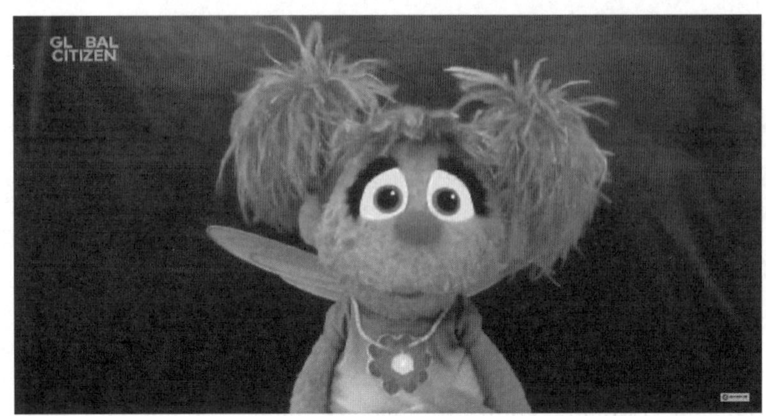

Abb. 167: Abby Cadabby aus der Sesamstraße sprach mit Kindern

Die Puppe sagte:

„Viele von uns haben gerade große Gefühle. Ich weiß, dass es mir so geht. Und das ist in Ordnung. Weil wir alle zusammen dabei sind. Wenn ich große Gefühle bekomme, kann ich mich einfach umarmen. Eine Selbstumarmung."

Dann zeigte Abby Cadabby den Kindern, wie sie sich „umarmen" können, indem sie ihre Arme um sich legen. Das ist nicht tröstlich. Dies ist ein Orwellsches System, das Kindern beibringt, ohne menschlichen Kontakt zu leben.

Bei den musikalischen Darbietungen ging es auch um die Normalisierung des isolierten Lebens. Um zu beweisen, dass durch Videokonferenzen alles erreicht werden kann, kombinierten einige Darbietungen zusammen mehrere Webcam-Übertragungen. Und die Ergebnisse waren ... schrecklich.

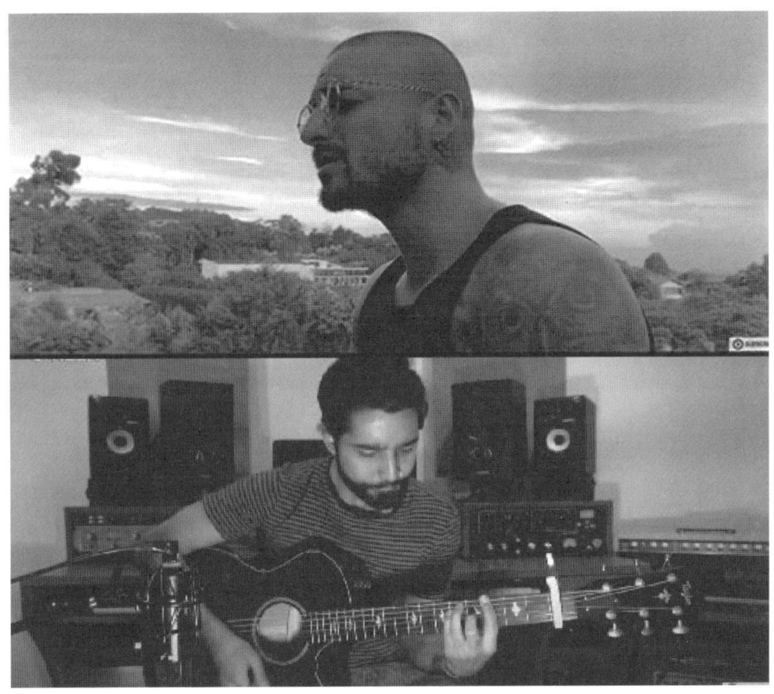

Abb. 168: Bei einem „Auftritt" sang Maluma draußen, während der Gitarrist woanders in einem Keller war

Bei diesen Auftritten hat die Chemie überhaupt nicht gestimmt und es gab keinen Synergieeffekt. Es hatte keine Seele. Jeder Einzelne war vollständig vom anderen getrennt. In gewisser Weise haben diese Auftritte auf perfekte Weise gezeigt, wie wir als Menschen aufgrund von COVID-bezogenen Einschränkungen voneinander getrennt sind. Und genau das wollen sie.

Um diesen Punkt nach Hause rüberzubringen, haben viele Botschaften von Prominenten das Leben im Lockdown geradezu „verherrlicht".

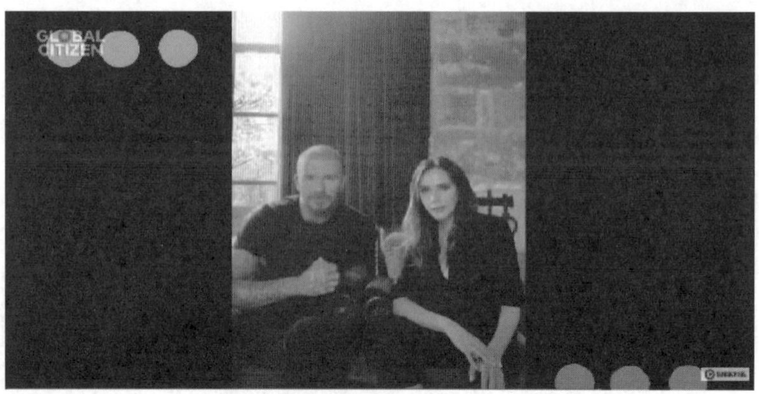

Abb. 169: Eine Botschaft der Beckhams enthielt eine Nachricht, die von mehreren anderen Prominenten wiederholt wurde

David Beckham sagte: *„Wenn diese Situation einen Hoffnungsschimmer hat, dann ist es, dass wir viel Zeit mit unserer Familie verbringen können. Und dafür sind wir dankbar.“*

Genau die gleichen Wörter wurden von anderen Prominenten wie ein Refrain in einem Popsong verwendet. „Wir sind dankbar“. Sie versuchen, dem erzwungenen Lockdown der ganzen Welt etwas Positives abzugewinnen.

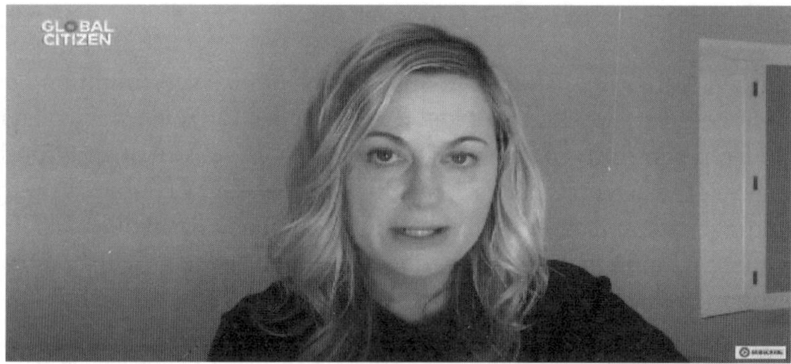

Abb. 170: Andere Prominente wie Amy Poehler, eine US-amerikanische Schauspielerin, Filmproduzentin, Drehbuchautorin, Synchronsprecherin und Komödiantin, sagte, dass die Menschen in Wirklichkeit Glück haben, zu Hause zu sein

Amy Poehler sagte: *„Während die meisten von uns zu Hause geschützt sind, stellen Sie sich vor, Sie hätten diese Option nicht."*

Interessante Tatsache: Die Wörter „Lockdown" und „Einsperrung" wurden während der Sendung nie verwendet. Stattdessen wurde der Ausdruck „zu Hause geschützt" verwendet. Warum? Weil „eingesperrt" Zwang von außen bedeutet, während „geschützt" Wärme und Geborgenheit vermittelt. So weit sind sie bereit, Gedanken und Wahrnehmungen zu manipulieren. Man muss auch die Tatsache lieben, dass Millionäre und Milliardäre hart arbeitenden Bürgern sagen, dass sie zumindest nicht obdachlos sind, während sie in gigantischen Villen oder Wohnungen residieren.

Warum fördern diese Prominenten eine „zu Hause eingesperrte" Lebensweise? Weil diejenigen, die „Together at Home" organisiert haben, aus dieser Situation heraus gedeihen. Je länger es dauert, desto weiter können sie ihre Agenda vorantreiben.

Das Hauptziel von „Together at Home" war es, mächtige Eliteorganisationen wie die WHO und die „Vereinten Nationen", die auf internationaler Ebene – über nationale Grenzen hinaus – arbeiten, in den Mittelpunkt zu stellen. Sie sagen den Menschen: „Wir übernehmen die Verantwortung für diese Situation."

Und „Together at Home" kam zu einem sehr günstigen Zeitpunkt für die WHO, die von mehreren Regierungen wegen ihres seltsamen Umgangs mit der Pandemie unter Beschuss genommen wurde. Der schlimmste Vorwurf: Die WHO hat sich zu Beginn des Ausbruchs tatsächlich gegen Reiseverbote aus China eingesetzt, als er sich auf China hätte beschränken können.

WORLD NEWS FEBRUARY 3, 2020 / 6:33 AM / 3 MONTHS AGO

WHO chief says widespread travel bans not needed to beat China virus

Abb. 171: Eine Schlagzeile von *Reuters* vom 3. Februar 2020: „Laut des WHO-Chefs sind weitreichende Reiseverbote nicht erforderlich, um das China-Virus zu bekämpfen"

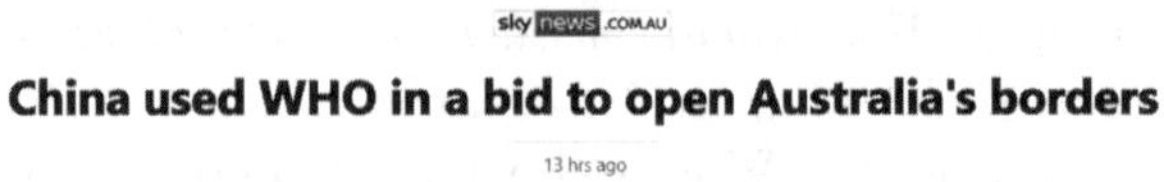

sky news .com.au

China used WHO in a bid to open Australia's borders

13 hrs ago

Abb. 172: Eine aktuelle Schlagzeile von *Sky News* darüber, dass China tatsächlich die WHO nutzte, um die Grenzen Australiens zu öffnen

Nachdem die WHO in Wirklichkeit die Verbreitung des Virus außerhalb Chinas erleichtert hat, nutzt sie nun „Together at Home", um ihre Politik voranzutreiben.

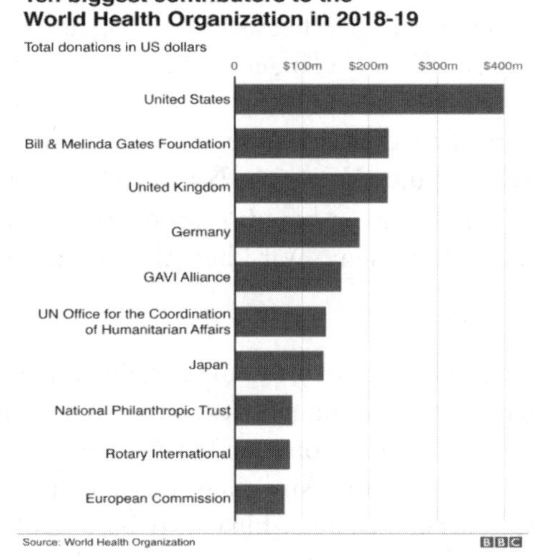

Abb. 173: Aber wer genau ist die WHO? Das sind die zehn größten Beitragszahler.

Da die Vereinigten Staaten kürzlich ihre Zahlungen an die WHO ausgesetzt haben, leistet die Organisation „Bill-und-Melinda-Gates-Stiftung" jetzt den größten Beitrag. Ein weiterer wichtiger Beitragszahler zur WHO ist die „GAVI Alliance" (ehemals „Global Alliance for Vaccines and Immunization").

Beide Organisationen sind auch Teil von „ID2020“, einer Organisation, die sich für die Verwendung von Impfstoffen zur Implementierung eines globalen digitalen ID-Systems mit unsichtbaren Tätowierungen oder Mikrochips einsetzt.

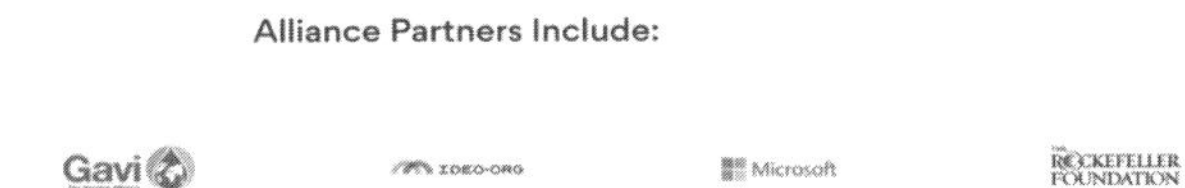

Abb. 174: Dieser Screenshot von der offiziellen Website von „ID2020“ zeigt, dass *Microsoft*, GAVI, die „Rockefeller-Stiftung“ und Bill Gates maßgeblich dazu beigetragen haben. Alle drei Organisationen wurden während „Together at Home“ gelobt.

Natürlich musste Bill Gates ebenfalls bei „Together at Home“ dabei sein. Um ihn vorzustellen, sagte Gastgeber Stephen Colbert: *„Eines der schwierigsten Dinge an unserer gegenwärtigen Geduldsprobe ist, dass wir nicht wissen, wie lange es dauern wird. In Zeiten wie diesen wende ich mich an einen der klügsten Typen, die ich kenne, Bill Gates.“*

Colbert fragt dann Gates, einen Techniker, der keine Qualifikationen im Bereich der öffentlichen Gesundheit besitzt: *„Wie lange werden wir uns mit all dem herumschlagen?“*

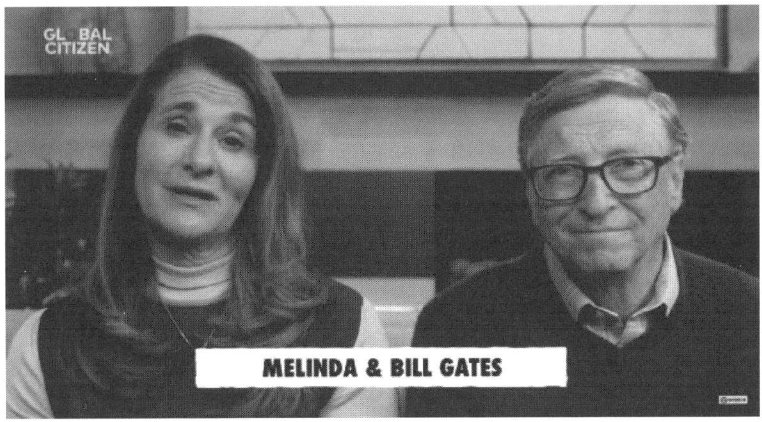

Abb. 175: Bill und Melinda Gates sagen der Welt, wann sie befreit wird

Die Antwort von Bill Gates war: „*Das endgültige Ende wird kommen, wenn wir einen Impfstoff haben, der uns alle schützt, nicht nur in den USA, sondern auf der ganzen Welt. Es gibt viele Impfstoffkandidaten, die wir derzeit unterstützen, und ich bin optimistisch, dass bis Ende nächsten Jahres einer herauskommen wird. Und wir müssen sicherstellen, dass er allen auf der Welt zugänglich ist.*"

Mit anderen Worten: Keine Freiheit ohne Impfstoff. Dieses Thema wird von mehreren Personen während der gesamten Sendung wiederholt.

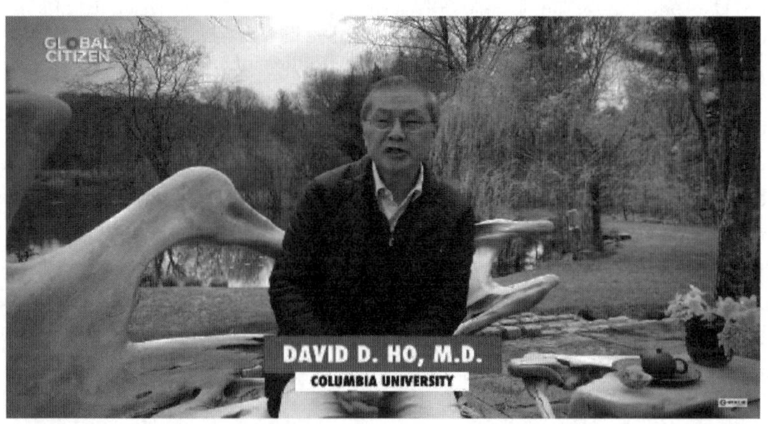

Abb. 176: David D. Ho nutzte seine Glaubwürdigkeit als Arzt, um dieselbe Botschaft zu verbreiten

Dr. Ho sagte: „*Ich habe keinen Zweifel daran, dass sich die Wissenschaft durchsetzen wird. Aber unsere Arbeit wird einige Zeit dauern. Bitte lassen Sie uns diese Zeit. Die Welt muss jetzt geschlossen handeln. Bleiben wir zu Hause, glätten wir die Kurve und geben den Wissenschaftlern die Zeit, Lösungen für diese Pandemie zu entwickeln.*"

Mit anderen Worten: keine Freiheit ohne Impfstoff.

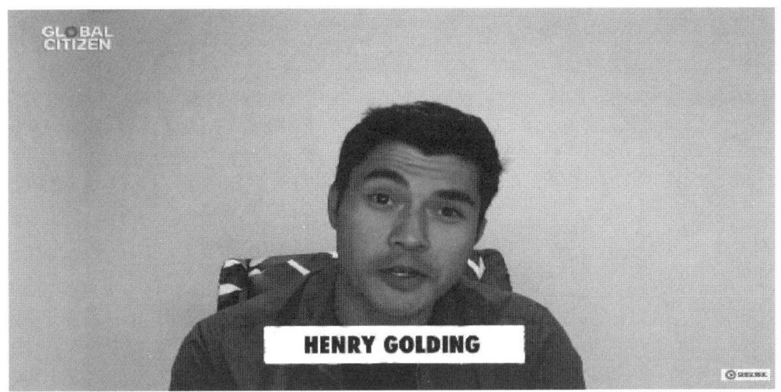

Abb. 177: Schauspieler Henry Golding wurde eingesetzt, um GAVI zu loben. Er sagte: „Sobald der Impfstoff fertig ist, wird GAVI sicherstellen, dass er jedem zur Verfügung steht, der ihn benötigt."

Während der gesamten Veranstaltung waren die Nachrichten so repetitiv und sorgfältig formuliert, dass wir wahrscheinlich ins Fahrwasser der neurolinguistischen Programmierung gerieten.

Während die meisten Botschaften mit dem Dank an die Beschäftigten im Gesundheitswesen begannen (sie müssen mit etwas beginnen, auf das sich alle einigen können), gingen die Botschaften schnell zur subtilen Förderung einer globalen Regierung durch die Verwendung spezifischer Sätze und Formulierungen über.

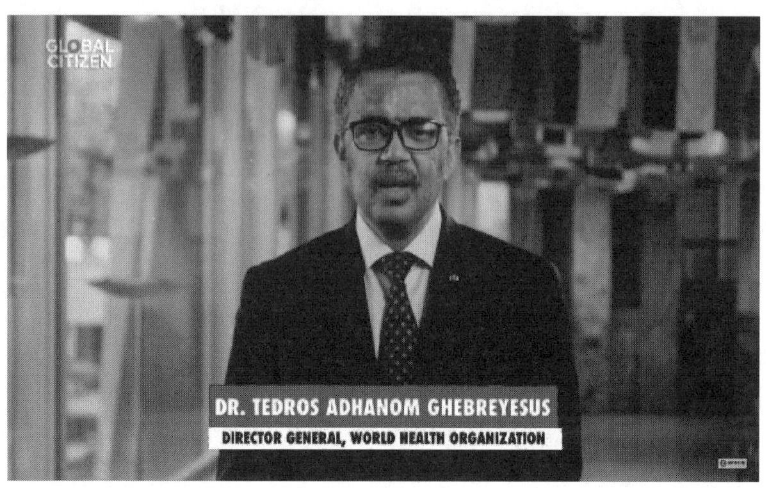

Abb. 178: Der Generaldirektor der WHO ist ebenfalls zu Wort gekommen

Tedros Ghebreyesus sagte: „*Heute sind wir zusammen eins. COVID-19 hat uns so viel genommen, aber es hat uns auch die einmalige Gelegenheit gegeben, unsere Differenzen auszuräumen und Barrieren abzubauen. Ich möchte Lady Gaga, den Vereinten Nationen und meinem Freund Hugh Evans dafür danken, dass er uns als eine Welt zusammengebracht hat, eine Welt zusammen zu Hause.*“(164)

„2017 trat Tedros, wie er sich selbst gerne vorstellt, als erster Afrikaner das Amt des WHO-Chefs an. Der Äthiopier, der sich die Reformierung der Organisation und den erleichterten Zugang zu medizinischer Versorgung für die armen Bevölkerungsgruppen zum Ziel setzte, steht nun nicht nur für seinen China-freundlichen Kurs in der Kritik.

Auch seine dunkle Vergangenheit lässt Sympathien von Seiten des chinesischen Regimes vermuten und Zweifel an seiner Qualifikation aufkommen. Tedros ist ein ehemaliges hochrangiges Mitglied der ‚Volksbefreiungsfront von Tigray‘ (‚Tigray People's Liberation Front‘ / TPLF), einer gewalttätigen revolutionären marxistisch-leninistischen Partei in Äthiopien, die 1991 an die Macht kam.

Diese Organisation, vordergründig für die Selbstbestimmung der Tigray-Ethnie gegründet, wurde in den 1990er Jahren von der amerikanischen Regierung als terroristisch eingestuft und wird in der ‚Global Terrorism Database‘ immer

noch als solches geführt. So verweigerte die TPLF etwa der ethnischen Gruppe der Ambara, da sie der Oppositionspartei zugehörig waren, medizinische Notversorgung. Das dafür verantwortliche Gesundheitsministerium wurde damals von Tedros Adhanom Ghebreyesus geleitet.[165]

Eine Welt plus Barrieren abbauen plus Vereinte Nationen ist summa summarum die Weltregierung. Andere Persönlichkeiten der „Vereinten Nationen" hatten ähnliche Botschaften.

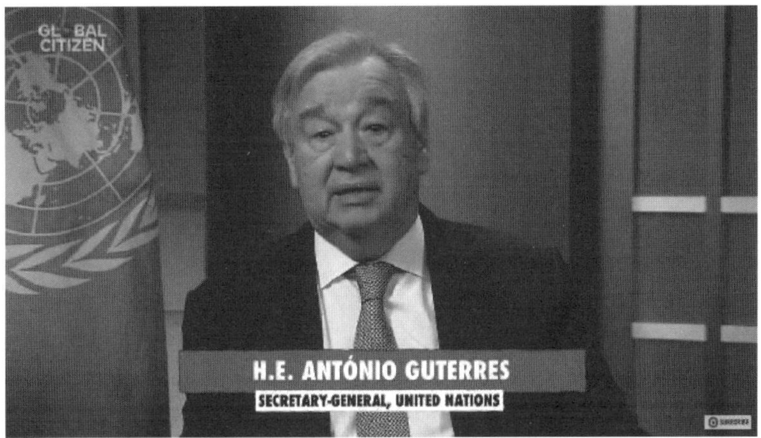

Abb. 179: Der UN-Generalsekretär wandte sich ebenfalls die Welt

Guterres sagte: „*Zusammen werden wir dieses Virus besiegen und wieder eine gerechtere Welt als vereinte Weltbürger und Vereinte Nationen aufbauen.*"

Weltbürger + Vereinte Nationen = Weltregierung.

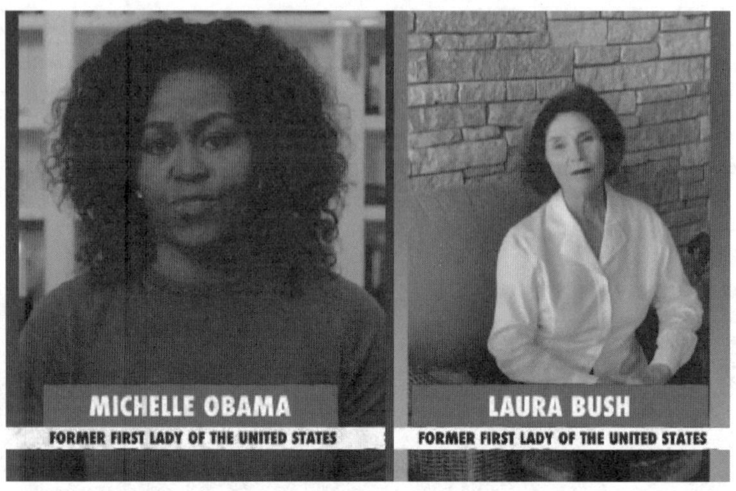

Abb. 180: Michelle Obama und Laura Bush erschienen zusammen mit einer globalistischen Botschaft

Sie sagten: *„Heute Abend stehen wir mit den Menschen auf der Welt zusammen. Die kommenden Tage werden nicht einfach sein, aber unsere globale Familie ist stark."*

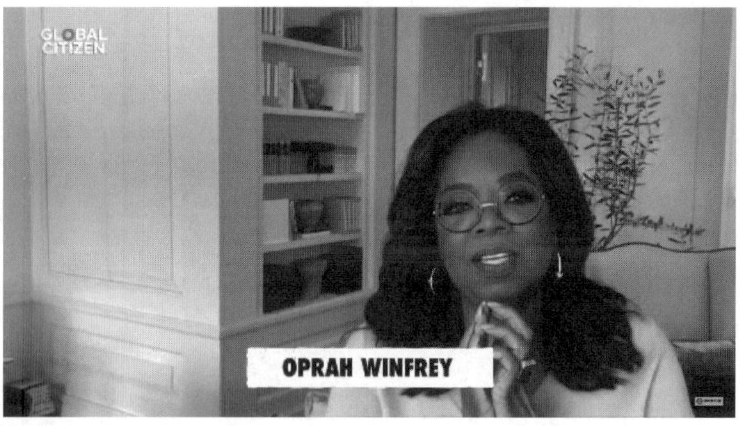

Abb. 181: Natürlich musste auch Oprah Winfrey dabei sein. Und ihre Botschaft stimmte mit allen anderen überein

Winfrey sagte: *„Heute Abend sind wir als eine Welt in unserem Kampf vereint, um die Welt von dieser Krankheit zu befreien."*

Eine Welt. Vereinigt. „Together at Home" sorgte auch dafür, dass die Megakonzerne im Herzen der Elite gründlich verherrlicht wurden.

Förderung von Mega-Unternehmen und -Organisationen: „Together at Home" förderte mehrere Megakonzerne, die eng mit der globalen Elite verbunden sind. Getarnt als „Danke für Ihre Unterstützung"-Nachrichten, verherrlichten diese Werbungen tatsächlich einige der mächtigsten Organisationen der Welt. Sie dominieren nicht nur ihre jeweiligen Branchen vollständig, sondern nehmen auch an Elitetreffen wie den „Bilderberg"-Treffen und dem „Weltwirtschaftsforum" teil, um die globale Politik zu gestalten.

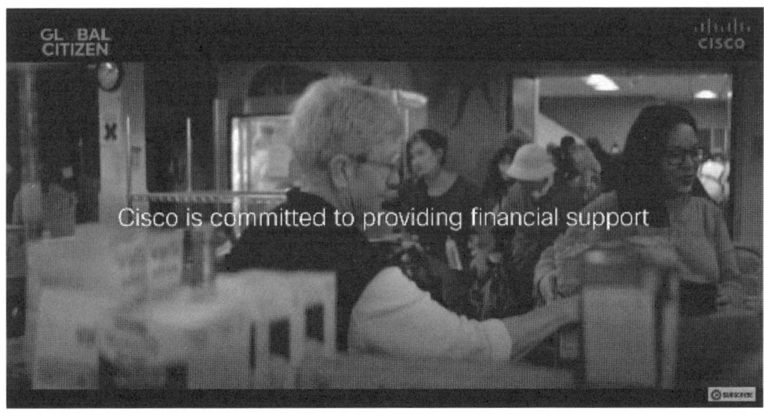

Abb. 182: Eine Werbung für *Cisco* und seine Unterstützung für die WHO

Cisco Systems ist ein riesiges multinationales Konglomerat, das das Internet und die Technologie, wie wir sie heute kennen, geprägt hat. In den letzten Jahren wurde *Cisco* beschuldigt, China und Indien dabei geholfen zu haben, das Internet zu zensieren und der NSA durch die Hintertür Zugriff auf ihre Firewalls zu gewähren.

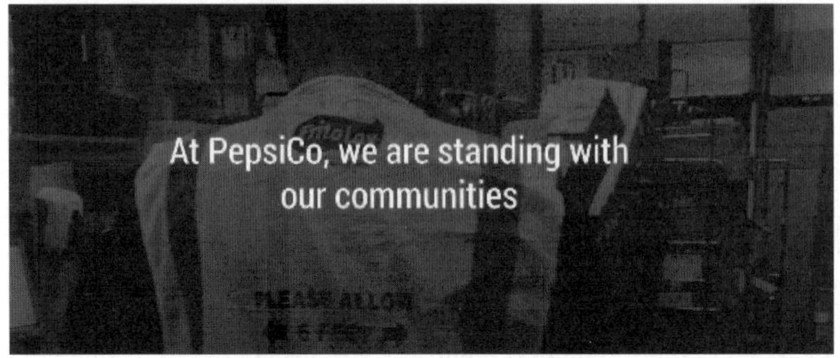

Abb. 183: Eine *PepsiCo*-Werbung

PepsiCo ist ein Mega-Unternehmen, das eine lange Liste von Marken und Restaurantketten besitzt. Kurz gesagt, es ist eines der wenigen Unternehmen, die die Welt heute mit verarbeiteten Lebensmitteln versorgen. Hier ist eine Infografik:

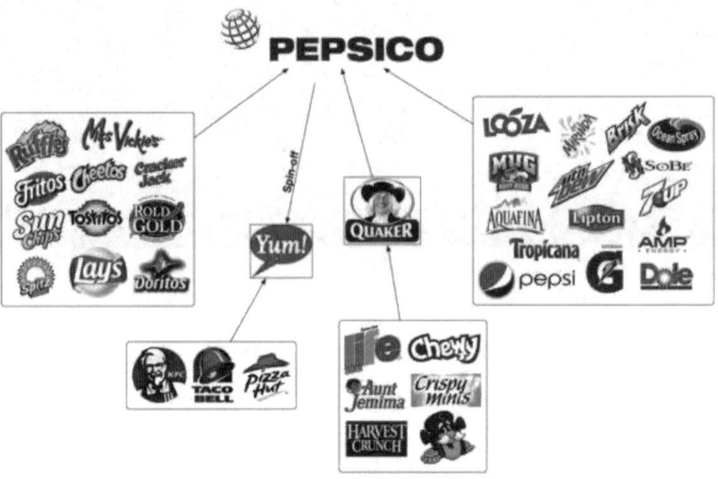

Abb. 184: Einige der Marken von *PepsiCo*

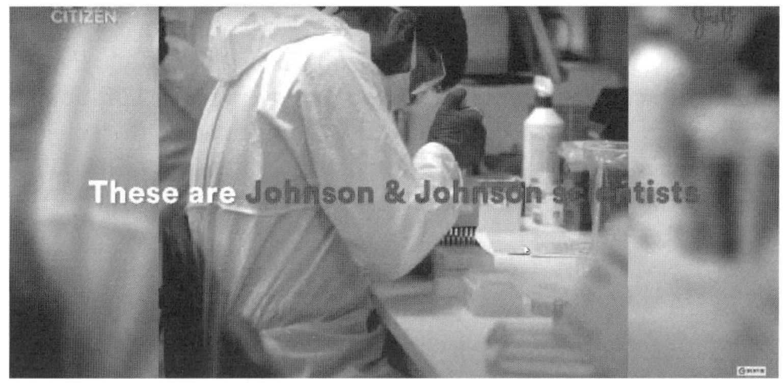

Abb. 185: Eine Werbung für *Johnson & Johnson*

Johnson & Johnson besitzt eine lange Liste von Pharma- und Verbrauchermarken, darunter *Band-Aid*, *Tylenol*, *Johnson's Baby*-Produkte, *Neutrogena*, *Clean & Clear* und *Acuvue*. Derzeit wird ein Impfstoff gegen COVID-19 entwickelt.

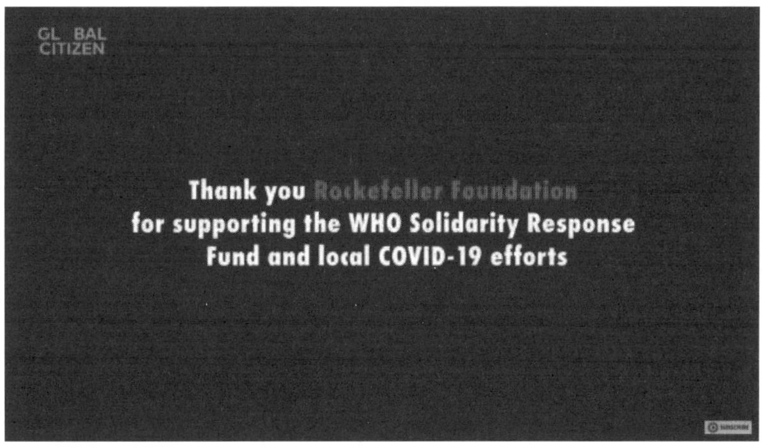

Abb.186: Eine Werbung für die „Rockefeller-Stiftung"

Die „Rockefeller-Stiftung" wurde von John D. Rockefeller Sr. gegründet und prägte die Welt, wie wir sie kennen. Über ein Jahrhundert lang finanzierte die Stiftung eine Reihe mächtiger Organisationen wie den CFR und half dabei, ganze Studienbereiche wie Sozialwissenschaften, Psychiatrie, Kommunikation und Eugenik (jawohl) voranzutreiben. Es würde ein ganzes Buch füllen, um die tiefgreifenden Auswirkungen der „Rockefeller-Stiftung" auf die heutige Gesellschaft zu erklären. Ein einziges Zitat aus David Rockefellers Buch „Erinnerungen eines Weltbankiers" trifft jedoch direkt den Kern des Ganzen.(166)

„Für mehr als ein Jahrzehnt hatten ideologische Extremisten an beiden Enden des politischen Spektrums jeden jemals veröffentlichten Zwischenfall (...) genutzt, um die Rockefeller-Familie zu kritisieren, weil wir angeblich übermäßigen Einfluss auf politische und wirtschaftliche Institutionen in Amerika nehmen würden. Einige glauben sogar, wir seien Teil einer geheimen Verschwörung, die gegen die Interessen der Vereinigten Staaten opponiere, charakterisieren meine Familie und mich als «Internationalisten» und werfen uns vor, wir konspirierten mit anderen auf der ganzen Welt, um eine neue ganzheitlichere globale politische und wirtschaftliche Struktur aufzubauen – eine neue Welt, wenn Sie so wollen. Wenn das die Anklage ist, bekenne ich mich gern schuldig und ich bin stolz darauf."(167)

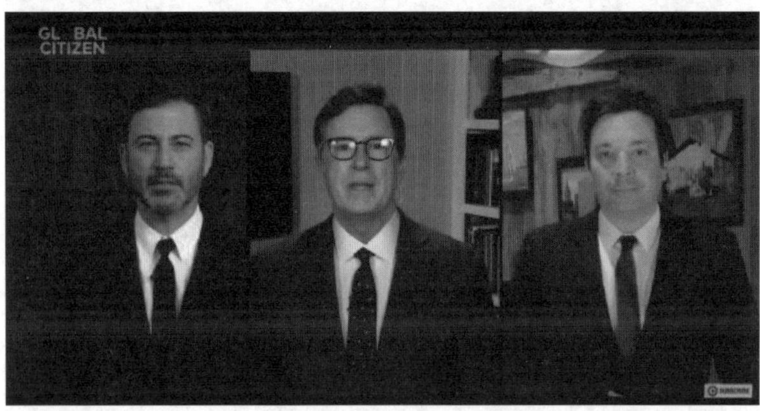

Abb. 187: Bei mehreren Gelegenheiten wurden Late-Show-Gastgeber verwendet, um verschiedene Organisationen zu loben. Es war ein trauriger Anblick. Von links nach rechts: Jimmy Kimmel, Stephen Colbert und Jimmy Fallon.

In einem Sketch dankte Jimmy Kimmel *Apple* für seine großzügige Spende an die WHO. Er dankte *Apple* auch dafür, dass er „im letzten Monat auf die Kinder aufpasste". Während dies als Witz gedacht war, wollen sie unsere Kinder tatsächlich durch ihre Bildschirme erziehen.

Später dankte Jimmy Fallon „Bloomberg Philanthropies" und Mike Bloomberg – dem Elite-Milliardär, der ein Medienkonglomerat besitzt. Kurz gesagt, diese ganze Sache war eine schamlose Werbung für die globale Elite.

„One World: Together at Home" brachte das Publikum mit Billie Eilish, Taylor Swift und Lady Gaga zusammen. Aber es war viel mehr als ein Konzert. Es war die globale Elite, die ihren hässlichen Kopf aufrichtete und mit ihren Promi-Marionetten ihr Loblied sang. Es ging auch darum, dass Prominente den Massen sagten, sie sollten ihr zu Hause eingesperrtes (sorry, ich meinte natürlich „zu Hause geschütztes") Leben und eine „neue Normalität" akzeptieren.

Es ging auch darum, dass Organisationen wie die WHO in dieser Krise im Mittelpunkt standen und ihren Beitragszahlern wie der „Bill-und-Melinda-Gates-Stiftung" die Erlangung von Autoritätspositionen ermöglichten.

Was ist mit demokratisch gewählten Amtsträgern? Wo waren sie? Sie haben einfach keinen Platz in ihrer „Einen Welt". Wenn Sie das verärgert, denken Sie daran, dass Sie sich immer noch selbst umarmen können.[(168)]

Der Buchautor und Blogbetreiber Guido Grandt schreibt auf seiner Webseite: *„Bevor Kritiker den nachfolgenden Text in das Reich der Verschwörungstheorien verbannen, sollten sie hinsichtlich einer längst geforderten ‚Weltregierung' (in Zeiten der Corona-Pandemie) Folgendes wissen:*

Der ‚Spiegel'-Korrespondent Bernhard Zand fordert Mitte März 2020 ganz offen in einer Analyse (‚Jeder gegen jeden, globale Edition') sogar eine ‚Weltregierung!' Nein, nicht Verschwörungstheoretiker sprechen davon, sondern ein Vertreter eines der Leitmedien des Mainstreams!

Konkret schrieb Zand dazu: ‚Falls es der Klimawandel und die Migrationstragödien der letzten Jahre noch nicht bewiesen haben – Covid-19 beweist es uns jetzt von Tag zu Tag: Krisen wie diese bräuchten eine Art Weltregierung – so vorläufig und unvollkommen sie unter dem Druck der sich überschlagenden Ereignisse auch sein mag.'"[(169)]

Aber auch Politiker fordern eine solche ,Weltregierung', wie etwa der ehemalige britische Premierminister Gordon Brown.

Die ,Deutschen Wirtschaftsnachrichten' schreiben dazu: ,Der ehemalige britische Premierminister Gordon Brown hat die Staats- und Regierungschefs der Welt aufgefordert, eine ,vorübergehende' Form der Weltregierung zu schaffen, um die durch die Covid-19-Pandemie verursachten medizinischen und wirtschaftlichen Krisen zu bewältigen, berichtet der ,Guardian'. Brown sagte, es sei eine ,Taskforce' erforderlich, welche aus führenden Politikern, Gesundheitsexperten und internationalen Organisationen wie der ,Weltbank', dem ,Internationalen Währungsfonds' und der ,UN' bestünden. Zudem bräuchten die ,Weltbank' und der ,IWF' mehr ,finanzielle Feuerkraft'."

„Wir erinnern uns daran: Gerade während der Finanzkrise 2008 war es Brown, der die Staatschefs dazu überredete, das Bankensystem mithilfe von Steuergeldern zu retten!

Übrigens: Auch der ,Internationale Währungsfonds' (,IWF') mahnte Mitte März eine ,verstärkte globale Kooperation' an. Und zwar in drei Schritten:

- *fiskalische Stimulierungen durch Regierungen*
- *mehr Absprachen in der Geldpolitik*
- *effektivere Aufsicht*

,All diese Dinge – monetär, fiskalisch und regulativ – sind am effektivsten, wenn sie gemeinsam getan werden', heißt es in dem Aufruf." (170)

„Aufgrund der Corona-Pandemie sind wir auf dem Weg, der eigentlich Verschwörungstheoretikern in die Schuhe geschoben wird: Zur ,Weltregierung!' Und nun hat sich die Elite auf dem Weg dahin selbst entlarvt! Noch einmal:

Wer das alles in eine krude Verschwörungsecke lancieren will, der sollte diese Fakten widerlegen. Vor allem aber auch Personen (wie etwa den ehemaligen britischen Premier Gordon Brown), Medien (wie etwa den ,Spiegel') oder Organisationen (wie etwa den ,IWF'), die längst schon eines fordern:

Eine Weltregierung! ONE WORLD."(171)

7.3 Madonna mit bizarren Badewannen-Coronavirus-Video, satanischem T-Shirt an Ostern und Spendenaufruf für Bill Gates

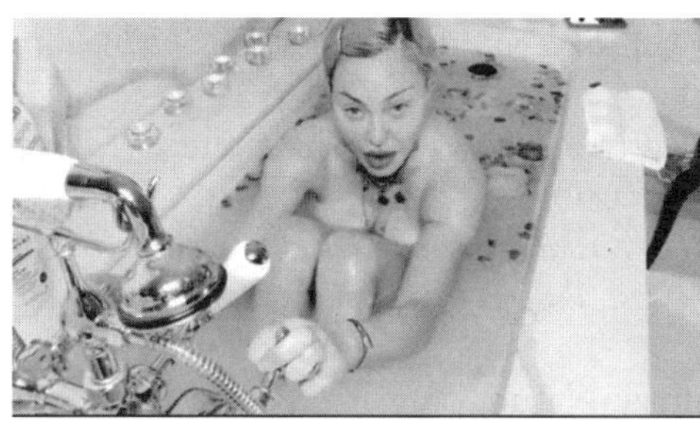
Abb. 188: Die von Rosenblättern umgebene Madonna in einer exhibitionistischen Situation

Mitten in ihrem morgendlichen Bad am Sonntag reihte sich Madonna als nächstes in die ständig länger werdende Liste von Prominenten und Musikern ein, die ihre Gedanken über die neuartige Coronavirus-Krankheit COVID-19 mitteilt.

Richtig, am 22. März 2020 ging die „Like a Virgin"-Sängerin auf *Instagram* online und erzählte ihr eigenes minutenlange Narrativ über das sich schnell ausbreitende Virus. Das Video wurde bequem von ihrer Badewanne aus aufgenommen und zeigte die Illuminati-Marionette vollkommen nackt, umgeben von einer Menge roter Rosenblätter. Das „Internationale Freimaurer-Lexikon"[(172)] schreibt über die Rose:

„Im freimaurerischen Ritual spielt die Rose als Symbol der Schönheit, vor allem aber als Sinnbild der Sehnsucht des Menschen nach einem neuen höheren Leben, sowohl beim Johannisfest als auch bei der Grablegung eines Bruders (dem drei Rosen ins Grab mitgegeben werden) eine große Rolle.

Schon in den Initiationsriten der Alten, z.B. der Isis-Weihe, erfolgte in Graden, die das Erlebnis der Neugeburt des Menschen aus halb tierischem Dasein zum Inhalt hatten, diese Wandlung durch die mystische Kraft der Rose. Diese war in Ägypten und Griechenland aber auch das Symbol der Verschwiegenheit. Was die Eingeweihten, mit der Rose geschmückt (subrosa), als Geheimnis erfahren hatten, sollten sie unverbrüchlich verschweigen.

Als Symbol der Schönheit und der Liebe war die Rose bei den Griechen das Attribut der Aphrodite; mit der Rose versinnbildlichen die ältesten Mariengleichnisse Maria als die schönste der Jungfrauen. Mit einer Rose aus Erz und Stein krönten die Bauleute des Mittelalters den Bau zum Zeichen der

Vollkommenheit. Besonders in der deutschen Freimaurerei ist die Rose ein beliebtes kultisches Ausdrucksmittel."

„*Das ist die Sache mit COVID-19*", begann Madonna in dem bizarren Video. „*Es ist egal, wie reich du bist, wie berühmt du bist, wie lustig du bist, wie klug du bist, wo du lebst, wie alt du bist, welche erstaunlichen Geschichten du erzählen kannst*", sagte sie.

Die 61-Jährige nannte es „*den großen Ausgleich*" und behauptete: „*Was daran schrecklich ist, ist, was daran großartig ist.*"

„*Was schrecklich daran ist, ist, dass es uns alle in vielerlei Hinsicht gleich gemacht hat, und das Wunderbare daran ist, dass es uns alle in vielerlei Hinsicht gleich gemacht hat*", fügte sie hinzu.

In Bezug auf ihre Hit-Single „Human Nature" aus dem Jahr 1994 schloss Madonna: „*Wie ich jeden Abend sagte: ‚Wir sitzen alle im selben Boot, und wenn das Schiff untergeht, gehen wir alle zusammen unter.*'"

Dass wirklich alle im selben Boot sitzen klingt ziemlich realitätsfern und scheinbar naiv, doch dies versinnbildlicht wieder die globalistische Agenda, der normalen Bevölkerung den Lockdown und die Ausgangssperren schmackhaft zu machen – in Madonnas Fall, mit dem Rosenbad nahezu romantisch darzustellen, obgleich Madonna und all die anderen sogenannten Stars in gigantischen Stadthäusern und Villen schwelgen, wie z.B. in New York, Los Angeles, Paris und London, oder auch der Bundesgesundheitsminister Jens Spahn in seiner mitten in der Corona-Krise neu bezogenen Berliner Luxusvilla, während der Otto-Normal-Verbraucher in kleinen Wohnungen und Reihenhäusern eingepfercht die Corona-Krise ertragen muss, sofern er durch die Krise überhaupt noch eine hat.

Nicht umsonst hat das schräge Video Menschen auf *Twitter* zu kritischen Kommentaren veranlasst, hier einige Kostproben:

@Tim_A_Roberts: „*In 100 Jahren werden Kinder Museen besuchen und etwas über die große Corona-Krise erfahren – der Höhepunkt der Ausstellung wird Madonnas Leiche sein, die in diesem Bad verrottet.*"

@LinderShowMiami: „*Ich habe Madonna immer als talentierte Trendsetterin und führend in der Musikindustrie respektiert, aber ihr Badevideo zum Thema Coronavirus war das Dümmste, dem sie jemals ihren Namen gegeben*

hat. Die Philosophie kann jetzt direkt zur Hölle gehen. Konzentrieren wir uns darauf, als Welt gesünder zu werden."

@alexisthom33: „Madonna sagt, das Coronavirus sei der ‚große Ausgleich', also der tönende Tod. Ja, jeder, egal welchen Alters oder welcher ethnischen Zugehörigkeit, kann es bekommen. Was in aller Welt ist gleich an der Betreuung, die wir erhalten, im Vergleich zu der von Prominenten? Wahnsinn.

@ExDemLatina: „Warum quälst du uns mit diesen Videos?"

Die visuelle Qual der Zuseher und die pure Berechnung der Darbietung zeigen wiederholt die verborgene Mission hinter all den Aktionen Madonnas, der Hohepriesterin der Musikindustrie, immer im Auftrag der Eliten.

Madonnas *Instagram*-Account war später erneut zu einer Quelle von Kontroversen geworden. Am 3. April 2020 startete die Sängerin eine Spendenaktion für die „Bill-und-Melinda-Gates-Stiftung", in dem Video trägt sie ein T-Shirt mit Satan anstelle von Jesus am Kreuz.[173]

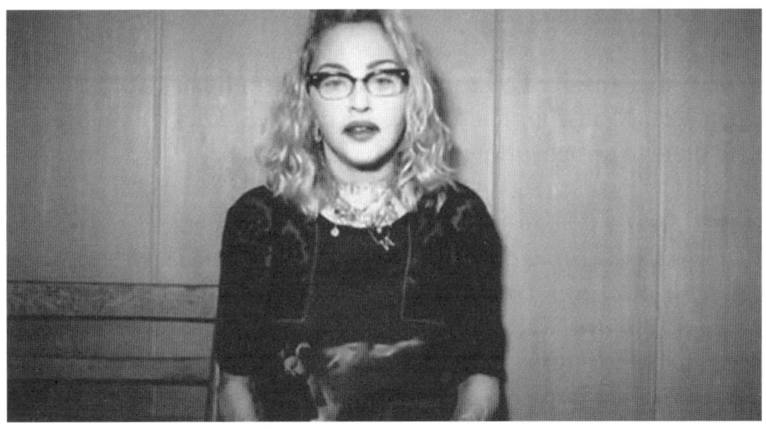

Abb. 189: Madonna mit einem Satan auf dem T-Shirt

Erst drei Wochen zuvor kündigten die „Bill-und-Melinda-Gates-Stiftung", der „Wellcome Trust" und *Mastercard* die Einführung des sogenannten „COVID-19 Therapeutics Accelerator" an, eines 125-Millionen-Dollar-Fonds zur Bekämpfung der Wuhan-Virus-Pandemie.

Am 3. April 2020 kündigten die „Bill-und-Melinda-Gates-Stiftung", sowie drei weitere Partner in diesem Projekt an, das mit dem zukünftigen „Mal des Tieres", der britischen Regierung, der „Chan / Zuckerberg-Initiative (CZI)" alias *Facebook* und der Illuminati-Sängerin Madonna verbunden ist, die seit jeher ein Sprachrohr für die globalistische Elite ist.

Madonnas Gotteslästerung blieb jedoch nicht unbemerkt. Don Aldo Buonaiuto, Leiter des Anti-Sekten-Dienstes der Gemeinschaft von Papst Johannes XXIII., sagte, dass Madonna *„den Glauben mit einer anstößigen Handlung gegen die vielen unschuldigen Opfer, die dieses Ostern vom Coronavirus gekreuzigt wurden, instrumentalisiert und beleidigt."*

Der Anthropologe und Dämonologe Don Aldo Buonaiuto gilt als einer der führenden italienischen Experten für das Phänomen okkulter Sekten und wird von Strafverfolgungsbehörden aus Italien und anderen europäischen Ländern konsultiert.

Denken Sie daran, dass Madonna erst 2019 den Aufstieg des Antichristen in ihrer bislang ungewöhnlichsten Darbietung feierte, die ihre Treue zum Prinzen der Dunkelheit während einer „Eurovision Song Contest"-Show im Mai 2019 in Israel zeigte.

Der Illuminati-Insider Leo Zagami hat in seinem Buch „Confessions of an Illuminati Vol. 4" ausführlich darüber gesprochen. Dies ist eine spezifische Passage von großer Bedeutung:

„Denken Sie daran, dass dies nicht in Hollywood, sondern in Israel geschehen ist, da die ‚Israel Broadcasting Authority' (IBA) Mitglied der sozialistischen ‚European Broadcasting Union' ist, die für die Veranstaltung verantwortlich ist. Israel gewann den Wettbewerb viermal und war 1979 und 1999 zweimal Gastgeber des Wettbewerbs in Jerusalem."

Diesmal war das Szenario jedoch etwas anders, da Madonnas Leistung weitaus unheimlicher war als erwartet, in diesen für die Menschheit entscheidenden Zeiten, angesichts der Tatsache, dass Israel das Land ist, in dem die biblische Prophezeiung ihren Ursprung hat und der Antichrist regieren soll, und in dem nicht zuletzt die Schlacht von Armageddon während der Wiederkunft Jesu Christi ausgetragen wird.

Die CZI wird dem „COVID-19 Therapeutics Accelerator" 20 Millionen US-Dollar zur Verfügung stellen, weitere 5 Millionen US-Dollar stehen zur

Verfügung, basierend auf möglichen zukünftigen Anforderungen. Mittlerweile wurde die Höhe der Spenden von Madonna am 4. April 2020 in der britischen Zeitung *The Independent*[174] mit 1 Million US-Dollar beziffert, und die britische Regierung stellt 44 Millionen Euro bereit[175], um an der Propaganda der Gates-Initiative teilzunehmen.

In der Zwischenzeit unterstützt der frühere *Microsoft*-Geschäftsführer Bill Gates einen neuen Orwellschen-Plan in Höhe von 1 Mrd. US-Dollar, um den Planeten mit Videoüberwachungssatelliten zu überziehen. Alles scheint bereit für die Herrschaft des Antichristen zu sein, und Madonna dient ihm gut.[176]

„Das Startup ‚EarthNow' plant die Einführung von 500 Satelliten, um die Atmosphäre der Erde in der ‚Big Brother'-Echtzeit-Videoüberwachung abzudecken. Neben Gates unterstützen der ‚SoftBank'-CEO Masayoshi Son und der Luftfahrtkonzern ‚Airbus' das Projekt. Der Preis des Projekts könnte sich auf 1 Mrd. US-Dollar belaufen, obwohl der Wert der Investition durch die Unternehmen nicht bekannt gegeben wurde. Das Startup plant, eine Armee von Satelliten in der Umlaufbahn zu benutzen, die jeweils rund 225 Pfund (ca. 100 Kilogramm) wiegen, und ihre Kameras 24 Stunden am Tag auf die Erde gerichtet lassen. Es wird eine Analyse der Bilder an Bord geben, bis zu welchem Grad ist aber jetzt noch nicht klar."

Der Geopolitik-Analyst Pepe Escobar schrieb ein überzeugendes Argument dafür, dass das Coronavirus, das die Welt in Richtung einer neuen Weltwirtschaftskrise treibt, *„als Deckmantel für das Aufkommen eines neuen digitalen Finanzsystems verwendet wird. Ein Zwangsimpfstoff mit Nanochip, der eine vollständige, individuelle, digitale Identität schafft."*

Als ein mögliches Zukunftsszenario stellte sich Escobar Folgendes vor: *„Cluster von intelligenten Städten, die durch KI verbunden sind, wobei die Menschen Vollzeit überwacht werden und mit einer einheitlichen digitalen Währung das tun, was sie müssen."*[177]

Diese Befürchtungen gewannen an Bedeutung, als Bill Gates sich zu einem atemberaubenden Interview mit „CBS This Morning" zusammensetzte.[178]

Gates sagte dem Gastgeber Anthony Mason, dass Massenversammlungen im Zeitalter des Coronavirus möglicherweise verboten werden müssen, bis ein umfassendes Impfprogramm verabschiedet wird.

„Aktivitäten wie Schulunterricht haben einen solchen Nutzen und können so durchgeführt werden, dass das Übertragungsrisiko sehr gering ist, und solche

Aktivitäten wie Massenversammlungen sind in gewissem Sinne optionaler. Und so werden diese (Aktivitäten) möglicherweise erst wieder zurückkehren, wenn Sie weitgehend geimpft sind.“

Laut Gates würde alles, was als „Massenversammlung“ definiert werden könnte – von Zuschauern, die für ein Sportereignis in ein Stadion gepackt wurden, bis zu Demonstrationen auf offener Straße – ohne Impfstoff als Akt des zivilen Ungehorsams angesehen.

Wenig überraschend wählte Gates das Konzept der „Massenversammlung“, um uns alle dranzukriegen. Was ist eine moderne demokratische Gesellschaft, wenn nicht ein großes Massenereignis nach dem anderen?

In der Tat, da niemand das nächste große Ereignis verpassen möchte, würden sich Millionen von Menschen vorhersehbarweise kilometerweit anstellen, um ihre von Gates unterstützte Impfung zu erhalten, selbst wenn sie in diesem Fall diese Tracking-Technologien beinhaltet.

Es scheint, dass die Elite stark auf die Entwicklung eines Impfstoffs zur ID-Verfolgung setzt, der alle Rassen und Institutionen unter einem großen, glücklichen Dach zusammenbringt, aber sie werden eindeutig weiterhin in ihrem eigenen, eingezäunten Viertel in dieser einen Weltregierung leben.

Ob sie mit dem Erhalt der Impfmarke einen „Sonderpass“ erhalten oder nicht, ist eine andere Frage.

Zumindest können die Willigen mit dem „Mal des Tieres“ ein satanisches Konzert von Madonna besuchen.

Oder wie es der ARD-Chefredakteur Rainald Becker ausdrückte: *„Der Status quo ante, also zurück zur alten Normalität, ist vielen Wirrköpfen, die sich im Netz unter ‚Widerstand 2020‘ und anderen Namen tummeln, nachgerade ein Herzensanliegen. All diesen Spinnern und Corona-Kritikern sei gesagt: Es wird keine Normalität mehr geben, wie vorher. Madonna, Robert de Niro und rund 200 andere Künstler und Wissenschaftler fordern zurecht, nach der Corona-Krise Lebensstil, Konsumverhalten und Wirtschaft grundlegend zu verändern.“*[179]

Fazit

Ein Künstler, der seine rebellische Haltung und Spontanität verliert, ist tot.

(Madonna)

Es ist sehr aufschlussreich, wenn der ARD-Chefredakteur Rainald Becker ausgerechnet Namen wie Madonna und Robert De Niro als herausragende Beispiele anführt, um die Zuschauer davon zu überzeugen, dass es keine Rückkehr zur alten Normalität mehr geben dürfe, da dies impliziert, dass eine neue Normalität (im Sinne einer Neuen Weltordnung) nötig sei, indem sie als Vermittler zwischen den Vorgaben der Eliten und der Bevölkerung dargestellt werden.

Doch wie glaubwürdig können solche millionenschweren Pop- und Hollywood-Stars wirklich eine Veränderung des Lebensstils, Konsumverhaltens und der Wirtschaft repräsentieren, wenn dies insbesondere mit Einschränkungen einher gehen soll? Was wir derzeit bei Politik, Medien und Stars der Unterhaltungsindustrie beobachten, lässt sich in Wirklichkeit vielmehr mit dem Motto „Wasser predigen und Wein saufen" beschreiben.

Tatsächlich zeigt sich in der jetzigen Situation, dass die Eliten unter dem Deckmantel der selbst erschaffenen Coronakrise mit Hochdruck die Etablierung einer Zwei-Klassen-Gesellschaft vorantreiben, wie sie im Fritz Lang-Film *Metropolis* dargestellt und in „Der Hollywood-Code" detailliert analysiert wird. Bezeichnenderweise bezieht sich Madonna im Video zu „Like a Prayer" selbst darauf, indem sie eine Szene nachstellt, die bewusst an die Darstellung der biblischen Hure Babylon angelehnt ist. Damit entlarven sich Popstars wie Madonna als von Politik und Medien gefeierte Marionetten eines unterdrückerischen Systems, das auch als „Babylon-System" bezeichnet wird, und deren rebellische Haltung rein oberflächlicher Natur ist, da sie in Wirklichkeit wichtige Stützen desselben sind.

Selbstverständlich gäbe es vieles zu verändern und zu verbessern, was mit der sog. „alten Normalität" in Verbindung gebracht wird, aber sind es nicht gerade jene, die im lautesten eine „neue Normalität" propagieren, die am meisten für die Probleme verantwortlich sind, die sie jetzt zu bekämpfen vorgeben? Änderungen unseres Lebensstils und Einschränkungen unseres

Konsumverhaltens können durchaus sinnvoll sein, aber schließen sich die Eliten aus Politik, Wirtschaft, Medien und Unterhaltungsindustrie wirklich ein, wenn sie dabei von „uns“ sprechen?

Wie sehr Eliten und Popstars bei ihren Forderungen Hand in Hand gehen und dabei vollkommen unglaubwürdig als Vorbilder für die breite Bevölkerung sind, lässt sich, wie bereits erwähnt, auch am Beispiel John Lennons erkennen, der in „Imagine“ davon träumt, dass es keine Besitztümer gibt, jedoch seiner Witwe Yoko Ono ein großes Vermögen vererbt hat, das diese wiederum dazu nutzt, um dem als Gegner der Corona-Maßnahmen bekannten Youtuber Heiko Schrang eine Klage anzudrohen, der aufgrund seiner Verehrung für John Lennon ein Foto von ihm in seinen Videos verwendete. Gleichwohl sagt Schrang selbst, dass Ono wohl von seinen Gegnern selbst nur benutzt wurde, um ihn – so wie er es empfindet – auf diese Weise zum Schweigen zu bringen.[(180)]

Und diese Vorgehensweise deckt sich auf frappierende Weise mit dem Vorgehen eines Jens Spahn, der Youtubern verbieten will, den wahren Kaufpreis seiner Luxusvilla zu erwähnen, der bereits von *Business Insider* öffentlich gemacht wurde.[(181)]

Außerdem ist es bemerkenswert, wie sehr Lennons Wunschtraum nach einer Welt ohne Besitztümer auch mit einer „Vorhersage für die Welt im Jahr 2030“ des Weltwirtschaftsforums (WEF) übereinstimmt, in der es heißt: „Sie werden nichts besitzen. Und Sie werden glücklich sein.“[(182)]

Abgesehen davon, dass es sich bei dieser „Vorhersage“ offensichtlich um eine Agenda handelt, deren Verwirklichung bereits seit Jahrzehnten, wenn nicht gar Jahrhunderten, angestrebt wird, und vollkommen undemokratisch ist, sollen wir wirklich glauben, dass dies Leute wie der WEF-Gründer und Bilderberger Klaus Schwab, oder auch Milliardäre wie Bill Gates, Jeff Bezos und andere miteinschließt, die massiv von der Coronakrise profitieren, die nun als Chance für den „großen Neustart“ gepriesen wird?

Haben sie deswegen beinahe alles dafür getan, ihr gigantisches Vermögen mit dubiosen Praktiken anzuhäufen und in Steueroasen in Sicherheit vor dem Zugriff der Finanzämter zu bringen, um am Ende alles nur für gemeinnützige Zwecke auszugeben oder gleich komplett darauf zu verzichten?

Selbiges gilt in ähnlicher Weise übrigens für millionenschwere „Gutmenschen"-Popstars wie Bono und Bob Geldof bzw.[183] deren Verstrickung mit den Eliten, die in einer Fortsetzung dieses Buches eingehender analysiert werden soll.

Des Weiteren ist übrigens eine detaillierte Analyse von aktuellen Megastars der Pop- und Rap-Musik aufgegriffenen Illuminati-, MKULTRA- und Satanismus-Symbolik in einem zweiten Buch geplant, um dabei aufzuzeigen, wie stark diese Stars von den Eliten kontrolliert und manipuliert werden.

Hier ein Vorgeschmack auf das kommende Buch „Der Musik-Code 2.0":

Billie Eilish

All diese Dinge werden verwendet, um Sklaven zu traumatisieren. „Bury A Friend" ist das letzte Blutopfer.

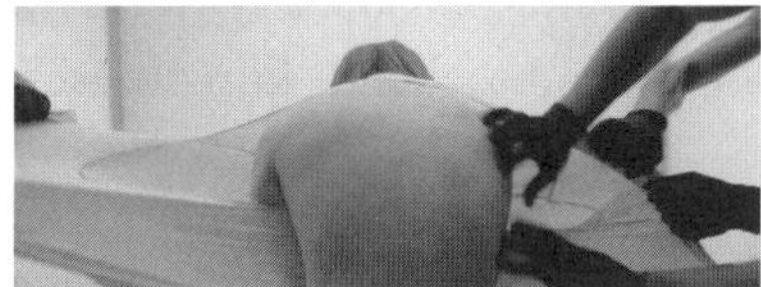
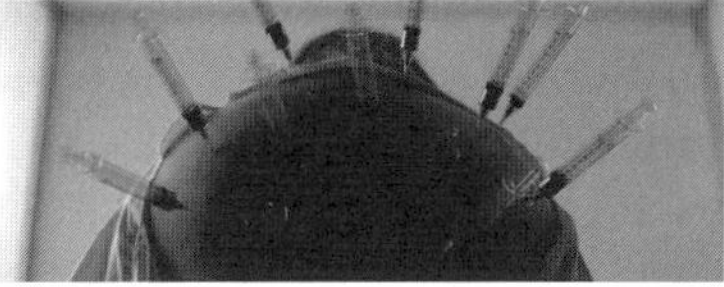

Abb. 190: Links: Die Hände reißen Eilishs Kleidung von ihrem Körper. Man kann den Subtext des sexuellen Missbrauchs hier nicht ignorieren – eine Grundvoraussetzung für die Trauma-basierte Gedankenkontrolle. Rechts: Die Hände stecken Eilish einen Haufen Spritzen in den Rücken. Dann drücken sie etwas Abscheuliches in ihren Blutkreislauf.

Zu diesem Zeitpunkt ist es schwierig, das Gedankenkontrolle-Thema dieses Videos NICHT zu sehen. In der eigentlichen MKULTRA-Programmierung werden Nadeln verwendet, um Schmerzen und Traumata zu verursachen, und um Medikamente und Gifte zu injizieren.

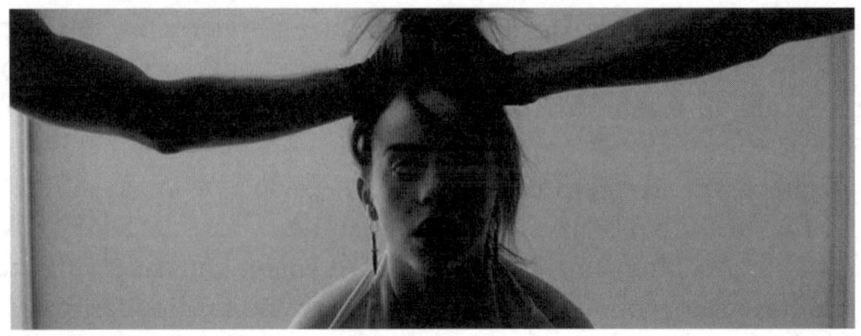

Abb. 191: Die Hintermänner greifen heftig nach Eilishs Haaren und heben ihren Kopf hoch. Wieder haben ihre Augen ihre Farbe geändert und sie ist völlig neben sich. Bewusstseinskontrolle.

Miley Cyrus

Nach einer großen Anzahl von Videos zu urteilen, die im letzten Jahrzehnt veröffentlicht wurden, scheint die Teilnahme an Bondage-Videos die einzige Option für junge Popstars zu sein, die „bahnbrechend, künstlerisch und reif“ sein wollen.

Tatsache ist, dass Bondage-Material mittlerweile weit verbreitet ist, da es eine einfache Möglichkeit ist, den Zustand der sexuellen Sklaverei dieser Stars als Vertreter der Kitten-Programmierung darzustellen.

Die Symbolik in „Tongue Tied“ ist ein weiteres Video, das Bondage mit Gedankenkontrolle verbindet.

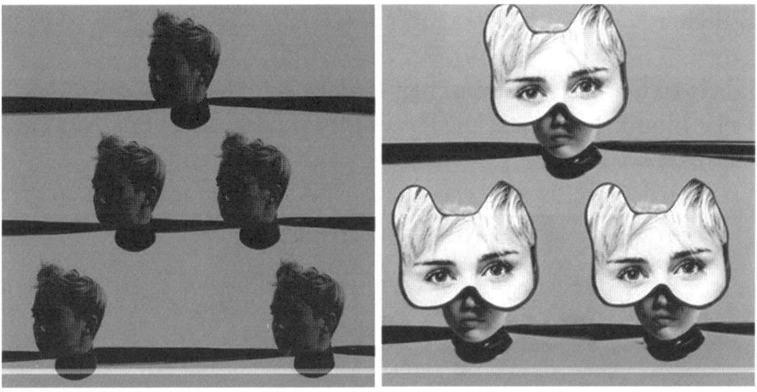

Abb. 192: Links: Mehrere körperlose Köpfe – eine der vielen Szenen, die die Hervorbringung mehrerer Personen darstellen. Rechts: Auf den Köpfen erscheinen Kätzchenmasken, die die Kätzchenprogrammierung darstellen.

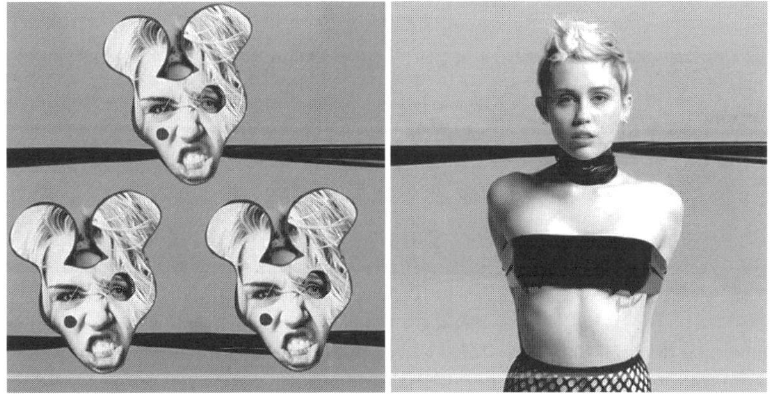

Abb. 193: Links: Für den Bruchteil einer Sekunde sehen wir Masken mit Mickey-Mouse-Ohren (ein Symbol für MKULTRA-Programmierung). Außerdem ist eines der Augen der Maske ausgeschnitten – das klassische „Ein-Auge-Zeichen" der Illuminati-Unterhaltungsindustrie. Hinzu kommen wütende Gesichter, ein Symbol für den Hintermann. Rechts: Dieses Bild stellt Miley in der Musikindustrie dar: Zurückgehalten, am Hals von unsichtbaren Menschen und mit hinter dem Rücken gefesselten Händen.

Justin Bieber

Zusätzlich zu den vielen satanischen Bildern erscheinen im gesamten Video klassische Illuminati-Bilder. Die Pyramide und das allsehende Auge erscheinen zahlreich.

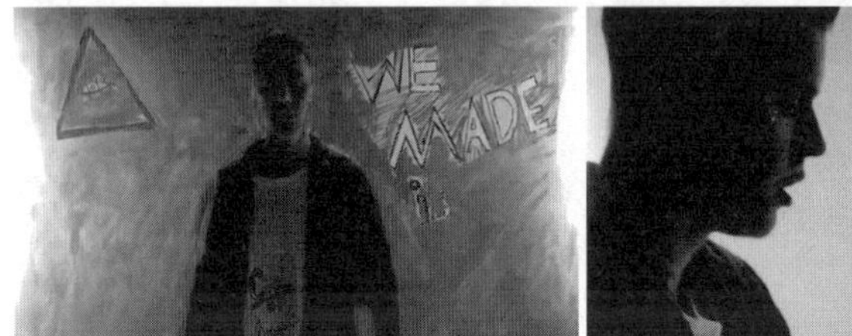

Abb. 194: Das allsehende Auge in einer Pyramide mit den Worten auf der anderen Seite: „We Made It". Ja, Bieber hat es dank „Ihnen geschafft". Rechts: Bieber starrt hypnotisiert auf eine Illuminati-Pyramide in der Hand.

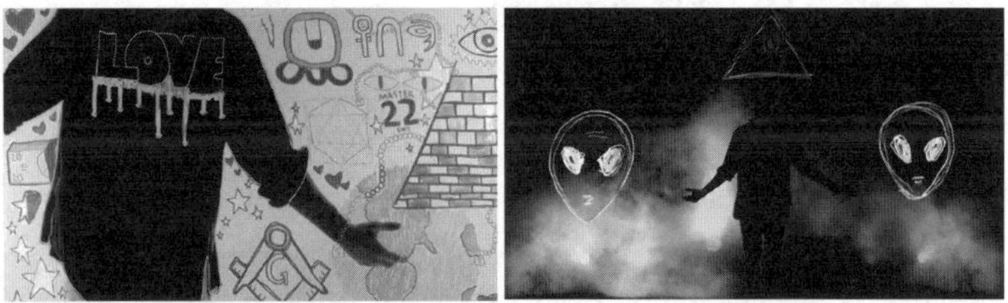

Abb. 195: Links: Hier sehen wir eine Illuminati-Pyramide und eine Reihe anderer freimaurerischer Symbole wie das Winkelmaß, den Zirkel und das Hexagramm – garniert mit einem Aufdruck „Liebe", die ultimative Täuschung. Rechts: Mehr vom selben Symbol und Aliens, für alle die auf eine Rettung einer externen Kraft hoffen.

Eminem

Die Tatsache, dass die MKULTRA-Einrichtung als Rehabilitationszentrum getarnt ist, ist ebenfalls von Bedeutung. Wie man vor Jahren (insbesondere über Lindsay Lohan) sagte, sind Prominente, die in die „Reha" gehen, oft ein Code für die Neuprogrammierung. Und das Programmieren beinhaltet Drogen, Traumata, Folter und einige kranke, verdrehte, satanische Dinge.

Fast 10 Jahre später veröffentlicht Eminem „Framed“, das dort fortgesetzt wird, wo „3 Uhr morgens“ aufgehört hat, und das Konzept der okkulten Gedankenkontrolle bestätigt.

„Framed“: Zu Beginn des Videos erklärt ein Nachrichtensprecher, dass Eminem „Popsomp Hills“ entkommen ist und in einem Haus verbarrikadiert ist. Dort lungert Eminem mit Leichen herum und zerstückelte Körperteile umrahmen die Szenerie.

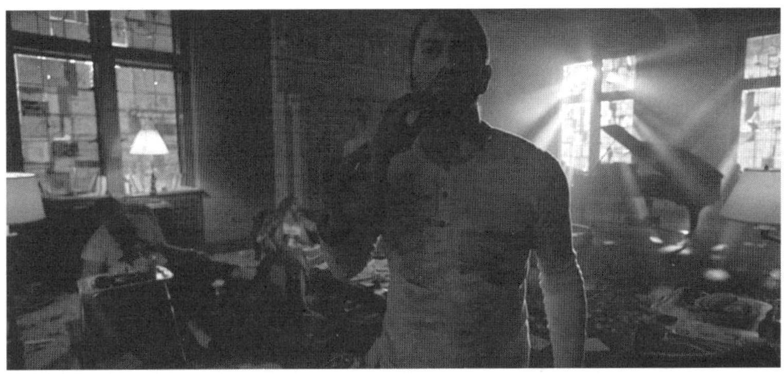

Abb. 196: Wie in früheren Kapiteln zu sehen und zu lesen war, müssen heutzutage Tod, Mord, Folter und Gedankenkontrolle in Videos enthalten sein

Eminem spielt nicht nur mit Körperteilen herum, sondern zeichnet auch fieberhaft gruselige und gewalttätige Bilder.

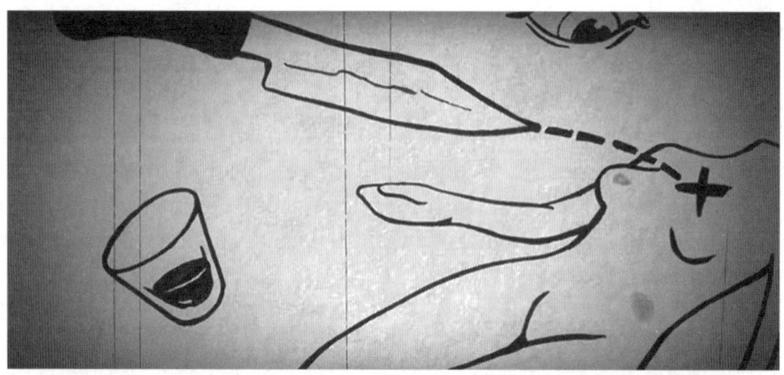

Abb. 197: Diese Zeichnung zeigt, wie Eminem eine kopflose Frau erstochen hat, während ein einzelnes Auge zuschaut. Das Video enthält viele einzelne Augen – ein Symbol für die Kontrolle der okkulten Elite.

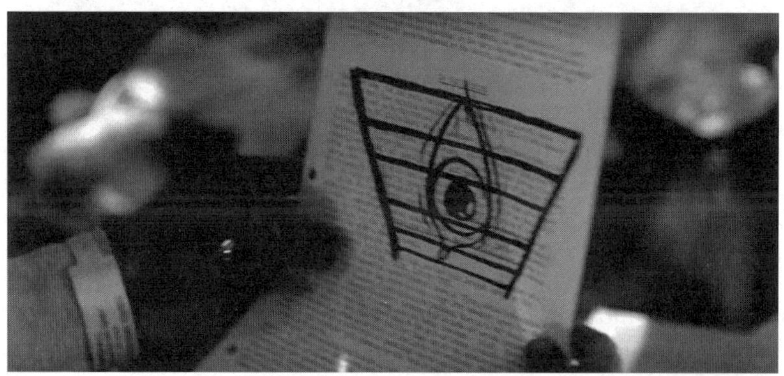

Abb. 198: Ein Auge hinter Gittern

Außerdem soll u.a. in diesem Werk näher auf weitere Verstrickungen von Musikern in okkulte Praktiken bis hin zu mysteriösen Todes- und Mordfällen eingegangen werden, und dabei sollen auch Whistleblower zu Wort kommen, die aus erster Hand solche Missstände anprangern und Verbindungen zur Filmindustrie in Hollywood aufzeigen.

Insgesamt ist mit dem vorliegenden Buch bereits jetzt deutlich geworden, dass es zahlreiche Überschneidungen zwischen der Problematik innerhalb der Musik- und Filmindustrie gibt, und dass auch im Fall der Musikindustrie bestimmte Blutlinien der Eliten federführend sind und enge verwandtschaftliche Beziehungen zu hochrangingen Militärs und Geheimdienstmitarbeitern, kurz gesagt, des sog. „Tiefen Staates", bestehen (mehr dazu in meinem Buch „Illuminatenblut").

Ebenso ist deutlich geworden, auf welch vielfältige Weise versucht wird, das Bewusstsein der allgemeinen Bevölkerung im Sinne der Eliten zu manipulieren, und dass es sogar möglich ist, mithilfe von bestimmten Schwingungen und Frequenzen Geist und Körper mehr oder weniger unbemerkt nachteilig zu beeinflussen.

Es gilt daher, wachsam zu bleiben und die Verantwortung für die eigene psychische und physische Gesundheit zu übernehmen – gerade in Zeiten, in denen uns nicht nur im übertragenen Sinne eine einseitige und elitäre Sichtweise „eingeimpft" werden soll – u.a. mit musikalischer Untermalung.

Über den Autor

Nikolas Milan Pravda wurde 1974 in der CSSR geboren und emigrierte 1982 mit seinen Eltern und Brüdern in die BRD. Von 1996 bis 2011 arbeitete er zunächst im Marketing- und Consulting-Bereich für renommierte Unternehmen im Sport-, Entertainment- und Konsumbereich, bevor er ab 2010 ehrenamtlich soziale Einrichtungen betreute.

Seit 2012 ist Nikolas Pravda Betreiber des Blogs *www.pravda-tv.com* und unterstützt soziale Projekte.

Im Juni 2018 erschien sein erstes Buch *Illuminatenblut – Die okkulten Rituale der Elite* im Amadeus Verlag. Im April 2020 erschien das zweite Buch *Der Hollywood-Code: Kult, Satanismus und Symbolik: Wie Filme und Stars die Menschheit manipulieren* bei Apricus Ltd.

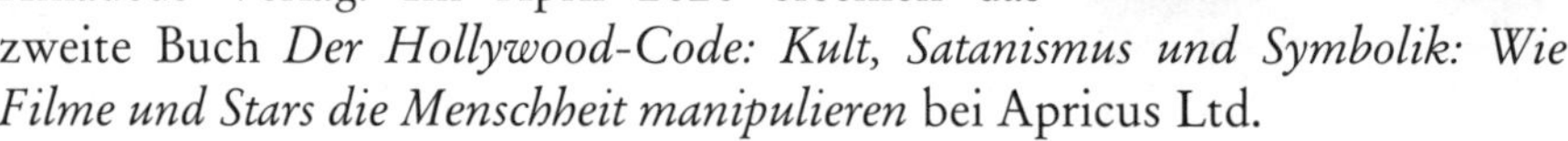

Kontakt: *info@pravda-tv.com*

NIKOLAS PRAVDA

HOLLYWOOD CODE

Kult, Satanismus und Symbolik – wie Filme und Stars die Menschheit manipulieren

NEUE ENTHÜLLUNGEN VON PRAVDA TV

EIN DETAILLIERTER BLICK HINTER DEN SCHLEIER DER SUBTILEN MANIPULATION DURCH DIE (ALB)TRAUMFABRIK

Filme sind moderne Märchen, Legenden die uns in eine Phantasiewelt entführen, emotional berühren und in manchen Fällen erziehen und aufwecken sollen. Es liegt einzig und allein am jeweiligen Betrachter, ob er die bewegten Bilder mit wachen oder schlafenden Augen wahrnimmt. Genau hier setzt dieses Buch an. Wir nehmen Sie mit auf eine Reise, die Ihnen zeigen wird, wie Geheimdienste, ja gar Militärs Einfluss nehmen auf Hollywood-Produktionen.

Bereits in frühen Filmklassikern wie Metropolis oder der Zauberer von Oz wurde mit okkulter Symbolik und ägyptischer Mythologie gearbeitet, die auf verborgenes Wissen und Rituale von Geheimgesellschaften wie Freimaurern und Illuminati verweisen. Indem wir den roten Faden aufnehmen und weiterverfolgen, erfahren Sie bei diesem Trip durch die Filmhistorie, wie Astrotheologie und Esoterik in Blockbustern wie Star Wars, Zurück in die Zukunft, James Bond, Matrix und Harry Potter integriert und verwendet werden.

Selbst so vermeintlich harmlose Unterhaltungsfilme wie die des Disney-Konzerns, sind in Wahrheit gespickt mit okkulten Symbolen und krankhaften sexuellen Anspielungen, die in Kinderfilmen eigentlich nichts zu suchen haben, wenn es dabei in erster Linie um das Kindeswohl gehen soll.

Als beispielhaft dafür, welche Zukunft die Machteliten stattdessen in Form des sogenannten „Tiefen Staates" für die Menschheit vorgesehen haben, sei an dieser Stelle noch auf die propagandistischen Avengers-Machwerke hingewiesen, die voller Verweise auf in der Realität betriebene Agenden wie Künstliche Intelligenz und Transhumanismus bis hin zu milliardenfacher Entvölkerung sind.

Letztendlich ist somit auch im Kino nichts, wie es scheint, denn hinter dem Schein verbergen sich Codes und Agenden, welche die Produzenten und Regisseure bewusst in die Filme integriert haben, mit dem Ziel, sich in unseren Köpfen festsetzen und unser Unterbewusstsein zu manipulieren, damit das Publikum kritiklos und passiv ihre Pläne für die Menschheit hinnimmt.

Mit diesem Buch bekommen Sie daher als filminteressierter Leser einen Leitfaden an die Hand, um besser durch die manipulative Bildmatrix navigieren und selbst entscheiden zu können, was Sie sowohl Ihren eigenen Augen und Ohren sowie Ihrem Gehirn und Herzen antun wollen als auch denen Ihrer Kinder und Enkelkinder.

Wir wünschen Ihnen spannende Einblicke hinter die Kulissen der einflussreichen Filmindustrie, die Sie in die Lage versetzen, selbstbestimmte Entscheidungen darüber zu treffen, welche Filme Sie künftig entweder einschläfern oder aufwecken!

Bonusmaterial: Die Rache der 12 Monkeys, Contagion und Coronavirus, oder wie aus Fiktion Realität wird

Quellenverzeichnis

(1) https://www.scinexx.de/news/biowissen/immun-gegen-musik/
(2) https://www.evolveandascend.com/2016/06/23/ever-goosebumps-listening-music-study-explains-says/
(3) https://arlenetaylor.org/music-and-the-brain/7410-potential-negative-impact
(4) Joachim Ernst Berendt: “Nada Brahma - Die Welt ist Klang”, Hörbuch, erstes Kapitel
(5) http://www.evolveandascend.com/2016/08/20/cosmic-music-vega-lyra-88-constellations/
(6) https://radio-kreta.de/pythagoras-ohne-mathematik-gabe-es-keine-musik/
(7) https://www.deutz-klangwerkstatt.de/klanginfo/monochord-klaenge-fuer-die-seele
(8) https://www.astro.com/astrowiki/de/Johannes_Kepler
(9) http://www.someware.de/fruitbowl/documents/dominik_bloechl-do_you_432_v1.pdf
(10) wie (9)
(11) https://www.pravda-tv.com/2020/07/schumann-resonanz-wissenschaftler-sind-ueber-derzeitige-entwicklungen-auf-der-erde-erstaunt-die-grosse-veraenderungen-bewirken-video/
(12) https://www.gaia.com/article/biorhythms-the-rhythm-of-life
(13) Campbell, Don & Doman, Alex. „Healing at the Speed of Sound“
(14) https://www.evolveandascend.com/2016/05/16/6-ways-music-changes-consciousness/
(15) https://www.gaia.com/article/healing-with-sound-frequency-and-vibration
(16) https://www.gaia.com/article/what-meaning-om
(17) https://www.pravda-tv.com/2018/12/die-heilenden-frequenzen-der-solfeggio-skala-videos/
https://www.gaia.com/article/healing-frequencies-of-the-ancient-solfeggio-scale
(18) http://de.wikipedia.org/wiki/Resonanz
(19) http://www.someware.de/fruitbowl/documents/dominik_bloechl-do_you_432_v1.pdf
(20) Masaru Emoto, Die Antwort des Wassers
(21) https://www.regenbogenkreis.de/blog/inspiration/unsere-gedanken-wirken-auf-die-materie New Evidence of Government Control in Hollywood”

(22) https://www.cymascope.com/pdf/Wave-Goodbye-to-SoundWaves.pdf
(23) wie (22)
(24) wie (22)
(25) https://www.432hz.at/ewExternalFiles/Kyma-
tik%20von%20Roel%20Hollander.pdf
(26) https://www.gaia.com/article/can-sacred-geometry-produce-musical-har-
mony
(27) https://de.wikipedia.org/wiki/Rosslyn-Kapelle
(28) http://www.evolveandascend.com/2016/06/19/da-vinci-codes-musical-se-
cret-rosslyn-chapel/
(29) https://www.scinexx.de/news/technik/schall-laesst-kuegelchen-schwe-
ben/
(30) https://www.pravda-tv.com/2020/07/stimmgabel-levitation-co-waren-
die-werkzeuge-mit-denen-antike-denkmaeler-gebaut-wurden-die-ganze-zeit-
vor-unseren-augen-video/
https://www.ancient-code.com/have-the-tools-used-to-build-ancient-monu-
ments-been-staring-us-in-the-face-all-along/
(31) https://programm.ard.de/TV/arte/die-freimaurer-und-die-mu-
sik/eid_287247713108122
(32) https://en.wikipedia.org/wiki/Masonic_music
(33) https://www.pravda-tv.com/2017/02/der-fall-mozart-und-seine-enge-be-
ziehung-zu-den-freimaurern-und-illuminaten/
(34) https://btpersp.wordpress.com/2011/04/23/die-freimaurer-und-richard-
wagner/
(35) https://www.pravda-tv.com/2017/02/der-fall-mozart-und-seine-enge-be-
ziehung-zu-den-freimaurern-und-illuminaten/
(36) https://www.pravda-tv.com/2019/08/mozart-die-freimaurer-und-die-illu-
minaten/
(37) https://www.moviepilot.de/news/amadeus-ein-wahnsinniger-blick-in-die-
abgrunde-der-menschlichkeit-1104835
(38) https://medium.com/@jasonpfaff23/the-mysterious-side-of-beethoven-
110573b5bb45
(39) https://slate.com/culture/2008/12/how-the-illuminati-influenced-
beethoven.html
(40) Maynard Solomon: „Late Beethoven“
(41) David Tame: „Beethoven and the Spiritual Path“
(42) https://medium.com/@jasonpfaff23/the-mysterious-side-of-beethoven-

110573b5bb45
(43) https://www.jstor.org/stable/4149775
(44) https://www.srf.ch/kultur/musik/stanley-kubrick-und-beethoven-heilige-klaenge-und-foltermusik-beethoven-in-clockwork-orange
(45) https://btpersp.wordpress.com/2011/04/23/die-freimaurer-und-richard-wagner/
(46) https://en.wikipedia.org/wiki/Wagner_controversies
(47) https://www.pravda-tv.com/2016/04/kein-einzel-kampf-adolf-hitlers-angesehene-vorbilder-und-wohlhabende-goenner-videos/
(48) https://www.br-klassik.de/themen/bayreuther-festspiele/geschichte/wagner-geschichte-102.html
(49) https://www.zeit.de/kultur/musik/2013-05/richard-wagner-filmmusik-walkuerenritt
(50) https://en.wikipedia.org/wiki/Military-entertainment_complex
(51) https://www.pravda-tv.com/2015/09/der-einfluss-des-militaers-und-der-rockefeller-stiftung-auf-die-musik-videos/
(52) https://de.qwe.wiki/wiki/Eisenhower%27s_farewell_address
(53) https://www.jfklibrary.org/archives/other-resources/john-f-kennedy-speeches/american-newspaper-publishers-association-19610427
(54) http://www.rockarch.org/publications/resrep/tobias.pdf
(55) https://eu.tennessean.com/story/opinion/2014/03/21/teachable-moments-george-squier/6675441/
(56) https://www.pravda-tv.com/2015/09/der-einfluss-des-militaers-und-der-rockefeller-stiftung-auf-die-musik-videos/
(57) https://www.getintothis.co.uk/2018/08/mind-control-music/
(58) http://musikmagieundmedizin.de/standard_seiten/subliminals.html
(59) https://www.buergerwelle.de/d/doc/aktuell/happy-puls.htm
(60) https://www.pravda-tv.com/2016/05/zutiefst-erschuetternd-wie-brummtoene-infraschall-und-elf-wellen-unsere-gesundheit-ruinieren-videos/
(61) https://www.pravda-tv.com/2016/05/zutiefst-erschuetternd-wie-brummtoene-infraschall-und-elf-wellen-unsere-gesundheit-ruinieren-videos/
(62) https://www.heise.de/tp/features/50-Jahre-Brain-Warfare-3429197.html /
(63) wie (62)
(64) https://www.heise.de/tp/features/Bayerische-Justiz-und-Psychiatrie-im-Dienst-der-uneingeschraenkten-Solidaritaet-3426511.html
(65) http://musikmagieundmedizin.de/standard_seiten/schallwaffen.html
(66) http://musikmagieundmedizin.de/standard_seiten/schallwaffen_II.html
(67) https://www.newyorker.com/magazine/2016/07/04/when-music-is-

violence
(68) https://programm.ard.de/TV/arte/musik-als-waffe/eid_287246546120502
(69) https://www.newyorker.com/magazine/2016/07/04/when-music-is-violence
(70) https://www.pravda-tv.com/2018/07/die-illuminati-verbindungen-der-universal-music-group-videos/
(71) https://tabublog.com/2015/12/26/the-manufactured-invention-of-the-beatles-stones-grateful-dead-and-the-birth-of-rock-n-roll-by-the-tavistock-institute-a-jesuit-corporation/
(72) http://www.biblebelievers.org.au/aquarian.htm
(73) https://www.evolveandascend.com/2015/05/12/esoteric-encyclopedia-entry-of-the-week-age-of-aquarius/
(74) http://www.illuminati-news.com/art-and-mc/bankers-behind-counter-culture.htm
(75) http://www.illuminati-news.com/art-and-mc/bankers-behind-counter-culture.htm
(76) EIR: „Dope, Inc.: Britain's Opium War Against the U. S."
(77) http://www.illuminati-news.com/art-and-mc/bankers-behind-counter-culture.htm
(78) EIR: „Dope, Inc.: Britain's Opium War Against the U. S."
(79) Flower Power („Blumenkraft"). http://www.biblebelievers.org.au/aquarian.htm
(80) https://de.qaz.wiki/wiki/Ewige_Blumenkraft
(81) http://www.esotericreligion.com/deu/d/ewige-blumenkraft/ewige-blumenkraft.htm
(82) https://dewiki.de/Lexikon/Adam_Weishaupt
(83) https://de.qaz.wiki/wiki/Ewige_Blumenkraft
(84) http://www.esotericreligion.com/deu/d/ewige-blumenkraft/ewige-blumenkraft.htm
(85) http://www.biblebelievers.org.au/aquarian.htm
(86) https://de.wikipedia.org/wiki/Timothy_Leary
(87) http://www.biblebelievers.org.au/aquarian.htm
(88) https://www.bunte.de/politik/hillary-clinton-lesbische-liebe-mit-yoko-ono-120989.html
(89) https://www.n-tv.de/leute/John-Lennon-wollte-Sex-mit-Maennern-article16143641.html
(90) https://www.henrymakow.com/beatles_were_mind_control.html
(91) http://www.illuminati-news.com/art-and-mc/rock-and-mc.htm

(92) https://www.orwelltoday.com/readerjfkhuxley.shtml
(93) https://www.henrymakow.com/beatles_were_mind_control.html
(94) https://de.wikipedia.org/wiki/Popul%C3%A4rer_als_Jesus
(95) https://www.henrymakow.com/beatles_were_mind_control.html
(96) http://www.illuminati-news.com/art-and-mc/rock-and-mc.htm
(97) http://theunhivedmind.com/UHM/naming-the-venetian-black-nobility-behind-the-rolling-stones/
(98) Nikolas Pravda: „Der Hollywood-Code“
(99) http://theunhivedmind.com/UHM/naming-the-venetian-black-nobility-behind-the-rolling-stones/
(100) http://www.illuminati-news.com/art-and-mc/rock-and-mc.htm
(101) https://tabublog.com/2015/12/26/the-manufactured-invention-of-the-beatles-stones-grateful-dead-and-the-birth-of-rock-n-roll-by-the-tavistock-institute-a-jesuit-corporation/
(102) http://www.illuminati-news.com/art-and-mc/rock-and-mc.htm
(103) https://www.deutschlandfunkkultur.de/adorno-ueber-popmusik-die-aesthetischen-grausamkeiten-der.2156.de.html?dram:article_id=455631
(104) https://www.youtube.com/watch?v=-njxKF8CkoU
(105) http://thequietus.com/articles/21004-frankfurt-school-adorno-music
(106) https://tabublog.com/2015/12/26/the-manufactured-invention-of-the-beatles-stones-grateful-dead-and-the-birth-of-rock-n-roll-by-the-tavistock-institute-a-jesuit-corporation/
(107) https://tabublog.com/2015/12/26/the-manufactured-invention-of-the-beatles-stones-grateful-dead-and-the-birth-of-rock-n-roll-by-the-tavistock-institute-a-jesuit-corporation/
(108) https://tabublog.com/2015/12/26/the-manufactured-invention-of-the-beatles-stones-grateful-dead-and-the-birth-of-rock-n-roll-by-the-tavistock-institute-a-jesuit-corporation/
(109) http://www.illuminati-news.com/art-and-mc/rock-and-mc
(110) https://tabublog.com/2015/12/26/the-manufactured-invention-of-the-beatles-stones-grateful-dead-and-the-birth-of-rock-n-roll-by-the-tavistock-institute-a-jesuit-corporation/
(111) http://www.illuminati-news.com/art-and-mc/rock-and-mc.htm
(112) https://centerforaninformedamerica.com/inside-the-lc-the-strange-but-mostly-true-story-of-laurel-canyon-and-the-birth-of-the-hippie-generation-part-i/)
(113) https://centerforaninformedamerica.com/inside-the-lc-the-strange-but-mostly-true-story-of-laurel-canyon-and-the-birth-of-the-hippie-

generation-part-i/)
(114) https://centerforaninformedamerica.com/inside-the-lc-the-strange-but-mostly-true-story-of-laurel-canyon-and-the-birth-of-the-hippie-generation-part-ii/)
(115) https://centerforaninformedamerica.com/inside-the-lc-the-strange-but-mostly-true-story-of-laurel-canyon-and-the-birth-of-the-hippie-generation-part-iii/
(116) https://centerforaninformedamerica.com/inside-the-lc-the-strange-but-mostly-true-story-of-laurel-canyon-and-the-birth-of-the-hippie-generation-part-iv/
(117) https://www.youtube.com/watch?time_continue=16&v=ddBY7-aaWSg&feature=emb_logo
(118) https://thenumbernineblog.wordpress.com/2018/07/27/the-beatles-in-laurel-canyon/
(119) https://thenumbernineblog.wordpress.com/2016/07/12/did-the-beatles-know-manson-getting-to-the-bottom-of-helter-skelter/
(120)https://www.pravda-tv.com/2019/06/john-lennon-wurde-von-einem-ausgebildeten-cia-killer-ermordet
(121) https://thenumbernineblog.wordpress.com/2016/07/12/did-the-beatles-know-manson-getting-to-the-bottom-of-helter-skelter/
(122) https://www.pravda-tv.com/2020/07/hollywood-reporter-deckt-verbindungen-der-manson-familie-zu-cias-mkultra-bewusstseinskontrolle-und-kinderhandel-auf-videos/
(123) https://www.dailymail.co.uk/news/article-2443579/John-Lennons-home-Laurel-Canyon-sale.html
(124) https://centerforaninformedamerica.com/inside-the-lc-the-strange-but-mostly-true-story-of-laurel-canyon-and-the-birth-of-the-hippie-generation-part-ix/
(125) https://www.pravda-tv.com/2018/06/okkulte-symbolik-unterschwellige-botschaften-und-bewusstseinskontrolle-videos/
(126) https://www.pravda-tv.com/2019/06/john-lennon-wurde-von-einem-ausgebildeten-cia-killer-ermordet/
(127) https://de.wikipedia.org/wiki/Mark_David_Chapman
(128) https://www.pravda-tv.com/2019/06/john-lennon-wurde-von-einem-ausgebildeten-cia-killer-ermordet/
(129)https://vigilantcitizen.com/hidden-knowledge/origins-and-techniques-of-monarch-mind-control/
(130) Fritz Springmeier: „The Illuminati Formula to Create a Mind Control

Slave“
(131) Ken Adachi: „Mind Control the Ultimate Terror“
(132) wie (133)
(133) Anton Chaitkin: „Franklin Witnesses Implicate FBI and U.S. Elites in Torture and Murder of Children“, The New Federalist
(134) wie (133)
(135) D. Corydon Hammond, Ph.D
(136) wie (133)
(137) Ellen P. Lacter, Ph.D.: „The Relationship Between Mind Control Programming and Ritual Abuse“
(138) wie (133)
(139) wie (141)
(140) Ron Patton, „Projekt Monarch“
(141) wie (141)
(142) wie (134)
(143) wie (144)
(144) wie (134)
(145) wie (133)
(146) https://www.pravda-tv.com/2018/09/monarch-bewusstseinskontrolle-die-dunkle-seite-der-musikindustrie-und-popkultur-videos
(147) https://www.youtube.com/watch?v=9FUersarZuo
(148) wie (150)
(149) Ron Patton, „Projekt Monarch“
(150) https://www.pravda-tv.com/2018/09/monarch-bewusstseinskontrolle-die-dunkle-seite-der-musikindustrie-und-popkultur-videos
(151) https://stereomonosunday.com/2019/03/23/why-modern-music-is-so-awful/
(152) https://www.pravda-tv.com/2018/06/okkulte-symbolik-unterschwellige-botschaften-und-bewusstseinskontrolle-videos/
(153) https://www.pravda-tv.com/2018/12/schnapp-sie-dir-solange-sie-noch-jung-sind-wie-musik-unsere-kinder-und-jugend-erzieht/
(154) Mark Dice: „The Illuminati in the Music Industry“
(155) https://humansarefree.com/2014/10/the-secret-meeting-that-changed-rap-music-forever.html
(156) Mark Dice: „The Illuminati in the Music Industry“
(157) https://www.pravda-tv.com/2020/05/die-gesichtsmaske-ein-maechtiges-symbol-fuer-die-coronavirus-unterdrueckung-der-eliten
(158) https://www.cidrap.umn.edu/news-perspective/2020/04/commentary-

masks-all-covid-19-not-based-sound-data
(159) https://www.canada.ca/en/public-health/services/diseases/2019-novel-coronavirus-infection/prevention-risks/about-non-medical-masks-face-coverings.html
(160) https://vigilantcitizen.com/latestnews/the-face-mask-a-powerful-symbol-of-covid-oppression/
(161) https://vigilantcitizen.com/moviesandtv/the-2020-vmas-a-dystopian-abomination/
(162) https://de.wikipedia.org/wiki/Bluescreen-Technik
(163) https://vigilantcitizen.com/moviesandtv/the-2020-vmas-a-dystopian-abomination/
(164) https://vigilantcitizen.com/moviesandtv/together-at-home-was-an-infomercial-for-the-global-elite-and-its-agenda/
(165) https://www.visiontimes.net/korruptionsvorwuerfe-gegen-who-beziehung-zu-china-wichtiger-als-weltgesundheit/
(166) https://vigilantcitizen.com/moviesandtv/together-at-home-was-an-infomercial-for-the-global-elite-and-its-agenda/
(167) David Rockefeller: „Erinnerungen eines Weltbankiers“
(168) https://vigilantcitizen.com/moviesandtv/together-at-home-was-an-infomercial-for-the-global-elite-and-its-agenda/
(169) http://www.guidograndt.de/2020/04/22/von-wegen-verschwoerungs-theorie-die-globale-elite-die-one-world-corona-agenda-die-belege
(170) https://www.spiegel.de/politik/ausland/coronavirus-krise-wir-brauchen-eine-weltregierung-a-058a25cf-646a-466f-a969-7a40a517feb0
(171) https://deutsche-wirtschafts-nachrichten.de/503129/Ehemaliger-britischer-Premier-Brown-plaediert-fuer-temporaere-Weltregierung?src=rec-newsboxes
(172) Internationales Freimaurer-Lexikon von Eugen Lennhoff und Oskar Posner, 1932
(173) https://www.instagram.com/p/B-heO4ohm13/
(174) https://www.independent.co.uk/arts-entertainment/music/news/madonna-coronavirus-bill-melinda-gates-foundation-donation-vaccine-a9447201.html
(175) https://wellcome.ac.uk/press-release/covid-19-therapeutics-accelerator-awards-20-million-initial-grants-fund-clinical
(176) https://www.pravda-tv.com/2018/04/bill-gates-finanziert-netz-von-satelliten-fuer-die-globale-echtzeitueberwachung/
(177) https://www.strategic-culture.org/news/2020/04/02/ground-control-

planet-lockdown-only-test/
(178) https://www.cbsnews.com/video/extended-interview-bill-gates-on-coronavirus-pandemic/
(179) https://www.youtube.com/watch?v=6RytcLm23rA&ab_channel=BerlinMethWitch
(180) https://www.youtube.com/watch?v=lTntb1rXZNg
(181) https://www.youtube.com/watch?v=jia6yg5_ct8
(182) https://www.youtube.com/watch?v=lBBxWtKKQiA
(183) https://www.spiegel.de/wirtschaft/unternehmen/bono-bereut-investment-im-steuerparadies-a-1176949.html

Bildquellen

(1) http://www.evolveandascend.com/wp-content/uploads/2016/08/zodiac-ecliptic.gif
(2) http://www.evolveandascend.com/wp-content/uploads/2016/08/88cons-tels.jpg
(3) http://www.evolveandascend.com/wp-content/uploads/2016/08/606px-Hercules_IAU.svg_.png /
(4) http://www.evolveandascend.com/wp-content/uploads/2016/08/478px-Vega_in_lyra.svg_.png
(5) http://www.evolveandascend.com/wp-content/uploads/2016/08/Sid-ney_Hall_-_Uranias_Mirror_-_Lacerta_Cygnus_Lyra_Vulpecula_and_Anser-1440x1011.jpg
(6) http://www.evolveandascend.com/wp-content/uploads/2016/08/Galac-tic_quadrants-1440x849.png
(7) http://www.evolveandascend.com/wp-content/uplo-ads/2016/08/3014282.jpg
(8) https://www.deutz-klangwerkstatt.de/klanginfo/monochord-klaenge-fuer-die-seele
(9) https://de.wikipedia.org/wiki/Johannes_Kepler#/media/Datei:Kepler-so-lar-system-1.png
(10) http://musikmagieundmedizin.de/bilder/cousto1.gif
(11) https://de.wikipedia.org/wiki/Schumann-Resonanz#/media/Datei:Schu-mann_resonance_01_en.png
(12) https://de.wikipedia.org/wiki/Biorhythmus_(Mantik)#/media/Datei:Bio-rhythm-DE.svg
(13) https://www.powersubliminals.de/images/brainwaves.png
(14) https://de.wikipedia.org/wiki/Powwow#/media/Da-tei:Grand_Entry_Omaha.jpg
(15)https://i.pinimg.com/564x/27/2b/83/272b8361fb2c824c7c4c51f76dbfeec0.jpg
(16) https://en.wikipedia.org/wiki/Om
(17) https://i.pinimg.com/564x/7b/64/8b/7b648b4ce2c19110b3bf85dabf41b77a.jpg
(18) https://upload.wikimedia.org/wikipedia/commons/thumb/f/f9/Fre-quenzabh%C3%A4ngigkeit_Ohrschnecke.svg/1280px-Frequenz-abh%C3%A4ngigkeit_Ohrschnecke.svg.png
(19) https://greatkartei.de/blog/img/432_vs_440.png

(20) https://marketing.gaia.com/wp-content/uploads/873px-Guidonian_hand-768x901.jpg
(21) https://marketing.gaia.com/wp-content/uploads/Solfeggio-cymatics.jpg
(22) https://www.alohahuna.de/wp-content/uploads/eiskristalle3_web1.jpg
(23)https://www.researchgate.net/figure/Left-In-the-late-1700s-the-physicist-Ernst-Chladni-was-amazed-by-the-patterns-formed_fig3_278815571
(24)https://img.over-blog-kiwi.com/0/54/99/75/20150521/ob_34899b_url.jpg
(25)http://www.slate.com/content/dam/slate/ar-chive/2011/05/33_chart2.gif.CROP.original-original.gif
(26) https://www.psyche.com/psyche/images/cube/cube_tarot12_GD.gif
(27) https://www.aip.org/sites/default/files/aippub/journal-high-lights/images/APL-Andrade-levitator%203-resized.jpg
(28) https://www.ancient-code.com/wp-content/uploads/2019/11/keysto-nes.png
(29) https://www.ancient-code.com/wp-content/uploads/2019/11/Metal-Rods.png
(30) https://www.ancient-code.com/wp-content/uplo-ads/2019/11/Anubis_standing.jpg
(31) https://www.ancient-code.com/wp-content/uploads/2019/11/4572.jpg
(32) https://www.ancient-code.com/wp-content/uploads/2019/11/4515.jpg
(33) https://www.ancient-code.com/wp-content/uploads/2019/11/Screen-Shot-2019-11-22-at-10.05.32-AM-1600x976.png
(34) http://www.mozart.com/files/cache/leben_07b_erste_rei-sen_klein_3f103c5d_f165.jpg
(35) http://wilhelm-zur-nordischen-treue.de/assets/img/bild_mozart.jpg
(36) https://img.welt.de/img/kultur/buehne-konzert/mo-bile111518479/3981623297-ci23x11-w780/Komische-Oper-Berlin-Die-Zau-berfloete-11.jpg
(37) https://berlinab50.files.wordpress.com/2019/12/kc3b6nigin-der-nacht-schinkel-1815.jpg?w=560&h=373
(38) https://www.br-klassik.de/aktuell/news-kritik/emma-posman-koenigin-der-nacht-salzburger-festspiele-2018-102~_h-558_v-img__16__9__xl_w-994_-e1d284d92729d9396a907e303225e0f2d9fa53b4.png?version=6a27f
(39) https://www.fnp.de/bilder/2016/11/30/10514008/1520914335-1717555-2H6b.jpg
(40) http://loge-beethoven.de/wp-content/uploads/2019/09/Bi-jou_Beethoven2_KOPIE2-768x719.jpg
(41)

https://www.bildarchivaustria.at/Pages/Search/Result.aspx?p_eBildansicht=2&p_ItemID=1
(42) Eigenes Bild
(43) Eigenes Bild
(44) https://commons.wikimedia.org/wiki/File:Parsifal_1882_Act3_Joukowsky_NGO4p119.jpg
(45) https://en.wikipedia.org/wiki/File:Wagnershofar.jpg
(46) https://commons.wikimedia.org/wiki/File:Wagner_Das_Judenthum_in_der_Musik_1869.pdf
(47) https://archive.org/details/Chamerlain-Die-Grundlagen-des-19-Jh.-1-und-2
(48) https://en.wikipedia.org/wiki/Verena_Wagner_Lafferentz#/media/File:Verena-hitler.jpg
(49) https://www.pravda-tv.com/wp-content/uploads/2016/04/bild2-39.jpg
(50) https://www.br-klassik.de/themen/bayreuther-festspiele/geschichte/hitler-bayreuth-100~_h-364_v-img__16__9__xl_w-648_-be6819cc57a5436fe2e22755fd9495d5c6ac08f6.jpg?version=6cfaf
(51) https://images2.minutemediacdn.com/image/upload/c_fill,g_auto,h_1248,w_2220/f_auto,q_auto,w_1100/v1555928916/shape/mentalfloss/muzak_5.jpg
(52) https://www.pravda-tv.com/wp-content/uploads/2016/05/bild3-9.jpg
(53) https://www.pravda-tv.com/wp-content/uploads/2016/05/bild6-5.jpg
(54) https://www.pravda-tv.com/wp-content/uploads/2016/05/bild8-3.jpg
(55) https://www.pravda-tv.com/wp-content/uploads/2016/05/bild9-3.jpg
(56) https://www.pravda-tv.com/wp-content/uploads/2016/05/csm_teddy_temp3_wave_413be8fbaa.gif
(57) https://www.pravda-tv.com/wp-content/uploads/2016/05/bild10-2.jpg
(58) https://www.pravda-tv.com/wp-content/uploads/2016/05/bild4-6.jpg
(59) http://www.woodynorris.com/images/USATodaycvrpg2-hg.jpg
(60) https://twitter.com/ICALondon/status/1272114261855272960/photo/1
(61) https://images-na.ssl-images-amazon.com/images/I/51BijTMYgUL.jpg
(62) https://images-na.ssl-images-amazon.com/images/I/71h-mCI-aDYL._SY679_.jpg
(63) https://lcweb2.loc.gov/diglib/media/loc.natlib.ihas.100010517/0001.tif/2331
(64) https://images-na.ssl-images-amazon.com/images/I/51czMJ2nmsL._SX331_BO1,204,203,200_.jpg
(65) https://www.pravda-tv.com/wp-content/uploads/2018/07/bild2-12.jpg

(66) https://www.pravda-tv.com/wp-content/uploads/2018/07/bild5-3.jpg
(67) https://static01.nyt.com/images/2014/02/08/nyregion/EDSUL-LIVAN/EDSULLIVAN-articleLarge.jpg?quality=75&auto=webp&disable=upscale
(68) https://images-na.ssl-images-amazon.com/images/I/41Cp2SZaG2L._SX349_BO1,204,203,200_.jpg
(69) http://www.illuminati-news.com/art-and-mc/bankers-behind-counter-culture.htm
(70) https://upload.wikimedia.org/wikipedia/en/e/eb/TheOpenConspiracy.jpg
(71) https://images-na.ssl-images-amazon.com/images/I/51vT+c38i+L._SX330_BO1,204,203,200_.jpg
(72) https://en.wikipedia.org/wiki/The_Doors_of_Perception#/media/File:DoorsofPerception.jpg
(73) https://images-na.ssl-images-amazon.com/images/I/51ZrL0ORxxL._SX332_BO1,204,203,200_.jpg
(74) https://images-na.ssl-images-amazon.com/images/I/31BGAloX0dL.jpg
(75) https://www.wolfgangs.com/concert-and-band-photos/grateful-dead/fine-art-print/GAP0017-07.html
(76) https://images-na.ssl-images-amazon.com/images/I/A12AUaAspNL.jpg
(77) https://www.loc.gov/item/97504956/
(78) https://images-na.ssl-images-amazon.com/images/I/51lVQ0tYU1L._SX326_BO1,204,203,200_.jpg
(79) https://www.henrymakow.com/upload_images/yoko-ono-lennon-warhol.jpg
(80) https://www.cheatsheet.com/wp-content/uploads/2019/08/beatles-receive-mbe.jpg
(81) https://www.henrymakow.com/upload_images/Picture%20244.png
(82) https://upload.wikimedia.org/wikipedia/en/0/0a/Withthebeatlescover.jpg
(83) https://ianfarrington.files.wordpress.com/2015/01/pm.jpg
(84) https://www.nairaland.com/attachments/1495319_freem_jpg1d7dcb886fa0760b17b6ee36567ac2c4
(85) https://i2.wp.com/metro.co.uk/wp-content/uploads/2018/02/prc_68455852.jpg?quality=90&strip=all&zoom=1&resize=768%2C472&ssl=1
(86) https://tabu4all.files.wordpress.com/2015/12/444cc-jimmysavileandthebeatles.jpg?w=544&h=363
(87)

https://i.pinimg.com/origi-
nals/85/df/04/85df043c180a325ca436071d9fd43de9.jpg
(88) https://i.pinimg.com/origi-
nals/e6/ca/ea/e6caea015ac247db28b34876f0439e8c.jpg
(89) https://www.henrymakow.com/upload_images/Picture%20245.png
(90) https://i2.wp.com/i393.photobucket.com/albums/pp14/Inverted_Hepta-
gram_Star/sgt_pepper_faces.jpg?zoom=2
(91) https://static-3.bitchute.com/live/co-
ver_images/vlJyw1L11gEi/92GdP7v25tbY_640x360.jpg
(92) http://theunhivedmind.com/UHM/pics/rollingstones/jagger-and-lowen-
stein.jpg
(93) https://tabu4all.files.wordpress.com/2015/12/c55c3-commit-
tee300.gif?w=524&h=393
(94) https://rocknerd.co.uk/wp-content/uploads/2016/10/adorno-thumbs-
down-header.jpg
(95) https://de.scribd.com/document/377034865/Eirv24n04-19970117-018-
How-the-British-Use-the-Media
(96) https://www.youtube.com/watch?v=Yr5Y4XQO7xQ
(97) https://de.m.wikipedia.org/wiki/Datei:Karte_-_Tonkin-Zwischenfall.jpg
(98) https://1yd4xt11c7is39w2ckdxdls5-wpengine.netdna-ssl.com/wp-con-
tent/uploads/2018/09/Frank-Zappa-log-cabin2.jpg
(99) https://images-na.ssl-images-ama-
zon.com/images/I/716QRk6ckAL._SL1409_.jpg
(100)https://i.pinimg.com/564x/c0/8d/fa/c08dfac23898144a7df0b19e2c525b5
5.jpg
(101) https://images-na.ssl-images-amazon.com/images/I/61iuD8FPD3L.jpg
(102) https://images-na.ssl-images-amazon.com/images/I/51T1VVE6J5L.jpg
(103) https://www.fancypantshomes.com/wp-content/uplo-
ads/2019/07/11196326_460511687432325_6312957658533650132_n-1.jpg
(104) https://assets.rbl.ms/19042778/origin.jpg
(105) http://www.laurelcanyonradio.com/wp-content/uplo-
ads/2015/09/mama.jpg
(106) https://www.jerryschatzberg.com/phil-ochs
(107) https://cdn2.lamag.com/wp-content/uploads/sites/6/2013/10/loo-
kout_h.jpg
(108)https://i.pinimg.com/564x/e9/dd/7e/e9dd7e5b4fc0c81d9a593bc40e82a37
e.jpg
(109) https://i.dailymail.co.uk/i/pix/2015/01/20/24E18D9200000578-

2919003-image-a-79_1421793078502.jpg
(110) https://www.youtube.com/watch?v=xxhOEjR0a5E
(111) https://www.iofc.ch/sites/default/files/2019-09/UN%20logo%20co-lour%20blue.png
(112) https://thenumbernineblog.files.wordpress.com/2018/04/a-alamy-dxmw06_p09ijl.jpg?w=586&h=730
(113) https://thenumbernineblog.files.wordpress.com/2018/04/mt-olym-pus.jpg
(114) https://ichef.bbci.co.uk/images/ic/1200x675/p0530xd4.jpg
(115) https://thenumbernineblog.files.wordpress.com/2018/04/laurelcanyon-blvd.jpg
(116) https://thenumbernineblog.files.wordpress.com/2016/07/image.jpeg
(117) https://thenumbernineblog.files.wordpress.com/2016/07/charles-man-son-322.jpg
(118) https://thenumbernineblog.files.wordpress.com/2016/07/cannes-with-ringo.jpg
(119) https://i.pinimg.com/origi-nals/78/b2/30/78b23046e6a95ffea298d11520f0beb6.jpg
(120) https://thenumbernineblog.files.wordpress.com/2016/07/rainbow-logo_gold.png
(121) https://thenumbernineblog.files.wordpress.com/2016/07/2hhhwxt.jpg
(122) https://thenumbernineblog.files.wordpress.com/2016/07/beatle.jpg
(123) https://thenumbernineblog.files.word-press.com/2016/07/mte5ndg0mdyymjg5mtm1mte5.jpg
(124) https://thenumbernineblog.files.word-press.com/2016/07/65019a03e03f6b7ee669da7c1d87ec1b.jpg
(125) https://thenumbernineblog.wordpress.com/2016/07/12/did-the-beatles-know-manson-getting-to-the-bottom-of-helter-skelter/
(126) https://thenumbernineblog.files.word-press.com/2016/07/tumblr_m3ukn1upde1qhnkvco1_500.jpg
(127) https://thenumbernineblog.wordpress.com/2016/07/12/did-the-beatles-know-manson-getting-to-the-bottom-of-helter-skelter/
(128)https://i.pinimg.com/564x/78/35/c6/7835c61ce2b43c232c11130819700c19.jpg
(129) http://cdn.images.dailystar.co.uk/dynamic/1/pho-tos/915000/620x/JOHN-LENNON-MARK-DAVID-CHAPMAN-CIA-BEATLES-615684.jpg
(130) https://www.pravda-tv.com/2019/06/john-lennon-wurde-von-einem-

ausgebildeten-cia-killer-ermordet/
(131) https://vigilantcitizen.com/hidden-knowledge/origins-and-techniques-of-monarch-mind-control/
(132) wie (131)
(133) https://images-na.ssl-images-amazon.com/images/I/51mgyi3aHhL.jpg
(134) Eigenes Bild
(135) https://www.thewrap.com/sites/default/wp-content/uploads/files/2013/Aug/26/113366/cyrusmain.jpg
(136) https://i5.walmartimages.com/asr/c74efdbe-00ac-49f7-8896-b82d67d06976_1.0392dc43a63c8b522fdb7252c67d831b.jpeg
(137) https://www.youtube.com
(138) https://vigilantcitizen.com/latestnews/the-face-mask-a-powerful-symbol-of-covid-oppression/
(139) wie (138)
(140) wie (138)
(141) wie (138)
(142) wie (138)
(143) wie (138)
(144) wie (138)
(145) https://vigilantcitizen.com/moviesandtv/together-at-home-was-an-infomercial-for-the-global-elite-and-its-agenda/
(146) wie (145)
(147) wie (145)
(148) wie (145)
(149) wie (145)
(150) wie (145)
(151) wie (145)
(152) wie (145)
(153) wie (145)
(154) wie (145)
(155) wie (145)
(156) wie (145)
(157) wie (145)
(158) wie (145)
(159) wie (145)
(160) wie (145)
(161) wie (145)
(162) wie (145)

(163) wie (145)
(164) wie (145)
(165) https://vigilantcitizen.com/moviesandtv/the-2020-vmas-a-dystopian-abomination/
(166) wie (165)
(167) wie (165)
(168) wie (165)
(169) wie (165)
(170) wie (165)
(171) wie (165)
(172) wie (165)
(173) wie (165)
(174) wie (165)
(175) wie (165)
(176) wie (165)
(177) wie (165)
(178) wie (165)
(179) wie (165)
(180) wie (165)
(181) wie (165)
(182) wie (165)
(183) wie (165)
(184) wie (165)
(185) wie (165)
(186) wie (165)
(187) wie (165)
(188) https://www.youtube.com/watch?v=SoQQMfURcKs
(189) https://www.instagram.com/tv/B-heO4ohm13/?utm_source=ig_embed
(190) https://vigilantcitizen.com/musicbusiness/the-disturbing-meaning-of-billie-eilishs-bury-a-friend
(191) wie (190)
(192) https://vigilantcitizen.com/musicbusiness/miley-cyrus-releases-new-video-hospital-mind-control/
(193) wie (192)
(194) https://vigilantcitizen.com/musicbusiness/justin-biebers-where-are-u-now-is-full-of-quickly-flashing-illuminati-imagery/
(195) wie (194)
(196) https://vigilantcitizen.com/musicbusiness/framed-eminem-becomes-a-

mind-controlled-serial-killer/
(197) wie (196)
(198) wie (196)